中国物流年鉴

2015（上册）

CHINA LOGISTICS YEARBOOK 2015

中国物流与采购联合会编

图书在版编目（CIP）数据

中国物流年鉴．2015：全2册/中国物流与采购联合会编．—北京：中国财富出版社，2015.10

ISBN 978-7-5047-5908-5

Ⅰ．①中…　Ⅱ．①中…　Ⅲ．①物流—中国—2015—年鉴　Ⅳ．①F259.22-54

中国版本图书馆CIP数据核字（2015）第239487号

策划编辑　张　茜　　**责任编辑**　沈兴龙　徐　宁　张　茜　禹　冰　孙妍峰

责任印制　何崇杭　　**责任校对**　杨小静　　**责任发行**　斯　琴

出版发行　中国财富出版社

社　　址　北京市丰台区南四环西路188号5区20楼　　**邮政编码**　100070

电　　话　010-52227568（发行部）　　010-52227588转307（总编室）

010-68589540（读者服务部）　　010-52227588转305（质检部）

网　　址　http://www.cfpress.com.cn

经　　销　新华书店

印　　刷　北京荃玺印刷有限公司

书　　号　ISBN 978-7-5047-5908-5/F·2486

开　　本　880mm×1230mm　1/16　　**版　　次**　2015年10月第1版

印　　张　43.75　彩色　6.5　　**印　　次**　2015年10月第1次印刷

字　　数　1249千字　　**定　　价**　480.00元（全2册）

《中国物流年鉴》（2015）编委会

王旭东　北京物资学院院长
王拥军　安能物流董事长
王宗喜　解放军后勤指挥学院物流工程实验室主任、教授
王健利　毅德控股集团董事局主席
方红明　甘肃陆港实业股份有限公司董事长
尹国杰　湖南星沙物流投资有限公司董事长
艾启洪　广东物资集团公司副总经理
古堂生　广西玉柴物流集团有限公司董事长
冉　旭　平安银行现代物流金融事业部总裁
冯祖期　香港物流商会副会长、奥玛物流服务有限公司董事总经理
司芙蓉　中国通信服务股份有限公司总经理
刘占芳　中国国际货运代理协会副会长
刘秉镰　南开大学校长助理，经济与社会发展研究院院长、教授、博导
刘勋功　安得物流股份有限公司总经理
刘景福　中物华商集团股份有限公司董事长
孙　军　中国远洋物流有限公司总经理
孙日强　山东晟绮港储国际物流有限公司董事长
杨传德　普洛斯投资管理（中国）有限公司中国区总裁
李光甫　国药控股股份有限公司副总裁
李国伟　河南中原铁道物流有限公司副总经理
李国辉　澳门货运协会会长
李金平　广东林安物流集团董事长
李建忠　河北省物流产业集团有限公司董事长、党委书记
吴翠珑　郑州铁路局副局长
何　磊　成都市物流协会秘书长
何明珂　北京工商大学国际交流与合作处处长、博士、教授、博导
汪　鸣　国家发展和改革委员会综合运输研究所副所长、研究员
汪　洋　重庆长安民生物流股份有限公司总经理
沈绍基　中国仓储协会会长
宋远方　中国人民大学商学院副院长、教授、博导
宋修德　成都铁路局局长

宋耀征　国家统计局贸易外经统计司司长
张　历　玖隆钢铁物流有限公司总经理
张　毅　长沙金霞经济开发区管理委员会党工委书记
张千才　兰州金轮实业有限责任公司总会计师
张玉庆　荣庆物流供应链有限公司董事长
陈立生　威海国际物流园发展有限公司总经理
陈嘉良　联邦快递（中国）有限公司中国区总裁
金跃良　中铁物资集团有限公司党委书记、董事长
周建亚　武汉商贸职业学院物流学院名誉院长
郑会友　香港物流协会会长
郑松兴　华南城控股有限公司联席主席、执行董事
房新胜　青岛铁路经营集团有限公司董事长、总经理
赵希和　江西新华发行集团有限公司副总经理、江西蓝海物流科技有限公司总经理
胡铭超　中国西部现代物流港管理委员会党工委书记、管委会主任
钟荣钦　台湾物流协会秘书长
施文进　惠龙易通国际物流股份有限公司董事长
姜超峰　中国物资储运协会名誉会长
钱晓航　中国铁路物资柳州物流有限公司执行董事、党委书记、总经理
倪文栋　湖南现代物流职业技术学院党委书记
高艺林　广州百货企业集团有限公司副总经理、广州市商业储运公司总经理
郭戈平　中国连锁经营协会会长
郭旭东　陕西煤业化工物资集团有限公司执行董事、总经理
黄有方　上海海事大学校长、教授、博导
盖守岭　山东聊城盖氏邦晔物流有限公司董事长
盖忠琳　山东盖世国际物流集团有限公司党委书记、总经理
梁玉峰　中共信阳市浉河区委常委、区政府常务副区长
梁伟华　中国物流有限公司董事长、党委书记
董　晖　济南铁路经营集团有限公司董事长兼总经理
韩　松　西安市委常委、西安国际港务区党工委书记
蓝宝生　太古冷链物流（上海）有限公司董事总经理
赖展京　南光物流有限公司董事长

甄忠义　乌鲁木齐铁路局局长
廖志文　云南能投物流有限责任公司总经理
翟玉峰　武汉东西湖保税物流中心有限公司董事长
薄世久　北京长久物流股份有限公司董事长

特别支持单位

中国邮政速递物流股份有限公司

中国远洋物流有限公司

依维柯（中国）商用车销售有限公司

平安银行现代物流金融事业部

西安国际港务区管理委员会

中国通信服务股份有限公司

陕西煤业化工物资集团有限公司

长沙金霞经济开发区

毅德控股集团

北京福田智科物流有限公司

广州市商业储运公司

南光物流有限公司

联邦快递（中国）有限公司

华南城控股有限公司

传化公路港物流有限公司

惠龙易通国际物流股份有限公司

《中国物流年鉴》（2015）

主　　办　中国物流与采购联合会
承　　办　《中国物流与采购》杂志社
主　　编　何黎明
副 主 编　崔忠付　蔡　进　贺登才
编辑部主任　刘乃杰
编辑部副主任　徐小青
编　　辑　崔　冬　朱贝特　张睿东　常　俏　杜　林　贾　丽
发　　行　高　威
广告设计　阳光设计工作室

编 辑 部　010 -68392774　010 -68392214（兼传真）
邮　　箱　xxq6429@163. com　　gwrshk@126. com
　　　　　zgwlnj@126. com
发　　行　010 -68391021　010 -63738995　010 -68392214
传　　真　010 -83203997

《中国物流年鉴》（2015）供稿者

（按姓氏笔画排序）

万　莹　马增荣　王　涛　王文浩　王文博　王立平　王国清　王能民　王继祥　毛乔梅　文德华
孔茂华　田　征　付　斌　邝冬蓓　冯友波　冯祖期　冯耕中　司　莉　曲功志　朱冬蕾　朱勤奋
刘长庆　刘幼臻　刘伟华　刘学德　刘缨缨　闫　鸣　许青秀　孙　雨　孙　敏　杨思瞳　李　钊
李　捷　李红梅　吴和成　余栋梁　张　洁　张少凯　张彩霞　陈对对　武润泽　林炳禄　周庆特
赵　楠　施忆忆　姜　旭　姜正东　姜超峰　秦玉鸣　顾国祥　晏庆华　徐　勇　徐梦馨　徐蔡燎
高利军　桑昌营　曹　璐　龚卫锋　盖忠琳　蒋长兵　韩兆轩　韩福文　覃　拥　谢雨蓉　谢宝贵
谢满华　雷　震　廖继江　端红霞　樊一江　潘增友　穆宏宇　戴凯林

国家发展和改革委员会、国家统计局、国家发展和改革委员会综合运输研究所、内蒙古自治区发展改革委、内蒙古自治区统计局、吉林省发改委经贸处、江苏省经信委、福建省经信委、山东省经信委、宁夏回族自治区商务厅物流促进处、沈阳市发改委经济贸易处、哈尔滨市发改委、哈尔滨市统计局、南京市统计局、无锡市统计局、无锡市经信委、南通市统计局、南通市经信委、扬州市统计局、扬州市经信委、镇江市经信委、宁波市发改委、温州市统计局、台州市发改委、济南市经信委、银川市商务局、中国国际货运代理协会、中国粮食行业协会、中国木材与木制品流通协会、中国物资储运协会、工程机械工业协会工业车辆分会、河北省现代物流协会、内蒙古自治区物流协会、吉林省物流与采购联合会、广西物流与采购联合会、四川省现代物流协会、陕西省物流与采购联合会、无锡物流与采购联合会、台州市物流协会、深圳市物流协会、中国物流信息中心、中物联汽车物流分会、中物联冷链物流专业委员会、中物联电子商务物流与快递分会、中物联网络事业部、中物联教育培训部、中物联物流标准委员会、中国汽车技术研究中心、上海国际航运研究中心、西安市商用信息系统分析及应用工程实验室、西安交通大学、天津大学、天津师范大学、大连海事大学、解放军后勤学院、浙江工商大学、东方海外有限公司、兰格集团、中国邮政速递物流股份有限公司、中国通信服务股份有限公司、中捷通信有限公司、国药集团医药物流有限公司、中铁现代物流科技股份有限公司、中物动产信息服务股份有限公司、广东林安物流集团、西安国际陆港投资发展有限公司、山东盖世国际物流集团有限公司、宝湾物流控股有限公司、奥玛物流仓储联盟、荣庆物流供应链有限公司、山东聊城盖氏邦晔物流园、快递物流咨询网

《中国物流年鉴》（2015）
广告提供单位

上册

中国邮政速递物流股份有限公司
平安银行现代物流金融事业部
依维柯（中国）商用车销售有限公司
东风柳州汽车有限公司
西安国际港务区管理委员会
沈阳铁路局
陕西煤业化工物资集团有限公司
中铁现代物流科技股份有限公司
毅德控股集团
长沙金霞经济开发区管理委员会
荣庆物流供应链有限公司
北京福田智科物流有限公司
北京长久物流股份有限公司
广州市商业储运公司
重庆长安民生物流股份有限公司
云南能投物流有限责任公司
南光物流有限公司
上海安能聚创供应链管理有限公司
联邦快递（中国）有限公司
奥玛物流服务有限公司
湖南星沙物流投资有限公司
华南城控股有限公司
宝湾物流控股有限公司
河北港口集团有限公司
广东林安物流集团
普洛斯投资管理（中国）有限公司
中物华商集团股份有限公司
山东晟绮港储国际物流有限公司
中铁物资集团有限公司
中国西部现代物流港管理委员会
广东物资集团公司
鞍钢汽车运输有限责任公司
玖隆钢铁物流园
山东盖世国际物流集团有限公司
国药集团医药物流有限公司
中国铁路物资柳州物流有限公司
信阳金牛物流产业集聚区
惠龙易通国际物流股份有限公司
银联商务有限公司
安得物流股份有限公司
漳州漳龙物流园区开发有限公司
传化公路港物流有限公司
太古冷链物流（上海）有限公司
武威保税物流中心
威海国际物流园发展有限公司
河北省物流产业集团有限公司
上海快虎物流有限公司
广西玉柴物流集团有限公司
天津物产集团有限公司
我的法务网

下册

中国邮政速递物流股份有限公司
平安银行现代物流金融事业部
依维柯（中国）商用车销售有限公司
东风柳州汽车有限公司
中国通信服务股份有限公司
中国铁路总公司
铁路局专版
太原铁路局
西安铁路局
成都铁路局
兰州铁路局
郑州铁路局
乌鲁木齐铁路局
兰州金轮实业有限责任公司
济南铁路经营集团有限公司
河南中原铁道物流有限公司
青岛铁路经营集团有限公司
中国物流有限公司
聊城盖氏邦晔物流有限公司
江西蓝海物流科技有限公司
湖北康华智慧物流园发展有限公司
大冶有色物流有限公司
广东秦粤物流有限公司
湖南现代物流职业技术学院
《中国物流与采购》杂志
中国物流与采购联合会网
现代物流报
《物流》杂志
《中国储运》杂志
万联网
北京长久物流股份有限公司
中国邮政速递物流股份有限公司
中国远洋物流有限公司
北京福田智科物流有限公司
武汉东西湖保税物流中心有限公司
黑龙江农垦北大荒物流集团有限公司

编辑说明

一、《中国物流年鉴》（以下简称《年鉴》）是中国物流与采购联合会主办、《中国物流与采购》杂志社承办的大型文献性工具书。十多年来，《年鉴》的编纂质量不断提升，发行量和发行范围不断扩大，获得了业界广泛好评。《年鉴》的权威性、可读性和资料性，使其成为业界人士查询、引用、论证、存档不可或缺的“工具”。

二、2014 年我国物流运行总体趋稳，物流业发展亮点纷呈。需求结构深度调整，大宗生产资料物流需求增速进一步放缓，电商物流、冷链物流等消费品物流需求保持快速增长；电商物流、快递快运、物流地产、冷链物流等细分市场成为投资热点；物流企业纷纷“触网”，大数据平台发力；快递、电商、零担、医药、物流地产等细分物流市场品牌集中、企业集聚、市场集约的趋势进一步显现；园区基地平台、公路货运平台、电商物流平台、物流金融平台风起云涌，平台思维改变传统模式；产业联动融合走向深入，企业尝试跨界经营；公路货运领域、快递电商领域、仓储园区领域、合同物流领域和铁路货运领域，各种组织模式、管理模式和商业模式创新成为热点；跨境电商迎来爆发期，海外物流布局成为重点战略；京津冀、长江经济带、广东地区三大区域通关一体化改革全面实施，区域物流一体化加速；京津冀三地签署多项物流合作协议，推进物流业协同发展；长江经济带启动综合立体交通走廊建设，完善区域综合交通运输体系；广东、天津、福建再设三个自由贸易试验区，推动更高水平对外开放；郑州、武汉多地启动区域物流中心建设，完善物流基础条件和政策环境。物流业的巨大变化是社会经济发展的必然趋势，更是行业加快发展的真实写照。客观真实地记录这些变化是《年鉴》义不容辞的责任。

2015 年版《年鉴》在框架结构和主体内容上延续了 2014 年版的风格，并在力求真实反映行业发展变化的基础上，继续加大数据和图表内容，扩充地区物流篇幅，使《年鉴》更具可读性、资料性。

三、2015 年版《年鉴》的组稿、编纂工作得到了国家发改委、商务部、交通运输部、国家统计局等中央部委和部分省市自治区政府部门、物流行业社团，相关行业协会，中国物流信息中心、全国物流标准化技术委员会等机构，以及中国邮政速递物流股份有限公司、中国远洋物流有限公司、依维柯（中国）商用车销售有限公司、武汉钢铁集团物流有限公司、西安国际港务区管理委员会、毅德控股集团、普天物流技术有限公司、北京福田智科物流有限公司、南光物流有限公司、联邦快递（中国）有限公司、华南城控股有限公司、传化公路港物流有限公司、中铁现代物流科技股份有限公司等知名企业的大力支持，对此我们表示衷心的感谢。

四、对不符合《年鉴》编辑要求的来稿，编辑人员经过谨慎地删改后予以刊登。由于时间关系这部分稿件来不及请作者核校，望予见谅。

五、因编辑部人员水平有限，如有不妥之处，恳请批评指正。欢迎大家继续对2016年版《年鉴》的组稿和编辑工作给予支持！

《中国物流年鉴》编辑部

2015年8月28日

前　　言

2014 年，我国国民经济运行进入“新常态”，物流运行呈现“市场增速适度放缓、运行质量有所提升”的基本特征。一方面，物流需求规模增速减缓但与国民经济相协调，物流企业盈利能力整体偏弱但有所改善；另一方面，物流市场结构不断优化，单位 GDP 的物流需求系数自 2008 年以来首次下降，每百元社会物流总额所需耗费的物流费用有所下降，在表现出物流运行质量提升的同时，也预示着传统的依靠“高物耗、高物流”的经济增长模式正在发生积极转变，经济结构调整的效应逐步显现。

总体看，2014 年我国物流业主动适应经济发展“新常态”，较好地发挥了基础性、战略性作用，主要体现在以下七个方面：

一是物流产业地位显著提升。2014 年 9 月 12 日国务院正式发布《物流业发展中长期规划》，这是继 2009 年国务院《物流业调整和振兴规划》出台以来，又一个指导物流业发展的纲领性文件。《物流业发展中长期规划》把物流业定位于支撑国民经济发展的基础性、战略性产业，是物流业产业地位进一步提升的重要标志，意义重大。

二是物流政策环境持续改善。全国现代物流工作部际联席会议加强政策协调，部门间统筹协调力度进一步加大；《促进物流业发展三年行动计划》正式出台；国家发改委支持冷链物流、粮食物流、公共信息平台和物流诚信建设，示范物流园区工程已完成前期设计；交通运输部重视物流通道建设，继续开展甩挂运输试点和城市配送便利通行工作，积极推进车型标准化；商务部继续开展城市共同配送示范试点，商贸物流标准化、电子商务与快递协同发展试点工作启动；工信部加强物流信息化引导，开展物流供应链推进工作；国家邮政局全面开放国内包裹快递市场，简化快递资质审批。各地政府部门也都制定了新的规划与政策，支持物流业发展。

三是物流业增长速度高位趋稳，质量提升。2014 年我国社会物流总额为 213.5 万亿元，按可比价格计算，同比增长 7.9%，增幅比上年回落 1.6 个百分点；社会物流总费用为 10.6 万亿元，同比增长 6.9%，社会物流总费用与 GDP 的比率为 16.6%，比上年下降 0.3 个百分点，物流业发展的质量和效益有所提升。中国物流景气指数全年处于55%上下区间，物流运行总体趋稳。

四是资本和技术双轮驱动，市场主体趋于集中。电商物流、快递快运、物流地产、冷链物流等细分市场成为投资热点。与此同时，市场集中度稳步提升，2014年度中国物流企业50强排名中，入围门槛比上年提高2.1亿元；快递、电商、零担、医药、物流地产等细分物流市场向优势品牌集中。

五是平台整合、产业融合，经营模式变革创新。平台思维改变传统模式，园区基地平台、公路货运平台、电商物流平台、物流金融平台等风起云涌。物流业与制造业、商贸业、金融业等“多业联动”，产业合作层次从运输、仓储、配送业务向集中采购、订单管理、流通加工、物流金融、售后维修、仓配一体化等高附加值增值业务，个性化创新服务拓展延伸。

六是企业网络布局加速。德邦物流已在全国开设直营网点5200余家；日日顺物流在全国2800多个县建立了物流配送站和17000多家服务商网点；顺丰速运启动快递下乡计划，业务覆盖的县级市或县区已超过2300个；阿里巴巴启动“千县万村”计划，拟投资建立1000个县级运营中心和10万个村级服务站；京东推出“先锋站”计划和“村民代理”模式。据统计，2014年农村新增快递网点近5万个，农村包裹超过20亿件。社区物流服务深入推进，解决“最后一公里”问题。

七是物流基础设施进一步优化。“一带一路”战略受到全球瞩目，基础设施互联互通取得成效。全年完成公路建设投资1.55万亿元，比上年增长12.9%；完成铁路固定资产投资8088亿元，其中铁路建设投资6623亿元，比上年增长12.6%。国家物流大通道建设开始起步，京津冀、长江经济带、广东地区三大区域通关一体化改革全面实施。物流园区、物流中心和自由贸易园区建设持续推进。

2014年我国物流业发展取得了不俗的成绩，但仍存在不少问题。如物流整体市场形势严峻、企业经营困难、诚信体系缺失，资金短缺、人才短缺，创新驱动的内生机制还没有建立、相关政策有待落实，物流企业审批多、收费高、行路难和税负重等问题还没有实质性改善，等等。要实现《物流业发展中长期规划》提出的“到2020年，基本建立布局合理、技术先进、便捷高效、绿色环保、安全有序的现代物流服务体系”的战略目标，我们必须加大结构调整力度，转换经营模式，加快产业升级和创新驱动，尽快实现物流企业规模化、集约化，物流基础设施一体化、网络化，物流营商环境法制化。我们是物流大国，但不是物流强国，要实现“强国梦”需要我们不懈努力。中国物流与采购联合会作为行业社团组织，将继续加强调查研究、积极反映企业诉求、协助政府推进政策落地，为加快物流业发展做出积极贡献。

《中国物流年鉴》是中国物流与采购联合会主办、《中国物流与采购》杂志社承办的大型文献性工具书。十几年来，《中国物流年鉴》坚持用数据和事实反映物流业发展变化的轨迹、记录我国物流业发展的历程，赢得了业界好评。面对我国物流业不断发展变化的新形势，《中国物流年鉴》将继续以求真务实、严谨负责的态度做好资料收录工作。同时，真诚地希望业界同人提出宝贵意见，使其越做越精、越做越好。

何黎明

二〇一五年八月三十日

目　　录

上　册

第一部分　物流政策法规

第二部分　物流统计

第三部分　物流产业

第四部分　行业物流

下 册

第五部分 地区物流

第六部分　物流技术与装备

第七部分　物流教育、信息化、标准化

第八部分　优秀物流企业及经典案例

第九部分　物流综合

第一部分

物流政策法规

2014年发布的物流相关重要政策法规

国务院及国务院办公厅发文

国务院关于加快发展生产性服务业促进产业结构调整升级的指导意见

（国发〔2014〕26号　2014年8月6日）

各省、自治区、直辖市人民政府，国务院各部委、各直属机构：

国务院高度重视服务业发展。近年来陆续出台了家庭、养老、健康、文化创意等生活性服务业发展指导意见，服务供给规模和质量水平明显提高。与此同时，生产性服务业发展相对滞后、水平不高、结构不合理等问题突出，亟待加快发展。生产性服务业涉及农业、工业等产业的多个环节，具有专业性强、创新活跃、产业融合度高、带动作用显著等特点，是全球产业竞争的战略制高点。加快发展生产性服务业，是向结构调整要动力、促进经济稳定增长的重大措施，既可以有效激发内需潜力、带动扩大社会就业、持续改善人民生活，也有利于引领产业向价值链高端提升。为加快重点领域生产性服务业发展，进一步推动产业结构调整升级，现提出以下意见：

一、总体要求

（一）指导思想。

以邓小平理论、“三个代表”重要思想、科学发展观为指导，深入贯彻党的十八大和十八届二中、三中全会精神，全面落实党中央、国务院各项决策部署，科学规划布局，放宽市场准入，完善行业标准，创造环境条件，加快生产性服务业创新发展，实现服务业与农业、工业等在更高水平上有机融合，推动我国产业结构优化调整，促进经济提质增效升级。

（二）基本原则。

坚持市场主导。处理好政府和市场的关系，使市场在资源配置中起决定性作用和更好发挥政府作用，鼓励和支持各种所有制企业根据市场需求，积极发展生产性服务业。

坚持突出重点。以显著提升产业发展整体

素质和产品附加值为重点，围绕全产业链的整合优化，充分发挥生产性服务业在研发设计、流程优化、市场营销、物流配送、节能降耗等方面的引领带动作用。

坚持创新驱动。建立与国际接轨的专业化生产性服务业体系，推动云计算、大数据、物联网等在生产性服务业的应用，鼓励企业开展科技创新、产品创新、管理创新、市场创新和商业模式创新，发展新兴生产性服务业态。

坚持集聚发展。适应中国特色新型工业化、信息化、城镇化、农业现代化发展趋势，深入实施区域发展总体战略和主体功能区战略，因地制宜引导生产性服务业在中心城市、制造业集中区域、现代农业产业基地以及有条件的城镇等区域集聚，实现规模效益和特色发展。

二、发展导向

以产业转型升级需求为导向，进一步加快生产性服务业发展，引导企业进一步打破“大而全”“小而全”的格局，分离和外包非核心业务，向价值链高端延伸，促进我国产业逐步由生产制造型向生产服务型转变。

（一）鼓励企业向价值链高端发展。

鼓励农业企业和涉农服务机构重点围绕提高科技创新和推广应用能力，加快推进现代种业发展，完善农副产品流通体系。鼓励有能力的工业企业重点围绕提高研发创新和系统集成能力，发展市场调研、产品设计、技术开发、工程总包和系统控制等业务。加快发展专业化设计及相关定制、加工服务，建立健全重大技术装备第三方认证制度。促进专利技术运用和创新成果转化，健全研发设计、试验验证、运行维护和技术产品标准等体系。重点围绕市场营销和品牌服务，发展现代销售体系，增强产业链上下游企业协同能力。强化期货、现货交易平台功能。鼓励分期付款等消费金融服务方式。推进仓储物流、维修维护和回收利用等专业服务的发展。

（二）推进农业生产和工业制造现代化。

搭建各类农业生产服务平台，加强政策法律咨询、市场信息、病虫害防治、测土配方施肥、种养过程监控等服务。健全农业生产资料配送网络，鼓励开展农机跨区作业、承包作业、机具租赁和维修服务。推进面向产业集群和中小企业的基础工艺、基础材料、基础元器件研发和系统集成以及生产、检测、计量等专业化公共服务平台建设，鼓励开展工程项目、工业设计、产品技术研发和检验检测、工艺诊断、流程优化再造、技能培训等服务外包，整合优化生产服务系统。发展技术支持和设备监理、保养、维修、改造、备品备件等专业化服务，提高设备运行质量。鼓励制造业与相关产业协同处置工业“三废”及社会废弃物，发展节能减排投融资、清洁生产审核及咨询等节能环保服务。

（三）加快生产制造与信息技术服务融合。

支持农业生产的信息技术服务创新和应用，发展农作物良种繁育、农业生产动态监测、环境监控等信息技术服务，建立健全农产品质量安全可追溯体系。鼓励将数字技术和智能制造技术广泛应用于产品设计和制造过程，丰富产品功能，提高产品性能。运用互联网、大数据等信息技术，积极发展定制生产，满足多样化、个性化消费需求。促进智能终端与应用服务相融合、数字产品与内容服务相结合，推动产品创新，拓展服务领域。发展服务于产业集群的电子商务、数字内容、数据托管、技术推广、管理咨询等服务平台，提高资源配置效率。

三、主要任务

现阶段，我国生产性服务业重点发展研发设计、第三方物流、融资租赁、信息技术服务、节能环保服务、检验检测认证、电子商务、商务咨询、服务外包、售后服务、人力资源服务和品牌建设。

（一）研发设计。

积极开展研发设计服务，加强新材料、新产品、新工艺的研发和推广应用。大力发展工业设计，培育企业品牌、丰富产品品种、提高附加值。促进工业设计向高端综合设计服务转变。支持研发体现中国文化要素的设计产品。整合现有资源，发挥企业创新主体作用，推进产学研用合作，加快创新成果产业化步伐。鼓励建立专业化、开放型的工业设计企业和工业设计服务中心，促进工业企业与工业设计企业合作。完善知识产权交易和中介服务体系，发展研发设计交易市场。开展面向生产性服务业企业的知识产权培训、专利运营、分析评议、专利代理和专利预警等服务。建立主要由市场评价创新成果的机制，加快研发设计创新转化为现实生产力。

（二）第三方物流。

优化物流企业供应链管理服务，提高物流企业配送的信息化、智能化、精准化水平，推广企业零库存管理等现代企业管理模式。加强核心技术开发，发展连锁配送等现代经营方式，重点推进云计算、物联网、北斗导航及地理信息等技术在物流智能化管理方面的应用。引导企业剥离物流业务，积极发展专业化、社会化的大型物流企业。完善物流建设和服务标准，引导物流设施资源集聚集约发展，培育一批具有较强服务能力的生产服务型物流园区和配送中心。加强综合性、专业性物流公共信息平台和货物配载中心建设，衔接货物信息，匹配运载工具，提高物流企业运输工具利用效率，降低运输车辆空驶率。提高物流行业标准化设施、设备和器具应用水平以及托盘标准化水平。继续推进制造业与物流业联动发展示范工作和快递服务制造业工作，加强仓储、冷链物流服务。大力发展铁水联运、江海直达、滚装运输、道路货物甩挂运输等运输方式，推进货运汽车（挂车）、列车标准国际化。优化城市配送网络，鼓励统一配送和共同配送。推动城市配送车辆标准化、标识化，建立健全配送车辆运力调控机制，完善配送车辆便利通行措施。在关系民生的农产品、药品、快速消费品等重点领域开展标准化托盘循环共用示范试点。完善农村物流服务体系，加强产销衔接，扩大农超对接规模，加快农产品批发和零售市场改造升级，拓展农产品加工服务。

（三）融资租赁。

建立完善融资租赁业运营服务和管理信息系统，丰富租赁方式，提升专业水平，形成融资渠道多样、集约发展、监管有效、法律体系健全的融资租赁服务体系。大力推广大型制造设备、施工设备、运输工具、生产线等融资租赁服务，鼓励融资租赁企业支持中小微企业发展。引导企业利用融资租赁方式，进行设备更新和技术改造。鼓励采用融资租赁方式开拓国际市场。紧密联系产业需求，积极开展租赁业务创新和制度创新，拓展厂商租赁的业务范围。引导租赁服务企业加强与商业银行、保险、信托等金融机构合作，充分利用境外资金，多渠道拓展融资空间，实现规模化经营。建设程序标准化、管理规范化、运转高效的租赁物与二手设备流通市场，建立和完善租赁物公示、查询系统和融资租赁资产退出机制。加快研究制定融资租赁行业的法律法规。充分发挥行业协会作用，加强信用体系建设和行业自律。建立系统性行业风险防范机制，以及融资租赁业统计制度和评价指标体系。

（四）信息技术服务。

发展涉及网络新应用的信息技术服务，积极运用云计算、物联网等信息技术，推动制造业的智能化、柔性化和服务化，促进定制生产等模式创新发展。加快面向工业重点行业的知识库建设，创新面向专业领域的信息服务方式，提升服务能力。加强相关软件研发，提高信息技术咨询设计、集成实施、运行维护、测试评估和信息安全服务水平，面向工业行业应用提供系统解决方案，促进工业生产业务流程再造和优化。推动工业企业与软件提供商、信息服务提供商联合提升企业生产经营管理全过程的数字化水平。支持工业企业所属信息服务机构面向行业和社会提供专业化服务。加快农村互联网基础设施建设，推进信息进村入户。

（五）节能环保服务。

健全节能环保法规和标准体系，增强节能环保指标的刚性约束，严格落实奖惩措施。大力发展节能减排投融资、能源审计、清洁生产审核、工程咨询、节能环保产品认证、节能评估等第三方节能环保服务体系。规范引导建材、冶金、能源企业协同开展城市及产业废弃物的资源化处理，建立交易市场。鼓励结合改善环境质量和治理污染的需要，开展环保服务活动。发展系统设计、成套设备、工程施工、调试运行和维护管理等环保服务总承包。鼓励大型重点用能单位依托自身技术优势和管理经验，开展专业化节能环保服务。推广合同能源管理，建设“一站式”合同能源管理综合服务平台，积极探索节能量市场化交易。建设再生资源回收体系和废弃物逆向物流交易平台。积极发展再制造专业技术服务，建立再制造旧件回收、产品营销、溯源等信息化管理系统。推行环境污染第三方治理。

（六）检验检测认证。

加快发展第三方检验检测认证服务，鼓励不同所有制检验检测认证机构平等参与市场竞争，不断增强权威性和公信力，为提高产品质量提供有力的支持保障服务。加强计量、检测技术、检测装备研发等基础能力建设，发展面向设计开发、生产制造、售后服务全过程的分析、测试、计量、检验等服务。建设一批国家产业计量测试中心，构建国家产业计量测试服务体系。加强先进重大装备、新材料、新能源汽车等领域的第三方检验检测服务，加快发展药品检验检测、医疗器械检验、进出口检验检疫、农产品质量安全检验检测、食品安全检验检测等服务，发展在线检测，完善检验检测认证服务体系。开拓电子商务等服务认证领域。优化资源配置，引导检验检测认证机构集聚发展，推进整合业务相同或相近的检验检测认证机构。积极参与制定国际检验检测标准，开展检验检测认证结果和技术能力国际互认。培育一批技术能力强、服务水平高、规模效益好、具有一定国际影响力的检验检测认证集团。加大生产性服务业标准的推广应用力度，深化国家级服务业标准化试点。

（七）电子商务。

深化大中型企业电子商务应用，促进大宗原材料网上交易、工业产品网上定制、上下游关联企业业务协同发展，创新组织结构和经营模式。引导小微企业依托第三方电子商务服务平台开展业务。抓紧研究制定鼓励电子商务创新发展的意见。深化电子商务服务集成创新。加快并规范集交易、电子认证、在线支付、物流、信用评估等服务于一体的第三方电子商务综合服务平台发展。加快推进适应电子合同、电子发票和电子签名发展的制度建设。建设开放式电子商务快递配送信息平台和社会化仓储设施网络，加快布局、规范建设快件处理中心和航空、陆运集散中心。鼓励对现有商业设施、邮政便民服务设施等的整合利用，加强共同配送末端网点建设，推动社区商业电子商务发展。深入推进国家电子商务示范城市、示范基地和示范企业建设，发展电子商务可信交易保障、交易纠纷处理等服务。建立健全促进电子商务发展的工作保障机制。加强网络基础设施建设和电子商务信用体系、统计监测体系建设，不断完善电子商务标准体系和快递服务质量评价体系。推进农村电子商务发展，积极培育农产品电子商务，鼓励网上购销对接等多种交易方式。支持面向跨境贸易的多语种电子商务平台建设、服务创新和应用推广。积极发展移动电子商务，推动移动电子商务应用向工业生产经营和生产性服务业领域延伸。

（八）商务咨询。

提升商务咨询服务专业化、规模化、网络化水平。引导商务咨询企业以促进产业转型升级为重点，大力发展战略规划、营销策划、市场调查、管理咨询等提升产业发展素质的咨询服务，积极发展资产评估、会计、审计、税务、勘察设计、工程咨询等专业咨询服务。发展信息技术咨询服务，开展咨询设计、集成实施、运行维护、测试评估、应用系统解决方案和信息安全服务。加强知识产权咨询服务，发展检索、分析、数据加工等基础服务，培育知识产权转化、投融资等市场化服务。重视培育品牌和商誉，发展无形资产、信用等评估服务。抓紧研究制定咨询服务业发展指导意见。依法健全商务咨询服务的职业评价制度和信用管理体系，加强执业培训和行业自律。开展多种形式的国际合作，推动商务咨询服务国际化发展。

（九）服务外包。

把握全球服务外包发展新趋势，积极承接国际离岸服务外包业务，大力培育在岸服务外包市场。抓紧研究制定在岸与离岸服务外包协调发展政策。适应生产性服务业社会化、专业化发展要求，鼓励服务外包，促进企业突出核心业务、优化生产流程、创新组织结构、提高质量和效率。引导社会资本积极发展信息技术外包、业务流程外包和知识流程外包服务业务，为产业转型升级提供支撑。鼓励政府机构和事业单位购买专业化服务，加强管理创新。支持企业购买专业化服务，构建数字化服务平台，实现包括产品设计、工艺流程、生产规划、生产制造和售后服务在内的全过程管理。

（十）售后服务。

鼓励企业将售后服务作为开拓市场、提高竞争力的重要途径，增强服务功能，健全服务网络，提升服务质量，完善服务体系。完善产品“三包”制度，推动发展产品配送、安装调试、以旧换新等售后服务，积极运用互联网、物联网、大数据等信息技术，发展远程检测诊断、运营维护、技术支持等售后服务新业态。大力发展专业维护维修服务，加快技术研发与应用，促进维护维修服务业务和服务模式创新，鼓励开展设备监理、维护、修理和运行等全生命周期服务。积极发展专业化、社会化的第三方维护维修服务，支持具备条件的工业企业内设机构向专业维护维修公司转变。完善售后服务标准，加强售后服务专业队伍建设，健全售后服务认证制度和质量监测体系，不断提高用户满意度。

（十一）人力资源服务和品牌建设。

以产业引导、政策扶持和环境营造为重点，推进人力资源服务创新，大力开发能满足不同层次、不同群体需求的各类人力资源服务产品。提高人力资源服务水平，促进人力资源服务供求对接，引导各类企业通过专业化的人力资源服务提升人力资源管理开发和使用水平，提升劳动者素质和人力资源配置效率。加快形成一批具有国际竞争力的综合型、专业型人力资源服务机构。统筹利用高等院校、科研院所、职业院校、社会培训机构和企业等各种培训资源，强化生产性服务业所需的创新型、应用型、复合型、技术技能型人才开发培训。加快推广中关村科技园区股权激励试点经验，调动科研人员创新进取的积极性。营造尊重人才、有利于优秀人才脱颖而出和充分发挥作用的社会环境。鼓励具有自主知识产权的知识创新、技术创新和模式创新，积极创建知名品牌，增强独特文化特质，以品牌引领消费，带动生产制造，推动形成具有中国特色的品牌价值评价机制。

四、政策措施

从深化改革开放、完善财税政策、强化金融创新、有效供给土地、健全价格机制和加强基础工作等方面，为生产性服务业发展创造良好环境，最大限度地激发企业和市场活力。

（一）进一步扩大开放。

进一步放开生产性服务业领域市场准入，营造公平竞争环境，不得对社会资本设置歧视性障碍，鼓励社会资本以多种方式发展生产性服务业。进一步减少生产性服务业重点领域前置审批和资质认定项目，由先证后照改为先照后证，加快落实注册资本认缴登记制。允许社会资本参与应用型技术研发机构市场化改革。鼓励社会资本参与国家服务业综合改革试点。

引导外资企业来华设立生产性服务业企业、各类功能性总部和分支机构、研发中心、营运基地等。统一内外资法律法规，推进生产性服务业领域有序开放，放开建筑设计、会计审计、商贸物流、电子商务等服务业领域外资准入限制。加快研究制定服务业进一步扩大开放的政策措施，对已经明确的扩大开放要求，要抓紧落实配套措施。探索对外商投资实行准入前国民待遇加负面清单的管理模式。发挥中国（上海）自由贸易试验区在服务业领域先行先试的作用。加强与香港、澳门、台湾地区的服务业合作，加快推进深圳前海、珠海横琴、广州南沙与港澳地区，福建厦门、平潭和江苏昆山与台湾地区的服务业合作试点。

鼓励有条件的企业依托现有产品贸易优势，在境外设立分支机构，大力拓展生产性服务业发展空间。简化境外投资审批程序，进一步提高生产性服务业境外投资的便利化程度。鼓励企业利用电子商务开拓国际营销渠道，积极研究为符合条件的电子商务企业、快递企业提供便利通关措施。加快跨境电子商务通关试点建设。鼓励设立境外投资贸易服务机构，做好境外投资需求的规模、领域和国别研究，提供对外投资准确信息，为企业“走出去”提供咨询服务。

（二）完善财税政策。

尽快将营业税改征增值税试点扩大到服务业全领域。根据生产性服务业产业融合度高的特点，完善促进生产性服务业的税收政策。研发设计、检验检测认证、节能环保等科技型、创新型生产性服务业企业，可申请认定为高新技术企业，享受15%的企业所得税优惠税率。研究适时扩大生产性服务业服务产品出口退税政策范围，制定产品退税目录和具体管理办法。

中央财政和地方财政在各自事权和支出责任范围内，重点支持公共基础设施、市场诚信体系、标准体系建设以及公共服务平台等服务业发展薄弱环节建设，探索完善财政资金投入方式，提高资金使用效率，推动建立统一开放、规范竞争的服务业市场体系。鼓励开发区、产业集群、现代农业产业基地、服务业集聚区和发展示范区积极建设重大服务平台。积极研究自主创新产品首次应用政策，增加对研发设计成果应用的支持。完善政府采购办法，逐步加大政府向社会力量购买服务的力度，凡适合社会力量承担的，都可以通过委托、承包、采购等方式交给社会力量承担。研究制定政府向社会力量购买服务的指导性目录，明确政府购买的服务种类、性质和内容。

（三）创新金融服务。

鼓励商业银行按照风险可控、商业可持续原则，开发适合生产性服务业特点的各类金融产品和服务，积极发展商圈融资、供应链融资等融资方式。支持节能环保服务项目以预期收益质押获得贷款。研究制定利用知识产权质押、仓单质押、信用保险保单质押、股权质押、商业保理等多种方式融资的可行措施。建立生产性服务业重点领域企业信贷风险补偿机制。完善动产抵（质）押登记公示体系，建立健全动产押品管理公司监管制度。支持符合条件的生产性服务业企业通过银行间债券市场发行非金融企业债券融资工具融资，拓宽企业融资渠道。支持商业银行发行专项金融债券，服务于小微企业。根据研发、设计、应用的阶段特征和需求，建立完善相应的融资支持体系和产品。搭建方便快捷的融资平台，支持符合条件的生产性服务业企业上市融资、发行债券。对符合条件的中小企业信用担保机构提供担保服务实行免征营业税政策。鼓励融资性担保机构扩大生产性服务业企业担保业务规模。

（四）完善土地和价格政策。

合理安排生产性服务业用地，促进节约集约发展。鼓励工业企业利用自有工业用地兴办促进企业转型升级的自营生产性服务业，经依法批准，对提高自有工业用地容积率用于自营生产性服务业的工业企业，可按新用途办理相关手续。选择具备条件的城市和国家服务业综合改革试点区域，鼓励通过对城镇低效用地的改造发展生产性服务业。加强对服务业发展示范区促进生产性服务业发展与土地利用工作的协同指导。

建立完善主要以市场决定价格的生产性服务业价格形成机制，规范服务价格。建立科学合理的生产性服务业企业贷款定价机制，加大对生产性服务业重点领域企业的支持力度。加快落实生产性服务业用电、用水、用气与工业同价。对工业企业分离出的非核心业务，在水、气方面实行与原企业相同的价格政策。符合条件的生产性服务业重点领域企业，可申请参与电力用户与发电企业直接交易试点。加强对生产性服务业重点领域违规收费项目的清理和监督检查。

（五）加强知识产权保护和人才队伍建设。

鼓励生产性服务业企业创造自主知识产权，加强对服务模式、服务内容等创新的保护。加快数字版权保护技术研发，推进国家版权监管平台建设。扩大知识产权基础信息资源共享范围，促进知识产权协同创新。加强知识产权执法，加大对侵犯知识产权和制售假冒伪劣商品的打击力度，维护市场秩序，保护创新积极性。加强政府引导，及时发布各类人才需求导向等信息。支持生产性服务业创新团队培养，建立创新发展服务平台。研究促进设计、创意人才队伍建设的措施办法，鼓励创新型人才发展。建设大型专业人才服务平台，增强人才供需衔接。

（六）建立健全统计制度。

以国民经济行业分类为基础，抓紧研究制定生产性服务业及重点领域统计分类，完善相关统计制度和指标体系，明确各有关部门相关统计任务。建立健全有关部门信息共享机制，逐步形成年度、季度信息发布机制。

各地区、各部门要充分认识发展生产性服务业的重大意义，把加快发展生产性服务业作为转变经济发展方式、调整产业结构的重要任务，采取有力措施，确保各项政策落到实处、见到实效。地方各级人民政府要加强组织领导，结合本地实际进一步研究制定扶持生产性服务业发展的政策措施。国务院各有关部门要密切协作配合，抓紧制定各项配套政策和落实政策措施分工的具体措施，营造促进生产性服务业发展的良好环境。发展改革委要加强统筹协调，会同有关部门对本意见落实情况进行督促检查和跟踪分析，每半年向国务院报告一次落实情况，重大问题及时报告。

在推进生产性服务业加快发展的同时，要围绕人民群众的迫切需要，继续大力发展生活性服务业，落实和完善生活性服务业支持政策，拓展新领域，不断丰富健康、家庭、养老等服务产品供给；发展新业态，不断提高网络购物、远程教育、旅游等服务层次水平；培育新热点，不断扩大文化创意、数字家庭、信息消费等消费市场规模，做到生产性服务业与生活性服务业并重、现代服务业与传统服务业并举，切实把服务业打造成经济社会可持续发展的新引擎。

附件：政策措施分工表

附件：

政策措施分工表

序号	工作任务	负责部门
1	进一步放开生产性服务业领域市场准入，营造公平竞争环境，不得对社会资本设置歧视性障碍，鼓励社会资本以多种方式发展生产性服务业	发展改革委、商务部会同有关部门
2	进一步减少生产性服务业重点领域前置审批和资质认定项目，由先证后照改为先照后证，加快落实注册资本认缴登记制	工商总局、中央编办会同有关部门
3	加快研究制定服务业进一步扩大开放的政策措施，对已经明确的扩大开放要求，要抓紧落实配套措施	发展改革委、商务部会同有关部门
4	进一步提高生产性服务业境外投资的便利化程度	发展改革委、商务部会同有关部门

续 表

序号	工作任务	负责部门
5	加快跨境电子商务通关试点建设	海关总署、发展改革委、商务部、质检总局会同有关部门
6	尽快将营业税改征增值税试点扩大到服务业全领域。根据生产性服务业产业融合度高的特点，完善促进生产性服务业的税收政策	财政部、税务总局
7	研究适时扩大生产性服务业服务产品出口退税政策范围，制定产品退税目录和具体管理办法	财政部、税务总局、发展改革委
8	完善政府采购办法，逐步加大政府向社会力量购买服务的力度，凡适合社会力量承担的，都可以通过委托、承包、采购等方式交给社会力量承担。研究制定政府向社会力量购买服务的指导性目录，明确政府购买的服务种类、性质和内容	财政部
9	研究制定利用知识产权质押、仓单质押、信用保险保单质押、股权质押、商业保理等多种方式融资的可行措施	人民银行、银监会、财政部、保监会、知识产权局、版权局、商务部、工商总局等
10	支持符合条件的生产性服务业企业上市融资、发行债券	证监会、发展改革委、人民银行
11	鼓励融资性担保机构扩大生产性服务业企业担保业务规模	银监会、发展改革委、工业和信息化部、财政部等
12	鼓励工业企业利用自有工业用地兴办促进企业转型升级的自营生产性服务业，经依法批准，对提高自有工业用地容积率用于自营生产性服务业的工业企业，可按新用途办理相关手续	发展改革委、工业和信息化部、住房城乡建设部、国土资源部
13	选择具备条件的城市和国家服务业综合改革试点区域，鼓励通过对城镇低效用地的改造发展生产性服务业。加强对服务业发展示范区促进生产性服务业发展与土地利用工作的协同指导	国土资源部、住房城乡建设部、发展改革委
14	支持生产性服务业创新团队培养	发展改革委、人力资源和社会保障部
15	抓紧研究制定生产性服务业及重点领域统计分类，完善相关统计制度和指标体系，明确各有关部门相关统计任务。建立健全有关部门信息共享机制，逐步形成年度、季度信息发布机制	统计局、发展改革委、工业和信息化部会同有关部门

国务院关于印发物流业发展中长期规划（2014—2020 年）的通知

（国发〔2014〕42 号 2014 年 10 月 4 日）

各省、自治区、直辖市人民政府，国务院各部委、各直属机构：

现将《物流业发展中长期规划（2014—2020 年）》印发给你们，请认真贯彻执行。

物流业发展中长期规划（2014—2020 年）

物流业是融合运输、仓储、货代、信息等产业的复合型服务业，是支撑国民经济发展的基础性、战略性产业。加快发展现代物流业，对于促进产业结构调整、转变发展方式、提高国民经济竞争力和建设生态文明具有重要意义。为促进物流业健康发展，根据党的十八大、十八届三中全会精神和《中华人民共和国国民经济和社会发展第十二个五年规划纲要》《服务业发展“十二五”规划》等，制定本规划。规划期为 2014—2020 年。

一、发展现状与面临的形势

（一）发展现状。

“十一五”特别是国务院印发《物流业调整和振兴规划》以来，我国物流业保持较快增长，服务能力显著提升，基础设施条件和政策环境明显改善，现代产业体系初步形成，物流业已成为国民经济的重要组成部分。

产业规模快速增长。全国社会物流总额 2013 年达到 197.8 万亿元，比 2005 年增长 3.1 倍，按可比价格计算，年均增长 11.5%。物流业增加值 2013 年达到 3.9 万亿元，比 2005 年增长 2.2 倍，年均增长 11.1%，物流业增加值占国内生产总值的比重由 2005 年的 6.6% 提高到 2013 年的 6.8%，占服务业增加值的比重达到 14.8%。物流业吸纳就业人数快速增加，从业人员从 2005 年的 1780 万人增长到 2013 年的 2890 万人，年均增长 6.2%。

服务能力显著提升。物流企业资产重组和资源整合步伐进一步加快，形成了一批所有制多元化、服务网络化和管理现代化的物流企业。传统运输业、仓储业加速向现代物流业转型，制造业物流、商贸物流、电子商务物流和国际物流等领域专业化、社会化服务能力显著增强，服务水平不断提升，现代物流服务体系初步建立。

技术装备条件明显改善。信息技术广泛应用，大多数物流企业建立了管理信息系统，物流信息平台建设快速推进。物联网、云计算等现代信息技术开始应用，装卸搬运、分拣包装、加工配送等专用物流装备和智能标签、跟踪追溯、路径优化等技术迅速推广。

基础设施网络日趋完善。截至 2013 年年底，全国铁路营业里程 10.3 万公里，其中高速铁路 1.1 万公里；全国公路总里程达到 435.6 万公里，其中高速公路 10.45 万公里；内河航道通航里程 12.59 万公里，其中三级及以上高等级航道 1.02 万公里；全国港口拥有万吨级及以上泊位 2001 个，其中沿海港口 1607 个、内河港口 394 个；全国民用运输机场 193 个。2012 年全国营业性库房面积约 13 亿平方米，各种类型的物流园区 754 个。

发展环境不断优化。“十二五”规划纲要明确提出“大力发展现代物流业”。国务院印发《物流业调整和振兴规划》，并制定出台了促进物流业健康发展的政策措施。有关部门和地方政府出台了一系列专项规划和配套措施。社会物流统计制度日趋完善，标准化工作有序推进，人才培养工作进一步加强，物流科技、学术理论研究及产学研合作不断深入。

总体上看，我国物流业已步入转型升级的新阶段。但是，物流业发展总体水平还不高，发展方式比较粗放。主要表现为：一是物流成本高、效率低。2013 年全社会物流总费用与国内生产总值的比率高达 18%，高于发达国家水平 1 倍左右，也显著高于巴西、印度等发展中国家的水平。二是条块分割严重，阻碍物流业发展的体制机制障碍仍未打破。企业自营物流比重高，物流企业规模小，先进技术难以推广，物流标准难以统一，迂回运输、资源浪费的问题突出。三是基础设施相对滞后，不能满足现代物流发展的要求。现代化仓储、多式联运转运等设施仍显不足，布局合理、功能完善的物流园区体系尚未建立，高效、顺畅、便捷的综合交通运输网络尚不健全，物流基础设施之间不衔接、不配套问题比较突出。四是政策法规体系还不够完善，市场秩序不够规范。已经出台的一些政策措施有待进一步落实，一些地方针对物流企业的乱收费、乱罚款问题突出。信用体系建设滞后，物流业从业人员整体素质有待进一步提升。

（二）面临的形势。

当前，经济全球化趋势深入发展，网络信息技术革命带动新技术、新业态不断涌现，物流业发展面临的机遇与挑战并存。伴随全面深化改革，工业化、信息化、新型城镇化和农业现代化进程持续推进，产业结构调整和居民消费升级步伐不断加快，我国物流业发展空间越来越广阔。

物流需求快速增长。农业现代化对大宗农产品物流和鲜活农产品冷链物流的需求不断增长。新型工业化要求加快建立规模化、现代化的制造业物流服务体系。居民消费升级以及新型城镇化步伐加快，迫切需要建立更加完善、便捷、高效、安全的消费品物流配送体系。此外，电子商务、网络消费等新兴业态快速发展，快递物流等需求也将继续快速增长。

新技术、新管理不断出现。信息技术和供应链管理不断发展并在物流业得到广泛运用，为广大生产流通企业提供了越来越低成本、高效率、多样化、精益化的物流服务，推动制造业专注核心业务和商贸业优化内部分工，以新技术、新管理为核心的现代物流体系日益形成。随着城乡居民消费能力的增强和消费方式的逐步转变，全社会物流服务能力和效率持续提升，物流成本进一步降低、流通效率明显提高，物流业市场竞争加剧。

资源环境约束日益加强。随着社会物流规模的快速扩大、能源消耗和环境污染形势的加重、城市交通压力的加大，传统的物流运作模式已难以为继。按照建设生态文明的要求，必须加快运用先进运营管理理念，不断提高信息化、标准化和自动化水平，促进一体化运作和网络化经营，大力发展绿色物流，推动节能减排，切实降低能耗、减少排放、缓解交通压力。

国际竞争日趋激烈。随着国际产业转移步伐不断加快和服务贸易快速发展，全球采购、全球生产和全球销售的物流发展模式正在日益形成，迫切要求我国形成一批深入参与国际分工、具有国际竞争力的跨国物流企业，畅通与主要贸易伙伴、周边国家便捷高效的国际物流大通道，形成具有全球影响力的国际物流中心，以应对日益激烈的全球物流企业竞争。

二、总体要求

（一）指导思想。

以邓小平理论、“三个代表”重要思想、科学发展观为指导，深入贯彻党的十八大和十八届二中、三中全会精神，全面落实党中央、国务院各项决策部署，按照加快转变发展方式、建设生态文明的要求，适应信息技术发展的新趋势，以提高物流效率、降低物流成本、减轻资源和环境压力为重点，以市场为导向，以改革开放为动力，以先进技术为支撑，积极营造有利于现代物流业发展的政策环境，着力建立和完善现代物流服务体系，加快提升物流业发展水平，促进产业结构调整和经济提质增效升级，增强国民经济竞争力，为全面建成小康社会提供物流服务保障。

（二）主要原则。

市场运作，政府引导。使市场在资源配置中起决定性作用和更好发挥政府作用，强化企业的市场主体地位，积极发挥政府在战略、规划、政策、标准等方面的引导作用。

优化结构，提升水平。加快传统物流业转型升级，建立和完善社会化、专业化的物流服务体系，大力发展第三方物流。形成一批具有较强竞争力的现代物流企业，扭转“小、散、弱”的发展格局，提升产业规模和发展水平。

创新驱动，协同发展。加快关键技术装备的研发应用，提升物流业信息化和智能化水平，创新运作管理模式，提高供应链管理和物流服务水平，形成物流业与制造业、商贸业、金融业协同发展的新优势。

节能减排，绿色环保。鼓励采用节能环保的技术、装备，提高物流运作的组织化、网络化水平，降低物流业的总体能耗和污染物排放水平。

完善标准，提高效率。推动物流业技术标准体系建设，加强一体化运作，实现物流作业各环节、各种物流设施设备以及物流信息的衔接配套，促进物流服务体系高效运转。

深化改革，整合资源。深化物流业管理体制改革，进一步简政放权，打破行业、部门和地区分割，反对垄断和不正当竞争，统筹城市和乡村、国际和国内物流体系建设，建立有利于资源整合和优化配置的体制机制。

（三）发展目标。

到 2020 年，基本建立布局合理、技术先进、便捷高效、绿色环保、安全有序的现代物流服务体系。

物流的社会化、专业化水平进一步提升。物流业增加值年均增长8%左右，物流业增加值占国内生产总值的比重达到7.5%左右。第三方物流比重明显提高。新的物流装备、技术广泛应用。

物流企业竞争力显著增强。一体化运作、网络化经营能力进一步提高，信息化和供应链管理水平明显提升，形成一批具有国际竞争力的大型综合物流企业集团和物流服务品牌。

物流基础设施及运作方式衔接更加顺畅。物流园区网络体系布局更加合理，多式联运、甩挂运输、共同配送等现代物流运作方式保持较快发展，物流集聚发展的效益进一步显现。

物流整体运行效率显著提高。全社会物流总费用与国内生产总值的比率由2013年的18%下降到16%左右，物流业对国民经济的支撑和保障能力进一步增强。

三、发展重点

（一）着力降低物流成本。

打破条块分割和地区封锁，减少行政干预，清理和废除妨碍全国统一市场和公平竞争的各种规定和做法，建立统一开放、竞争有序的全国物流服务市场。进一步优化通行环境，加强和规范收费公路管理，保障车辆便捷高效通行，积极采取有力措施，切实加大对公路乱收费、乱罚款的清理整顿力度，减少不必要的收费点，全面推进全国主要高速公路不停车收费系统建设。加快推进联通国内、国际主要经济区域的物流通道建设，大力发展多式联运，努力形成京沪、京广、欧亚大陆桥、中欧铁路大通道、长江黄金水道等若干条货畅其流、经济便捷的跨区域物流大通道。

（二）着力提升物流企业规模化、集约化水平。

鼓励物流企业通过参股控股、兼并重组、协作联盟等方式做大做强，形成一批技术水平先进、主营业务突出、核心竞争力强的大型现代物流企业集团，通过规模化经营提高物流服务的一体化、网络化水平，形成大小物流企业共同发展的良好态势。鼓励运输、仓储等传统物流企业向上下游延伸服务，推进物流业与其他产业互动融合，协同发展。鼓励物流企业与制造企业深化战略合作，建立与新型工业化发展相适应的制造业物流服务体系，形成一批具有全球采购、全球配送能力的供应链服务商。鼓励商贸物流企业提高配送的规模化和协同化水平，加快电子商务物流发展，建立快速便捷的城乡配送物流体系。支持快递业整合资源，与民航、铁路、公路等运输行业联动发展，加快形成一批具有国际竞争力的大型快递企业，构建覆盖城乡的快递物流服务体系。支持航空货运企业兼并重组、做强做大，提高物流综合服务能力。充分发挥邮政的网络、信息和服务优势，深入推动邮政与电子商务企业的战略合作，发展电商小包等新型邮政业务。进一步完善邮政基础设施网络，鼓励各地邮政企业因地制宜地发展农村邮政物流服务，推动农资下乡和农产品进城。

（三）着力加强物流基础设施网络建设。

推进综合交通运输体系建设，合理规划布局物流基础设施，完善综合运输通道和交通枢纽节点布局，构建便捷、高效的物流基础设施网络，促进多种运输方式顺畅衔接和高效中转，提升物流体系综合能力。优化航空货运网络布局，加快国内航空货运转运中心、连接国际重要航空货运中心的大型货运枢纽建设。推进“港站一体化”，实现铁路货运站与港口码头无缝衔接。完善物流转运设施，提高货物换装的便捷性和兼容性。加快煤炭外运、“北粮南运”、粮食仓储等重要基础设施建设，解决突出的运输“卡脖子”问题。加强物流园区规划布局，进一步明确功能定位，整合和规范现有园区，节约、集约用地，提高资源利用效率和管理水平。在大中城市和制造业基地周边加强现代化配送中心规划，在城市社区和村镇布局建设共同配送末端网点，优化城市商业区和大型社区物流基础设施的布局建设，形成层级合理、规模适当、需求匹配的物流仓储配送网络。进一步完善应急物流基础设施，积极有效应对突发自然灾害、公共卫生事件以及重大安全事故。

四、主要任务

（一）大力提升物流社会化、专业化水平。

鼓励制造企业分离外包物流业务，促进企业内部物流需求社会化。优化制造业、商贸业集聚区物流资源配置，构建中小微企业公共物流服务平台，提供社会化物流服务。着力发展第三方物流，引导传统仓储、运输、国际货代、快递等企业采用现代物流管理理念和技术装备，提高服务能力；支持从制造企业内部剥离出来的物流企业发挥专业化、精益化服务优势，积极为社会提供公共物流服务。鼓励物流企业功能整合和业务创新，不断提升专业化服务水平，积极发展定制化物流服务，满足日益增长的个性化物流需求。进一步优化物流组织模式，积极发展共同配送、统一配送，提高多式联运比重。

（二）进一步加强物流信息化建设。

加强北斗导航、物联网、云计算、大数据、移动互联等先进信息技术在物流领域的应用。加快企业物流信息系统建设，发挥核心物流企业整合能力，打通物流信息链，实现物流信息全程可追踪。加快物流公共信息平台建设，积极推进全社会物流信息资源的开发利用，支持运输配载、跟踪追溯、库存监控等有实际需求、具备可持续发展前景的物流信息平台发展，鼓励各类平台创新运营服务模式。进一步推进交通运输物流公共信息平台发展，整合铁路、公路、水路、民航、邮政、海关、检验检疫等信息资源，促进物流信息与公共服务信息有效对接，鼓励区域间和行业内的物流平台信息共享，实现互联互通。

（三）推进物流技术装备现代化。

加强物流核心技术和装备研发，推动关键技术装备产业化，鼓励物流企业采用先进适用技术和装备。加快食品冷链、医药、烟草、机械、汽车、干散货、危险化学品等专业物流装备的研发，提升物流装备的专业化水平。积极发展标准化、厢式化、专业化的公路货运车辆，逐步淘汰栏板式货车。推广铁路重载运输技术装备，积极发展铁路特种、专用货车以及高铁快件等运输技术装备，加强物流安全检测技术与装备的研发和推广应用。吸收引进国际先进物流技术，提高物流技术自主创新能力。

（四）加强物流标准化建设。

加紧编制并组织实施物流标准中长期规划，完善物流标准体系。按照重点突出、结构合理、层次分明、科学适用、基本满足发展需要的要求，完善国家物流标准体系框架，加强通用基础类、公共类、服务类及专业类物流标准的制定工作，形成一批对全国物流业发展和服务水平提升有重大促进作用的物流标准。注重物流标准与其他产业标准以及国际物流标准的衔接，科学划分推荐性和强制性物流标准，加大物流标准的实施力度，努力提升物流服务、物流枢纽、物流设施设备的标准化运作水平。调动企业在标准制修订工作中的积极性，推进重点物流企业参与专业领域物流技术标准和管理标准的制定和标准化试点工作。加强物流标准的培训宣传和推广应用。

（五）推进区域物流协调发展。

落实国家区域发展整体战略和产业布局调整优化的要求，继续发挥全国性物流节点城市和区域性物流节点城市的辐射带动作用，推动区域物流协调发展。按照建设丝绸之路经济带、海上丝绸之路、长江经济带等重大战略规划要求，加快推进重点物流区域和联通国际国内的物流通道建设，重点打造面向中亚、南亚、西亚的战略物流枢纽及面向东盟的陆海联运、江海联运节点和重要航空港，建立省际和跨国合作机制，促进物流基础设施互联互通和信息资源共享。东部地区要适应居民消费加快升级、制造业转型、内外贸一体化的趋势，进一步提升商贸物流、制造业物流和国际物流的服务能力，探索国际国内物流一体化运作模式。按照推动京津冀协同发展、环渤海区域合作和发展等要求，加快商贸物流业一体化进程。中部地区要发挥承东启西、贯通南北的区位优势，加强与沿海、沿边地区合作，加快陆港、航空口岸建设，构建服务于产业转移、资源输送和南北区域合作的物流通道和枢纽。西部地区要结合推进丝绸之路经济带建设，打造物流通道，改善区域物流条件，积极发展具有特色优势的农产品、矿产品等大宗商品物流产业。东北地区要加快构建东北亚沿边物流带，形成面向俄罗斯、连接东北亚及欧洲的物流大通道，重点推进制造业物流和粮食等大宗资源型商品物流发展。物流节点城市是区域物流发展的重要枢纽，要根据产业特点、发展水平、设施状况、市场需求、功能定位等，加强物流基础设施的规划布局，改善产业发展环境。

（六）积极推动国际物流发展。

加强枢纽港口、机场、铁路、公路等各类口岸物流基础设施建设。以重点开发开放试验区为先导，结合发展边境贸易，加强与周边国家和地区的跨境物流体系和走廊建设，加快物流基础设施互联互通，形成一批国际货运枢纽，增强进出口货物集散能力。加强境内外口岸、内陆与沿海、沿边口岸的战略合作，推动海关特殊监管区域、国际陆港、口岸等协调发展，提高国际物流便利化水平。建立口岸物流联检联动机制，进一步提高通关效率。积极构建服务于全球贸易和营销网络、跨境电子商务的物流支撑体系，为国内企业“走出去”和开展全球业务提供物流服务保障。支持优势物流企业加强联合，构建国际物流服务网络，打造具有国际竞争力的跨国物流企业。

（七）大力发展绿色物流。

优化运输结构，合理配置各类运输方式，提高铁路和水路运输比重，促进节能减排。大力发展甩挂运输、共同配送、统一配送等先进的物流组织模式，提高储运工具的信息化水平，减少返空、迂回运输。鼓励采用低能耗、低排放运输工具和节能型绿色仓储设施，推广集装单元化技术。借鉴国际先进经验，完善能耗和排放监测、检测认证制度，加快建立绿色物流评估标准和认证体系。加强危险品水运管理，最大限度减少环境事故。鼓励包装重复使用和回收再利用，提高托盘等标准化器具和包装物的循环利用水平，构建低环境负荷的循环物流系统。大力发展回收物流，鼓励生产者、再生资源回收利用企业联合开展废旧产品回收。推广应用铁路散堆装货物运输抑尘技术。

五、重点工程

（一）多式联运工程。

加快多式联运设施建设，构建能力匹配的集疏运通道，配备现代化的中转设施，建立多式联运信息平台。完善港口的铁路、公路集疏运设施，提升临港铁路场站和港站后方通道能力。推进铁路专用线建设，发挥铁路集装箱中心站作用，推进内陆城市和港口的集装箱场站建设。构建与铁路、机场和公路货运站能力匹配的公路集疏运网络系统。发展海铁联运、铁水联运、公铁联运、陆空联运，加快推进大宗散货水铁联运、集装箱多式联运，积极发展干支直达和江海直达等船舶运输组织方式，探索构建以半挂车为标准荷载单元的铁路驮背运输、水路滚装运输等多式联运体系。

（二）物流园区工程。

在严格符合土地利用总体规划、城市总体规划的前提下，按照节约、集约用地的原则，在重要的物流节点城市加快整合与合理布局物流园区，推进物流园区水、电、路、通信设施和多式联运设施建设，加快现代化立体仓库和信息平台建设，完善周边公路、铁路配套，推广使用甩挂运输等先进运输方式和智能化管理技术，完善物流园区管理体制，提升管理和服务水平。结合区位特点和物流需求，发展货运枢纽型、生产服务型、商贸服务型、口岸服务型和综合服务型物流园区，以及农产品、农资、钢铁、煤炭、汽车、医药、出版物、冷链、危险货物运输、快递等专业类物流园区，发挥物流园区的示范带动作用。

（三）农产品物流工程。

加大粮食仓储设施建设和维修改造力度，满足粮食收储需要。引进先进粮食仓储设备和技术，切实改善粮食仓储条件。积极推进粮食现代物流设施建设，发展粮食储、运、装、卸“四散化”和多式联运，开通从东北入关的铁路散粮列车和散粮集装箱班列，加强粮食产区的收纳和发放设施、南方销区的铁路和港口散粮接卸设施建设，解决“北粮南运”运输“卡脖子”问题。推进棉花运输装卸机械化、仓储现代化、管理信息化，加强主要产销区的物流节点及铁路专用线建设，支持企业开展纺织配棉配送服务。加强“南糖北运”及产地的运输、仓储等物流设施建设。加强鲜活农产品冷链物流设施建设，支持“南菜北运”和大宗鲜活农产品产地预冷、初加工、冷藏保鲜、冷链运输等设施设备建设，形成重点品种农产品物流集散中心，提升批发市场等重要节点的冷链设施水平，完善冷链物流网络。

（四）制造业物流与供应链管理工程。

支持建设与制造业企业紧密配套、有效衔接的仓储配送设施和物流信息平台，鼓励各类产业聚集区域和功能区配套建设公共外仓，引进第三方物流企业。鼓励传统运输、仓储企业向供应链上下游延伸服务，建设第三方供应链管理平台，为制造业企业提供供应链计划、采购物流、入厂物流、交付物流、回收物流、供应链金融以及信息追溯等集成服务。加快发展具有供应链设计、咨询管理能力的专业物流企业，着力提升面向制造业企业的供应链管理服务水平。

（五）资源型产品物流工程。

依托煤炭、石油、铁矿石等重要产品的生产基地和市场，加快资源型产品物流集散中心和物流通道建设。推进晋陕蒙（西）宁甘、内蒙古东部、新疆等煤炭外运重点通道建设，重点建设环渤海等大型煤炭储配基地和重点煤炭物流节点。统筹油气进口运输通道和国内储运体系建设，加快跨区域、与周边国家和地区紧密连接的油气运输通道建设，加强油气码头建设，鼓励发展油船、液化天然气船，加强铁矿石等重要矿产品港口（口岸）物流设施建设。

（六）城乡物流配送工程。

加快完善城乡配送网络体系，统筹规划、合理布局物流园区、配送中心、末端配送网点等三级配送节点，搭建城市配送公共服务平台，积极推进县、乡、村消费品和农资配送网络体系建设。进一步发挥邮政及供销合作社的网络和服务优势，加强农村邮政网点、村邮站、“三农”服务站等邮政终端设施建设，促进农村地区商品的双向流通。推进城市绿色货运配送体系建设，完善城市配送车辆标准和通行管控措施，鼓励节能环保车辆在城市配送中的推广应用。加快现代物流示范城市的配送体系发展，建设服务连锁经营企业和网络销售企业的跨区域配送中心。发展智能物流基础设施，支持农村、社区、学校的物流快递公共取送点建设。鼓励交通、邮政、商贸、供销、出版物销售等开展联盟合作，整合利用现有物流资源，进一步完善存储、转运、停靠、卸货等基础设施，加强服务网络建设，提高共同配送能力。

（七）电子商务物流工程。

适应电子商务快速发展需求，编制全国电子商务物流发展规划，结合国家电子商务示范城市、示范基地、物流园区、商业设施等建设，整合配送资源，构建电子商务物流服务平台和配送网络。建成一批区域性仓储配送基地，吸引制造商、电商、快递和零担物流公司、第三方服务公司入驻，提高物流配送效率和专业化服务水平。探索利用高铁资源，发展高铁快件运输。结合推进跨境贸易电子商务试点，完善一批快递转运中心。

（八）物流标准化工程。

重点推进物流技术、信息、服务、运输、货代、仓储、粮食等农产品及加工食品、医药、汽车、家电、电子商务、邮政（含快递）、冷链、应急等物流标准的制修订工作，积极着手开展钢铁、机械、煤炭、铁矿石、石油石化、建材、棉花等大宗产品物流标准的研究制订工作。支持仓储和转运设施、运输工具、停靠和卸货站点的标准化建设和改造，制定公路货运标准化电子货单，推广托盘、集装箱、集装袋等标准化设施设备，建立全国托盘共用体系，推进管理软件接口标准化，全面推广甩挂运输试点经验。开展物流服务认证试点工作，推进物流领域检验检测体系建设，支持物流企业开展质量、环境和职业健康安全管理体系认证。

（九）物流信息平台工程。

整合现有物流信息服务平台资源，形成跨行业和区域的智能物流信息公共服务平台。加强综合运输信息、物流资源交易、电子口岸和大宗商品交易等平台建设，促进各类平台之间的互联互通和信息共享。鼓励龙头物流企业搭建面向中小物流企业的物流信息服务平台，促进货源、车源和物流服务等信息的高效匹配，有效降低货车空驶率。以统一物品编码体系为依托，建设衔接企业、消费者与政府部门的第三方公共服务平台，提供物流信息标准查询、对接服务。建设智能物流信息平台，形成集物流信息发布、在线交易、数据交换、跟踪追溯、智能分析等功能为一体的物流信息服务中心。加快推进国家交通运输物流公共信息平台建设，依托东北亚物流信息服务网络等已有平台，开展物流信息化国际合作。

（十）物流新技术开发应用工程。

支持货物跟踪定位、无线射频识别、可视

化技术、移动信息服务、智能交通和位置服务等关键技术攻关，研发推广高性能货物搬运设备和快速分拣技术，加强沿海和内河船型、商用车运输等重要运输技术的研发应用。完善物品编码体系，推动条码和智能标签等标识技术、自动识别技术以及电子数据交换技术的广泛应用。推广物流信息编码、物流信息采集、物流载体跟踪、自动化控制、管理决策支持、信息交换与共享等领域的物流信息技术。鼓励新一代移动通信、道路交通信息通信系统、自动导引车辆、不停车收费系统以及托盘等集装单元化技术普及。推动北斗导航、物联网、云计算、大数据、移动互联等技术在产品可追溯、在线调度管理、全自动物流配送、智能配货等领域的应用。

（十一）再生资源回收物流工程。

加快建立再生资源回收物流体系，重点推动包装物、废旧电器电子产品等生活废弃物和报废工程机械、农作物秸秆、消费品加工中产生的边角废料等有使用价值废弃物的回收物流发展。加大废弃物回收物流处理设施的投资力度，加快建设一批回收物流中心，提高回收物品的收集、分拣、加工、搬运、仓储、包装、维修等管理水平，实现废弃物的妥善处置、循环利用、无害环保。

（十二）应急物流工程。

建立统一协调、反应迅捷、运行有序、高效可靠的应急物流体系，建设集满足多种应急需要为一体的物流中心，形成一批具有较强应急物流运作能力的骨干物流企业。加强应急仓储、中转、配送设施建设，提升应急物流设施设备的标准化和现代化水平，提高应急物流效率和应急保障能力。建立和完善应急物流信息系统，规范协调调度程序，优化信息流程、业务流程和管理流程，推进应急生产、流通、储备、运输环节的信息化建设和应急信息交换、数据共享。

六、保障措施

（一）深化改革开放。

加快推进物流管理体制改革，完善各层级的物流政策综合协调机制，进一步发挥全国现代物流工作部际联席会议作用。按照简政放权、深化行政审批制度改革的要求，建立公平透明的市场准入标准，进一步放宽对物流企业资质的行政许可和审批条件，改进审批管理方式。落实物流企业设立非法人分支机构的相关政策，鼓励物流企业开展跨区域网络化经营。引导企业改革“大而全”、“小而全”的物流运作模式，制定支持企业分离外包物流业务和加快发展第三方物流的措施，充分整合利用社会物流资源，提高规模化水平。加强与主要贸易对象国及台港澳等地区的政策协调和物流合作，推动国内物流企业与国际先进物流企业合作交流，支持物流企业“走出去”。做好物流业外资并购安全审查工作，扩大商贸物流、电子商务领域的对外开放。

（二）完善法规制度。

尽快从国民经济行业分类、产业统计、工商注册及税目设立等方面明确物流业类别，进一步明确物流业的产业地位。健全物流业法律法规体系，抓紧研究制修订物流业安全监管、交通运输管理和仓储管理等相关法律法规或部门规章，开展综合性法律的立法准备工作，在此基础上择机研究制订物流业促进方面的法律法规。

（三）规范市场秩序。

加强对物流市场的监督管理，完善物流企业和从业人员信用记录，纳入国家统一的信用信息平台。增强企业诚信意识，建立跨地区、跨行业的联合惩戒机制，加大对失信行为的惩戒力度。加强物流信息安全管理，禁止泄露转卖客户信息。加强物流服务质量满意度监测，开展安全、诚信、优质服务创建活动。鼓励企业整合资源、加强协作，提高物流市场集中度和集约化运作水平，减少低水平无序竞争。加强对物流业市场竞争行为的监督检查，依法查处不正当竞争和垄断行为。

（四）加强安全监管。

加强对物流企业的安全管理，督促物流企业切实履行安全主体责任，严格执行国家强制标准，保证运输装备产品的一致性。加强对物流车辆和设施设备的检验检测，确保车辆安全性符合国家规定、设施设备处于良好状态。禁止超载运输，规范超限运输。危险货物运输要强化企业经理人员安全管理职责和车辆动态监控。加大安全生产经费投入，及时排查整改安全隐患。加大物流业贯彻落实国家信息安全等级保护制度力度，按照国家信息安全等级保护管理规范和技术标准要求同步实施物流信息平台安全建设，提高网络安全保障能力。建立健全物流安全监管信息共享机制，物流信息平台及物流企业信息系统要按照统一技术标准建设共享信息的技术接口。道路、铁路、民航、航运、邮政部门要进一步规范货物收运、收寄流程，进一步落实货物安全检查责任，采取严格的货物安全检查措施并增加开箱检查频次，加大对瞒报货物品名行为的查处力度，严防普通货物中夹带违禁品和危险品。推广使用技术手段对集装箱和货运物品进行探测查验，提高对违禁品和危险品的发现能力。加大宣传教育力度，曝光违法违规托运和夹带违禁品、危险品的典型案件和查处结果，增强公众守法意识。

（五）完善扶持政策。

加大土地等政策支持力度，着力降低物流成本。落实和完善支持物流业发展的用地政策，依法供应物流用地，积极支持利用工业企业旧厂房、仓库和存量土地资源建设物流设施或者提供物流服务，涉及原划拨土地使用权转让或者租赁的，应按规定办理土地有偿使用手续。认真落实物流业相关税收优惠政策。研究完善支持物流企业做强做大的扶持政策，培育一批网络化、规模化发展的大型物流企业。严格执行鲜活农产品运输“绿色通道”政策。研究配送车辆进入城区作业的相关政策，完善城市配送车辆通行管控措施。完善物流标准化工作体系，建立相关部门、行业组织和标准技术归口单位的协调沟通机制。

（六）拓宽投资融资渠道。

多渠道增加对物流业的投入，鼓励民间资本进入物流领域。引导银行业金融机构加大对物流企业的信贷支持，针对物流企业特点推动金融产品创新，推动发展新型融资方式，为物流业发展提供更便利的融资服务。支持符合条件的物流企业通过发行公司债券、非金融企业债务融资工具、企业债券和上市等多种方式拓宽融资渠道。继续通过政府投资对物流业重点领域和薄弱环节予以支持。

（七）加强统计工作。

提高物流业统计工作水平，明确物流业统计的基本概念，强化物流统计理论和方法研究，科学划分物流业统计的行业类别，完善物流业统计制度和评价指标体系，促进物流统计台账和会计核算科目建设，做好社会物流总额和社会物流成本等指标的调查统计工作，及时准确反映物流业的发展规模和运行效率；构建组织体系完善、调查方法科学、技术手段先进、队伍素质优良的现代物流统计体系，推动各省（区、市）全面开展物流统计工作，进一步提高物流统计数据质量和工作水平，为政府宏观管理和企业经营决策提供参考依据。

（八）强化理论研究和人才培养。

加强物流领域理论研究，完善我国现代物流业理论体系，积极推进产学研用结合。着力完善物流学科体系和专业人才培养体系，以提高实践能力为重点，按照现代职业教育体系建设要求，探索形成高等学校、中等职业学校与有关部门、科研院所、行业协会和企业联合培养人才的新模式。完善在职人员培训体系，鼓励培养物流业高层次经营管理人才，积极开展职业培训，提高物流业从业人员业务素质。

（九）发挥行业协会作用。

要更好地发挥行业协会的桥梁和纽带作用，做好调查研究、技术推广、标准制订和宣传推广、信息统计、咨询服务、人才培养、理论研究、国际合作等方面的工作。鼓励行业协会健全和完善各项行业基础性工作，积极推动行业规范自律和诚信体系建设，推动行业健康发展。

七、组织实施

各地区、各部门要充分认识促进物流业健康发展的重大意义，采取有力措施，确保各项政策落到实处、见到实效。地方各级人民政府要加强组织领导，完善协调机制，结合本地实际抓紧制定具体落实方案，及时将实施过程中出现的新情况、新问题报送发展改革委和交通运输部、商务部等有关部门。国务院各有关部门要加强沟通，密切配合，根据职责分工完善各项配套政策措施。发展改革委要加强统筹协调，会同有关部门研究制定促进物流业发展三年行动计划，明确工作安排及时间进度，并做好督促检查和跟踪分析，重大问题及时报告。

国务院关于促进服务外包产业加快发展的意见

（国发〔2014〕67 号　2014 年 12 月 24 日）

各省、自治区、直辖市人民政府，国务院各部委、各直属机构：

近年来，我国服务外包产业规模迅速扩大，结构不断优化，以中国服务外包示范城市为主体的产业聚集效应日益增强。坚持改革创新，面向全球市场，加快发展高技术、高附加值服务外包产业，促进大众创业、万众创新，推动从主要依靠低成本竞争向更多以智力投入取胜转变，对于推进结构调整，形成产业升级新支撑、外贸增长新亮点、现代服务业发展新引擎和扩大就业新渠道，具有重要意义。为促进我国服务外包产业加快发展，推动“中国服务”再上台阶、走向世界，现提出以下意见：

一、总体要求

（一）指导思想。以邓小平理论、“三个代表”重要思想、科学发展观为指导，全面贯彻落实党的十八大和十八届二中、三中、四中全会精神，认真落实党中央、国务院的决策部署，以拓展国际国内市场为导向，围绕培育竞争新优势和营造良好发展环境，坚持改革创新、突出重点、分步实施、示范集聚的原则，着力激发企业创新动力和市场活力，尽快将服务外包产业提高到一个新水平。

（二）发展目标。今后三年，培养一批中高端人才、复合型人才和国际型人才，培育一批具有国际先进水平的服务外包知名企业，建设一批主导产业突出、创新能力强、体制机制先行先试的服务外包产业集聚区；人才队伍规模和素质进一步提高，吸纳大学生就业的数量大幅增长；服务外包产业规模持续快速增长，国际服务外包业务规模年均增长 25% 以上；产业结构进一步优化，高技术含量、高附加值的服务外包业务占比不断提高；区域布局明显改善，特色鲜明、优势互补、协调有序的良性发展格局初步形成；服务外包企业的专业服务能力和水平显著提高，中国服务外包示范城市的辐射带动作用进一步增强；服务外包产业政策体系和服务保障体系进一步完善。

到 2020 年，服务外包产业国际国内市场协调发展，规模显著扩大，结构显著优化，企业国际竞争力显著提高，成为我国参与全球产业分工、提升产业价值链的重要途径。

二、培育竞争新优势

（三）明确产业发展导向。同步推进信息技术、业务流程和知识流程外包服务，着力发展高技术、高附加值服务外包业务，促进向产业价值链高端延伸。定期发布《服务外包产业重点发展领域指导目录》，加强对服务外包产业发展指导。积极拓展服务外包行业领域，大力发展软件和信息技术、设计、研发、互联网、医疗、工业、能源等领域服务外包；加快发展文化创意、教育、交通物流、健康护理、科技服务、批发零售、休闲娱乐等领域服务外包；积极发展金融服务外包业务，鼓励金融机构将非核心业务外包。

（四）实施国际市场多元化战略。适应全球服务业加速跨国转移新趋势，进一步扩大与有关国家和地区服务外包交流与合作。巩固和加强与发达国家合作，着力提高服务外包高端业务比重；积极开拓新兴市场，不断拓展新业务和营销网络；深化与周边国家合作，推动服务标准出口；密切与丝绸之路经济带和21世纪海上丝绸之路沿线国家和地区的联系，构建多元化市场新格局。

（五）优化国内市场布局。立足服务外包产业现有基础和发展趋势，深度挖掘国内服务外包市场潜力，构建以中国服务外包示范城市为主体，结构合理、各具特色、优势互补的产业发展格局。发挥长三角、珠三角、环渤海及京津冀等区域已形成的产业集聚优势，积极吸引国内外创新资源，搭建具有国际先进水平的服务外包产业平台，不断提升产业竞争力，率先达到国际先进水平，加快带动全国服务外包产业发展。发挥中西部地区的区位优势，进一步加强服务外包产业基础设施建设，将推动服务外包产业发展作为产业转型升级、构建内陆地区开放型经济新高地的重要突破口，有序承接东部地区和国际产业转移。发挥东北地区工业体系完整的优势，不断优化发展环境，加大市场开拓力度，为振兴东北老工业基地和资源型城市转型发展提供有力支撑。

（六）培育壮大市场主体。支持各类所有制企业从事服务外包业务，鼓励服务外包企业专业化、规模化、品牌化发展。推动服务外包企业提升研发创新水平，通过国家科技计划（专项、基金等）引导和支持企业开展集成设计、综合解决方案及相关技术项目等研发。鼓励服务外包企业加强商业模式和管理模式创新，积极发展承接长期合约形式的服务外包业务。培育一批创新能力强、集成服务水平高、具有国际竞争力的服务外包龙头企业。支持一批“专、精、特、新”的中小型服务外包企业。鼓励企业特别是工业企业打破“大而全”、“小而全”的一体化格局，购买非核心业务的专业服务。引导服务外包企业通过兼并重组，优化资金、技术、人才等资源要素配置，实现优势互补。政府部门要不断拓宽购买服务领域，将可外包业务委托给专业服务企业。

（七）加强人才队伍建设。充分利用国际国内两种资源，加强服务外包各类人才培养培训。采取引进和培养相结合的方式，加强中高端人才队伍建设。支持高校以人才需求为导向调整优化服务外包专业和人才结构，依照服务外包人才相关标准组织实施教学活动，进行课程体系设置改革试点，引导大学生创新创业。鼓励高校和企业创新合作模式，积极开展互动式人才培养，共建实践教育基地，加强高校教师与企业资深工程师的双向交流。全面提升从业人员能力和水平，支持符合条件的服务外包企业通过开展校企合作录用高校毕业生，建立和完善内部培训体系。

三、强化政策措施

（八）加强规划引导。全面客观评估服务外包产业“十二五”规划实施情况，研究制订《中国国际服务外包产业发展“十三五”规划》，明确提出“十三五”服务外包产业的重点领域、主要任务和保障措施等。科学谋划服务外包产业集聚区布局，尽快形成产业集聚，发挥引领带动作用。有关部门要将服务外包产业集聚区的教育资源，物联网、大数据、云计算和移动互联及新技术应用的基础设施，以及企业的技术、管理和商业模式创新项目等纳入“十三五”相关规划。

（九）深化国际交流合作。提升双边经贸合作质量，在现有机制框架下有序推进服务外包产业务实合作，营造有利于共同发展的国际环境。加大支持服务外包企业参加国际展会、项目洽谈等活动。结合实施“走出去”战略和对外援助，综合运用贸易、出口信贷、对外投资合作和对外援助等多种措施，支持有条件的服务外包企业“走出去”，开展研发外包、知识流程外包和业务流程外包等高附加值项目合作。鼓励企业和机构在国际市场购买技术含量高、业务模式新的高端服务，引进先进技术、先进经营方式和管理经验，加快推动国内服务外包产业转型升级。

（十）加大财政支持力度。完善现有财政资金政策，优化资金安排和使用方向，改进支持方式，加大对国际服务外包业务的支持，鼓励开展国际服务外包研发、人才培训、资质认证、公共服务等。充分发挥财政资金的杠杆引导作用，通过设立国际服务外包产业引导基金等市场化支持方式，引导社会资金加大对承接国际服务外包业务企业的投入，促进扩大服务出口。

（十一）完善税收政策。从区域和领域上扩大对技术先进型服务企业减按15%税率缴纳企业所得税和职工教育经费不超过工资薪金总额8%部分税前扣除的税收优惠政策实施范围。根据服务外包产业集聚区布局，统筹考虑东、中、西部城市，将中国服务外包示范城市数量从21个有序增加到31个。实行国际服务外包增值税零税率和免税政策。

（十二）加强金融服务。拓宽服务外包企业投融资渠道。鼓励金融机构按照风险可控、商业可持续原则，创新符合监管政策、适应服务外包产业特点的金融产品和服务，推动开展应收账款质押、专利及版权等知识产权质押。支持政策性金融机构在有关部门和监管机构的指导下依法合规创新发展，加大对服务外包企业开拓国际市场、开展境外并购等业务的支持力度，加强服务外包重点项目建设。鼓励保险机构创新保险产品，提升保险服务，扩大出口信用保险规模和覆盖面，提高承保和理赔效率。利用现有资金政策，引导融资担保机构加强对服务外包中小企业的融资担保服务。支持符合条件的服务外包企业进入中小企业板、创业板、中小企业股份转让系统融资。支持符合条件的服务外包企业通过发行企业债券、公司债券、非金融企业债务融资工具等方式扩大融资，实现融资渠道多元化。

（十三）提升便利化水平。深化境外投资审批制度改革，推进境外投资便利化，实行备案为主的管理方式，最大限度缩小核准范围，简化审批手续。进一步提升通关便利化水平，创新服务外包海关监管模式。创新服务外包检验检疫监管模式，对承接国际服务外包业务所需样机、样本、试剂等简化审批程序，实施分类管理，提供通关便利。加快落实外汇管理便利化措施，具备条件的服务外包企业可申请参与服务外包境外投资外汇管理改革试点，根据试点情况及时研究推广。鼓励在跨境贸易和投资中使用人民币结算。为从事国际服务外包业务的外籍中高端管理和技术人员提供出入境和居留便利。提高国际通信服务水平，支持基础电信运营商为服务外包企业网络接入和国际线路租赁提供便利。

四、健全服务保障

（十四）建设法治化营商环境。研究完善服务外包产业的法律体系，促进产业发展和规范经营行为。切实保障国家安全，对故意或者过失泄露国家秘密、危害国家安全等违法行为，要依法追究法律责任。加大服务外包领域版权、专利、商标等知识产权的执法监管力度。建立服务外包企业信用记录和信用评价体系，惩戒失信，打击欺诈，完善服务外包企业诚信体系建设。鼓励条件成熟的地方开展地方性立法，适时出台有关服务外包产业的地方性法规和政府规章。

（十五）提高公共服务水平。驻外使（领）馆要加大对服务外包企业境外开展合作的指导协调力度，主动加强与国内主管部门的沟通配合，及时提供有效信息和政策建议。发挥行业协会的作用，提高服务和促进水平，加强行业自律，研究制订服务和人才标准，树立“中国服务”品牌。充分利用现有服务外包交流合作平台，吸引跨国公司转移国际服务外包业务，鼓励研究机构、商协会、高校和企业开展多种形式的务实合作。加强对服务外包公共信息服务，及时发布国际国内市场动态和政策信息。

（十六）加强统计分析体系建设。科学界定服务外包产业内涵和外延，健全服务外包统计指标体系和统计制度。加强服务外包统计信息系统建设。强化统计监测功能，推动服务外包产业监测预警体系建设。建立健全有关部门服务外包信息共享机制。加强与国际组织、研究机构和行业协会的数据信息交流与合作，按月度发布服务外包统计数据。

各地区、各部门要充分认识促进服务外包产业加快发展的重大意义，加强组织领导，建立工作机制，强化部门协同和上下联动，切实将本意见的各项任务落到实处、取得实效。商务部要加强统筹协调，会同有关部门科学评估服务外包产业发展情况，对本意见落实情况进行跟踪分析和监督检查，每年向国务院报告一次落实情况，重要问题及时报告。

附件：1. 重点任务分工及进度安排表

2. 21 个中国服务外包示范城市

附件 1：

重点任务分工及进度安排表

序号	工作任务	负责单位	时间进度
1	定期发布《服务外包产业重点发展领域指导目录》	商务部牵头，财政部、海关总署参加	2015 年 1 月启动

续 表

序号	工作任务	负责单位	时间进度
2	积极发展金融服务外包业务，鼓励金融机构将非核心业务外包	人民银行牵头，商务部、银监会、证监会、保监会参加	持续实施
3	推动服务外包企业提升研发创新水平，通过国家科技计划（专项、基金等）引导和支持企业开展集成设计、综合解决方案及相关技术项目等研发	科技部	持续实施
4	政府部门要不断拓宽购买服务领域，将可外包业务委托给专业服务企业	财政部	持续实施
5	支持高校以人才需求为导向调整优化服务外包专业和人才结构，依照服务外包人才相关标准组织实施教学活动，进行课程体系设置改革试点，引导大学生创新创业。鼓励高校和企业创新合作模式，积极开展互动式人才培养，共建实践教育基地，加强高校教师与企业资深工程师的双向交流	教育部牵头，商务部参加	持续实施
6	研究制订《中国国际服务外包产业发展“十三五”规划》。有关部门要将服务外包产业集聚区的教育资源，物联网、大数据、云计算和移动互联及新技术应用的基础设施，以及企业的技术、管理和商业模式创新项目等纳入“十三五”相关规划	商务部牵头，发展改革委、教育部、科技部、工业和信息化部参加	2015 年 1 月启动
7	加大支持服务外包企业参加国际展会、项目洽谈等活动	商务部牵头，财政部参加	持续实施
8	完善现有财政资金政策，优化资金安排和使用方向，改进支持方式，加大对国际服务外包业务的支持，鼓励开展国际服务外包研发、人才培训、资质认证、公共服务等。充分发挥财政资金的杠杆引导作用，通过设立国际服务外包产业引导基金等市场化支持方式，引导社会资金加大对承接国际服务外包业务企业的投入，促进扩大服务出口	财政部牵头，商务部参加	持续实施

续 表

序号	工作任务	负责单位	时间进度
9	从区域和领域上扩大对技术先进型服务企业减按 15% 税率缴纳企业所得税和职工教育经费不超过工资薪金总额 8% 部分税前扣除的税收优惠政策实施范围	财政部牵头，发展改革委、科技部、商务部、税务总局参加	持续实施
10	将中国服务外包示范城市数量从 21 个有序增加到 31 个	商务部牵头，发展改革委、教育部、科技部、工业和信息化部、财政部、人力资源和社会保障部、税务总局、外汇局参加	2015 年 1 月启动
11	实行国际服务外包增值税零税率和免税政策	财政部牵头，商务部、税务总局参加	持续实施
12	鼓励金融机构按照风险可控、商业可持续原则，创新符合监管政策、适应服务外包产业特点的金融产品和服务，推动开展应收账款质押、专利及版权等知识产权质押	人民银行牵头，财政部、商务部、银监会参加	持续实施
13	支持政策性金融机构在有关部门和监管机构的指导下依法合规创新发展，加大对服务外包企业开拓国际市场、开展境外并购等业务的支持力度，加强服务外包重点项目建设	商务部牵头，财政部、人民银行、银监会参加	持续实施
14	鼓励保险机构创新保险产品，提升保险服务，扩大出口信用保险规模和覆盖面，提高承保和理赔效率	保监会牵头，财政部、商务部参加	持续实施
15	利用现有资金政策，引导融资担保机构加强对服务外包中小企业的融资担保服务	财政部牵头，工业和信息化部、商务部参加	持续实施
16	支持符合条件的服务外包企业进入中小企业板、创业板、中小企业股份转让系统融资。支持符合条件的服务外包企业通过发行企业债券、公司债券、非金融企业债务融资工具等方式扩大融资，实现融资渠道多元化	证监会牵头，发展改革委、财政部、商务部、人民银行参加	持续实施
17	进一步提升通关便利化水平，创新服务外包海关监管模式	海关总署牵头，财政部、商务部参加	持续实施

续 表

序号	工作任务	负责单位	时间进度
18	创新服务外包检验检疫监管模式，对承接国际服务外包业务所需样机、样本、试剂等简化审批程序，实施分类管理，提供通关便利	质检总局牵头，商务部、海关总署参加	持续实施
19	加快落实外汇管理便利化措施，具备条件的服务外包企业可申请参与服务外包境外投资外汇管理改革试点，根据试点情况及时研究推广	外汇局牵头，商务部参加	持续实施
20	为从事国际服务外包业务的外籍中高端管理和技术人员提供出入境和居留便利	外交部、公安部牵头，人力资源和社会保障部、商务部、质检总局参加	持续实施
21	提高国际通信服务水平，支持基础电信运营商为服务外包企业网络接入和国际线路租赁提供便利	工业和信息化部	持续实施
22	建立服务外包企业信用记录和信用评价体系，惩戒失信，打击欺诈，完善服务外包企业诚信体系建设	商务部牵头，人民银行、工商总局、外汇局参加	2015 年 1 月启动
23	科学界定服务外包产业内涵和外延，健全服务外包统计指标体系和统计制度	商务部、统计局牵头	2015 年 1 月启动
24	加强服务外包统计信息系统建设。强化统计监测功能，推动服务外包产业监测预警体系建设	商务部牵头，统计局参加	持续实施
25	建立健全有关部门服务外包信息共享机制	商务部牵头，教育部、人民银行、统计局、银监会、证监会、保监会、外汇局参加	2015 年 1 月启动

附件 2：

21 个中国服务外包示范城市

北京、天津、上海、重庆、大连、深圳、广州、武汉、哈尔滨、成都、南京、西安、济南、杭州、合肥、南昌、长沙、大庆、苏州、无锡、厦门。

国务院关于印发落实“三互”推进大通关建设改革方案的通知

（国发〔2014〕68号　2014年12月26日）

各省、自治区、直辖市人民政府，国务院各部委、各直属机构：

现将《落实“三互”推进大通关建设改革方案》印发给你们，请认真贯彻执行。

落实“三互”推进大通关建设改革方案

按照《中共中央关于全面深化改革若干重大问题的决定》精神和国务院决策部署，为落实“推动内陆同沿海沿边通关协作，实现口岸管理相关部门信息互换、监管互认、执法互助”的重大举措，制定本改革方案。

一、总体要求

（一）指导思想。以邓小平理论、“三个代表”重要思想、科学发展观为指导，深入贯彻党的十八大和十八届二中、三中、四中全会精神，全面落实党中央、国务院的各项决策部署，围绕“五位一体”总布局和服务构建开放型经济新体制，坚持依法行政，维护公平正义，坚持安全便利并重，优化口岸管理机制，转变职能实现方式，推进口岸综合治理体系和治理能力现代化。

（二）改革目标。立足更加积极主动的对外开放战略，强化跨部门、跨区域的内陆沿海沿边通关协作，完善口岸工作机制，实现口岸管理相关部门信息互换、监管互认、执法互助（以下简称“三互”），提高通关效率，确保国门安全，力争到2020年，形成既符合中国国情又具有国际竞争力的大通关管理体制机制。

（三）基本原则。

遵循法治。运用法治思维和法治方式，凝聚改革共识、破解改革难题，坚持严格规范公正文明执法，提升口岸管理的制度化、规范化、科学化水平。

安全便利。通过加强口岸管理相关部门监管协作，优化作业流程，提高通关效率，切实做到管住管好又高效便利。

集约高效。加强部门间资源共享共用和集中统筹，充分发挥监管资源的集聚效应，推进综合执法，形成管理合力，提高管理效能。

协同治理。充分发挥口岸管理相关部门现有职能作用，更加注重沟通、协作和构建伙伴关系，实现单向管理向多元治理的转变。

二、强化大通关协作机制，实现“三互”

（四）推进“单一窗口”建设。建立国务院口岸工作部际联席会议，统一承担全国及各地方电子口岸建设业务指导和综合协调职责，将电子口岸建设成为共同的口岸管理共享平台，简化和统一单证格式与数据标准，实现申报人通过“单一窗口”向口岸管理相关部门一次性申报，口岸管理相关部门通过电子口岸平台共享信息数据、实施职能管理，执法结果通过“单一窗口”反馈申报人。中央层面通过国务院口岸工作部际联席会议统筹推进全国“单一窗口”建设，地方层面由各省（区、市）人民政府牵头形成“单一窗口”建设协调推进机制，负责推动相关工作的具体落实。

（五）全面推进“一站式作业”。推行“联合查验、一次放行”等通关新模式。海关、检验检疫、边检、交通运输（陆路）、海事（水路）需要对同一运输工具进行检查时，实施联合登临检查；需要对同一进出口货物查验时，实施联合查验；在旅检、邮递和快件监管等环节全面推行关检“一机两屏”。

（六）建立健全信息共享共用机制。建立信息全面交换和数据使用管理办法。依托电子口岸平台，以共享共用为原则，推动口岸管理相关部门各作业系统的横向互联，实现口岸管理相关部门对进出境运输工具、货物、物品（如外币现钞）、人员等申报信息、物流监控信息、查验信息、放行信息、企业资信信息等全面共享。对有保密要求的信息实行有条件共享。

（七）整合监管设施资源。现有口岸查验场地，应由口岸所在地市级人民政府协调，尽量统筹使用。新设口岸的查验场地要统一规划建设、共享共用。加强口岸基础设施改造，在人员通关为主的口岸，要为出境入境人员提供充足的候检场地。根据口岸管理相关部门相近的监管要求和标准，共同研发视频监控、X光机等监管查验设备，并以口岸为单元统一配备。运输工具、货物和行李物品通行的同一通道只配备一套同类别查验装备，各查验部门共同使用。

（八）推动一体化通关管理。强化跨部门、跨地区通关协作，加快推进内陆沿海沿边一体化通关管理，实现在货物进出口岸或申报人所在地海关和检验检疫机构均可以办理全部报关报检手续。除特定商品管理需求外，逐步取消许可证件指定报关口岸的管理方式，实现申报人自主选择通关口岸。

（九）打造更加高效的口岸通关模式。口岸管理相关部门在口岸通关现场仅保留必要的查验、检验检疫等执法作业环节，通过属地管理、前置服务、后续核查等方式将口岸通关现场非必要的执法作业前推后移，把口岸通关现场执法内容减到最低限度。广泛实施口岸通关无纸化和许可证件联网核查核销。加快旅客通关信息化建设，积极推进旅客自助通道建设，提高旅客自助通关人员比例。

（十）建立口岸安全联合防控机制。立足口岸安全防控，保卫国家安全，建立常态化的联合工作机制，相关部门联合开展情报收集和风险分析研判，定期发布口岸安全运行报告，在条件成熟的情况下，研究建立口岸风险布控中心，各口岸管理相关部门可根据各自职能特点，适时视情选择参加。加大口岸安防设施设备等硬件的投入。完善口岸监管执法互助机制，强化口岸管理相关部门在防控暴恐、应对突发事件、打击走私、打击骗退税、查处逃避检验检疫、反偷渡和制止不安全产品及假冒伪劣商品进出境等方面的全方位合作。

三、完善大通关管理体制

（十一）优化口岸执法资源。深化口岸体制改革，改进口岸管理模式，合理配置海关、检验检疫、边检、交通运输（陆路）、海事（水路）等部门执法力量，其中职责任务相近、执法对象相同的，在条件成熟的情况下，研究探索行政执法权相对集中行使和跨部门联合执法。

（十二）开展查验机制创新和综合执法试点。在珠海与澳门间的拱北、横琴、湾仔和珠澳跨境工业区口岸等开展查验机制创新试点。在有条件的口岸开展“前台共同查验、后台分别处置”综合执法试点，口岸管理相关部门按职责分工，除针对废物、危险货物等带有特殊专业技术性要求的执法作业外，对进出口岸运输工具、货物、物品、人员的查验合并进行，发现违法行为依职权分别处置。根据试点情况适时总结评估，稳步实施。

四、改善大通关整体环境

（十三）完善口岸开放布局。加大内陆和沿边地区口岸开放力度。制定口岸开放准入标准，简化口岸开放的申报和审批环节、验收程序以及口岸临时开放的审批手续。制定口岸退出、整合管理办法，对开放后长期无通关业务和业务量小、社会效益差的口岸进行整合或关闭。按照水陆空铁、内陆沿海沿边、货物人员通行类别等区分不同口岸功能和作用，在硬件设施、机构设置、人力资源及查验装备配置、通关模式等方面探索实行口岸差别化管理。

（十四）加快自由贸易园（港）区和海关特殊监管区域监管制度创新与复制推广。加快完善与新时期自由贸易园（港）区和海关特殊监管区域发展相适应的政策与监管模式。对试点成熟的制度创新措施，根据相关条件满足程度，建立“自由贸易园（港）区—海关特殊监管区域—区外”的分级复制推广机制，推动全方位扩大开放。

（十五）畅通国际物流大通道，助推“一带一路”等建设。建立与“一带一路”和长江经济带发展战略相适应的通关管理机制。在水运、空运、铁路、公路等交通枢纽建设多式联运物流监管中心，通过多方联网获取多式联运物流全程信息，除需在口岸实施检疫和检验的商品、运输工具、包装容器外，实现多式联运一次申报、指运地（出境地）一次查验，对换装地不改变施封状态的予以直接放行。扩大内外贸同船运输、国轮捎带、国际航班国内段货物运输适用范围，提升运力资源综合效能。根据政策沟通、设施联通、贸易畅通、资金融通、民心相通五大领域齐头并进的要求，加强与“一带一路”沿线国家口岸执法机构的机制化合作，推进“三互”的海关合作，以及检验检疫、认证认可、标准计量、统计信息等方面的多双边合作，推进跨境共同监管设施的建设与共享，加强跨境监管工作日和工作时间、程序和手续的协调，探索联合监管，推广旅客在同一地点办理出入境手续的“一地两检”查验模式等，落实世界贸易组织《贸易便利化协定》，推动签订口岸基础设施互联互通协议，完善国际执法互助，降低人员、商品、资金、信息跨境流动的时间和成本。

（十六）推进通关诚信体系建设。按照国家社会信用体系建设总体部署，加快推进进出口企业综合资信库、口岸管理政策法规资信库等建设和应用。及时公布进出境活动管理相对人违法行为信息，并与其他部门实现互联互通、共享交换。根据守信激励、失信惩戒原则，实现差别化通关管理，对诚信守法者予以支持和激励，对失信违法者实行相应的限制和禁止。

（十七）完善通关法治体系建设。坚持立改废释并举，增强法律法规的及时性、系统性、针对性、有效性。推动口岸管理相关部门共同简政放权、放管结合，逐步取消和下放前置审批等项目，完善事中事后监管。制定口岸工作条例，完善口岸管理相关法律法规。建立口岸管理相关部门执法的权力清单和责任清单，依法公开行政审批、行政执法的依据、流程和结果，提高执法透明度和公信力。加强政务公开机制和平台建设，提供规范高效的公共服务。

（十八）拓展和规范通关服务。结合各口岸进出境物流、客流实际，因地制宜、动态调整口岸开闭关时间，拓展 24 小时通关服务。建立进出口货物口岸放行时间评价体系，统一评测、公布全国口岸平均通关效率。公布全国口岸收费项目、标准和依据。优化出口退税服务。建立健全与跨境贸易电子商务、外贸综合服务发展相适应的通关管理机制，完善与服务贸易特点相适应的通关管理模式。充分发挥口岸相关行业协会的作用，促进口岸通关中介服务市场健康发展。

五、加强大通关组织领导

（十九）明确重要领域和关键环节改革推进步骤。

——近期（2014—2015 年）：出台口岸工作条例和国家电子口岸建设协调指导委员会成员单位数据共享和使用管理办法。完善电子口岸平台功能，健全信息交换和共享共用机制。在沿海各口岸建成“单一窗口”。在全面实施关检合作“三个一”（一次申报、一次查验、一次放行）的基础上，加快推进京津冀、长江经济带、广东地区等经济联系密切区域通关一体化改革和检验检疫一体化改革，2015 年覆盖到全国。在珠海开展口岸查验机制创新试点。

——中期（2016—2017 年）：修订完善口岸管理相关法律法规。口岸管理相关部门执法互助机制有效建立。在全国各个口岸建成“单一窗口”。新建及现有口岸查验设备、科技装备和场所设施实现共享共用。口岸作业环节前推后移，新型通关模式有效建立。推进“一站式作业”改革。建立健全常态化的口岸安全联合防控机制。

——远期（2018—2020 年）：跨部门、跨区域的内陆沿海沿边大通关协作机制有效建立，信息共享共用，同一部门内部统一监管标准、不同部门之间配合监管执法，互认监管结果，优化通关流程，形成既符合中国国情又具有国际竞争力的管理体制机制。

（二十）加强方案的组织落实。发挥国务院口岸工作部际联席会议的协调作用，明确各项改革的推进步骤和完成时限，协调解决改革实施中跨部门的重大问题。对改革所涉及的法律法规立改废释及试点工作所需要的法律授权问题，各部门要加强与立法机关的联系衔接，确保各项改革措施于法有据。各部门要通力合作，全力推进相关改革措施的落实，适时组织阶段性评估，总结经验并形成可复制可推广的制度体系。各级人民政府要建立健全大通关建设的协调和保障机制，落实和强化工作责任。各部门、各地区要加强对本改革方案落实工作的监督检查，推动大通关体制机制建设。要适应改革发展需要，提升口岸管理相关部门执法队伍素质能力，强化改革保障。要充分发挥市场主体的作用，形成良好氛围，共同推进大通关建设。

国务院办公厅关于印发推进长江危险化学品运输安全保障体系建设工作方案的通知

（国办函〔2014〕54号 2014年6月9日）

上海市、江苏省、安徽省、江西省、湖北省、湖南省、重庆市、四川省、云南省人民政府，发展改革委、工业和信息化部、公安部、财政部、环境保护部、住房城乡建设部、交通运输部、水利部、质检总局、安全监管总局：

交通运输部会同有关部门制订的《推进长江危险化学品运输安全保障体系建设工作方案》已经国务院同意，现印发给你们，请认真贯彻执行。

推进长江危险化学品运输安全保障体系建设工作方案

长江是我国横贯东中西部地区的黄金水道，承担了沿江地区85%的大宗货物和中上游地区90%的外贸货物运输量，在促进区域经济社会协调发展中发挥了重要纽带作用。近年来，随着大量化工园区沿长江集中布局，长江干线危险化学品运输量以年均近10%的幅度快速增长，对危险化学品生产、仓储、装卸、运输、污染物处置等各环节的安全管理带来了严峻挑战。同时，长江也是沿江地区重要的水源地，沿线共有生活和工业取水口400余处，涉及人口约1.4亿人。一旦发生危险化学品泄漏等安全事故，将直接威胁沿江居民饮用水安全，影响生态环境和沿江经济发展。为加快推进长江危险化学品运输安全保障体系建设，确保长江危险化学品运输安全和居民饮用水安全，现制订以下工作方案：

一、总体要求

（一）指导思想。深入贯彻落实党的十八大和十八届三中全会精神，坚持科学发展安全发展，通过优化产业布局、推进信息共享、改善设施装备、提高应急能力，完善长江危险化学品运输安全保障体系，提升运输安全水平，保障长江沿岸居民饮用水安全和生态文明建设，促进沿江经济社会可持续发展，为依托黄金水道建设长江经济带创造良好环境。

（二）工作目标。长江沿江化工园区布局优化，合理控制上游地区沿江石化、化工产业发展；长江沿线取水口水源保护区防控措施完备；长江危险化学品运输动态监管信息互联共享，形成监管合力；长江危险化学品生产、储存、运输等相关装备设施、人员素质及安全监管和应急处置能力适应安全发展需要。

二、主要任务

（一）优化沿江石化、化工产业布局，提高化工园区风险防控能力。

1. 综合考虑长江水系生态环境承载力、沿江饮用水源保护、运输安全等因素，结合生态功能区划、环境保护规划以及城乡规划，尽快研究完善长江危险化学品产业布局规划，规范长江两岸化工园区的建设和发展，优化石化、化工产业结构。（发展改革委、工业和信息化部牵头，环境保护部、住房城乡建设部、交通运输部、安全监管总局配合）

2. 开展已建沿江化工园区以及危险化学品装卸、仓储设施的安全风险与应急能力评估，建立完善安全管理和应急处置体系，提高风险控制能力。组织开展沿江化工园区船舶洗舱设施和洗舱水处理能力评估，进一步完善相关配套设施。（工业和信息化部、环境保护部、交通运输部、安全监管总局负责）

3. 完善相关法规和标准，加强对危险化学品包装物和容器的监督检查，促使企业按照相关法律、行政法规和规章的规定包装危险化学品，粘贴或者悬挂安全标签，并提供安全技术说明书。（质检总局、工业和信息化部、交通运输部、安全监管总局负责）

（二）构建长江危险化学品动态监管信息平台，加强饮用水水源保护。

1. 抓紧建立完善长江危险化学品运输动态监管信息平台，推进各有关部门共享危险化学品运输相关基础信息、动态信息，及时掌握危险化学品的流向和状态，逐步实现危险化学品运输的全程监控、监测预警和应急辅助决策功能，有效控制危险化学品运输风险，建立完善上下游事故信息通报制度，提高应急处置能力。（交通运输部牵头，工业和信息化部、环境保护部、水利部、安全监管总局负责）

2. 加强长江沿线取水口水源风险防控，进一步落实饮用水水源保护区管理和水源地核准与安全评估制度，针对沿江危险化学品生产、运输等对饮用水水源的影响进行风险评估，完善监测预警措施和应急预案，有条件的地区应落实应急水源，防范危险化学品事故引发次生突发环境事件。（环境保护部牵头，住房城乡建设部、水利部负责）

3. 落实新修订的《危险化学品安全管理条例》，尽快制订出台《内河危险化学品禁运目录》，建立危险化学品适运性评估制度。针对新进入水运领域的危险化学品，开展适运性评估，从物理化学特性、事故危害程度、应急处置措施等方面，评估危险化学品水运风险，确定运输条件和要求，提出安全保障措施，提高危险化学品运输风险控制能力。（交通运输部牵头，工业和信息化部、环境保护部、安全监管总局配合）

（三）加强长江危险化学品运输装备设施建设，促进企业转型升级。

1. 推进长江危险化学品运输船舶结构调整，鼓励并加快淘汰长江单壳危险化学品船舶，引导安全技术标准高、符合节能减排要求的双壳危险化学品船舶投入运输市场，加强长江危险化学品运输船舶标准化建设。自2016年1月1日起，长江干线全面禁止单壳化学品船舶和600载重吨以上单壳油船进入，危险化学品运输船舶船型标准化率达到70%。强化对危险化学品运输船舶的监督检查，保障运输安

全。（交通运输部负责）

2. 根据沿江化工园区布局、码头数量分布、船舶通航密度、危险化学品运输发展趋势等，加快危险化学品船舶专用锚地、船舶洗舱水接收处理基地等配套设施建设，研究制定科学合理的锚地建设方案，鼓励社会和企业投资建设洗舱水接收处理基地，尽快改变专用锚地不够、洗舱水接收处理能力不足的局面。（交通运输部牵头，环境保护部负责）

3. 推动长江危险化学品运输企业转型升级，提高企业安全生产管理水平。严格航运市场准入管理，落实《国内水路运输管理条例》，提高危险化学品运输市场准入门槛，鼓励现有危险化学品运输企业通过兼并重组实现规模化经营。建立危险化学品水路运输企业信息库，对危险化学品运输企业实施分类分级管理，强化企业安全生产与污染防治责任，并将企业安全生产标准化与企业的资质管理相结合，推动优质航运企业发展。（交通运输部负责）

4. 落实《危险化学品安全管理条例》，建立水路危险化学品运输从业人员资格制度，加强相关从业人员及管理人员危险化学品知识和应急技能培训。研究完善安全风险告知制度，提高从业人员的安全意识和应急处置能力。（交通运输部牵头，环境保护部配合）

（四）完善危险化学品应急救援体系，提高应急处置能力。

1. 按照统一领导、综合协调、分类管理、分级负责、属地管理为主的应急管理体制，建立完善长江危险化学品应急处置资源储备和运行维护制度，明确应急物资储备种类、数量，落实相关单位应急资源储备责任义务，研究提出沿江危险化学品生产、仓储、装卸、运输等环节及饮用水安全保障应急资源统筹配置方案。（工业和信息化部、财政部、环境保护部、住房城乡建设部、交通运输部、水利部、安全监管总局负责）

2. 加强长江危险化学品应急队伍建设，进一步强化公安消防、安全监管、环保、水利、港口、海事、救捞等部门应急救援力量，指导沿江危险化学品生产、仓储、装卸、运输企业建立与自身生产经营规模相适应的专职或兼职的应急救援队伍，按照相关要求编制应急预案，改善应急装备、提高人员素质、加强培训演练，着力提升危险化学品事故应急处置能力。建立危险化学品应急专家队伍，提供技术支持。强化应急救援队伍的运行保障，积极探索应急救援市场化服务的机制和模式。（工业和信息化部、公安部、环境保护部、交通运输部、水利部、安全监管总局负责）

3. 加强危险化学品安全管理和应急处置技术研究，支持关键技术研究与重大装备研制，鼓励新产品、新工艺和新技术开发，促进科研成果的转化和推广应用。制定完善相关标准规范和危险化学品应急处置技术指南。（工业和信息化部、环境保护部、交通运输部、水利部、质检总局、安全监管总局负责）

三、保障措施

（一）加强组织领导，落实责任。国务院有关部门要按照本工作方案的分工要求，将涉及本部门的工作进一步分解和细化，抓紧制定具体落实措施，确保完成各项任务。各有关省市人民政府要加强对贯彻实施本工作方案的组织领导，统筹落实分工任务，推进保障体系建设取得实效。

（二）建立协调机制，齐抓共管。交通运输部要牵头做好落实本工作方案的协调工作，及时汇总报告各项工作进展情况。各有关部门和地方要通力协作、密切配合。沿江县级以上人民政府要建立相应的工作机制，并充分发挥危险化学品安全生产监管部门联席会议作用，加强全过程安全监管及应急联动，实现长江危险化学品运输平稳安全有序，保障沿江居民饮用水安全。

国务院办公厅关于促进内贸流通健康发展的若干意见

（国办发〔2014〕51 号 2014 年 10 月 24 日）

各省、自治区、直辖市人民政府，国务院各部委、各直属机构：

近年来，我国国内贸易稳定发展，现代流通方式快速推进，流通产业的基础性和先导性作用不断增强。在当前稳增长促改革调结构惠民生防风险的关键时期，加快发展内贸流通，对于引导生产、扩大消费、吸纳就业、改善民生，进一步拉动经济增长具有重要意义，经国务院批准，现提出如下意见：

一、推进现代流通方式发展

（一）规范促进电子商务发展。进一步拓展网络消费领域，加快推进中小城市电子商务发展，支持电子商务企业向农村延伸业务，推动居民生活服务、休闲娱乐、旅游、金融等领域电子商务应用。在保障数据管理安全的基础上，推进商务领域大数据公共信息服务平台建设。促进线上线下融合发展，推广“网订店取”、“网订店送”等新型配送模式。加快推进电子发票应用，完善电子会计凭证报销、登记入账及归档保管等配套措施。落实《注册资本登记制度改革方案》，完善市场主体住所（经营场所）管理。在控制风险基础上鼓励支付产品创新，营造商业银行和支付机构等支付服务主体平等竞争环境，促进网络支付健康发展。

（二）加快发展物流配送。加强物流标准化建设，加快推进以托盘标准化为突破口的物流标准化试点；加强物流信息化建设，打造一批跨区域物流综合信息服务平台；提高物流社会化水平，支持大型连锁零售企业向社会提供第三方物流服务，开展商贸物流城市共同配送试点，推广统一配送、共同配送等模式；提高物流专业化水平，支持电子商务与物流快递协同发展，大力发展冷链物流，支持农产品预冷、加工、储存、运输、配送等设施建设，形成若干重要农产品冷链物流集散中心。推动城市配送车辆统一标识管理，保障运送生鲜食品、主食制品、药品等车辆便利通行。允许符合标准的非机动快递车辆从事社区配送。支持商贸物流园区、仓储企业转型升级，经认定为高新技术企业的第三方物流和物流信息平台企业，依法享受高新技术企业相关优惠政策。

（三）大力发展连锁经营。以电子商务、信息化及物流配送为依托，推进发展直营连锁，规范发展特许连锁，引导发展自愿连锁。

支持连锁经营企业建设直采基地和信息系统，提升自愿连锁服务机构联合采购、统一分销、共同配送能力，引导便利店等业态进社区、进农村，规范和拓展其代收费、代收货等便民服务功能。鼓励超市、便利店、机场等相关场所依法依规发展便民餐点。

二、加强流通基础设施建设

（四）推进商品市场转型升级。加快商品批发市场转型升级，推动专业化提升和精细化改进，拓展商品展示、研发设计、品牌孵化、回收处理等功能，带动产业集群发展。制订全国公益性批发市场发展规划，统筹公益性市场建设，加快形成不同层级、布局合理、便民惠民的公益性市场体系。探索采取设立农产品流通产业发展基金等模式，培育一批全国和区域公益性农产品批发市场。支持全国农产品跨区域流通骨干网络建设，完善产销衔接体系。落实和完善农产品批发市场、农贸市场城镇土地使用税和房产税政策。城区商品批发市场异地搬迁改造，政府收回原国有建设用地使用权后，可采取协议出让方式安排商品批发市场用地。通过加强市场周边道路、停车位、公交停靠站点等交通基础设施规划建设，优化客货运交通组织等有效措施，切实解决城市物流配送存在的通行难、停车难、卸货难等问题。

（五）增加居民生活服务设施投入。优化社区商业网点、公共服务设施的规划布局和业态配置，鼓励建设集社区菜市场、便利店、快餐店、配送站、再生资源回收点及健康、养老、看护等大众化服务网点于一体的社区综合服务中心。将农村市场流通体系建设纳入城镇化规划，培育一批集零售、餐饮、文化、生活、配送等于一体的多功能乡镇商贸中心。整合各类社会资源，建设公益性家政服务网络中心和服务人员供给基地，培育一批员工制家政服务企业，健全养老护小型家政服务人员培训体系，扩大家政服务供给。加快生活性服务业营改增步伐，合理设置生活性服务业增值税税率，加大小微企业增值税和营业税的政策支持力度，进一步促进生活性服务业小微企业发展。尽快完善银行卡刷卡手续费定价机制，取消刷卡手续费行业分类，进一步从总体上降低餐饮业刷卡手续费支出。落实好新建社区商业和综合服务设施面积占社区总建筑面积比例不低于10%的政策。

（六）推进绿色循环消费设施建设。大力推广绿色低碳节能设备设施，推动节能技术改造，在具备条件的企业推广分布式光伏发电，试点夹层玻璃光伏组件等新材料产品应用，培育一批集节能改造、节能产品销售和废弃物回收于一体的绿色市场、商场和饭店。推广绿色低碳采购，支持流通企业与绿色低碳商品生产企业（基地）对接，打造绿色低碳供应链。支持淘汰老旧汽车，加大黄标车淘汰力度，促进报废汽车回收拆解体系建设，推进报废汽车资源综合利用。

三、深化流通领域改革创新

（七）支持流通企业做大做强。推动优势流通企业利用参股、控股、联合、兼并、合资、合作等方式，做大做强，形成若干具有国际竞争力的大型零售商、批发商、物流服务商。加快推进流通企业兼并重组审批制度改革，依法做好流通企业经营者集中反垄断审查工作。鼓励和引导金融机构加大对流通企业兼并重组的金融支持力度，支持商业银行扩大对兼并重组商贸企业综合授信额度。推进流通企业股权多元化改革，鼓励各类投资者参与国有流通企业改制重组，鼓励和吸引民间资本进入，进一步提高利用外资的质量和水平，推进混合所有制发展。

（八）增强中小商贸流通企业发展活力。加快推进中小商贸流通企业公共服务平台建设，整合利用社会服务力量，为中小商贸流通企业提供质优价惠的信息咨询、创业辅导、市场拓展、电子商务应用、特许经营推广、企业融资、品牌建设等服务，力争用三年时间初步形成覆盖全国的服务网络。落实小微企业融资支持政策，推动商业银行开发符合商贸流通行业特点的融资产品，在充分把控行业和产业链风险的基础上，发展商圈融资、供应链融资，完善小微商贸流通企业融资环境。

（九）推进内外贸融合发展。拓展国内商品市场对外贸易功能，借鉴国际贸易通行标准、规则和方式，在总结试点经验的基础上，适当扩大市场采购贸易方式的试点范围，打造一批布局合理、功能完善、管理规范、辐射面广的内外贸结合市场。鼓励具备条件的流通企业“走出去”，建立海外营销、物流及售后服务网络，鼓励外贸企业建立国内营销渠道，拓展国内市场，打造一批实力雄厚、竞争力强、内外贸一体化经营的跨国企业。

四、着力改善营商环境

（十）减少行政审批，减轻企业税费负担。加快推进行政审批制度改革，系统评估和清理涉及内贸流通领域的行政审批、备案等事项，最大限度取消和下放。对按照法律、行政法规和国家有关政策规定设立的涉企行政事业性收费、政府性基金和实施政府定价或指导价的经营服务性收费，实行目录清单管理，不断完善公示制度。加大对违规设立行政事业性收费的查处力度，坚决制止各类乱收费、乱罚款和摊派等行为。进一步推进工商用电同价。鼓励大型商贸企业参与电力直接交易。在有条件的地区开展试点，允许商业用户选择执行行业平均电价或峰谷分时电价。

（十一）创造公平竞争的市场环境。着力破除各类市场壁垒，不得滥用行政权力制定含有排除、限定竞争内容的规定，不得限定或者变相限定单位或者个人经营、购买、使用行政机关指定的经营者提供的商品，取消针对外地企业、产品和服务设定歧视性收费项目、实行歧视性收费标准或者规定歧视性价格等歧视性政策，落实跨地区经营企业总分支机构汇总纳税政策。抓紧研究完善零售商、供应商公平交易行为规范及相关制度，强化日常监管，健全举报投诉办理和违法行为曝光机制，严肃查处违法违规行为。充分发挥市场机制作用，建立和完善符合我国国情和现阶段发展要求的农产品价格和市场调控机制。建立维护全国市场统一开放、竞争有序的长效机制，推进法治化营商环境建设。

（十二）加大市场整治力度。集中开展重点商品、重点领域专项整治行动，完善网络商品的监督抽查、风险监测、源头追溯、质量担保、损害赔偿、联合办案等制度，依法惩治侵权假冒违法行为，促进电子商务健康发展，切实保护消费者合法权益。积极推进侵权假冒行政处罚案件信息公开，建立案件曝光平台。强化对农村市场和网络商品交易的监管。加强行政执法与刑事司法衔接，建立部门间、区域间信息共享和执法协作机制。

（十三）加快推进商务信用建设。建立和完善国内贸易企业信用信息记录和披露制度，依法发布失信企业“黑名单”，营造诚信文化氛围。推动建立健全覆盖线上网络和线下实体店消费的信用评价机制。支持第三方机构开展具有信誉搜索、同类对比等功能的综合评价；鼓励行业组织开展以信用记录为基础的第三方专业评价；引导企业开展商品质量、服务水平、购物环境等内容的消费体验评价。

五、加强组织领导

（十四）加快推进政策落实。各部门要加强协调配合，按照分工要求，切实负起责任，根据本意见抓紧制定贯彻落实工作方案，明确时限要求，确保政策落实到位。地方各级人民政府要根据形势需要和本地实际，统筹协调，落实责任，出台有针对性的配套措施，加大保障力度，形成政策合力。

附件：重点任务分工及进度安排

附件：

重点任务分工进度安排

序号	工作任务	负责部门	时间进度
1	进一步拓展网络消费领域，加快推进中小城市电子商务发展，支持电子商务企业向农村延伸业务，推动居民生活服务、休闲娱乐、旅游、金融等领域电子商务应用。在保障数据管理安全的基础上，推进商务领域大数据公共信息服务平台建设。促进线上线下融合发展，推广“网订店取”“网订店送”等新型配送模式	商务部、发展改革委、工业和信息化部、农业部、供销合作总社等（列第一位者为牵头部门，下同）	持续实施
2	加快推进电子发票应用，完善电子会计凭证报销、登记入账及归档保管等配套措施	财政部、发展改革委、税务总局等	持续实施
3	加强物流标准化、信息化建设，提高物流社会化、专业化水平。允许符合标准的非机动快递车辆从事社区配送。鼓励超市、便利店、机场等相关场所依法依规发展便民餐点	商务部、发展改革委、公安部、财政部、住房城乡建设部、交通运输部、邮政局、食品药品监管总局等	持续实施
4	支持商贸物流园区、仓储企业转型升级，经认定为高新技术企业的第三方物流和物流信息平台企业，依法享受高新技术企业相关优惠政策	科技部、发展改革委、财政部、商务部、税务总局等	持续实施

续 表

序号	工作任务	负责部门	时间进度
5	推动城市配送车辆统一标识管理，保障运送生鲜食品、主食制品、药品等车辆便利通行	交通运输部、工业和信息化部、商务部、邮政局等	2014 年年底前启动
6	制订全国公益性批发市场发展规划，统筹公益性市场建设，加快形成不同层级、布局合理、便民惠民的公益性市场体系	商务部、财政部、发展改革委、国土资源部、住房城乡建设部、环境保护部等	持续实施
7	探索采取设立农产品流通产业发展基金等模式，培育一批全国和区域公益性农产品批发市场。支持全国农产品跨区域流通骨干网络建设，完善产销衔接体系。落实和完善农产品批发市场、农贸市场城镇土地使用税和房产税政策	财政部、发展改革委、商务部、农业部、税务总局、供销合作总社等	2014 年年底前启动
8	城区商品批发市场异地搬迁改造，政府收回原国有建设用地使用权后，可采取协议出让方式安排商品批发市场用地	国土资源部、商务部、住房城乡建设部等	持续实施
9	通过加强市场周边道路、停车位、公交停靠站点等交通基础设施规划建设，优化客货运交通组织等有效措施，切实解决城市物流配送存在的通行难、停车难、卸货难等问题	住房城乡建设部、公安部、交通运输部等	持续实施
10	加快生活性服务业营改增步伐，合理设置生活性服务业增值税税率，加大小微企业增值税和营业税的政策支持力度，进一步促进生活性服务业小微企业发展	财政部、税务总局	2014 年年底前启动
11	尽快完善银行卡刷卡手续费定价机制，取消刷卡手续费行业分类，进一步从总体上降低餐饮业刷卡手续费支出	发展改革委、人民银行	2014 年年底前启动
12	拓展国内商品市场对外贸易功能，借鉴国际贸易通行标准、规则和方式，在总结试点经验的基础上，适当扩大市场采购贸易方式的试点范围，打造一批布局合理、功能完善、管理规范、辐射面广的内外贸结合市场	商务部、发展改革委、财政部、人民银行、海关总署、税务总局、工商总局、质检总局、外汇局等	2014 年年底前启动

续　表

序号	工作任务	负责部门	时间进度
13	进一步推进工商用电同价。鼓励大型商贸企业参与电力直接交易。在有条件的地区开展试点，允许商业用户选择执行行业平均电价或峰谷分时电价	发展改革委、商务部等	2014年年底前启动
14	着力破除各类市场壁垒，不得滥用行政权力制定含有排除、限定竞争内容的规定，不得限定或者变相限定单位或者个人经营、购买、使用行政机关指定的经营者提供的商品，取消针对外地企业、产品和服务设定歧视性收费项目、实行歧视性收费标准或者规定歧视性价格等歧视性政策，落实跨地区经营企业总分支机构汇总纳税政策	发展改革委、财政部、商务部、税务总局、工商总局等	持续实施
15	抓紧研究完善零售商、供应商公平交易行为规范及相关制度，强化日常监管，健全举报投诉办理和违法行为曝光机制，严肃查处违法违规行为。集中开展重点商品、重点领域专项整治行动。强化对农村市场和网络商品交易的监管。加强行政执法与刑事司法衔接	商务部、法制办、工商总局、质检总局等	持续实施
16	推动建立健全覆盖线上网络和线下实体店消费的信用评价机制	商务部等	2014年年底前启动

部委发文

商务部关于促进商贸物流发展的实施意见

（商流通函〔2014〕790号　2014年9月22日）

为贯彻落实2013年国务院召开的部分城市物流工作座谈会和2014年6月国务院常务会通过的《物流业发展中长期规划》精神，促进商贸物流发展，降低物流成本，引导企业做大做强，完善服务体系，更好地保障供给，支撑国民经济稳步增长，现提出如下意见：

一、高度重视商贸物流工作

商贸物流是指与批发、零售、住宿、餐饮、居民服务等商贸服务业及进出口贸易相关的物流服务活动，是整个物流过程中对成本影响比较大的环节，新技术应用和商业模式创新最为集中，作为现代物流的重要组成部分，直接关系到生产资料流通和生活资料流通的顺利运行。促进商贸物流发展，有利于降低物流成本、提高物流效率；有利于货畅其流，繁荣市场；有利于改善交通和环境状况，促进城市化健康发展；有利于提升流通产业竞争力，更好地发挥其在国民经济中的基础性、先导性作用。

近年来，在各级商务主管部门的共同努力下，商贸物流体系逐步形成，信息化、现代化水平显著提高，服务功能不断拓展，涌现出一批商业模式先进、供应链整合能力强的商贸物流企业。但从整体上看，商贸物流小、散、乱，专业化、社会化、标准化程度低，运作成本高、效率低等问题没有根本扭转，与国际先进水平还存在较大差距。各级商务主管部门要高度重视商贸物流发展，认真贯彻落实国务院部分城市物流工作座谈会精神，深入扎实开展工作，努力使商贸物流成为内贸工作“上台阶”的突破口。

二、提高社会化水平

引导生产和商贸流通企业改变“大而全”“小而全”的运作模式，剥离或外包物流功能，实行主辅业分离。支持商贸物流企业开展供应商管理库存（VMI）、准时配送（JIT）等高端智能化服务，提升第三方物流服务水平。有条件的企业可以向提供一体化解决方案和供应链集成服务的第四方物流发展。支持传统仓储企业转型升级，向配送运营中心和专业化、规模化第三方物流发展，鼓励仓储、配送一体化，引导仓储企业规范开展担保存货第三方管理。支持货代物流企业发展壮大，为各类企业开拓国内和国际市场提供支撑。

大力发展共同配送，继续做好城市共同配送试点工作，鼓励推广共同配送、统一配送、集中配送等先进模式。依托专业化第三方物流或供应商为多个商贸企业、社区门店、市场入驻商户等共同配送；依托物流园区推广配送班车，开展干线与支线结合的城区集中配送；支持大型连锁零售企业通过集中采购提高统一配送率，利用其物流系统为所属门店和社会企业统一配送；整合存量配送资源，在学校、社区、地铁等周边设立末端配送站或建设公共自助提货柜等。

三、提高专业化水平

（一）大力发展电子商务物流。推进商贸物流和电子商务的协同发展及业务流程再造。鼓励电子商务企业加强与商贸物流企业的合作，合理选择物流网络节点，完善信息共享和利益分配机制。支持电子商务企业与社区便利店合作开展“网订店取（送）”。支持商贸物流企业扩展服务功能，提升服务能力，在配送中心建设、网点开发、车辆保障等方面加大投资和改造力度，有条件的企业要“走出去”，布设集散中心和网络，满足跨境电子商务的快速发展要求。

（二）加强冷链物流建设。鼓励各类农产品生产加工、冷链物流、商贸服务企业改造、新建一批适应现代流通和消费需求的冷链物流基础设施。引导使用各种新型冷链物流装备与技术，推广全程温度监控设备，完善产地预冷、销地冷藏和保鲜运输、保鲜加工的流程管理和标准对接，逐步实现产地到销地市场冷链物流的无缝衔接，降低损耗，保障商品质量安全。

（三）加快生产资料物流转型升级。鼓励生产资料物流企业充分利用新技术和新的商业模式整合内外资源，延长产业链，跨行业、跨领域融合发展，增强信息、交易、加工、配送、融资、担保等一体化综合服务能力，由单纯的贸易商、物流商，向供应链集成服务商转型。支持生产资料生产、流通企业在中心城市、交通枢纽、经济开发区和工业园区有序建设大宗生产资料物流基地和物流园区，促进产业适度集聚。整合农村农资流通和配送网点资源，建立健全覆盖县级区域和中心乡镇的农资物流配送网络。

（四）鼓励绿色物流发展。引导一批商贸物流园区向绿色物流功能区转型，加大绿色物流装备、技术、仓储等设施的推广使用力度。完善再生资源回收体系，建立服务于生产和消费的逆向物流网络，促进资源的循环利用。

四、提高标准化水平

创新商贸物流标准宣传贯彻和实施促进的工作机制，提高标准的通用性和统一性。根据社会需求与工作重点，利用各种形式，加强商贸物流标准化理念推广与知识普及。支持各类企业、社会团体积极参与商贸物流标准的制修订。加快商贸物流管理、技术和服务标准的推广，鼓励有关企业采用标准化的物流计量、货物分类、物品标识、物流装备设施、工具器具、信息系统和作业流程等。以标准化托盘循环共用试点工作为切入点，逐步提高全社会标准托盘普及率，促进相关配套设施设备的标准化改造。

选择基础较好、积极性高的地区、园区和企业开展商贸物流标准化应用推广工作，鼓励和指导上述单位加大基础设施、装备技术、服务流程、内部管理等领域的标准化实施力度，培育商贸物流标准化服务和管理品牌；加强行业与行业、企业与企业之间的标准衔接和统一，引导全行业提高标准应用水平、经营管理水平、产品质量水平和从业人员资质水平。

五、提高信息化水平

支持商贸物流企业与生产企业、批发零售等企业通过共用信息系统，实现数据共用、资源共享、信息互通。通过中央和地方两级示范，支持以企业为主体的物流综合信息服务平台发展，发挥平台整合调配物流资源，解决物流信息不对称、接口标准不统一等矛盾，实现精准化、可视化管理等功能，并搭载企业诚信、托盘循环共用、物流金融、跨境电子商务、商品溯源、通关便利化、多式联运等各种增值服务，为广大商贸物流企业特别是中小企业提升组织化和信息化水平，降低交易成本提供有利条件。有条件的地区还可协调相关部门，开展政府物流信息共享平台建设，将现有交通、工商、税务、海关等部门可公开的电子政务信息进行整合后，向社会公开，实现便民利企的物流政务资源共享。

六、提高组织化水平

鼓励物流企业通过参股控股、兼并重组、协作联盟等方式做大做强，形成一批技术水平先进、主营业务突出、核心竞争力强的大型现代物流企业集团，通过规模化、集约化经营提高物流服务的一体化、网络化水平。鼓励运输、仓储等传统物流企业向上下游延伸服务，推进物流业与其他产业融合、协同发展。引导物流企业共同投资建设重要物流节点的仓储设施，合理布局物流园区（中心、基地），增强服务功能，提高服务能力和集约化发展水平。鼓励商贸物流企业提高配送的规模化和协同化水平，依托商业、邮政等网点，形成覆盖城乡的物流配送网络。支持服务中小企业的物流信息服务平台建设，引导企业集聚规范发展。

七、提高国际化水平

进一步完善外商投资商贸物流领域的法律法规，提高利用外资的质量和水平。除涉及国家安全和重大公共利益外，放开外资准入限制，加快构建统一公平、竞争有序的大市场。继续深化落实第三方物流、物流配送中心、专业批发市场、仓储设施等领域的对外开放政策。鼓励外资参与城市内交通物流体系建设。推进国内物流企业同国际先进物流企业的合作，引进和吸收国外促进商贸物流发展的先进理念和商业模式。

以“丝绸之路经济带”和“海上丝绸之路”沿线区域物流合作为重点，在“一带一路”国内外沿线主要交通节点和港口建设一批物流中心。积极开展务实、高效的国际区域物流合作，推进国际物流大通道建设。支持建设商贸物流型境外经济贸易合作区，鼓励有条件的商贸物流企业“走出去”和开展全球业务。

以国际商品交易中心、重点进出口口岸为依托，通过完善货物储存、配送功能，提高进出口货物集散能力，探索建立海外仓库、物流基地和分拨中心。充分利用《内地与香港关于建立更紧密经贸关系的安排》（CEPA）、《内地与澳门关于建立更紧密经贸关系的安排》（CEPA）、《海峡两岸经济合作框架协议》（ECFA）、自由贸易试验区及地方对外开放先行先试平台和载体，促进商贸物流率先发展。

八、加强组织领导，完善保障措施

（一）建立健全工作机制，做好协调服务。做好部门间的政策协调和工作配合，加强各级商务主管部门联动。完善各级商贸物流工作机制，为加快商贸物流发展提供组织保障和服务支撑。各级商务主管部门要把商贸物流工作作为内贸流通工作重点，明确分管领导和专门处室，加强人员配备，保障工作开展。有条件的地方，可依据商务部、财政部有关城市共同配送的业务指导文件，自行组织城市共同配送试点。

（二）优化物流发展环境，加强诚信建设。发挥商务主管部门在整顿和规范市场秩序中的牵头作用，反对地方保护、消除区域封锁，查处价格欺诈、以次充好、虚假仓单、重复质押等违法违规行为。注重发挥行业组织作用，建立物流信息披露管理制度和激励惩戒机制，增强企业诚信意识和风险防范意识。利用社会化物流信息平台，获取诚信大数据，对诚实守信、合法经营、社会责任强的企业予以支持、鼓励和宣传，对破坏市场秩序、诚信缺失的企业将其列入“黑名单”并向社会公布，提高其失信成本。积极为“走出去”的物流企业提供政策、法律、咨询、市场信息等配套服务。

（三）落实财税土地政策，加大扶持力度。根据各地实际情况，统一规划、合理安排政策和资金支持商贸物流发展。对工业、商贸流通企业实行主辅分离，辅业改制兴办第三方物流企业，或通过优化资源配置整合、重组成立的物流企业，或在企业内部重组涉及企业资产、股权变动的，可商有关部门研究减免行政事业性收费。抓紧落实现有的物流企业大宗商品仓储设施用地税收减半政策。积极争取将物流企业配送中心、连锁企业配送中心项目内用于建设仓储设施、堆场、货车通道、回转场地及停车场（库）等物流生产性设施用地列入工业、仓储用地范畴，并研究降低公共性、公益性商贸物流用地的投资强度要求。

积极推动解决城市配送车辆通行难、停靠难、卸货难，罚款多、收费多“三难两多”等问题，商有关部门出台便于配送车辆通行及停靠的具体措施，降低道路通行费用。积极研究和协调将配送生鲜食品和药品的车辆视同公共交通车辆优先通行的政策和措施。引导标准化的非机动三轮车依法依规经营快递物流业务。

（四）夯实统计基础，加强人才培养。完善商贸物流统计调查方法和指标体系。加强对商贸物流需求、费用、市场规模、投资、价格等指标的统计分析，及时反映商贸物流的发展规模和运行效率。通过学历教育、继续教育等多种方式培养市场急需的经营管理和专业技术人才，提高实践能力。推动产学研结合，鼓励商贸物流理论研究，引导工商企业树立现代物流理念，加大宣传力度，营造全社会重视和支持商贸物流发展的舆论氛围。

商务部将根据各地实际情况，结合现有政

策，围绕提高商贸物流社会化、专业化、标准化、信息化、组织化、国际化水平等主要工作，分别选择重点地区、重点企业，重点推进，促进商贸物流健康发展。工作中的有关情况和问题请及时与商务部（流通发展司）联系。

财政部办公厅　商务部办公厅　国家邮政局办公厅关于开展电子商务与物流快递协同发展试点有关问题的通知

（2014 年 9 月 23 日）

天津、河北、浙江、福建、贵州省财政厅（局）、商务主管部门、邮政管理局：

为贯彻落实《国务院关于深化流通体制改革加快流通产业发展的意见》（国发〔2012〕39 号）和《国务院关于促进信息消费扩大内需的若干意见》（国发〔2012〕32 号）精神，解决制约电子商务发展的瓶颈问题，促进电子商务与物流快递协同发展，充分发挥电子商务在拉动内需、吸纳就业、推动经济可持续发展等方面的重要作用，财政部、商务部、国家邮政局决定，2014 年在天津、石家庄、杭州、福州、贵州 5 个城市开展电子商务与物流快递协同发展试点。现将有关事项通知如下：

一、总体思路

已建立适合电子商务快递发展的物流快递管理和服务体系为目标，以政策集成为手段，发挥地方政府统筹协调的优势，探索政策创新和制度创新，推进管理方式改革，破除行业发展瓶颈，形成可落地、可复制、可推广的政策和发展模式，在全国推广。

二、基本原则

（1）市场主导、政府引导

充分发挥市场机制在电子商务与物流快递协同发展中的决定性作用，突出企业的主体地位，政府重在创造条件、理顺机制和政策协调。

（2）统筹规划、创新发展

将电子商务与物流快递协同发展作为现代市场流通体系建设的重要引擎和城镇化建设的重要产业支撑，统筹规划；积极推进监管机制创新，全面提升城市综合管理水平。

（3）因地制宜、突出特色

结合试点城市各自的发展水平和人文环境，因地制宜，探索适合本地电子商务和物流快递发展的路径，形成各具特色的发展模式。

三、发展目标

通过试点，在试点城市建立起适合电子商务快速发展的物流快递管理制度和服务体系；将电商物流快递基础设施建设纳入城市总体规划，完善骨干节点和末端投递服务站点建设；建立完善配送车辆标准体系，实现配送车辆规范运营；建立从业人员服务和考核标准，完成对从业人员的培训和考核，全面实现持证上岗。

四、试点内容

（一）重点任务

1. 统筹规划基础设施建设。将电商物流快递需求纳入城市总体规划，完善通道与节点布局，保障城市配送基础设施建设用地，合理布局大型物流中心、分拨中心、“仓配一体化”的快件处理中心的建设。

2. 推行运营车辆规范化。统一城市配送车辆标准、标识管理，消除非标车辆运营，鼓励快递企业使用新能源和清洁能源车辆，加强民生保障车辆通行停靠、新能源汽车充电等配套基础设施建设。逐步规范改造末端配送车辆，鼓励使用轻、微型封闭式货车。

3. 解决末端配送难题。支持邮政、快递企业按照《快递营业场所技术规范》建设标准化营业网点，引导连锁商业机构、社区服务组织参与建设快递末端投递综合服务点，在试点城市推动“网订店取”、智能快递箱等电商物流配送经营模式创新。

4. 加强从业人员基本技能培训。加强行业标准规范建设，推动国家标准、行业标准的宣传贯彻和执行，支持行业协会、企业对从业人员的基本技能、职业操守和综合素质培训，推行持证上岗制度。

5. 鼓励电商企业与物流快递企业合作。鼓励电商企业和快递企业对接系统建设，统一信息交换和数据接口标准，发挥信息平台在运力调整、交通引导、供给调解和市场服务等方面的作用。

（二）中央财政资金支持重点

1. 支持建设改造城市电商物流快递公益性基础设施。

2. 支持建设城市电商物流快递公益性信息服务系统。

3. 对邮政等大型物流快递企业按规定更新改造末端配送车辆给予适当补助。

五、工作程序

（一）财政部、商务部、国家邮政局综合考虑电子商务及物流快递发展状况、工作基础及区域平衡等因素确定示范城市，并印发工作通知。财政部下达中央补助资金。

（二）试点城市所在省份财政部门会同商务主管部门、邮政管理部门，按照有关工作要求及下达的资金额度，组织试点城市制订试点工作实施方案。方案应明确试点工作的总体思路、工作目标、配套政策及资金安排意见。试点方案应于中央财政资金下达 3 个月内报财政部、商务部、国家邮政局备案。

（三）试点城市商务主管部门、邮政管理部门会同财政部门按照方案组织实施。试点城市所在省份商务主管部门、邮政管理部门会同财政部门按程序开展项目验收及监督检查，并及时报送试点进展情况和年度工作总结。商务部、财政部、国家邮政局将对试点情况进行绩效评估，并适时开展工作检查。

六、工作要求

（一）落实组织保障

试点城市人民政府是试点工作的责任主体，要成立由城市主要领导挂帅，财政、商务、邮政管理部门牵头，交通运输、城市规划、公安等相关部门参与的试点工作领导小组，建立部门间责任清晰、统筹协调、运行高效的工作磋商和落实机制。领导小组主要负责协调、决策试点工作中的重大事项，检查指导工作落实。

（二）科学编制试点工作方案

试点城市要结合本地区经济发展特点、电子商务发展水平和物流快递配送存在的主要问题，制订切实可行的试点工作方案。明确工作目标、重点、步骤，明确保障措施和落实机制，充分调动政府和社会资源。编制方案要充分调研、广泛听取各部门意见，突出系统性、整体性、协同性。

（三）加大政策支持和制度创新

试点城市要勇于破除现有管理体制对电商物流快递的束缚，努力创造有利于电商物流快递繁荣发展的政策体制环境，研究出台支持试点的本地化、差别化政策，提供规划、土地、金融等政策保障；加大政府在基础设施和公共服务上的投入，鼓励引导企业经营模式创新，激发出市场主体的活力和创造性。

（四）加强试点工作的绩效管理

省级财政部门要会同商务、邮政管理部门建立完善的资金与项目管理制度，加强对试点项目的动态监管，保证财政资金安全。要加强工作环节的督促检查和跟踪问效，做好跟踪、总结、交流和宣传工作，保证试点工作取得实效。

国家发展改革委 交通运输部 商务部 国家铁路局 中国民用航空局 国家邮政局 国家标准委关于我国物流业信用体系建设的指导意见

（发改运行〔2014〕2613 号 2014 年 11 月 18 日）

各省、自治区、直辖市及计划单列市发展改革委、经信委（工信委）、交通运输厅（局）、商务厅（局）、质量技术监督局、邮政管理局，各地区铁路监督管理局，民航各地区管理局：

物流业信用体系建设是社会信用体系建设的重要组成部分，是发挥市场在物流资源配置中的决定性作用和强化市场监管的重要基础。为全面贯彻党的十八大、十八届三中全会精神，深入落实《社会信用体系建设规划纲要（2014—2020 年）》，提高我国物流业的诚信意识和信用水平，规范市场竞争秩序，实现健康可持续发展，现提出以下意见。

一、充分认识物流业信用体系建设的重要意义

近些年，我国物流业取得了长足发展，但组织化程度依然较低，市场主体“小、散、乱”现象较为突出，部分企业经营管理不规范，违法违规违约现象时有发生，破坏了公平、公正的市场竞争秩序，影响了物流业的健康可持续发展，社会对物流业诚信的认可度总体偏低。建立健全物流业信用体系，可以有效约束和规范企业的经营行为，营造公平竞争、诚信经营的市场环境；有利于建立统一开放、竞争有序的现代物流市场体系，发挥市场在物流资源配置中的决定性作用和更好地发挥政府作用，促进物流业加快转型升级；对于降低社会物流成本，提高物流效率，提升经济运行的质量和效益具有重要意义。

二、加强物流信用服务机构培育和监管

各级政府相关部门要加大对信用服务机构的培育力度，努力营造良好的发展环境，加快形成一批功能互补、规范经营、公平竞争、公正独立的物流信用服务机构。大力引导物流信用服务机构加强自身信用建设，强化内部控制和约束机制建设，明确行为准则和服务规范，坚持公正性和独立性，提升自身公信力。要切实加强物流信用服务机构监管，建立严格的准

入与退出机制，制订监管办法，明确监管责任，加强规范管理。

三、推进信用记录建设和共享

大力推进信用记录建设。运输、公安、商务、工商、海关、质检、税务等相关部门要健全信用信息采集机制，在本部门管理信息系统的基础上，及时、准确地记录各类物流企业的基础信息和信用记录，在保障信息安全的前提下向社会信用服务机构有序开放。同时，鼓励社会信用服务机构、行业协会结合物流业实际，发挥自身优势，加强信用记录建设，逐步形成覆盖物流业所有法人单位和个体经营者的信用信息档案。

推动信用信息的整合共享。各地区要对本地区各相关部门的物流信用信息进行整合，建立信用信息交换共享机制，按照共享目录和统一标准，及时交换共享，形成统一的信用信息共享平台。依托国家统一的信用信息共享交换平台，逐步实现全国物流信用信息的互通和共享，消除“信息孤岛”，确保信用信息及时、全面、准确、翔实、安全，使物流企业的信用状况透明、可核查，让守信行为得到褒扬，让失信行为无处藏身。信用记录依法应当向社会公开的，要及时公开，并为社会查询提供便利。

四、积极推动信用记录应用

推动物流业信用记录在全社会的广泛应用。积极支持信用服务机构根据物流业特点，对物流信用信息进行深度开发，创新信用产品，满足市场多层次、多样化和专业化的物流信用服务需求。物流相关政府部门要带头在履职过程中使用信用记录和信用报告。同时，要采取措施，引导市场和社会广泛应用信用记录和信用报告，通过宣传、教育、培训、辅导等方式，不断强化信用风险防范意识，逐步形成使用信用记录和信用报告的习惯和机制。

利用信用记录建立企业分类监管制度。针对运输、仓储、代理等不同行业和不同运输方式分别制订信用考核标准，逐步建立行业管理部门和社会信用评价机构相结合，具有监督、申诉和复核机制的综合考核评价体系。根据信用评价结果的差别，对物流行业实行分类监管，有效建立警示企业预警机制、失信企业惩戒机制和严重失信企业淘汰机制，对守信企业实行“绿色通道”，将失信企业列为日常监督、重点监测或抽查的重点，增强监管的针对性和有效性，降低事中事后监管成本。

五、构建守信激励和失信惩戒机制

加强对守信物流企业的激励。运用媒体加大对守信行为的宣传力度，提高守信企业的市场信誉。政府部门和行业协会在市场监管和行业服务过程中，将企业信用作为重要考量因素，对诚实守信者在资质审核、资金支持、物流企业分类评估、行业评优评先等方面给予优先考虑和支持，政府采购要优先购买诚信企业的产品和服务。

建立多种类型互为补充的惩戒机制。推动形成司法性、行政性、行业性、市场性惩戒，对违规失信的物流企业及个体经营者，采取多渠道、多形式、多主体的惩戒方式，实施联合惩戒，提高失信成本，使其“一处失信、处处受限”。强化司法性、行政性惩戒，加强执法部门之间的协调和信息共享，建立联合惩戒方式，对违规失信企业，依法在行政许可、项目核准、信贷投放等方面予以惩戒，将严重失信主体列入行业“黑名单”，直至取消经营资质，吊销营业执照。物流行业组织要制订行业自律规则，对严重失信的行业会员进行业内通报、谴责或剥夺会员资格，形成行业性惩戒。完善失信信息记录、信用报告和披露制度，对严重和多次失信的企业和个体经营者，予以披露和曝光，使失信者在市场交易中受到制约，降低市场竞争力，发挥好市场惩戒的作用。

六、建立完善物流信用法律法规和标准

大力推动相关法律法规的制修订，使物流信用信息采集、查询、披露、应用、共享、信息安全和主体权益保护等有法可依。根据物流行业特点和政府监管需要，研究制订物流行业信用信息采集分类共享、物流业信用评价指标体系、物流企业诚信管理体系等标准，形成物流业信用建设的标准体系。

七、加强企业诚信制度建设

引导企业加强诚信制度建设。引导物流企业树立诚信经营理念，在生产经营、安全管理、财务管理和劳动用工管理等各环节强化企业自律。督促企业加强信用管理制度建设，设计科学的信用管理流程，落实岗位信用主体责任，建立职工守信褒奖、失信惩戒机制和职工诚信考核评价与自查自纠改进制度，强化企业员工的诚信意识，营造良好的诚信氛围。

八、积极推动形成行业诚信文化

加强物流业诚信文化建设。借助不同类型媒体，采用多种形式，向物流从业者广泛普及与诚信有关的法律法规知识，宣传物流业诚信规范和相关政策，引导企业主动践行诚信经营理念，自觉抵制各类失信行为，鼓励监督举报失信行为，形成崇尚诚信、践行诚信的行业风尚，提升物流业诚信文化软实力。

九、大力推进政务诚信建设

转变政府职能，坚持依法行政。进一步转变物流管理职能和管理方式，逐步减少和取消前置性审批，加强事中事后监管，建立权力清单制度。大力推进政务公开，提高政府部门拟订物流业相关法律法规、规划、政策的透明度，拓宽公众参与渠道，加强对权力运行的社会监督和约束。在运输、仓储、配送、代理等物流各相关领域，探索改革“以罚代管”的监管方式，整合减少执法主体，统一执法标准，规范执法行为，做到有法必依、执法必严、违法必究，坚决杜绝乱收费、乱罚款现象。进一步细化相关法律法规，完善规章制度，减少执法的自由裁量权。

推动政府部门守信践诺。各级政府相关部门要切实落实《物流业发展中长期规划（2014—2020 年）》等相关规划和政策，探索开展实施成效的后评价工作。对依法与企业签订的物流相关合同和作出的政策承诺要认真履约和兑现，提高政府执行力和公信力。要积极营造公平竞争、统一开放的市场环境，不得滥用行政权力设置市场壁垒和地方保护措施。

十、充分发挥行业协会作用

鼓励物流行业协会积极参与物流业信用体系建设，在信用信息采集、评估、标准制订等

方面发挥更大作用。行业协会要积极指导和组织会员单位加强企业信用制度建设，协助政府部门推进物流业信用分类监管工作。要主动开展诚信宣传、教育和交流活动，组织信用建设方面的培训，培养物流从业者的诚信意识，树立一批诚实守信、管理规范、积极履行社会责任、自觉接受社会监督的诚信示范企业。

十一、开展专业物流领域信用建设试点

选择冷链物流、危险品物流、汽车物流等条件相对成熟的物流领域开展信用建设试点，探索信用信息采集分类、信息共享、联合惩戒、分类监管和行业诚信自律等内容，推行信用报告制度，通过专业物流领域的试点为全面推进物流信用体系建设积累经验，形成以点带面的示范效应。

十二、加强物流信用体系建设的组织协调

物流业信用体系建设涉及面广，需要社会多方面的广泛参与和积极配合。要充分发挥全国现代物流工作部际联席会议的作用，积极协调各相关部门各负其责，相互配合，统筹研究推进物流业信用体系建设的各项基础工作，推动物流相关部门加强本行业的信用建设，及时研究解决存在的突出困难和问题。各地政府部门要高度重视，加强统筹，协同推进本地区物流业信用体系建设。

商务部办公厅 国家标准委办公室关于印发《商贸物流标准化专项行动计划的通知》

（商办流通函〔2014〕752号 2014年11月20日）

各省、自治区、直辖市、计划单列市及新疆生产建设兵团商务主管部门、质量技术监督局：

为深入贯彻落实国务院《物流业发展中长期规划（2014—2020年）》（国发〔2014〕42号）和《国家标准委 商务部关于加快推进商贸物流标准化工作的意见》（国标委服务联〔2014〕33号），商务部、国家标准委联合制定了《商贸物流标准化专项行动计划》（以下简称《行动计划》），现印发你们，请各地商务、标准化工作主管部门结合实际，认真组织实施。

为加快推动《行动计划》实施，发挥市场主体作用，经地方和行业协会推荐，商务部、国家标准委选择了工作基础较好、参与积极性高的部分企业，作为第一批企业重点推进。请各企业按照《行动计划》任务要求，结合企业实际，研究提出推进实施方案，于2015年2月底前，经由省级商务、标准化工作主管部门报商务部、国家标准委（中央企业直接报送）。

附件：1. 商贸物流标准化专项行动计划

2. 第一批重点推进企业和平台名单

附件1：

商贸物流标准化专项行动计划

为深入贯彻落实汪洋副总理在部分城市物流工作座谈会上关于“推进物流标准化建设”的指示精神，根据国务院《物流业发展中长期规划（2014—2020年）》（国发〔2014〕42号）和《国家标准委 商务部关于加快推进商贸物流标准化工作的意见》（国标委服务联〔2014〕33号），商务部、国家标准委拟在全国范围内开展商贸物流标准化专项行动。

一、指导思想

以国务院部分城市物流工作座谈会精神和《物流业发展中长期规划（2014—2020年）》为指导，以降低物流成本、提高物流效率为目标，坚持市场主导、政府引导原则，强化企业“标准是效益、是竞争力”意识，从托盘标准化入手，统筹协调、有序推进，在快速消费品、农副产品、药品流通领域，率先开展标准托盘应用推广及循环共用，带动上下游关联领域物流标准化水平的提高；从物流综合信息服务平台建设规范和服务规范入手，增强平台服务功能，促进资源共享和信息互联互通。

二、工作原则

（一）确定重点，示范带动。

按照“政府引导定规则、企业主导贯标准”的主导思想，经地方和行业协会推荐，选取参与积极性高、影响带动作用大、托盘使用量多的行业龙头企业，和市场运营模式成熟、服务能力强、跨区域的物流综合信息服务平台，作为“全国商贸物流标准化重点推进企业”，积极推动物流信息化和托盘标准化工作。

（二）以点带面，分步实施。

商贸物流标准化工作分批开展，分步实施。拟以推动“贯标”为核心，以重点推进企业为主体，在总结地方工作经验和重点推进企业做法的基础上，逐步扩大范围，最终在全国范围内铺开，提高商贸物流标准化水平。

（三）积极探索，发挥合力。

开展商贸物流标准化专项行动计划，是商务和标准化工作主管部门推动物流业发展的一项新任务，要注重工作体制和机制创新，探索模式方法，明确责任，完善制度，加强部门协调，真正把商贸物流标准化工作抓实。

（四）政策配套，注重实效。

对于商贸物流标准化工作先行先试取得突出成效的地区、企业，商务部、国家标准委将积极协调有关部门争取支持政策。各地商务、标准化工作主管部门应结合实际，积极协调有关部门制定鼓励发展的配套支持政策。

三、总体目标

按照“以点带面、由易到难”的总体思路，发挥物流信息服务平台和托盘标准化龙头企业的辐射带动作用，探索成熟路径和商业模式，逐步完善并实施相关标准，促进物流资源整合和行业诚信建设，提高物流信息化和设备设施标准化水平。通过实施专项行动，培育10～20个统一标准的、跨区域的物流综合信息服务平台；在快速消费品、农副产品、药品流通领域培育一批标准托盘应用和循环共用重点企业。

四、主要任务

（一）托盘共用体系。

1. 提高标准托盘普及率。以符合国家标准《联运通用平托盘主要尺寸及公差》（GB/T 2934—2007）要求的1.2m×1.0m托盘（含托盘笼等）作为应用推广标准托盘，以重点企业为载体推广标准托盘及循环共用，鼓励对非标准托盘进行标准化更新，增加标准托盘使用量；鼓励托盘生产企业生产符合国家标准的高质量托盘；鼓励探索标准托盘与供应链、共同配送、多式联运、甩挂运输相结合的新路子，形成合力。

2. 推进相关领域标准化进程。以标准托盘应用推广为牵引，通过提高标准托盘普及率，促进提升相关配套物流设备设施的标准化水平。支持与标准托盘关联的叉车、货架、月台、运输车辆等物流设备设施标准化改造，促进上下游设备的衔接，逐步形成相互配套、有机结合、互为支撑的托盘应用标准体系。

3. 提升托盘循环共用水平。通过发挥重点企业在供应链中的优势地位，提高标准托盘租赁比率和一贯化带盘运输作业比率，实现标准托盘在全社会的循环共用。鼓励托盘运营企业开展回购返租、扩大业务，拓展网点、异地退租，统一采购、标识和维修，提供专业化服务；鼓励商品生产企业从源头推动向下游带盘运输，实现绿色发展；鼓励第三方物流企业发挥网点多、车辆多等优势，拓展托盘运营业务，推广适合带盘运输的车辆；鼓励大型商贸连锁企业与供应链上下游企业合作，共同租赁同一家托盘运营企业的托盘，实现托盘在上下游企业间的流转和循环共用。

4. 完善托盘公共运营服务体系。建设完善的托盘公共运营服务体系，从标准托盘租赁、维修、保养、调度、服务网点建设、信息化管理等方面为托盘循环共用提供专业化服务。

5. 制定相关服务规范。有关协会、企业要抓紧建立质量认证、服务规范、循环共用规则等制度，加大对物流标准化的宣传推广力度，提高社会认可度，形成带动效应。通过标准托盘应用推广和循环共用，要逐步形成托盘运营服务规范及一贯化运作的操作规范等，促进商贸物流相关服务规范的进一步完善，实现在全国范围内推广普及。

（二）物流综合信息服务平台。

1. 统一平台建设标准。贯彻《物流公共信息平台应用开发指南》（GB/T 22263）、《物流管理信息系统应用开发指南》（GB/T 23830—2009）、《城市地理信息系统设计规范》（GB/T 18578—2008）等国家标准，参照商务部印发的《第三方物流信息服务平台建设案例指引》，统一平台的技术接口标准，完善操作流程及服务规范等，实现可公开信息的共享和互联互通。鼓励物流综合信息服务平台开展联盟合作，按照“资源共享、合作共赢”的原则，建立市场化的长效合作机制，解决“信息孤岛”问题。各级商务、标准化主管部门要积极研究相应的考评和激励政策，做好协调工作，调动平台企业积极性。

2. 增强平台服务功能。各级商务、标准化工作主管部门要把技术创新、模式创新、供应链集成和产业融合，作为重点支持方向，鼓励应用物联网、电子商务等先进技术，完善平台撮合交易、保险、融资、仓储地图、政务资讯、诚信等服务功能，增强平台的辐射能力和大范围资源整合能力，并协调政府部门和协会将相关信息系统与平台对接，以提高全社会物流需求和供给的匹配效率，解决生产、流通和消费组织化程度不高、物流企业“小散弱”问题。要利用平台加强对物流业运行数据的统计分析，加强物流标准化的宣传推广。

3. 建设物流诚信体系。要强化物流信息服务平台的信用评价功能，加快推进物流信息标准化工作和商贸物流信用体系建设，推动建立以公民身份号码和组织机构代码为基础的统一社会信用代码制度，推广实名制、会员制、公证制、实时交易评价制、司法调解制和黑名单制，做到物流诚信信息社会共享，逐步形成物流业诚信生态圈，促进解决物流企业交易信息不对称、诚信成本高等问题。

五、保障措施

（一）加强组织领导。

各级商务、标准化工作主管部门要加强商贸物流标准化专项行动计划的组织领导，视情况成立相应工作组、组建专家库，提供组织保障。

（二）健全工作机制。

要建立《行动计划》的有效工作机制，充分调动各方面积极性和创造性，发挥行业协会和骨干企业支撑作用，着力推进物流标准化工作。

（三）完善项目管理。

加强对商贸物流标准化工作的组织管理，建立工作评价及验收考评体系，评估商贸物流标准化发展水平和成效，实时发现问题并提出改进建议。成立商贸物流标准化咨询委员会，加强技术指导和经验总结。

（四）落实配套政策。

要将《行动计划》纳入相关工作规划范围，予以重点安排和部署。要出台相应的配套支持政策，积极争取财政等部门支持。

（五）做好宣传培训。

建立商贸物流标准化案例库和优秀成果推广平台，适时召开现场经验交流会，推广先进经验做法。加大媒体宣传和培训力度，提高社会认知度和企业参与积极性，提高从业人员标准业务水平。

六、时间进度安排

序号	工作内容	时间安排
1	第一批平台和重点企业推荐认定	2014 年 12 月底
2	第一批平台和重点企业应用推广实施标准	2015—2016 年
3	第一批平台和重点企业推进情况评估总结及对比分析	2016 年年底
4	第二批平台和重点企业推荐认定	2015 年 12 月底
5	第二批平台和重点企业应用推广实施标准	2016—2017 年
6	第二批平台和重点企业推进情况评估总结及对比分析	2017 年年底
7	第三批平台和重点企业推荐认定	2016 年 12 月底
8	第三批平台和重点企业应用推广实施标准	2017—2018 年
9	第三批平台和重点企业推进情况评估总结及对比分析	2018 年年底

附件 2：

第一批重点推进企业和平台名单

一、重点企业（30 家，其中中央企业 7 家）

（一）托盘租赁服务企业（4 家）

招商路凯（LOSCAM）

集保物流设备有限公司（CHEP）

上海现代物流投资发展有限公司（上海百联）

中国包装总公司

（二）大型商贸连锁企业（9 家）

华润集团

国药集团

上海益实多电子商务有限公司（1 号店）

永辉超市股份有限公司

农工商超市集团

物美集团

北京朝批商贸股份有限公司

广州华新集团

山西美特好集团

（三）快速消费品生产企业（6 家）

中粮集团

广州珠江啤酒股份有限公司

北京顺鑫农业股份有限公司

杭州娃哈哈集团

厦门银鹭食品集团

漯河双汇集团

（四）托盘生产企业（3 家）

山东力扬物流有限公司

上海新通联包装股份有限公司

新创（天津）包装工业科技有限公司

（五）第三方物流企业（8 家）

中国储运集团

中外运集团

五矿集团

海航物流集团

青岛日日顺供应链有限公司

顺丰速运集团

河南宇鑫物流有限公司

宝供物流企业集团

二、物流信息服务平台（10 家）

上海陆上货运交易中心 56135 平台

北京“物流中国”公共服务平台

广东林安物流园信息服务平台

郑州智慧城市共同配送云平台

“物流唐山”城市共同配送公共信息服务平台

山东高速“满易网”物流服务电子商务平台

江西吉安万吉全国物流公共信息平台

传化公路港物流信息平台

中国（北京）物流金融信息服务平台

苏宁“物流云”综合信息服务平台

商务部关于促进中小商贸流通企业健康发展的指导意见

（商流通函〔2014〕919号　2014年11月28日）

各省、自治区、直辖市、计划单列市及新疆生产建设兵团商务主管部门：

为贯彻落实党的十八大和十八届三中、四中全会精神以及《国务院关于进一步支持小型微型企业健康发展的意见》（国发〔2012〕14号）、《国务院关于扶持小型微型企业健康发展的意见》（国发〔2014〕52号）和《国务院办公厅关于促进内贸流通健康发展的若干意见》（国办发〔2014〕51号）要求，进一步深化改革、转变职能，加强公共服务，完善营商环境，解决中小商贸流通企业面临的突出问题，促进企业健康发展，现提出如下指导意见：

一、高度重视中小商贸流通企业工作

中小商贸流通企业分布在批发零售、住宿餐饮、商务服务、居民服务、仓储物流等众多行业，占全国商贸流通企业总数的99.8%，占全国中小企业总数（含个体工商户）的78.5%，从业人员1亿多人，既是活跃市场、便利消费的主体力量，也是吸纳创业、扩大就业的主要渠道，在我国经济和社会发展中具有重要的地位和作用。当前我国经济正处于结构调整的关键时期，下行压力较大，企业面临的各种困难增多，社会就业的结构性矛盾比较突出。解决影响企业健康发展的各类难题，激发中小商贸流通企业发展活力，是扩大供给和内需、创造更多就业机会的重要手段，是商务主管部门加快转变职能、加强公共服务、深化体制改革的重要举措。各地商务主管部门要从稳增长、促改革、调结构、惠民生的高度，充分认识做好这项工作的重要意义，准确把握当前中小商贸流通企业发展面临的新情况、新问题，认真抓好各项政策措施的贯彻落实，加强和完善面向中小商贸流通企业的公共服务，帮助中小商贸流通企业提振信心，稳健经营，提高盈利水平和发展后劲，增强企业的可持续发展能力。

二、总体要求

（一）指导思想。深入贯彻党的十八大和十八届三中、四中全会精神，深化体制改革，转变政府职能，以《国务院关于进一步支持小型微型企业健康发展的意见》、《国务院关于扶持小型微型企业健康发展的意见》和《国务院办公厅关于促进内贸流通健康发展的若干意见》提出的要求和任务为指针，结合商贸流通行业自身特点，全面落实中小商贸流通企业扶持政策，引导和支持服务平台和服务机构为企业提供各类公益性和市场化服务，改善企业发展环境，促进企业持续健康发展。

（二）主要目标。提升中小商贸流通企业的组织化、品牌化、规范化水平，激发企业创新活力，建立完善规范的服务机制，形成优质高效的服务体系，重点解决中小商贸流通企业在资金、市场、人才、管理等方面面临的困难，使中小商贸流通企业生存环境明显改善，发展能力持续增强。

三、主要任务

（一）发展现代流通方式，提高中小企业组织化程度。

扶持培育一批经营模式新、市场接受度高、发展前景好的区域性连锁经营企业。帮助更多的中小商贸流通企业和投资者开展商业特许经营。加快发展自愿连锁，支持大型连锁零售企业、批发企业及各类服务机构为中小商贸流通企业提供联合采购、共同配送服务，降低企业经营成本。

支持第三方物流企业、冷链物流企业和物流信息平台等完善服务功能，为中小商贸流通企业提供质优价适的物流配送等相关服务。加快推动城市共同配送试点，为中小商贸流通企业提供统一配送、集中配送、共同配送服务。鼓励电子商务企业与中小商贸流通企业合作，发展“网订店取”等新型末端配送模式。

引导各类电子商务平台开辟专门通道，制订针对性的优惠政策，为中小商贸流通企业开展网络销售提供便利。鼓励中小商贸流通企业通过互联网社区、媒体和即时通信工具发展网络营销，增强市场拓展能力。

（二）发展新型营销渠道，提升中小企业品牌化水平。

支持中小商贸流通企业参加商务主管部门主办或引导支持的展会，帮助中小商贸流通企业参加各类展销和促销活动，拓宽营销渠道。鼓励和引导特色商业街、专业市场、购物中心、百货商场、商贸功能区等中小商贸流通企业集聚区完善服务功能，更好地吸引并带动中小商贸流通企业集聚发展。

引导中小商贸流通企业注册并规范使用商标，创建知名商品品牌和服务品牌。发掘、培育、宣传一批知名度和美誉度较高的中小商贸流通企业品牌，组织开展品牌展示、集中宣传等活动，多角度、多渠道宣传推广。支持老字号企业应用现代技术传承发展传统技艺，确保商品质量和服务水平，发挥优秀品牌的示范带动作用。

通过举办地方名特优商品大集等方式，帮助品牌企业与大型流通企业建立长期合作关系，形成稳定的品牌产销链条。建立多部门联合执法机制，加强对中小商贸流通企业的法律维权服务，有条件的地区要在中小商贸流通企业集聚区设立常驻点、投诉点，营造商家安心、消费者放心的消费环境。

（三）健全标准信用体系，引导中小企业规范化发展。

深入推进流通标准化建设，紧密围绕中小商贸流通企业特点和现实需求，区别轻重缓急，有针对性地做好标准制修订工作。加大标准贯彻实施力度，通过行业倡导、媒体宣传、示范引导等多种方式，引导中小商贸流通企业应用标准，实现规范化发展。

加快建设以中小商贸流通企业为主的商务领域企业信用信息数据库，并面向中介机构、金融机构开放，支持行业协会开展会员企业信用评价，大力发展商业保理、信用保险等信用服务业，逐步形成企业守信、专业评信、机构增信、银行授信的中小商贸流通企业信用体系。

大力开展宣传培训，帮助中小商贸流通企业了解并学习使用商业承兑汇票、信用证、信用保险、商业保理等现代信用产品和工具。引导中小商贸流通企业增强风险意识，加强交易对手信用风险管理，降低交易成本，提高交易效率。

四、政策措施

（一）健全服务体系。加快建设中小商贸流通企业公共服务平台，建立健全服务对接、规范、评价和激励机制，调动各类专业服务机构积极性，针对中小商贸流通企业的现实需求提供专业化服务。逐步将内贸流通领域涉企服务职能委托服务平台承担，把服务平台真正打造成内贸流通领域深化改革、转变职能、加强公共服务的重要抓手。逐步将服务范围扩大到所有中小企业的商贸活动，实现与现有中小企业服务体系的有机衔接，互联互通，资源共享，形成促进中小企业发展的工作合力。

（二）加大政策支持。认真落实国家中小企业发展专项资金支持政策，统筹利用各级政府部门的政策资源，积极争取本级财政支持，对促进中小商贸流通企业发展的各项工作给予支持，真正使中小商贸流通企业得到实惠。积极协调财政、税务、发展改革、工业和信息化等部门，推动已经明确的减免税收、降低费用等政策加快落实。加强对政策落实情况的监督评价，及时发现问题，提出改进建议，进一步推动适应企业共性需求、有助于企业突破发展瓶颈的政策出台。

（三）缓解融资困难。支持银行、担保、保险、典当、融资租赁、商业保理等融资机构开发符合商贸流通行业特点的融资产品。鼓励引导中小商贸流通企业集中与商业银行对接，建立长期合作关系，发展互助担保融资、供应链融资、商圈融资。支持物流企业规范开展担保存货管理业务，鼓励大型流通企业、电子商务平台企业向商业银行开放必要的经营数据，引导市场商圈管理机构与商业银行合作开展商铺经营权质押管理，为仓单、应收账款、商铺经营权质押融资发展创造良好环境。推动设立政府主导的中小企业信贷风险补偿基金，用于包括中小商贸流通企业在内的中小企业信用增级，提高商业银行贷款风险容忍度，降低中小商贸流通企业贷款门槛。

（四）完善营商环境。抓紧组织编制当地中小商贸流通企业发展专项规划，全面分析企业发展现状，为企业指明发展方向，引导企业持续健康发展。加强流通法制建设，合理规范大型商业设施建设，清理地区封锁和行业垄断的相关规定，建立健全举报投诉办理机制，依法查处不正当竞争行为，整顿和规范市场秩序，为中小商贸流通企业创造法治化营商环境。

五、组织保障

（一）加强组织领导。各地商务主管部门要定期向党委、政府汇报，将中小商贸流通企业促进工作与本地中小企业总体工作衔接，积极会同工业和信息化、财政等有关部门，抓紧建立促进中小商贸流通企业健康发展的部门协调机制，形成工作合力，推动落实各项政策措施。要建立工作目标责任制和领导负责制，明确牵头部门，指定专人负责，加强分工协作，认真做好促进中小商贸流通企业发展的各项工作。

（二）发挥协会作用。各地商务主管部门要组织行业商协会深入宣传各级政府部门支持中小企业的政策措施，帮助更多的中小企业用好政策、用足政策。指导行业商协会发挥自身服务优势，立足行业特点和企业需求，面向中小商贸流通企业开展专业化、特色化服务，形成自身服务品牌，切实发挥强化行业自律、促进行业发展的重要作用。

（三）强化宣传指导。各地商务主管部门要充分发挥广播电视、报纸杂志、互联网等各类媒体的作用，加大工作宣传力度，营造良好舆论氛围，提升全社会对中小商贸流通企业和服务体系建设工作的认识。商务部将会同有关方面组成联合督察组，对各地促进中小商贸流通企业发展工作开展专项督察，及时总结推广先进做法和成功经验，并对工作成绩突出的地方给予表扬，对工作落实不力的地方予以通报。

国家发展改革委关于印发促进物流业发展三年行动计划（2014—2016年）的通知

（发改经贸〔2014〕2827号　2014年12月12日）

国务院有关部委、直属单位，各省、自治区、直辖市人民政府：

为落实《国务院关于印发物流业发展中长期规划（2014—2020年）的通知》（国发〔2014〕42号），我委会同有关部门制定了《促进物流业发展三年行动计划（2014—2016年）》，经报请国务院批准同意，现印发给你们，请参照执行。

附件：《促进物流业发展三年行动计划（2014—2016年）》

国家发展改革委

附件：

促进物流业发展三年行动计划（2014—2016年）

为落实《物流业发展中长期规划（2014—2020年）》，按照有目标、能落实、有抓手的原则，特制定2014—2016年重点工作行动计划。

一、着力降低物流成本

（一）简政放权、深化物流行政审批制度改革

1. 推进工商登记制度改革。在物流领域实施“先照后证”制度改革，取消不必要的前置性审批，加强事中事后监管。

牵头单位：中央编办、工商总局

目标及完成时限：到2015年年底，全面实现物流企业的工商登记“先照后证”制度。

2. 清理、归并和精简物流领域各类行政审批和许可项目。

牵头单位：中央编办

目标及完成时限：到2015年年底，清理、归并和精简一批行政审批和许可项目。

3. 简化道路运输物流企业年审制度。简化车辆道路运输证年审手续，优化审验程序，允许异地年审。

牵头单位：交通运输部

目标及完成时限：到2016年年底，全面简化企业年审制度，基本实现网上年审和异地年审。

（二）切实加大对公路“乱收费”、“乱罚款”的清理整顿力度

4. 规范涉路执法行为。严格执法程序，加强执法监督，严肃查处群众举报、媒体曝光的涉路“乱收费”、“乱罚款”违法行为。严格落实涉路行政执法自由裁量权基准制度、一事不再罚制度和罚款收缴分离制度。

牵头单位：交通运输部、公安部

目标及完成时限：到2016年年底，基本消除公路“三乱”问题。

5. 深入推进公路超限超载治理。认真贯彻落实《道路交通安全法》、《公路安全保护条例》等相关法律法规，强化地方政府领导和部门协作，切实加强货运车辆生产改装、登记检验和道路运输市场准入审核把关、重点货运源头监管、企业信用奖惩等重点环节监管，研究治本长效措施。依托治超联席会议机制，统一治超标准，开展联合执法，严查超限超载违法行为，不卸载不放行。公布超限超载违法严重地区，挂牌督办治理。

牵头单位：交通运输部、公安部、工业和信息化部

目标及完成时限：到2016年年底，国省干线公路非法超限率持续控制在6%以下。

（三）打造物流大通道

6. 推进全国重点物流干线的多式联运发展，积极创造条件开通班列、班轮，提高运输组织效率。全力推进全国高速公路电子不停车收费联网工作。形成京沪、京广、欧亚大陆桥、中欧铁路大通道、长江黄金水道等若干条货畅其流、经济便捷的跨区域物流大通道。

牵头单位：交通运输部、铁路局、铁路总公司、发展改革委、商务部

目标及完成时限：到2015年年底，基本实现全国ETC联网的总体目标。

7. 加快推进海上丝绸之路、长江经济带综合立体交通走廊、欧亚大陆桥综合运输通道和东北亚沿边物流通道等规划建设，加快通道内重点铁路、口岸公路、内河水运等基础设施建设，集约、节约利用通道资源，强化区域间、与周边国家之间交通基础设施的互联互通。

牵头单位：发展改革委、交通运输部、商务部

目标及完成时限：到2016年，在主要经济区域打造一批区域物流大通道。

（四）完善城市配送车辆运行管理

8. 规范城市配送运力投放和通行便利措施，定期开展城市配送运力投放需求调查，完善运力投放标准、规模和计划，合理规划配送车辆通行区域和时段，合理确定配送车辆停靠卸货区域，推广港湾式路边停车卸货作业模式和快速卸货技术，完善配送车辆通行、停靠有关的交通标志、标线。严格执法，严厉打击客车载货，非法运营的违法现象。

牵头单位：交通运输部、公安部、商务部、住房城乡建设部、邮政局

目标及完成时限：到2016年年底，对城市配送车辆实行调控管理的城市，要加快研究完善运力投放标准、规模和计划。

9. 加强城市配送车辆的标准化管理。完善城市配送车辆技术标准和通行管理，统一车辆标识，允许符合技术标准要求的电动三轮车等小型运输工具合法合规实施终端配送作业。制定出台货运车辆加装尾板等相关标准规范，规范车辆加装尾板行为。

牵头单位：交通运输部、工业和信息化部、邮政局、公安部、商务部、标准委

目标及完成时限：到 2015 年年底，在宣贯实施《快递专用电动三轮车技术要求》标准的基础上，在全国城市实现快递专用电动三轮车合法终端配送。到 2016 年年底，在主要大中城市实现配送车辆的标准化、专业化管理。

（五）落实税收支持政策

10. 落实城镇土地使用税减半征收政策。

牵头单位：财政部、税务总局

目标及完成时限：2014 年年底前，研究下一步物流企业土地使用税政策。

二、着力提升物流企业规模化、集约化水平

（一）鼓励物流企业开展跨区域网络化经营

11. 完善物流市场监管体系，清理和废除妨碍全国物流统一市场和公平竞争的各种规定和做法，消除地方保护，消除垄断和不正当竞争，通过公平和充分的市场竞争，提高物流效率，降低全社会物流成本。

牵头部门：发展改革委、财政部、商务部、交通运输部、工商总局、地方各级政府

目标及完成时限：2016 年年底前，清理和废除各地妨碍全国物流统一市场和公平竞争的各种规定和做法，逐步消除地方保护、市场垄断和不正当竞争。

12. 允许物流企业经营网点设立非独立核算分支机构。

牵头单位：地方各级政府

目标及完成时限：到 2015 年年底，全面解决物流企业设立非独立核算分支机构问题。

13. 快递等物流企业总部统一申请获得的资质，其非法人分支机构可通过备案获得；研究降低法人分支机构快递从业资质的行政许可层级。

牵头单位：交通运输部、邮政局、商务部

目标及完成时限：到 2015 年年底，基本落实该政策。

（二）积极培育规模化物流企业

14. 继续深入推动制造业与物流业联动发展，鼓励制造业企业分离外包物流业务，释放物流需求。提高物流企业的供应链一体化服务能力，发挥好物流业对制造业转型升级的支撑带动作用。

牵头单位：发展改革委

目标及完成时限：到 2016 年年底，培育一批制造业与物流业联动发展示范企业。

15. 支持快递业整合资源，与民航、铁路、公路等运输行业联动发展，加快形成一批具有国际竞争力的大型快递企业，构建覆盖城乡的快递物流服务体系。支持大型快递物流企业通过参股、控股、联盟等方式兼并重组国际快递物流企业。

牵头单位：邮政局、交通运输部、发展改革委、铁路总公司

目标及完成时限：到 2016 年年底，培育 2～3家具有国际竞争力的大型快递企业。

16. 支持航空货运企业兼并重组、做强做大，提高物流综合服务能力。

牵头单位：国资委

目标及完成时限：到 2016 年年底，形成 2～3家具有较强物流综合服务能力的大型航空货运企业。

17. 充分发挥邮政的网络、信息和服务优势，深入推动邮政与电子商务企业的战略合作，发展电商小包等新型邮政业务。进一步完善邮政基础设施网络，鼓励各地邮政企业因地制宜地发展农村邮政物流服务，推动农资下乡和农产品进城。积极推进采用铁路国际联运方

式运邮工作。

牵头单位：邮政局

目标及完成时限：到2016年年底，进一步完善邮政物流服务网络，提升邮政物流服务的竞争力。

18. 推动电子商务和快递业联动发展，推动快递企业与商业机构、便民服务设施、社区服务组织、机关学校管理部门，以及第三方企业开展多种形式的合作。

牵头单位：商务部、邮政局

目标及完成时限：到2016年年底，培育一批电子商务和快递业联动发展示范企业。

19. 研究出台冷链运输物流企业发展支持政策。

牵头单位：发展改革委、财政部、税务总局、商务部、交通运输部

目标及完成时限：到2014年年底，出台支持冷链运输物流企业发展政策。

（三）落实和完善支持物流企业发展的用地政策

20. 对物流设施用地纳入城市总体规划，优先保障物流用地。强化物流用地的节约集约利用强度，弱化对物流用地税收强度等附加要求。加大铁路货场（物流中心）用地的支持供给力度。

牵头单位：住房城乡建设部、国土资源部、铁路总公司

目标及完成时限：地方政府应在编制城市总体规划时统筹考虑物流设施用地的布局。

21. 深入落实国务院办公厅关于推进城区老工业区搬迁改造的指导意见（国办发〔2014〕9号），基本保障物流企业搬迁改造用地供应。

牵头单位：国土资源部

目标及完成时限：继续推进国办发〔2014〕9号文，保障物流企业搬迁改造用地供应。

（四）拓宽物流企业投资融资渠道

22. 进一步放开融资渠道，鼓励股权融资、债券融资等直接融资方式。引导银行业金融机构探索适合物流业发展特点的信贷产品和服务方式。

牵头单位：证监会、人民银行、发展改革委、银监会、商务部

目标及完成时限：持续推进，不断改善物流企业融资环境。

23. 推进现代物流产业基金试点，鼓励社会资本投资发展现代物流业。

牵头单位：发展改革委

目标及完成时限：到2016年年底，培育2～3家现代物流产业基金。

（五）鼓励物流业对外开放和“走出去”

24. 扩大商贸物流、电子商务领域的对外开放，做好物流业外资并购安全审查工作。支持物流企业“走出去”，研究制定专项支持政策，鼓励物流企业国际化拓展。结合跨境物流发展要求，制定跨境物流便利通关的支持政策。

牵头单位：发展改革委、商务部、海关总署、外汇管理局、质检总局

目标及完成时限：到2016年年底，在各领域培育一批国际化物流企业。

三、着力加强物流基础设施网络建设

（一）加快多式联运设施建设

25. 开展示范集装箱铁水联运政策研究，完善配套政策措施。引导企业加强甩挂运输多式联运基础设施建设和组织模式创新。

牵头单位：交通运输部、发展改革委、铁路局、铁路总公司

目标及完成时限：2014 年年底前，全面启动集装箱铁水联运物联网建设。

26. 研究推进港口收费市场化改革，逐步完善价格形成机制，合理调整收费结构和标准，放开竞争性环节收费，规范港口企业价格行为。

牵头单位：交通运输部、发展改革委

目标及完成时限：2015 年年底前，完成《关于推进港口转型升级的指导意见》提出的有关改革要求。

27. 加快建设一批铁路物流中心、航空货运枢纽、港口货运枢纽、公路货运枢纽和快递分拨中心，促进不同运输方式在节点的衔接、协调，重点推进具有两种以上运输方式的多式联运枢纽建设。

牵头单位：交通运输部、铁路局、铁路总公司、民航局

目标及完成时限：到 2016 年年底，建设一批多式联运主枢纽。

（二）发挥物流园区的示范带动作用

28. 开展国家级物流园区示范工程。鼓励物流园区引入铁路运输模式，配套建设铁路货运场站（物流中心）。

牵头单位：发展改革委、国土资源部、住房城乡建设部、交通运输部、商务部、铁路总公司

目标及完成时限：到 2016 年年底，形成一批国际级示范物流园区。

29. 重点依托大型港口、铁路大型货场或集装箱中心站、区域性航空枢纽、大型公路货运枢纽等，推进货运枢纽型物流园区规划建设。推进物流关键节点海关多式联运监管中心的规划建设，形成多式联运和国际物流节点。

牵头单位：交通运输部、铁路局、民航局、铁路总公司、海关总署、质检总局

目标及完成时限：到 2016 年年底，建设一批货运枢纽型物流园区和国际陆港。

30. 以《铁路“十二五”物流发展规划》确定的 42 个全国性铁路物流节点城市和 98 个区域性铁路物流节点城市为基础，新建或对既有货运场站升级改造，建设全国性、区域性、地区性三个层次的铁路物流节点网络。

牵头单位：铁路总公司、交通运输部、铁路局、住房城乡建设部、国土资源部

目标及完成时限：到 2016 年年底，新建和改造一批铁路物流中心，初步形成三个层次的铁路物流节点网络。

四、加快推进物流业重点工程建设

（一）推进粮食仓储物流设施建设

31. 改革创新粮食仓储设施建设投资方式，通过国家投资的示范引导，带动社会资本增加对粮食仓储设施的投入。

牵头单位：发展改革委、粮食局

目标及完成时限：到 2015 年年底，新建粮食仓容 1000 亿斤，重点安排在东北地区和南方稻谷主产区。

32. 制定储粮罩棚建设鼓励政策。

牵头单位：粮食局、财政部

目标及完成时限：到 2015 年年底，引导企业在东北地区建设一批储量罩棚。

33. 加大粮食“危仓老库”维修改造力度。

牵头单位：财政部、粮食局

目标及完成时限：到 2016 年年底，基本消除“危仓老库”。

34. 加强东北、黄淮海、长江中下游等粮

食流出通道和华东、华南、京津等粮食流入通道建设。

牵头单位：发展改革委、粮食局、交通运输部、铁路总公司

目标及完成时限：到2016年年底，进一步完善和优化物流节点布局，提高散粮运输比重。

（二）推进棉花现代物流设施建设

35. 编制《棉花现代物流发展规划》。

牵头单位：发展改革委、供销总社、铁路总公司

目标及完成时限：到2014年年底，完成规划。

36. 推进棉花装卸机械化、仓储现代化、交易配送化、管理信息化、对原有100家左右的仓库库房、露天垛位等进行现代化改造。加大物流节点的配置和投入，重点解决新疆棉花的集并和移库发运问题，在新疆棉花运输通道重点建设3～5家大型中转中心，提高直达专列发运比重，解决新疆棉花运输瓶颈。

牵头单位：供销总社

目标及完成时限：到2016年年底，改造一批棉花仓储设施，建设一批大型棉花中转中心。

（三）加强农产品冷链物流设施建设

37. 支持大宗鲜活农产品产地预冷、初加工、冷藏保鲜、冷链运输等设施建设，支持在农产品批发市场等重要农产品流通节点加大冷链设施投入，完善冷链物流网络。

牵头单位：发展改革委、商务部、农业部、财政部

目标及完成时限：到2016年年底，在重要农产品流通节点改造一批冷链物流设施，新建一批农产品冷链物流中心。

38. 支持跨区域农产品流通骨干网络等冷链设施建设。

牵头单位：商务部、发展改革委、农业部、财政部

目标及完成时限：到2016年年底，在南菜北运重要农产品流通节点改造建设一批冷链物流设施。

（四）加强资源型产品物流设施建设

39. 推动中俄、中亚原油天然气管道建设。加快建设蒙西至华中地区、张家口至唐山等运煤通道，提高晋陕蒙宁甘地区煤炭外运能力，加强集通、朔黄、宁西等既有通道改造或点线能力配套建设。结合铁路煤炭外运通道建设，加强沿海、沿江（河）港口集输运系统建设，实现铁路与港口无缝接驳。推进环渤海等11个大型煤炭储配基地建设。

牵头单位：能源局、铁路总公司、交通运输部

目标及完成时限：到2016年年底，打造一批天然气、原油、煤炭物流大通道，建设一批资源型产品物流基地。

（五）加快完善城乡配送网络体系

40. 在大中型城市规划建设一批公用型货运枢纽，优先利用城区内铁路货场等既有场地与设施，为城市配送企业提供中转场所和设施。鼓励多式联运配送节点建设。

牵头单位：交通运输部、铁路局、邮政局、铁路总公司

目标及完成时限：到2016年年底，在主要大中城市形成一批公用型货运枢纽和多式联运配送节点。

41. 指导大中型城市合理布局物流分拨中心、公共配送中心和末端配送站点三级网络，加强社区末端配送设施建设，推广共同配送、“网订店取（送）”等创新模式。

牵头单位：商务部、发展改革委、交通运

输部、公安部、邮政局

目标及完成时限：到 2016 年年底，指导有条件的省在全省推行城乡一体化共同配送，完善物流配送服务体系。

42. 城市商业区、居住区、生产区、高等院校和大型公共活动场地等重点地区，规划新建和改造配送停车和装卸场地。加强新建商用设施的交通评价工作，作为项目运营的前置条件。

牵头单位：商务部、住房城乡建设部、公安部、交通运输部

目标及完成时限：到 2016 年年底，在主要大中型城市商业中心区和公共服务区建设一批城市配送停车和装卸场地。出台新建商用设施交通评价管理办法。

（六）发展电子商务物流

43. 编制《电子商务物流发展规划》。

牵头单位：商务部、发展改革委

目标及完成时限：到 2015 年年底，印发规划。

44. 支持建设国际快递转运中心和分拨中心。结合跨境电子商务发展，鼓励企业建设一批海外仓库、物流园区。

牵头单位：海关总署、邮政局、商务部、发展改革委、质检总局

目标及完成时限：到 2016 年年底，建设一批国际快递转运中心。

45. 发展高铁行包和快运班列运输。推广集装化用具，积极推行快件自动装卸设备，建设快件处理、信息、安检等综合性设施平台。提高铁路快运班列准时性，加强快运物流综合运输通道建设。

牵头单位：铁路总公司、邮政局

目标及完成时限：到 2015 年年底，扩大高铁行包办理范围，开通一批快运班列。

（七）加快推进物流标准化

46. 研究制定《物流标准化中长期发展规划》。开展物流标准化研究，进一步完善物流标准体系，加快物流重点领域标准制修订工作。选择重点领域大型物流企业、配送中心、售后服务平台以及物流园区和重点区域开展标准化试点示范工作。

牵头单位：标准委、质检总局

目标及完成时限：到 2015 年年底，发布《物流标准化中长期发展规划》，研究制定一批重点标准，启动物流标准化试点示范工作。

47. 开展商贸物流标准化示范创建和试点工作，推动标准托盘共用体系和城市配送服务体系建设。

牵头单位：商务部、标准委、铁路总公司

目标及完成时限：到 2015 年年底，培育一批标准化的商贸物流园区、配送中心、信息服务平台和示范龙头企业，壮大一批托盘运输服务主体，提高托盘标准化水平。

（八）加快物流公共信息平台建设

48. 加快推进国家级交通运输物流公共信息平台建设，开展跨部门联网试点工作，加快物联网等技术推广应用。依托东北亚物流信息服务网络等已有平台，开展物流信息化国际合作。

牵头单位：交通运输部、发展改革委、铁路局、民航局、邮政局、铁路总公司

目标及完成时限：到 2016 年年底，基本建成国家级交通运输物流公共信息平台。

49. 支持物流信息平台建设，鼓励龙头物流企业搭建面向中小物流企业的物流信息服务平台，促进各类平台之间的互联互通和信息共享。

牵头单位：发展改革委、工业和信息化部、交通运输部、商务部、质检总局

目标及完成时限：到 2016 年年底，形成一批具有行业和区域影响力的物流信息平台。

（九）推进绿色物流发展

50. 建设绿色城市货运配送体系，规划建设干支衔接的大型公共货运枢纽（站场），推广应用节能和清洁能源运输工具，引导和鼓励配送组织模式创新。完善能耗和排放检测、检测认证制度。

牵头单位：交通运输部、商务部、发展改革委、环境保护部、质检总局

目标及完成时限：到 2015 年，淘汰 2005 年年底前注册运营的黄标车。到 2016 年年底，启动城市绿色货运配送示范行动，推广一批干支衔接的公路货运枢纽场站以及节能和清洁能源运输工具。

51. 建立健全城市共同配送服务体系，推广试点经验；开展绿色仓储示范，推广应用节能型绿色仓储设施。

牵头单位：商务部

目标及完成时限：到 2016 年年底，在全国推广共同配送试点经验成果，完善城市配送服务体系；启动绿色仓储示范试点，引导建设一批节能型绿色仓储设施。

（十）完善应急物流体系

52. 鼓励建设集满足多种应急需要为一体的物流中心，形成一批具有较强应急物流运作能力的骨干物流企业。加强应急仓储、中转、配送设施建设，提升应急物流设施设备的标准化和现代化水平，提高应急物流效率和应急保障能力。

牵头单位：发展改革委

目标及完成时限：到 2016 年年底，形成一批具有较强应急物流能力的应急物流中心和骨干物流企业。

五、抓好行业基础性工作

（一）进一步明确物流业的产业地位

53. 从国民经济行业分类、产业统计、工商注册及税目设立等方面明确物流业类别。

牵头单位：发展改革委

目标及完成时限：到 2016 年，在行业分类、产业统计、工商注册及税目设立等方面设立物流业类别。

（二）完善法律法规

54. 抓紧研究制定快递条例，研究制（修）订物流业安全监管制度、跨境物流生物安全监管制度以及交通运输管理、收寄物品验视、交寄人员和企业信息实名登记等相关法律法规或部门规章。

牵头单位：交通运输部、邮政局、铁路局、公安部、法制办、工业和信息化部、质检总局

目标及完成时限：到 2016 年年底，修订出台《道路车辆外廓尺寸轴荷和质量限值》（GB 1589）国家标准、《超限运输车辆行驶公路管理规定》等一批规章和标准，研究完善物流业安全监管的相关规定。

55. 抓紧研究制订仓储业转型升级、行业管理的部门规章和有关标准。

牵头单位：商务部、发展改革委

目标及完成时限：到 2015 年年底，出台《仓储业管理办法》、制定《担保存货第三方管理规范》、《网络零售仓储作业规范与评价》、《绿色仓库要求及评价》等国家标准和行业标准。

（三）规范市场秩序

56. 加强物流业信用体系建设，推动物流信用信息资源整合共享，培育物流信用服务机

构，在部分专业物流领域开展试点示范，初步建立分类监管和失信惩戒机制。

牵头单位：发展改革委、交通运输部、商务部

目标及完成时限：到2016年年底，制定出台物流业信用体系建设指导意见，在专业领域开展信用体系建设试点示范。

57. 加强物流服务质量满意度监测，开展安全、诚信、优质服务创建活动。

牵头单位：质检总局

目标及完成时限：到2016年年底，完成安全、诚信、优质服务创建活动。

58. 加强对物流业市场竞争行为的监督检查，依法查处不正当竞争和垄断行为。

牵头单位：发展改革委、商务部、工商总局

目标及完成时限：到2016年年底，依法查处一批典型案件，市场秩序明显改善。

（四）加强安全监管

59. 建立健全物流安全监管机制和信息共享机制，强化信息采集、应用、共享平台建设，制定物流信息平台及物流企业信息系统安全监管技术接口标准，实现与信息平台系统同步建设。

牵头单位：公安部、交通运输部、工业和信息化部、质检总局、标准委

目标及完成时限：2015年年底出台安全监管技术接口标准，2016年年底完成重点物流信息平台、重点物流企业信息系统的接口建设工作。

60. 完善跨境物流检验检疫监管，防止疫病疫情传入、外来有害生物入侵和物种资源流失，保护国门生物安全。

牵头单位：质检总局

目标及完成时限：到2016年，依法查处禁止通过跨境物流进出境的动植物及其产品，确定相关渠道安全、畅通。

（五）加强统计工作

61. 完善物流统计报表制度，深入开展企业调查，进一步完善统计指标，推动各省区市开展物流统计工作，形成全国统一的物流统计体系和信息平台。

牵头单位：发展改革委、统计局、中国物流与采购联合会

目标及完成时限：到2016年年底，完善物流统计核算与报表制度，建设全国统一的物流统计体系和信息平台。

（六）强化人才培养

62. 探索校企联合培养人才的新模式。完善物流学科体系和技术技能人才培养体系，加快现代物流教育体系建设。

牵头单位：教育部、人力资源和社会保障部、物流与采购联合会

目标及完成时限：到2015年年底，形成产教深度融合、校企协同育人的物流人才培养新模式。

国家发展改革委关于放开部分铁路运输产品价格的通知

（发改价格〔2014〕2928 号 2014 年 12 月 23 日）

各省、自治区、直辖市发展改革委、物价局，中国铁路总公司，各国铁控股合资铁路公司：

为贯彻落实党的十八届三中全会精神，按照国务院常务会议部署，发挥市场在资源配置中的决定性作用，促进铁路行业发展，决定放开部分铁路运输价格。现就有关事项通知如下：

一、铁路散货快运价格、铁路包裹运输价格，以及社会资本投资控股新建铁路货物运价、社会资本投资控股新建铁路客运专线旅客票价实行市场调节价，铁路运输企业可以根据生产经营成本、市场供求和竞争状况、社会承受能力等，自主确定具体运输价格。

上述铁路散货快运指采取快速货运组织方式、提供散货快捷运输及全程物流服务的铁路运输产品。社会资本投资控股铁路、铁路客运专线指除各级人民政府财政性资金，以及中国铁路总公司及其所属、控股企业，各级人民政府铁路（交通）投资公司投资以外，由其他经济组织投资控股的铁路或铁路客运专线。

二、铁路运输企业提供上述铁路运输服务时，要按照“合法、公平、诚信”原则，建立健全定价机制，合理安排运价水平，不得在运输旺季过度上调运输价格。

三、铁路运输企业要加强管理，优化作业流程，提高服务质量，努力满足社会运输需求。对于散货快运等铁路运输新产品，应制定并公布具体服务标准，明确服务内容，为用户提供质价相符的铁路运输服务。

四、铁路运输企业应当严格执行国家价格政策，自觉规范价格行为。落实明码标价规定，在营业场所显著位置公示具体价格水平，主动接受社会监督。坚持用户自愿原则，不得强制服务、强行收费，不提供服务或未按规定内容和标准提供服务的不得收费。不得采取价格歧视、价格欺诈等不正当手段，损害旅客、货运用户合法权益。

五、各级价格主管部门要加强对铁路运输价格的监督检查，依法查处铁路运输企业的价格违法行为，维护市场正常价格秩序。

以上自《中华人民共和国铁路法》相关条款修订施行之日起执行。

交通运输部办公厅关于开展危险货物道路运输电子运单管理制度试点工作的通知

（交办运〔2014〕237号　2014年12月24日）

北京、江苏、浙江、四川、重庆、陕西省（市）交通运输厅（委）：

为督促危险货物道路运输企业严格落实安全生产主体责任，强化危险货物道路运输源头管控和动态监控，有效提升危险货物道路运输安全运营水平，根据《危险化学品安全管理条例》、《道路危险货物运输管理规定》、《道路运输车辆动态监督管理办法》和《汽车运输危险货物规则》（JT 617）等有关法律法规及标准，交通运输部决定在北京、江苏、浙江、四川、重庆、陕西等六省（市）开展危险货物道路运输电子运单（以下简称“电子运单”）管理制度试点工作。现就有关事项通知如下：

一、试点工作的重要意义

危险货物运单是《汽车运输危险货物规则》（JT 617）要求强制使用的单据，也是国际危险货物运输的通用规则。危险货物运单是管理部门进行安全监管的重要载体，对约束承托双方遵守危险货物道路运输有关法律法规及强制性标准具有重要作用。但是在实际工作中，危险货物运单制度没有得到有效执行，影响了企业安全生产主体责任的落实，也削弱了管理部门的管理力度。

近年来，信息技术的快速发展为有效执行危险货物运单制度，加强事中事后监管提供了有效手段，尤其是《道路运输车辆动态监督管理办法》的印发实施，为实行电子运单制度提供了良好的技术支撑。目前，开展电子运单管理制度试点工作具有重要的现实意义。一是有利于落实企业安全生产主体责任。企业安全管理制度不健全、主体责任落实不到位是制约安全生产的突出问题，而电子运单是管理部门监督企业落实企业安全生产主体责任的重要载体，能够有效解决企业对所属车辆及人员“监而不控”、“挂而不管”的问题。二是有利于培育良好的市场环境。长期以来，危险货物道路运输托运环节安全监管相对比较薄弱。通过实行电子运单制度，能够促进落实托运人源头责任，打击违法托运行为，推动建立公平竞争的市场秩序。三是有利于提高安全监管科学性和针对性。当前，基层管理部门安全监管力量薄弱和监管手段落后的问题比较突出。利用信息化手段对业务过程数据、卫星定位数据、运政数据等进行综合分析，实现静态管理与动态监管的紧密结合，确定企业风险等级和薄弱环节，可以将有限的监管力量投入到安全风险大、违法率高的重点环节和企业上，实现精准化监管。四是有利于提高应急处置能力。危险化学品品种繁多、理化性质复杂，危险货物道路运输专业性强、安全风险较高。危险货物道路运输电子运单列明的信息是承运人进行运输作业的重要指导，并且一旦发生事故，承运人和相关管理部门可以参照《道路运输危险货物安全卡》和电子运单列明的货物品名、性质及应急处置措施等信息进行决策和救援。

二、指导思想和总体目标

（一）指导思想

以补齐危险货物道路运输安全管理的“短板”，促进企业落实安全生产主体责任和提高行业监管能力为目标，坚持信息化资源整合与共享应用，通过试点示范，探索构建事前预防、事中检查、事后查处有机结合的长效监管机制，推动建立危险货物道路运输闭环监管体系，为提升危险货物道路运输安全运营水平、促进行业健康发展提供有力保障。

（二）总体目标

通过实施电子运单管理制度，进一步落实危险货物道路运输企业车辆动态监控主体责任，推进企业规范化经营，有效遏制企业对所属人员和车辆“监而不控”、“挂而不管”及危险货物运输车辆联网联控系统在线率低等问题，提高企业组织化、专业化水平；整治危险货物非法托运和违法运输等扰乱市场秩序的行为，有效减少安全隐患；提升管理部门对危货运输的精细化、精准化监管水平，提高危险货物运输市场的整体管理水平；为跨部门、跨地区协调联动和应急处置提供基础数据支撑和决策支持。

三、主要任务和试点范围

（一）主要任务

各试点省级交通运输主管部门负责组织领导本区域的电子运单管理试点工作。各试点省级道路运输管理机构负责具体试点实施工作。主要包括：

（1）开发建设电子运单管理系统，实现运单管理、监督检查、量化分析、分类评估的业务环节的自动化采集与处理，为精细化监管提供技术手段。

（2）建立电子运单填写报送和监督检查制度。道路运输管理机构要督促试点危险货物道路运输企业规范填写、使用和上传电子运单，加强对企业电子运单使用和报送情况的监督检查。

（3）建立电子运单与车辆动态监控协同联动机制，强化信息共享与和比对；加强对货物种类、数量、分布、流向的分析，开展有针对性的从业人员培训和应急救援演练，同时为地方政府调整优化危险化学品产业布局提供决策支撑。

（4）探索建立电子运单填写情况与运输企业扩大或核减经营范围、运力发展、年度审验等工作相关联的工作机制，提高危险货物道路运输的综合监管能力。

（5）各省之间通过国家交通运输物流平台区域交换节点实现电子运单交换共享，建立跨区域安全监管和应急协调联动机制。

（6）协调安监部门加强危险货物托运、充装等环节的源头监管，协调公安机关交通管理部门提供营运车辆卡口监控比对信息，完善交通运输、安全监管、公安等多部门协同工作机制。

（二）试点范围

各试点省份交通运输管理部门要在本辖区内选择2~3个危险货物运输量比较大的城市，每个城市选择4~5家运输不同货类、不同规模的有代表性的企业进行试点，并在总结试点经验的基础上逐步覆盖辖区内危险货物道路运输行业。

四、技术支持

交通运输部公路科学研究院、中国交通通信信息中心和国家交通运输物流公共信息平台管理中心作为技术支持单位，根据试点单位要求，协助试点省（市）制定完善试点工作实施方案，配合试点地区开展技术支持。

交通运输部公路科学研究院与苏州市运输管理处共同研发电子运单管理软件，推荐给各试点单位及企业免费使用。

五、时间安排

（1）准备阶段（2015年1—3月）。各试点省（市）制定工作方案，成立专项工作小组，细化任务分工，落实经费安排。参照试点总体要求，完善相关制度、业务流程。

（2）实施阶段（2015年4—9月）。各试点省（市）部署实施管理信息系统，开展业务培训，在试点企业施行电子运单管理制度，开展分类评估和监管工作。

（3）总结阶段（2015年10月）。试点结束后，各试点省（市）要将试点工作开展情况、取得成效、存在问题及下一步工作建议以工作总结形式报交通运输部运输司。在此基础上，交通运输部将根据试点工作情况研究部署推进电子运单管理制度长效机制建设。

六、工作要求

（一）加强组织领导。各试点省（市）交通运输管理部门要加强对试点工作的组织领导，抓紧制定试点工作方案，加快成立专项工作小组，明确工作目标和并落实工作责任制，扎实推进试点工作；加强对试点工作的监督检查和总结交流，针对试点工作存在的问题，及时提出解决办法。请于2015年1月15日前将试点工作小组名单及具体工作负责人、联系人相关信息报交通运输部运输司。

（二）调动试点企业积极性。各试点省（市）交通运输管理部门要充分结合本地工作实际，加强组织动员和宣传引导，增强企业责任感，调动企业参加试点工作的积极性，认真落实各项试点工作任务。同时，要切实为企业着想，方便企业，努力为企业解决试点工作中遇到的困难和问题。

（三）落实配套措施。各试点省（市）交通运输管理部门要将电子运单试点工作列入重要工作议程，落实专项工作经费，纳入年度财政预算，确保试点工作顺利推进、取得实效。

（四）强化协作配合。各试点省（市）交通运输管理部门要加强与安全生产监督管理、公安部门的沟通协调，共同推进试点工作，并以试点工作为契机，着力构建危险货物道路运输安全生产闭环监管体系。

附件：危险货物道路运输电子运单试点工作技术指南（略）

国家发展改革委　财政部　商务部　税务总局　交通运输部　公安部　食品药品监管总局　人民银行　证监会　国家标准委关于进一步促进冷链运输物流企业健康发展的指导意见

（发改经贸〔2014〕2933 号　2014 年 12 月 26 日）

各省、自治区、直辖市、计划单列市及新疆生产建设兵团发展改革、财政、商务、税务、交通运输、公安、食品药品监管、人民银行、证监、质量技术监督部门：

近年来，随着居民消费水平的提高和食品药品安全意识的增强，我国冷链运输物流需求快速增长，基础设施不断完善，冷链物流企业快速增加，初步形成了以公路为主，铁路、水路、航空等多种冷链运输方式共同发展的格局，在满足居民多层次消费需求和保障消费安全方面发挥了重要作用。但总体上看，我国冷链运输物流企业集中度不高，专业化服务能力不强，运输效率低、成本费用高等问题仍然比较突出。为落实《中共中央 国务院转发〈国家发展和改革委员会关于上半年经济形势和做好下半年经济工作的建议〉的通知》（中发〔2014〕7 号）要求，进一步促进我国冷链运输物流企业健康发展，提升冷链运输物流服务水平，现提出以下意见：

一、大力提升冷链运输规模化、集约化水平

大力发展第三方冷链物流，鼓励冷链运输物流企业通过参股控股、兼并重组、协作联盟等方式做大做强，加快形成一批经济实力雄厚、经营理念和管理方式先进、核心竞争力强的大型冷链运输物流企业，通过规模化经营提高冷链物流服务的一体化、网络化水平。

二、加强冷链物流基础设施建设

鼓励企业购置节能环保的冷链运输车辆，推广全程温湿度自动监测系统和控制设备，提升企业的冷链运输服务能力。加强温度监控和追溯体系建设，确保冷链食品、药品在生产流通各环节的品质可控性和安全性。引导和支持企业使用各种新型冷链物流装备与技术，完善产地预冷、销地冷藏和保鲜运输、保鲜加工等

设施，解决冷链物流运输与其他环节的无缝衔接问题。鼓励和支持各类农产品生产加工、冷链物流、商贸流通企业等改造和建设一批适应现代流通和消费需求的冷冻、冷藏和保鲜仓库。中央和地方财政在各自支出责任范围内，对具有公益性、公共性的冷链物流基础设施建设给予支持。

三、完善冷链运输物流标准化体系

适应新形势下冷链运输物流发展的需要，制修订食品冷链配送操作规范、食品冷链温度控制等冷链基础、冷链管理、冷链设施、冷链技术等层面的标准。加强冷链物流标准的培训宣传和推广应用。进一步加强冷链运输车辆车型及其安全、环保等方面的技术管理，研究制定冷藏保温车辆分类及技术要求，推动冷链运输车辆标准化、专业化。引导和鼓励企业使用托盘、容器、包装等标准化运输工具。研究探索对关系到居民食品安全的肉类、水产品等农产品运输执行强制性标准。加强与国际冷链运输物流标准的对接。

四、积极推进冷链运输物流信息化建设

加强物联网、云计算、大数据、移动互联等先进信息技术在冷链运输物流领域的应用。鼓励和支持企业按照规范化、标准化运作的要求，建设全程温湿度自动监测、控制和记录系统。加强冷链物流公共信息平台建设，引导冷链运输物流企业与生产制造企业、商贸流通企业信息资源的整合，将产地产品信息、车辆信息、销售信息等联结起来，实现对货物和冷链运输车辆的全程监控和信息共享，优化配置资源，提高全社会冷链运输效率。鼓励区域间和行业内的冷链物流平台信息共享，实现互联互通。

五、大力发展共同配送等先进的配送组织模式

积极引导冷链运输物流企业通过统一组织、按需配送、计划运输的方式整合资源，降低物流成本，提升物流效率。适应电子商务和连锁经营发展的需要，鼓励符合国家有关规定的冷链运输物流企业、商贸流通企业等以联盟、共同持股等多种形式在大中城市发展共同配送，促进流通的现代化，扩大居民消费。支持流通末端共同配送点和卸货点建设、改造，鼓励建设集配送、零售和便民服务等多功能于一体的冷链物流配送终端。城市交通较为拥堵的大型城市应结合实际积极推进“分时段配送”、“夜间配送”，为有需求的商贸和冷链运输物流企业提供便利。

六、优化城市配送车辆通行管理措施

城市交通运输主管部门要依法加强对城市配送经营的规范化管理，会同公安等部门定期开展城市配送需求调查，明确城市配送运力投放标准、规模和投放计划，加强城市配送车辆标识管理，完善部门协作机制。城市公安交通管理部门要根据城市中心区道路交通运行情况和城市配送需求，合理确定城市配送车辆的通行区域和时段，按照通行便利、保障急需和控制总量的原则，为冷链运输物流等城市配送车辆发放通行许可，并积极提供必要的通行便利。

七、加强和改善行业监管

交通运输主管部门要依法加强对城市冷链运输物流市场的监督管理，完善冷链运输服务规范，对冷链运输物流企业的安全生产、经营行为、服务质量、管理水平等情况进行考核，提升冷链运输服务质量和水平。加强信用记录建设，及时、准确地记录城市冷链运输物流企业的基础信息和信用记录，并作为监督管理的重要参考依据。公安机关交通管理部门要加强对冷链运输物流车辆通行的监督管理，与城市交通运输主管部门联合开展监督检查和集中整治行动，依法严格查处非法改装、假牌假证、无证运输等严重违法行为。食品药品监督管理部门要依法督促食品药品生产经营者落实主体责任，保障其生产经营的需冷链运输产品的质量安全。鼓励药品生产企业建立从生产到销售各个环节的温度保存档案。

八、加大财税等政策支持力度

切实落实国家已出台的促进冷链运输物流发展的物流业相关税收优惠政策。符合税法规定的小型微利企业条件的，依法享受企业所得税等相关税收减免政策。落实国务院关于清理规范涉企收费的有关规定，减轻企业负担。积极拓展冷链运输物流企业融资渠道，鼓励银行等金融机构与其开展合作，鼓励企业在银行间债券市场注册发行非金融企业债务融资工具筹集资金，支持符合条件的企业上市和发行企业债券。

九、发挥行业协会作用

充分发挥行业协会的桥梁和纽带作用，做好调查研究、技术推广、标准制修订和宣传推广、信息统计、人才培养等方面的工作。积极推动行业规范自律和诚信体系建设，引导冷链运输行业健康发展。各地有关部门要进一步提高认识、转变观念，加强对冷链运输行业的指导、管理和服务，把改善冷链运输物流企业发展环境作为惠民生的一项重要工作抓紧抓好。国务院各有关部门将按照职责分工，密切配合，加强指导检查，确保各项政策措施的贯彻落实。

交通运输部关于全面深化交通运输改革的意见

（交政研发〔2014〕242号　2014年12月31日）

各省、自治区、直辖市、新疆生产建设兵团交通运输厅（局、委），部属各单位、部内各单位：

为深入贯彻党的十八大和十八届三中、四中全会的精神，落实中央的战略部署，全面深化交通运输改革，提出以下意见。

一、全面深化交通运输改革的指导思想、总目标和基本原则

（1）坚持深化改革，遵循市场规律，是交通运输持续健康发展的基本经验，是新的历史条件下实现“四个交通”的关键抉择。改革开放30多年来，我国交通运输事业快速发展，城乡交通运输面貌发生了历史性变化，为促进国家经济社会发展和改革开放，为服务群众安全便捷出行作出了重要贡献。当前，我国经济发展进入新常态，交通运输发展进入新阶段，改革进入攻坚期和深水区。必须以强烈的历史使命感、责任感，在新的历史起点上全面深化改革，最大限度调动一切积极因素，以更大决心冲破思想观念的束缚、突破利益固化的藩篱、提高推进发展的能力，努力开拓中国特色交通运输事业更加广阔的前景。

（2）全面深化交通运输改革，必须高举中国特色社会主义伟大旗帜，以邓小平理论、“三个代表”重要思想、科学发展观为指导，贯彻落实党中央、国务院的决策部署，坚持社会主义市场经济改革方向，以提升服务、改善民生为出发点和落脚点，坚决破除各方面体制机制弊端，进一步解放和发展交通运输生产力，努力开创“四个交通”发展新局面，为全面建成小康社会提供更加坚实的支撑和保障。

（3）全面深化交通运输改革，总目标是推进交通运输治理体系和治理能力现代化。到2020年，在交通运输重要领域和关键环节改革上取得决定性成果，交通运输体制机制更加完善，发展质量和服务水平显著提升，支撑和保障国民经济、社会发展、民生改善能力显著增强，形成更加成熟规范、运行有效的交通运输制度体系。

实现这个总目标，必须坚持以下原则：

——坚持市场决定作用。立足于交通运输的基础性、先导性、服务性，进一步厘清政府与市场的边界，发挥市场在交通运输资源配置中的决定性作用，加快转变政府职能，更好发

挥政府作用。

——坚持依法推进。坚持运用法治思维和法治方式推进改革，凡属重大改革都要于法有据；实践证明行之有效的，推动及时上升为法律法规；实践条件还不成熟、需要先行先试的，推动按照法定程序作出授权。

——坚持注重实效。坚持以改革促发展，正确处理改革与发展的关系，推动交通运输改革成果更多更公平地惠及广大群众。在改革中要突出问题导向，敢于攻坚克难，加强探索创新，确保改革取得实效。

——坚持统筹兼顾。对一些涉及面广、影响深远的重大改革，坚持加强顶层设计和实践探索相结合，兼顾各方利益，广泛凝聚共识，寻求“最大公约数”，切实把握好改革的力度和节奏，做到稳中求进。

二、完善综合交通运输体制机制

（4）深化交通大部门制改革。加强综合交通运输制度建设，推动国家层面出台加快综合交通运输发展的指导意见。建立健全综合交通运输发展协调机制，建立健全和落实部与部管国家局之间的职责关系和工作运行机制，推动完善部管国家局与地方交通运输主管部门之间的工作协调机制，促进各种交通运输方式融合发展。支持地方交通运输主管部门负责本区域内综合交通运输规划、建设、管理与服务，统筹地方铁路、公路、水路、民航、邮政等管理，加快形成“大交通”管理体制和工作机制。鼓励和支持各地加大综合交通运输改革探索，选择具备条件的地方建立综合交通运输改革试验区。

铁路、民航、邮政的其他改革由国家铁路局、中国民用航空局、国家邮政局具体研究部署。

（5）完善综合交通运输规划编制机制。制定出台综合交通运输规划编制与实施办法。服务国家“一带一路”、京津冀协同发展、长江经济带等战略，建立跨区域的交通运输规划编制协调机制。落实国家规划、政策、规定，完善各种运输方式规划编制工作机制，加强铁路、公路、水路、民航、邮政发展的统筹规划。完善交通运输规划项目征集和论证制度，充分发挥下一级交通运输主管部门和社会各方的作用。探索建立交通运输与国土、住建等部门之间多规衔接的规划编制机制。

（6）完善综合运输服务衔接机制。制定完善多式联运系统、综合交通枢纽等建设、服务标准，实现各种运输方式标准的有效衔接。成立综合交通运输标准化技术委员会，统筹推进综合交通运输标准的制修订和实施工作。推进货运“一单制”、客运“一票制”、信息服务“一站式”，实现综合运输一体化服务。完善国家重大节假日等特殊时期运输服务协调机制，提升综合运输服务保障能力和水平。

三、加快完善交通运输现代市场体系

（7）完善交通运输市场规则。建立公平开放、统一透明的交通运输市场，完善市场准入制度，探索分类建立负面清单。探索交通运输领域对外商投资实行准入前国民待遇加负面清单的管理模式。全面清理交通运输领域妨碍统一市场和公平竞争的规定和做法，反对地方保护，反对垄断和不正当竞争。

（8）完善交通运输价格形成机制。注重发挥市场形成价格的作用，逐步放开铁路、公路、水路、民航、邮政等竞争性环节价格。提高公共交通、农村客运、航道等公益性服务定价透明度，公示收费项目和服务标准，接受社会监督。规范港口收费，减少收费项目，对竞争性服务收费实行市场调节。加快修订《港口收费规则》。完善各种运输方式价格形成机制，根据服务质量实行不同定价，更好地发挥价格在合理调节出行需求中的作用。

（9）完善交通运输市场信用体系。建立健全涵盖交通运输工程建设、运输服务等领域的行业信用体系。针对不同交通运输从业主体，逐步建立具有监督、申诉和复核机制的综合考核评价体系。制定并落实守信激励和失信惩戒制度，建立健全交通运输市场主体和从业人员“黑名单”制度，实施动态监管。建立全国统一的交通运输行业信用信息平台，推进与公安、工商、税务、金融、安监等部门信用系统的有效对接和信息共享。

四、加快转变政府职能

（10）深化行政审批制度改革。全面清理交通运输行业行政审批事项，进一步加大水运、海事等领域简政放权力度，减少交通运输建设投资、生产经营活动等审批。完善交通运输行政审批事项承接落实机制，确保下放的事项承接到位。全面清理非行政许可审批事项，减少工商登记前置审批。精简交通运输行政审批环节，优化审批流程，完善跨区域联合审批制度，推进网上办理和窗口集中办理，实现审批、管理、监督相分离。

（11）加强公共服务职责。清理规范交通运输行政权力，公布交通运输部门权力清单、责任清单和权力运行流程图。加快实施政社分开，完善交通运输行业社会组织管理体制，实现行业协会商会与行政机关真正脱钩，将适合由行业社会组织承担的职能，委托或移交给社会组织承担。建立交通运输部门向社会力量购买服务制度，制定交通运输领域政府购买服务实施意见，明确购买服务的种类、性质和内容，推动逐步扩大政府购买服务范围。在公共汽（电）车、轨道交通等运营服务领域，进一步引入竞争机制，采取合同、委托等方式向社会购买。

（12）加强市场监管职责。加强交通运输过程监管和后续管理，强化生产经营者的主体责任，完善市场退出机制。加快建立交通运输强制性标准体系，重点加强对安全生产、工程质量、环境保护、服务质量等方面的监管。应用信息化等手段创新监管方式，建立交通运输监管信息服务平台，推进监管信息的归集和共享。深化交通运输职业资格制度改革，对从业人员实施分类培养、分级管理。

（13）加快事业单位分类改革。认真落实中央关于高等院校深化改革的要求，探索深化大连海事大学改革的目标和途径。合理划分交通运输系统所属公益性检测机构与经营性检测机构，稳步推进机构整合，探索实现跨区域、跨行业的信息共享和数据互认。推动全国船舶检验深化改革，加快建设国际一流的船舶检验机构。稳步推进部属事业单位改革，按照政事分开、事企分开和管办分离的要求，科学界定单位类别，明确功能定位，实行分类管理。完善部属事业单位内部治理体系和运行管理模式，加强综合绩效考核。深化部属文化单位改革，增强发展活力。

五、加快推进交通运输法治建设

（14）完善交通运输法规体系。完善综合

交通运输法规体系，发挥法治在综合交通运输体系建设中的引领和规范作用。推进交通运输法律、法规的制修订工作。健全交通运输立法项目的征集、论证及立法后评估制度。完善铁路、公路、水路、民航、邮政法规的立改废释工作机制。

（15）推进交通运输综合执法。按照减少层次、整合队伍、提高效率的原则，研究制定交通运输综合执法指导意见，稳步推进交通运输综合行政执法。相对集中执法权，明确市县两级交通运输部门为主要的行政执法主体，省级交通运输部门保留必要的执法职责。加强公路“三乱”等重点领域执法整治，完善执法程序，规范自由裁量权，做到严格规范公正文明执法。健全执法经费由财政保障制度，推动将交通运输执法机构纳入行政序列。积极推动跨部门联合执法。健全交通运输行政执法与刑事司法衔接机制，完善案件的移送标准和程序。

（16）健全交通运输依法决策机制。加快法治政府部门建设，把公众参与、专家论证、风险评估、合法性审查、集体讨论决定确定为交通运输重大行政决策法定程序。建立内部重大决策合法性审查机制，未经合法性审查或审查不合法的，不得提交讨论。积极推行交通运输部门法律顾问制度。建立重大决策终身责任追究制度及责任倒查机制。完善交通运输部门领导干部学法制度，提高运用法治思维和法治方式解决问题的能力。

六、深化交通运输投融资体制改革

（17）建立事权和支出责任相适应的制度。按照中央财税体制改革和事权划分的要求，研究制订公路、水路等领域事权划分方案。根据事权的划分，建立与事权相匹配的支出责任体系和管理制度，调整完善与履行职责相适应的机构设置、人员配备和保障机制。

（18）完善社会资本参与交通建设机制。探索推广政府与社会资本合作等模式，引导和鼓励社会资本通过特许经营等方式，参与交通运输基础设施等投资、建设、养护和运营。支持各地通过投资补助、基金注资、担保补贴、贷款贴息等方式，优先支持引入社会资本的项目。建立中央交通专项资金用于支持政府与社会资本合作项目的运行机制。鼓励各地探索设立交通产业投资基金和发展基金，建立稳定的资金保障机制。推动各地建立支持交通运输发展的地方政府举债融资机制，防范和化解交通运输政府性债务风险。

（19）完善交通运输预算管理制度。制定完善交通运输预算管理制度规定或意见。推行部门综合预算管理模式，编制交通运输发展三年滚动预算。建立健全交通运输发展规划与三年滚动预算衔接机制。清理和规范专项转移支付项目，取消效果不明显的专项，整合归并功能相近、领域相同专项。完善预算绩效管理制度，建立具有行业特色的预算绩效评价指标体系。细化部门预决算公开内容，逐步将部门预决算公开到基本支出和项目支出。

七、深化公路管理体制改革

（20）推进公路建设管理体制改革。完善公路建设工程质量与安全监督机制，建立健全工程质量终身负责制。积极试行公路建设项目自管、代建、设计施工总承包等模式，探索项目专业化管理新模式。落实项目法人责任制，完善法人资格管理、目标考核、监督约束等机制。

改革工程监理制，明确监理发展定位和职责，引导监理企业转型发展。完善招标投标制，改革资格审查和评标办法，加强信用评价在招标投标中的应用，加大对围标、串标等行为的重点监管和依法查处。强化合同管理制，完善合同管理体系，建立健全合同履约考核评价制度。

（21）推进公路养护管理体制改革。根据公路的不同功能定位，建立健全政府与市场合理分工的公路养护组织模式。按照国家财税体制改革要求，科学划分国道、省道、农村公路的养护管理职责。建立完善以公共财政为主的非收费公路养护保障机制，加强养护资金使用监管。深化全寿命周期养护成本理念，全面开展预防性养护。积极探索公路养护市场化机制，推进收费公路养护工程、普通国省干线大修养护工程向社会公开招投标，农村公路专业性养护工程采取政府购买服务等方式。组建区域性公路养护应急保通队伍。

（22）完善公路运行管理机制。加强公路路面技术状况和重大桥隧安全运行监测，完善公路灾害预报预警体系。完善公路应急管理体系，加强跨部门、跨区域应急力量配备和协调，强化警地联合应急机制建设。推进国家区域性公路交通应急反应与物资储备中心建设。建立健全公路设施损毁、破坏责任倒查和追究制度。联合工信、公安等部门完善公路源头治超、联合治超、科技治超工作机制，重点整治车辆非法改装等行为。探索实行计重前置、非现场执法等公路治超方式。推进跨区域大件运输一站式审批和一证通行。

（23）完善收费公路政策。立足我国基本国情和社会多元化的出行需求，按照使用者付费、债务风险可控等原则，完善收费公路发展机制。制定收费公路改革方案，加快推进《收费公路管理条例》修订。改革收费公路管理模式，对政府投资的收费公路实行收支两条线，通行费收支纳入政府预算管理；对采用政府与社会资本合作模式及社会资本全额投资建设的经营性高速公路，实行特许经营。改革收费公路通行费率形成机制，实现通行费率与营运服务水平等挂钩。完善收费公路信息公开制度。

八、深化水路管理体制改革

（24）深化港口管理体制改革。理顺港口管理体制，推动港口资源整合，促进区域港口集约化、一体化发展。完善现代港口服务体系，推动港口与临港物流园区、保税区等融合发展。完善港口岸线管理制度，提高岸线资源使用效率。支持国有港口企业创新建设、经营方式，发展混合所有制经济。完善引航体制机制，建立健全引航服务标准和规范，加强引航服务与安全监督管理。

（25）深化航道管理体制改革。完善国家与地方航道管理机构的职责体系，逐步建立以中央和省两级为主，相对集中的管理模式。加快推进长江航道管理体制改革，促进事企分开。根据事权与支出责任相适应的原则，推进界河航道管理体制改革，加强中央统一管理。建立健全跨区域内河航道管理机构，完善部属航道管理机构与地方航道管理机构的联动机制。理顺通航建筑物管理体制，建立健全运转高效的三峡等枢纽通航管理体制。

（26）深化海事管理体制改革。理顺海事、港航等部门水上监督职责，实现统一高效管理。全面推进海事革命化、正规化、现代化建设，适应区域一体化发展要求，加强海事管理模式、监管方式创新，提升海事监管、航海保障和应急处置等能力。推进海事基层执法机构改革，加强现场执法。加快推进内河巡航救助一体化。完善船舶污染等突发事件应急处置机制。完善海事履约机制和海事磋商机制。完善与海警部门的协作机制，加强海上行政执法。

（27）深化搜救打捞体制改革。建立健全与现阶段经济社会发展相适应的现代化专业救助打捞体系，提升救助打捞能力。完善应急值班待命制度，科学配置救助打捞力量，探索建立海事巡航和专业救助联动合作机制。加强与有关方面的应急联动，完善海上搜救和重大海上溢油应急处置的机制，健全社会力量共同参与救助打捞的机制。推进交通运输专业打捞单位市场化改革。加快救捞系统飞行单位机构改革，建立适应公共安全应急需求和符合国家民航规则标准的管理运行体制机制。

（28）深化交通公安管理体制改革。按照国家司法管理体制改革要求，深化交通公安的改革。积极推进交通公安正规化、专业化、现代化建设，全面提升交通公安工作和队伍建设水平。加强水上治安综合治理，创新立体化水上治安防控体系。深化行业内外合作，完善区域性和行业性相互补充的执法合作机制。

九、完善现代运输服务体系

（29）深化公共交通体制机制改革。探索公共交通引导城市合理发展模式，完善城市交通拥堵综合治理机制，科学引导公众出行需求，合理控制私人小汽车的增长和使用，使公共交通成为公众出行优选。改革公共交通管理体制，推动公共交通与城市土地使用一体化规划，探索建立规划、建设、运营一体化的管理模式。完善城市公共交通资源配置机制，优化公共汽（电）车、轨道交通线网布局，引导公共交通企业规模经营、适度竞争。完善城市公共交通发展绩效评价体系，深化公交都市创建工作。健全城乡和跨区域公共交通衔接机制，促进城乡和区域公共交通协调发展。

（30）深化道路客运市场化改革。优化道路客运线网布局规划，提高群众换乘的便捷性。改革道路客运班线经营权配置机制，全面推进实施客运线路服务质量招投标制度。发挥市场在线路资源配置中的决定性作用，扩大企业在站点变更、班次增减、车辆更新等方面的经营自主权。创新客运组织和管理方式，适应多样化的出行需求。完善农村客运运营机制，促进城乡道路客运一体化发展。

（31）完善交通运输促进物流业发展体制机制。推动物流管理体制改革，发挥交通运输在物流业发展中的基础和主体作用。完善交通运输与发展改革、商务、海关、供销等部门综合协调机制，打破条块分割和地区封锁，加快形成跨区域物流大通道，降低物流成本。大力推广多式联运、甩挂运输、共同配送等组织方式，支持无车承运人、货运中介等管理方式创新。完善配送车辆进入城区作业相关政策，建立健全城市配送与车辆管理工作协作机制，着力解决物流运输“最后一公里”问题。加强物流信息资源的整合利用，加快推进国家交通运输物流公共信息平台建设，促进各类平台之间的互联互通和信息共享。

（32）推进出租汽车行业市场化改革。科学定位出租汽车服务，完善运力投放机制，科学调节出租汽车总量，推进通过服务质量招投标等方式配置出租汽车的车辆经营权。完善出租汽车价格动态调整机制，形成与公共交通合理的比价关系。加强对手机召车等新型服务模式的规范管理，鼓励发展多样化约车服务。推动出租汽车行业实行公司化、集约化经营和员工制管理，进一步形成畅通有序的行业诉求表达和权益保障机制。

（33）深化汽车维修和驾培市场化改革。建立实施汽车维修技术信息公开制度，促进维修市场公平竞争。推进汽车维修配件供应渠道开放流通，破除维修配件渠道垄断，探索建立汽车维修配件质量追溯体系。鼓励汽车维修企业开展连锁经营或重组并购，打造优质品牌，提升服务水平和资源配置效率。深化机动车驾驶员培训和道路从业人员培训市场化改革，推动完善考培分离制度，强化专职驾驶员培训。

十、完善交通运输转型升级体制机制

（34）完善智慧交通体制机制。研究制定智慧交通发展框架。加快推进交通运输信息化、智能化，促进基础设施、信息系统等互联互通，实现ETC、公共交通一卡通等全国联网。推动交通运输行业数据的开放共享和安全应用，充分利用社会力量和市场机制推进智慧交通建设。完善交通运输科技创新体制机制，强化行业重大科技攻关和成果转化，推进新一代互联网、物联网、大数据、“北斗”卫星导航等技术装备在交通运输领域的应用。完善对基础性、战略性、前沿性科学研究和共性技术研究的支持机制，培育建设一批国家级、省部级协同创新中心、重点实验室、工程中心和研发中心。建立健全交通运输领域科研设施和仪器设备开放运行机制。

（35）完善绿色交通体制机制。研究制定绿色交通发展框架和评价指标体系，引导社会各方共同推进绿色交通发展。健全营运车船燃料消耗和主要污染物排放的市场准入和退出机制。加强绿色交通统计监测体系建设，完善重点交通运输企业节能减排监管和工程建设生态保护制度。完善交通运输节能减排产品（技术）推广机制，大力推广应用清洁能源。积极推进内河船型标准化。推广合同能源管理，积极培育绿色循环低碳交通运输服务机构，推进环境污染第三方治理。大力倡导绿色出行。

（36）完善平安交通体制机制。科学界定交通运输管理部门与其他安全监管部门的责任界限，健全交通运输安全生产责任体系。制定交通运输安全监管工作责任规范，探索推行尽职免责的监管制度。健全交通运输安全生产责任追究机制，强化落实安全生产“一票否决”制度。完善交通运输隐患排查治理体系，健全安全生产重大隐患排查治理、报备、挂牌督办等制度。建立交通运输安全风险防控体系，健全安全风险辨识、评估、预防控制等制度。完善危险品运输安全监督管理制度。建立交通运输安全生产巡视制度。

（37）加强交通运输对外合作与开放。贯彻落实国家“一带一路”等战略，推进陆上和海上战略通道建设，推进区域交通互联互通和国际运输便利化。统筹国际国内两个市场，深化交通运输对外交流与合作，提高“引进来”和“走出去”水平。积极参与自由贸易试验区建设，创新航运开放等政策。理顺国际道路运输管理体制，探索建立垂直管理与委托管理相结合的工作机制。

（38）推进交通运输行业文化创新。深入实践社会主义核心价值观，大力培育和弘扬交通精神，增强交通运输发展内生动力。完善交通运输新闻发言人制度，改进信息发布和政策解读工作。提升交通运输舆情收集和研判能力，及时回应社会关切，注重引导社会舆情。推动交通运输领域传统媒体与新兴媒体融合发展，提升交通运输行业公共关系处理水平。

（39）完善交通运输反腐败体制机制。严格落实党风廉政建设主体责任和监督责任，制定实施切实可行的责任追究制度。认真落实查办案件以上级纪委领导为主，线索处置和案件查办在向同级党委报告的同时，必须向上级纪委报告制度。完善惩治腐败防控廉政风险、防止利益冲突、领导干部报告个人有关事项、任职回避等方面的规章制度。深化交通运输领域专项整治，着力解决招标投标、设计变更、物资采购、资金拨付等环节发生的腐败问题。加强纪检监察监督与巡视监督、审计监督的协调联动。

十一、加强全面深化交通运输改革的组织领导

（40）各部门各单位要把思想和行动统一到全面深化交通运输改革的决策部署上，紧跟中央的新论断、新规定、新要求，正确处理局部和全局、当前和长远的关系，正确对待利益格局调整，确保改革任务落实到位。部和各级交通运输部门要健全改革领导机构和办事机构，加强改革的组织实施。要结合实际抓紧制定实施方案，细化实化改革任务和举措，明确责任分工和时间表，建立改革任务台账，逐项抓好落实。要加强对改革任务进展情况的督察和评估，根据内外部因素变化及时作出调整，不断推动改革取得实效。

（41）各部门各单位要充分发挥积极性、主动性、创造性，大胆探索，加强重大改革试点工作，以点带面，推动交通运输改革不断深化。对一些暂时拿不准或不宜全面推开的改革，要选择有代表性的地区和单位开展改革试点，形成经验逐步推广。要在试点实施过程中及时总结成功经验，推动试点工作一批一批压茬进行，梯次推进，加快形成一批可复制、可推广的试验成果。

（42）各部门各单位要加强统筹协调，统一思想，凝聚共识，破解难题，齐心协力推进改革。要加强对改革的统筹推进，充分调动各方面改革的积极性，加强沟通协作，共同研究破解改革中遇到的突出困难和问题。要加强宣传和舆论引导，广泛凝聚共识，形成改革合力，确保改革任务顺利完成，推进交通运输治理体系和治理能力现代化。

第二部分

物流统计

2014年全国物流运行情况通报

2014年，我国物流需求规模增速减缓，物流业转型升级加快，社会物流总费用与GDP的比率有所下降。

一、社会物流总额增速减缓

2014年全国社会物流总额213.5万亿元，按可比价格计算，同比增长7.9%，增幅比上年回落1.6个百分点。一季度47.8万亿元，增长8.6%，回落0.8个百分点；上半年101.5万亿元，增长8.7%，回落0.4个百分点；前三季度158.1万亿元，增长8.4%，回落1.1个百分点；全年呈现稳中趋缓的发展态势。

从构成情况看，工业品物流总额196.9万亿元，同比增长8.3%，增幅比上年回落1.4个百分点；进口货物物流总额12万亿元，同比增长2.1%，增幅比上年回落4.3个百分点；再生资源物流总额8455亿元，同比增长14.1%，增幅比上年回落6.2个百分点；农产品物流总额3.3万亿元，同比增长4.1%，增幅比上年提高0.1个百分点；单位与居民物品物流总额3696亿元，同比增长32.9%，增幅比上年提高2.5个百分点。

二、社会物流总费用与GDP的比率有所下降

2014年社会物流总费用10.6万亿元，同比增长6.9%。社会物流总费用与GDP的比率为16.6%，比上年下降0.3个百分点。其中，运输费用5.6万亿元，同比增长6.6%，占社会物流总费用的比重为52.9%；保管费用3.7万亿元，同比增长7%，占社会物流总费用的比重为34.9%；管理费用1.3万亿元，同比增长7.9%，占社会物流总费用的比重为12.2%。

三、物流业总收入平稳增长

2014年物流业总收入7.1万亿元，同比增长6.9%。

2014年物流统计数据如下表所示。

说明：由于2013年货运量、货运周转量及GDP的调整，社会物流总费用、与GDP的比率和物流业总收入也进行了相应调整。

2014 年物流统计数据

	本期（亿元）	同比增长（%）
一、社会物流总费用	105944	6.9
运输费用	55998	6.6
保管费用	36971	7.0
管理费用	12975	7.9
二、社会物流总额	2134534	7.9
其中：农产品物流总额	33101	4.1
工业品物流总额	1968951	8.3
进口货物物流总额	120331	2.1
再生资源物流总额	8455	14.1
单位与居民物品物流总额	3696	32.9
三、物流业增加值	35453	9.5
其中：交通运输业	23922	8.3
仓储业	2479	4.8
贸易业	6781	7.9
邮政业	2270	35.6

说明：2014 年物流总费用与 GDP 的比率为 16.6%；物流业增加值占 GDP 的 5.6%，占服务业增加值的 11.6%。

（国家发展改革委　国家统计局　中国物流与采购联合会）

重视统计数据　揭示物流发展规律

我国经济运行进入"新常态"，进入由"速度型"向"质量型"转型升级的关键期的根本特征，就是高效率、低成本、可持续。物流是现代经济的核心之一，国务院印发的《物流业发展中长期规划（2014—2020年）》明确提出要以提高物流效率、降低物流成本为重点，这不仅是促进物流发展之需，更是提高经济运行质量和效率的迫切要求，也是经济与物流互动发展的基本规律。而要从国民经济转型升级的视野来准确把握物流发展规律，必须高度重视统计数据。

一、降低物流成本是经济转型升级的必由之路

物流成本受到高度关注并非偶然，是由宏观经济发展的根本变化决定的，是经济转型升级的必经阶段。通过统计数据，尤其是基于国际比较的统计数据，我们能够更准确地把握物流发展的大局。

1. 通过统计数据把握物流发展规律

发展现代物流是一个国家在转型升级过程中的必然趋势，具有一定的规律性。转型升级最核心的内涵是转变经济发展方式，实现经济发展由"速度型"向"质量型"转变，其根本的特征就是高效率、低成本、可持续。发达国家的发展历程尤其是美国20世纪七八十年代的发展经验表明，物流是提高效率、降低成本的突破口。根本原因在于，物流不局限于某个行业或者某个领域，而是贯穿于生产、流通和消费各个环节，贯穿到整个社会经济的全过程。物流不仅服务于生产制造业，也与居民生活息息相关，尤其是在电子商务快速发展的背景下更是如此。也就是说，现代物流的优化发展，提高的是整个经济运行的效率，降低的是整个供应链的运行成本。

2. 通过统计数据把握物流发展基本格局

基于国际比较的物流统计数据表明，2014年我国社会物流总费用与GDP的比率为16.6%，尽管有所下降，但仍高于美国、日本一倍左右，而且高于巴西、印度等发展中国家，相当于美国20世纪80年代初的水平。当前，在劳动力成本、能源资源成本刚性上涨的背景下，降低物流成本是最有效的途径，具有紧迫性，而且潜力巨大。

2012 年全球主要国家或地区物流费用及其与 GDP 的比率如表 1 所示。

表 1　　2012 年全球主要国家或地区物流费用及其与 GDP 的比率

区域	国家	2012 年		物流费用与 GDP 比率（%）
		GDP（10 亿美元）	物流费用（10 亿美元）	
北美	加拿大	1819	163. 7	9
	美国	15680	1334. 6	8. 5
欧洲	法国	2609	247. 6	9. 5
	德国	3401	299. 7	8. 8
亚洲太平洋	中国	8227	1480. 9	18
	印度	1825	237. 1	13
	日本	5964	506. 9	8. 5
	韩国	1156	103. 9	9
南美	阿根廷	475	57	12
	巴西	2396	277. 9	11. 6
全球		71830	8350. 6	11. 6

数据来源：Armstrong Associates Inc.

如果放到全球背景下来把握我国物流发展大局，尤其是从发达国家的物流成本核算历程来看，我们的认识会更加清晰。

宏观物流成本核算起源于美国，最早可以追溯到 20 世纪 60 年代初。1962 年，美国哈佛大学 Heskett J. L. 教授提出了较系统的宏观物流成本（Macroeconomic Logistics Costs）核算方法，并逐渐成为美国、日本、韩国、南非等世界各国通用的方法（我国的物流统计核算也采用此方法）。宏观物流成本具体包括运输成本、存货持有成本和物流管理成本。1973 年，美国 Cass 信息系统公司开始计算美国的宏观物流成本，现在每年将研究成果发布在《美国物流年度报告》上。1980 年，美国宏观物流成本与 GDP 的比率为 17. 2%，位于较高水平，如表 2 所示。

表 2　　1980—2012 年美国宏观物流成本与 GDP 的比率

年份	宏观物流成本与 GDP 的比率（%）	年份	宏观物流成本与 GDP 的比率（%）	年份	宏观物流成本与 GDP 的比率（%）
1980	17. 2	1981	16. 2	1982	14. 5

续 表

年份	宏观物流成本与GDP的比率（%）	年份	宏观物流成本与GDP的比率（%）	年份	宏观物流成本与GDP的比率（%）
1983	13.3	1993	9.9	2003	8.7
1984	13.4	1994	10.1	2004	8.8
1985	12.4	1995	10.4	2005	9.4
1986	11.6	1996	10.2	2006	9.8
1987	11.4	1997	10.2	2007	9.9
1988	11.5	1998	10.1	2008	9.3
1989	11.7	1999	9.9	2009	7.8
1990	11.4	2000	10.2	2010	8.2
1991	10.6	2001	9.5	2011	8.5
1992	10.0	2002	8.8	2012	8.5

数据来源：《美国物流年度报告》

为什么宏观物流成本核算诞生于20世纪六七十年代呢？主要是因为当时的宏观经济背景发生了根本性变化。20世纪60年代末、70年代年初，美国等发达国家逐渐由“快速发展”进入到“滞胀阶段”，经济增速下滑、钢铁市场饱和、一些产品出现过剩；加上1973年第四次中东战争导致世界石油危机爆发，油价暴涨，从1973年年底到1974年年初，原油价格在短期内从每桶3美元涨到了12美元，此后高位运行，大幅推高了经济社会的运行成本。

在这样的背景下，“成本高、效益低”的问题水落石出。然而，降低成本、提高效益的出路在哪里呢？在各项成本中，能源成本高位运行、劳动力成本具有刚性，根据物流统计数据发现，降低物流成本有巨大潜力，最终以降低物流成本为突破口，通过优化业务流程，进而降低整个经济社会运行成本。同一时期，在日本，通过物流发展来降低经济运行成本的“第三利润源”学说逐步兴盛。也是在这一大背景下，物流成本核算应运而生，逐渐由理论走向实际，以确切地衡量一国的物流成本，指导物流发展政策。宏观物流成本与GDP的比率也逐渐成为国际比较中的一个核心指标。

美国、日本的发展经验表明，降低物流成本是经济转型升级的必经阶段，需要引起高度重视。相比较而言，我国的情况与当时的美国颇为相似。为此，发展现代物流是宏观经济发展的必然趋势，而根本目的就是提高效率、降低成本。

二、我国将进入物流成本回落期

我国经济运行中的物流成本偏高已成为共识，但根据统计数据可以发现，物流成本变化具有内在的客观规律，与一国的经济发展进程相一致，不能脱离宏观经济的发展水平孤立地看待成本偏高的问题。从发达国家的经验来看，物流成本由高到低变化一般需要经历四个历史时期。

（1）短缺经济时期，物流成本处于上升阶段。在短缺经济时代，经济主体能够通过规模扩张获取增量收益，成本问题并没有受到高度重视，经济发展方式以粗放的外延扩张模式为主。物流发展的主要目标不是降低成本，而是帮助工商企业扩大销售规模，在这一阶段，物流成本不断上升。同时，短缺经济阶段通常是第二产业占比不断提高的阶段，在工业化进程快速推进的过程中，物流需求规模加快增长，物流成本也必然不断上升。在美国，20 世纪六七十年代以前，物流成本与 GDP 的比率也高达 17% 以上。在我国，20 世纪 90 年代初，我国社会物流总费用与 GDP 的比率高达 24% 。

（2）过剩经济时期，物流成本变化进入平台期。随着经济发展由短缺经济时期进入到过剩经济时期，而在经济结构没有发生实质性转变的背景下，物流成本由“快速上升期”逐渐过渡到“高位平台期”。2000 年以来，我国社会物流总费用与 GDP 的比率有所下降，但下降缓慢，尤其是在近几年产能过剩矛盾较为突出的阶段，社会物流总费用与 GDP 的比率进入一个平台期，该比率一直保持在 18% 左右。

（3）经济转型时期，物流成本快速下降。在过剩经济背景下，产能过剩导致供需矛盾凸显，“高成本、低效率”的问题水落石出，在这样的背景下，一方面，推进经济结构调整、化解产能过剩成为必然选择，物流规模增速回落；另一方面，经济发展由速度型转变为质量型，其核心问题是提高效率、降低成本，由于物流业渗透到国民经济各领域，在各方面降低成本的压力下，物流成为降本增效最有效的方法，此时，物流成本会出现快速下降。以美国为例，20 世纪 80 年代以来，美国以信息技术为核心和支撑，大力调整产业结构、发展第三产业，物流成本水平进入下降阶段，物流成本与 GDP 的比率降低了将近 7 个百分点。

（4）经济转型过后，物流成本保持在较低水平。近年来，美国第三产业增加值占 GDP 的比重稳定在 70% 以上，物流成本与 GDP 的比率也稳定在 9% 左右，保持在较低的水平。

过去近 10 年，我国处于经济全面过剩时期，物流成本位于高位平台期，物流成本与 GDP 的比率没有太大变化是正常现象，而现在经济社会正经历着从过剩期向转型期的发展，我国的物流成本也正在由“高位平台期”向“快速回落期”转变。2014 年我国社会物流总费用与 GDP 的比率有所下降，一方面是受货运量、货运周转量及 GDP 数据调整的影响；另一方面也是我国经济结构变化的结果，是物流成本变化规律的体现。

三、2020 年物流成本与 GDP 的比率有望降至 15% 以内

物流成本变化的内在规律表明，降低物流成本的关键就是要调整经济结构。从我国物流市场结构来看，工业品物流占主导地位，占全社会物流总额的 92% 左右。2014 年，社会物流总费用为 10.6 万亿元，按照工业品物流总额所占的比例初步估算，花费在工业品物流上的物流成本在 9.7 万亿元左右。所以，提高工业品物流的效率、降低工业物流的成本至关重要，是重点领域。

与之相应，从经济结构来看，相对而言，第二产业对物流的需求规模大于第三产业，物

流成本耗费也高于第三产业。因而降低第二产业增加值占 GDP 的比重，换句话说，大力发展第三产业，能够有效降低物流成本。

根据美国的历史数据进行分析表明，在美国，第三产业增加值占 GDP 的比重每上升 1 个百分点，物流成本与 GDP 的比率下降约 0.6 个百分点。

美国产业结构变化与物流成本的走势变化如图 1 所示。

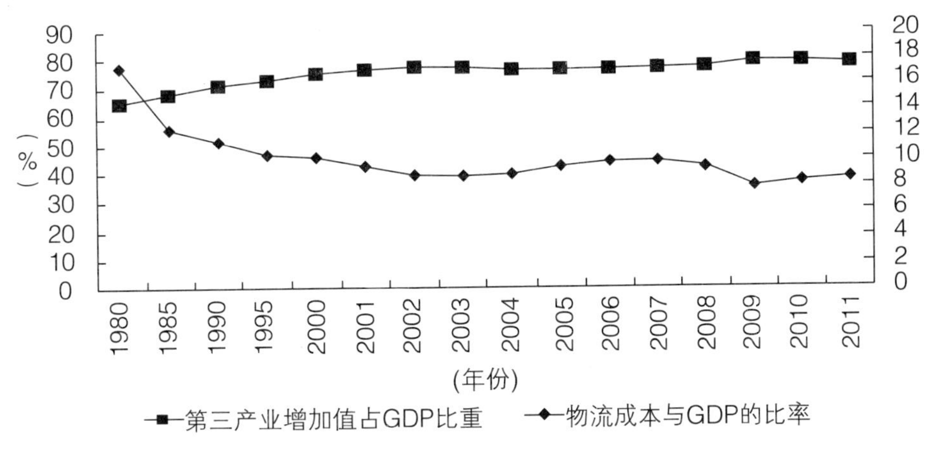

图 1　美国产业结构变化与物流成本的走势变化①

从我们的统计数据来看，通过经济结构调整来降低物流成本的效果也十分明显。从 1991 年到 2014 年，第三产业增加值占 GDP 的比重每上升 1 个百分点，物流成本与 GDP 的比率下降 0.5 个百分点左右。

中国产业结构变化与物流成本的走势变化如图 2 所示。

近几年，我国第三产业增加值占 GDP 的比重，年均上升 1 个百分点左右，随着城镇化进程的加快、产业结构调整力度加大，初步预计，到 2020 年，第二产业增加值占 GDP 的比重将下降 6 个百分点左右，与之相应，第三产业增加值占 GDP 的比重将达到 53% 左右，较目前上升 6～7 个百分点。

由此预计，按照第三产业增加值占 GDP 的比重每上升 1 个百分点，社会物流总费用与 GDP 的比率下降 0.5 个百分点计算，到 2020 年，我国社会物流总费用与 GDP 的比率将下降至 14.5% 左右。

从更长期来看，物流成本与 GDP 的比率将保持在 10% 左右的较合理水平。

在当前及未来相当长时间内，降低物流成本是真正有效的“第三利润”源泉，是提质增效的抓手。然而，物流成本与 GDP 的比率不是越低越好，而是有一个合理的低位水平，现代经济要高效稳定运行，必须要付出一定的物流成本。纵观世界物流转型升级历程，这也是物流发展过程中的必然规律。

① 数据来源：《美国物流年度报告》《中国统计年鉴》。

实物配送阶段，物流成本高位运行。从产业发展历程来看，制造业和现代物流发展一直是互动的，密不可分的。当生产方式处于“少品种、大批量、流水线生产模式”的时候，物流发展处于实物配送阶段（Physical Distribution，PD），物流功能单一，物流信息化、一体化程度较低，物流在生产流通中处于从属地位，其功能只是为生产流通企业扩大销售规模。在这一阶段，物流成本水平处于高位运行阶段。在美国，20 世纪六七十年代以前，物流成本与 GDP 的比率高达 17% 以上。

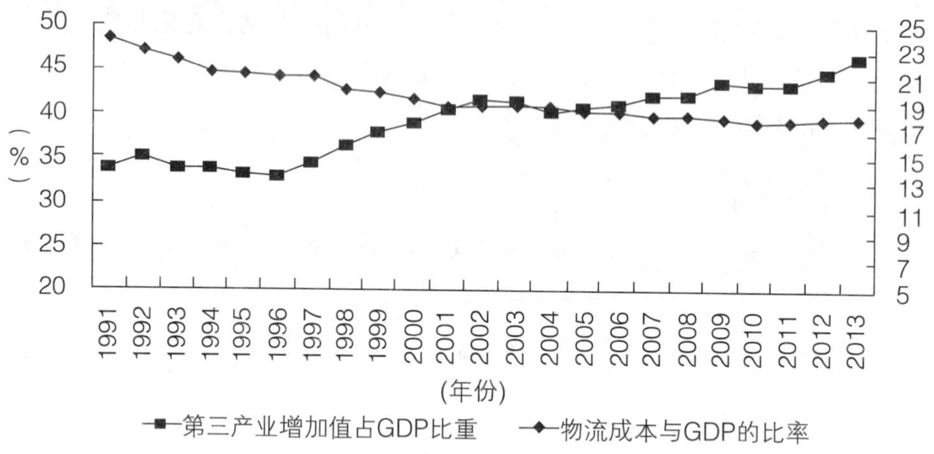

图 2　中国产业结构变化与物流成本的走势变化①

一体化物流阶段，物流成本不断下降。当生产规模扩张达到一定的程度，产品出现过剩、各项成本上升，不计成本的“大批量”生产方式难以为继，转而通过发展现代物流，保障产业流程优化、供应链构建，进而获得成本降低的效益，物流在生产流通中的地位也不断上升，成为企业优化资源配置、降低成本的主要手段。20 世纪 80 年代以来，美国的制造业生产方式逐步由传统的“少品种、大批量”向“柔性化敏捷制造”模式转变，加上美国打造“信息高速公路”，由此推动物流发展由“实物配送”向“一体化物流”阶段（Logistics）发展，物流信息化、一体化快速发展。这一阶段，物流发展的主要目的就是提高效率，帮助工商企业降低成本。在美国，物流成本与 GDP 的比率由 17% 以上降至 2001 年的 10% 以下，共经历了 20 多年时间。

供应链阶段，物流成本低位波动。在后工业化时期，供应链模式（Supply Chain Management，SCM）广泛运用，物流专业化、精细化运行，在这一阶段，物流上升到战略管理的主导地位，通过去除冗余物流环节和物流过程，最大限度地高效集约利用物流资源，促使物流成本在较低的水平上波动变化。10 年来，美国的物流成本与 GDP 的比率一直在 9% 左右波动，日本的这一比率在 8.5% 左右波动。

从物流的发展历程可以看出，物流成本并不是无限下降的，而是有一个下限，这个下限正是物流集约高效运行的结果。目前，我国物流发展正处于由“实物配送”向“一体化物

① 数据来源：《中国统计年鉴》、中国物流信息中心。

流”发展的阶段。可以预计，随着物流方式的转型升级，当我国物流发展到供应链阶段，同时，第三产业比重上升到60%左右，物流成本与GDP的比率将保持在10%左右的较合理水平。

总而言之，通过统计数据，我们深刻地认识到，发展物流的目标和方向十分明确，就是提高社会经济运行的效率，降低全社会的物流成本。同时，要紧密结合宏观经济环境和物流转型升级历程，准确把握物流成本的变化规律。

基于此，降低物流成本需要多措并举，一是坚定不移调整经济结构，大力发展服务业；二是进行物流管理方式的升级，推动供应链的发展；三是政府要简政放权降低行政性收费，形成较好的物流发展环境；四是与时俱进做好物流统计工作，在大数据时代背景下不断完善物流成本核算体系，更好地把握物流成本变化规律。

（中国物流信息中心）

2014 年中国物流运行情况分析

2014 年，国民经济运行进入“新常态”，我国物流运行呈现“市场增速适度放缓、运行质量有所提升”的基本特征。一方面，物流需求规模增速减缓但与国民经济相协调，物流企业盈利能力整体偏弱但有所改善；另一方面，物流市场结构不断优化，单位 GDP 的物流需求系数自 2008 年以来首次下降，每百元社会物流总额所需耗费的物流费用有所下降，显示出物流运行质量提升，同时也预示着传统的依靠“高物耗、高物流”的经济增长模式正在发生积极转变，经济结构调整的效应逐步显现。

一、2014 年物流运行基本特征

（一）物流市场增速适度放缓

一是物流市场规模增速回落。2014 年我国社会物流总额为 213.5 万亿元，按可比价格计算，同比增长 7.9%，增幅比上年回落 1.6 个百分点，如图 1 所示。一季度 47.8 万亿元，同比增长 8.6%，回落 0.8 个百分点；上半年 101.5 万亿元，同比增长 8.7%，回落 0.4 个百分点；前三季度 158.1 万亿元，同比增长 8.4%，回落 1.1 个百分点；全年呈现“稳中趋缓”的发展态势。

二是物流服务价格震荡下跌。2014 年，受经济增速放缓、物流需求增速回落等因素影响，我国物流服务价格震荡回落且持续低位运行。据中国物流业景气指数（LPI）显示，物流服务价格指数全年都在 50% 的临界水平上下波动，平均为 50.4%，较上年平均水平下降 0.3 个百分点，显示出物流服务价格持续低迷的态势。

从海运市场来看，受大宗商品物流需求低迷影响，加之海运运能过剩，2014 年中国沿海干散货运价指数累计平均为 989.9 点，较上年同期下降 11.8%。

从公路货运市场来看，受公路货运周转量增速回落影响，2014 年以来，我国公路货运价格指数呈现“前高后低、总体趋降”的基本走势。2014 年最后一周，林安道路运价总指数为 106.13，较 2013 年年末最后一个周下降约 10 个百分点，较 2014 年年初第一周下降 1.6 个百分点，如图 2 所示。

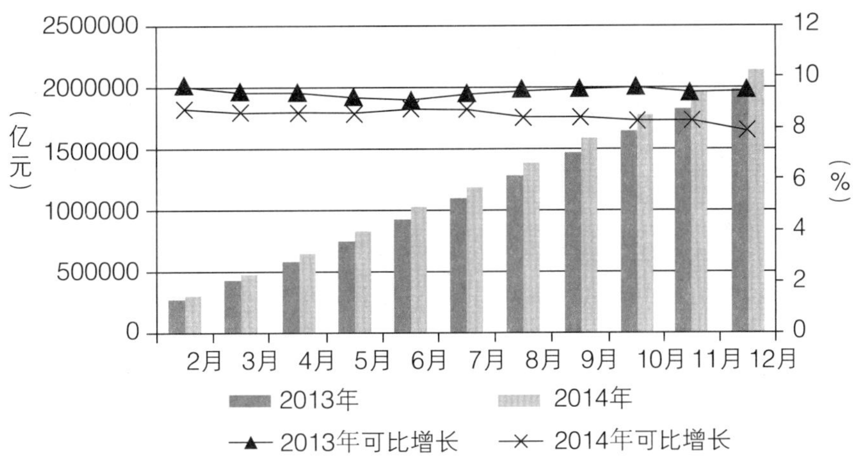

图1 2013年以来我国社会物流总额及增长变化情况

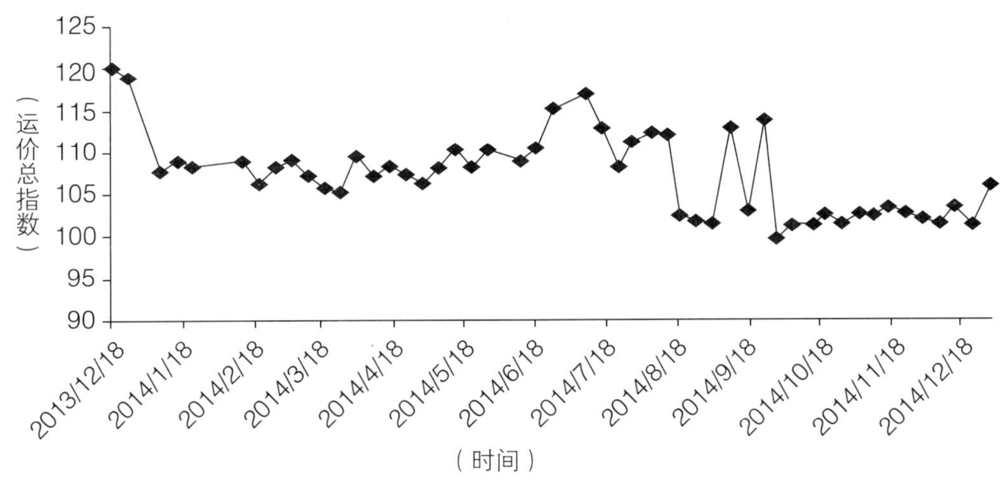

图2 2013—2014年林安道路运价总指数走势

（二）物流运行质量有所提升

一是物流市场结构不断优化。一方面，钢铁、煤炭、水泥、有色等大宗商品物流需求增速进一步放缓。2014年我国工业品物流总额为196.9万亿元，按可比价增长8.3%，同比回落1.4个百分点。另一方面，与循环经济相关的再生资源物流总额同比增长14.1%；与民生相关的单位与居民物品物流总额同比增长32.9%，尤其是快递物流业保持高速增长。据国家邮政局的数据显示，2014年我国快递业务量完成139.6亿件，同比增长51.9%，首次超过美国，跃居世界第一，快递最高日处理量超过1亿件。

2013—2014年我国快递服务企业业务量及增速如图3所示。

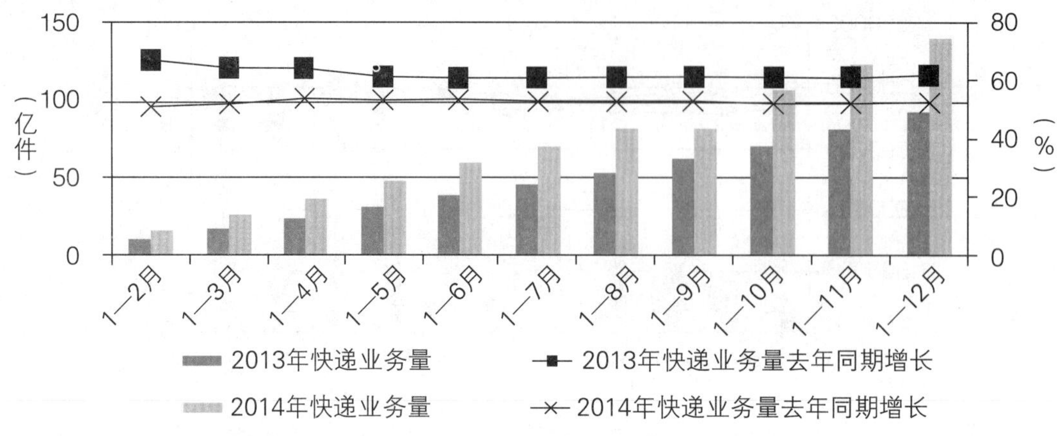

图3 2013—2014 年我国快递服务企业业务量及增速

二是单位 GDP 的物流需求系数自 2008 年以来首次下降。2008 年以来，我国单位 GDP 的物流需求系数整体上不断上升，2013 年单位 GDP 的物流需求字数达到 3.48 的较高水平，2014 年单位 GDP 的物流需求系数为 3.35，近年来首次出现下降，这表明创造单位 GDP 所需的物流规模所有下降，预示着单位 GDP 的物流需求系数进入回落区间。由此说明，我国经济运行进入新阶段，传统的依靠“高物耗、高物流”的增长模式正在发生积极转变，经济结构调整的效应逐步显现。

2008—2014 年我国单位 GDP 的物流需求系数走势如图 4 所示。

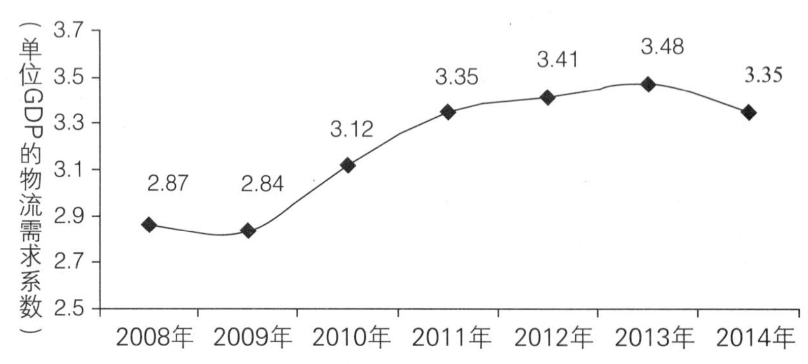

图4 2008—2014 年我国单位 GDP 的物流需求系数走势

三是物流运行效率有所提升。2014 年我国社会物流总费用为 10.6 万亿元，同比增长 6.9%；社会物流总费用与 GDP 的比率为 16.6%，比上年下降 0.3 个百分点。其中，运输费用 5.6 万亿元，同比增长 6.6%，占社会物流总费用的比重为 52.9%；保管费用 3.7 万亿元，同比增长 7%，占社会物流总费用的比重为 34.9%；管理费用为 1.3 万亿元，同比增长 7.9%，占社会物流总费用的比重为 12.2%。

2014 年我国社会物流总费用与 GDP 比率的变化，一方面是受交通运输部对公路水路运输量统计口径和推算方案的调整，以及国家统计局根据第三次经济普查对2013年全国GDP调整的影响；另一方面也是我国经济结构变化的结果。根据物流等相关统计数据可以发现，物流费用具有内在的客观变化规律，与经济发展阶段以及物流运行模式密切相关。

在短缺经济时期，物流费用处于上升阶段。在短缺经济时代，经济主体能够通过规模扩张获取增量收益，物流费用问题并没有受到高度重视，经济发展方式以粗放的外延扩张模式为主。物流发展的主要目标不是降低费用，而是帮助工业或商业企业扩大销售规模，物流发展处于低效的传统物流阶段。在这一阶段，物流费用不断上升，处于高费用运行阶段。如20世纪六七十年代以前，美国的物流费用与GDP的比率高达17%以上；20世纪90年代初，我国的社会物流总费用与GDP的比率高达24%。

在过剩经济阶段，物流费用变化进入平台期。随着经济发展由短缺经济进入过剩经济阶段，但在经济结构并没有发生实质性转变的背景下，物流费用在较高水平上存在一个平台期。2000年以来，我国社会物流总费用与GDP的比率有所下降，但下降缓慢，尤其是在近几年产能过剩、矛盾较为突出的阶段，社会物流总费用与GDP的比率下降进入一个平台期，该比率一直保持在18%左右。

在经济结构调整阶段，物流费用快速下降。在过剩经济背景下，产能过剩导致供需矛盾凸显，"高费用、低效率"的问题水落石出，在这样的背景下，推进经济结构调整、化解产能过剩成为必然选择，在这一过程中，物流受到高度重视，逐渐由传统物流向一体化物流阶段发展，物流费用也随之不断下降。以美国为例，20世纪80年代以来，一方面，美国以信息技术为核心和支撑，大力调整产业结构、发展第三产业；另一方面，通过放松交通运输管制，为物流一体化运行营造宽松环境，物流运行效率提高，物流费用水平进入下降阶段，物流费用与GDP的比率降低了7个多百分点。

在经济结构调整完成后，物流费用保持在较低水平。近年来，美国第三产业增加值占GDP的比重稳定在70%以上，物流发展到高效的供应链阶段，物流费用与GDP的比率也稳定在9%左右，保持在较低的水平。

目前，我国正处于经济结构加快调整的阶段，物流发展也逐步由传统物流向一体化物流阶段过渡，供应链发展也初见端倪，与此相适应，物流费用水平也逐步进入下降期。但同时也应看到，整体上我国物流费用水平仍然较高，尤其是煤炭、非金属矿物制品业等行业的物流费用水平仍然偏高。

四是物流企业效益有所改善。2014年12月的中国物流业景气指数显示，主营业务利润指数回升0.2个百分点达到50%，该指数全年平均为50.7%，保持在增长区间。据重点调查物流企业数据显示，2014年1—11月，重点物流企业的主营业务收入增长8%，低于主营业务费用增速0.1个百分点；重点物流企业收入利润率为5%，高于上年同期0.9个百分点，如图5所示。这些数据表明，我国重点物流企业费用压力依然较大，赢利能力整体较弱，但有所改善。

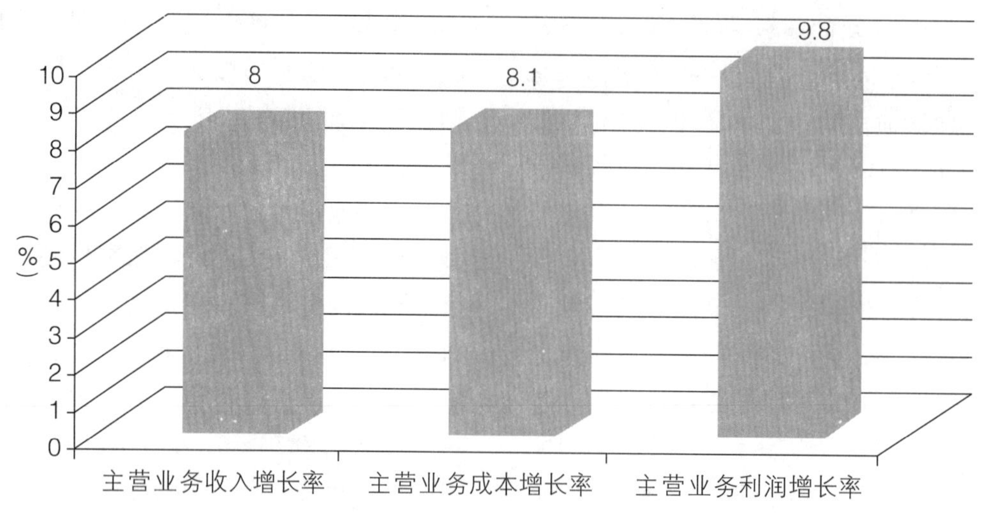

图5 2014 年1—11 月重点调查物流企业赢利情况核心指标

二、物流发展面临的问题

（一）物流费用依然较高

近年来，随着物流相关政策陆续出台，我国物流基础设施瓶颈有所减少，但物流费用高、效率低的局面仍然存在。我国铁路货运量占全国货运量的比重一直低于 10%，公路货运量在 77% 左右，而公路的运输费用远超过铁路。综合考虑公路、水运、管道运价、运量、装卸费用以及过路过桥费等，2014 年我国的运输费用约达 5.6 万亿元。

我国物流费用大都发生在工业领域，资金流动效率低下、社会库存水平偏高，这些因素导致保管费用偏高。当前，我国工业企业流动资产周转次数为 2.9 次，远低于发达国家；低周转率导致存货费用攀高，明显高于发达国家的水平。2014 年我国物流费用中的保管费用为 3.7 万亿元，同比增长 7%，占社会物流总费用的比重为 34.9%。

2014 年我国物流费用中的管理费用为 1.3 万亿元，占社会物流总费用的比重为 12.2%，高于发达国家。这表明我国的物流组织管理方式、物流一体化和专业化程度均有很大的提升空间。目前，一些发达国家的物流发展已经进入“供应链”阶段，但我国仍处于传统物流向“一体化物流”过渡的阶段，我国的物流业发展任重道远。

（二）城市配送面临政策和管理瓶颈

一方面，城市物流用地难。城市物流需求快速增长，现代物流对仓储网点布局的要求也越来越高，但多数城市缺乏科学的物流节点规划，物流用地不断“被拆迁”，部分企业的新增用地难以保障，为此，亟须加强城市内配送中心的建设规划。另一方面，城市配送车辆限制多。继天津、北京相继加大了货运车辆的管理和管控之后，全国各地的城市货车限行越来越严格，造成了城市配送费用的大幅度上升。

（三）物流企业经营面临诸多困境

1. 物流企业税负重

2013 年 8 月，“营改增”在全国铺开，部分物流企业整体税负水平不降反升。其中对于从事仓储、货代等“物流辅助服务”的物流企业而言，其税收负担基本持平或增加不多。然而，货物运输服务作为物流企业最基本的服务，实际可抵扣项目较少，导致税改后部分企业实际税负大幅增加。一方面，具有一定规模的物流企业，长时间未有大额资产购置，因此实际可抵扣的固定资产所含进项税很少；另一方面，过路过桥费、房屋租金、保险费等占比较大的费用不在抵扣范围，加重了企业的税负。

2. 物流企业“融资难”未明显改善

物流业资金需求量普遍较大，投资回收期长，普遍存在融资瓶颈。一方面，物流行业融资渠道较为单一，融资费用较高，银行贷款仍然是主要的融资渠道。缺乏产业基金、股权融资、债券融资等融资模式；另一方面，物流企业资金回款期受到客户等因素影响进一步延长，加剧物流企业资金紧张局面。

由于存在行业资本投入规模大、投资回收周期长、收益难以独立核算等现实问题，民间资本进入存在障碍，资金不足制约了物流业的快速发展。

3. 物流企业劳动力供需矛盾突出

物流企业劳务用工短缺严重，费用随之加大。以驾驶员岗位为例，紧缺局面日益突出。目前公路货运企业普遍存在长途货运司机短缺的情况。一方面，经验丰富的老驾驶员紧俏；另一方面，新司机的准入门槛提高，根据有关规定，驾驶员必须在拿到C1驾照6年后才有资格考A2驾照，在一定程度上会导致年轻货运司机出现“断层”。此外，快递等劳动密集型行业均存在不同程度的劳动力短缺，企业面临“招工难”的难题。

4. 物流企业“量高价低赢利弱”

随着近年来劳动力等相关费用快速上涨和市场竞争加剧，物流企业利润被不断挤压，呈现“量高价低赢利弱”的发展特征。2014年12月的中国物流业景气指数中，业务总量指数为57.5%，而全年的平均数为56%，保持在较高的增长区间。与此同时，12月的主营业务利润指数为50%，该指数的全年平均数为50.7%，保持在较低水平。

（四）物流一体化仍然存在较多障碍

一方面，物流基础设施之间的衔接不够，多式联运发展缓慢；物流园区等与物流基础设施之间的衔接不足，不利于物流一体化运作，也不利于发挥园区物流集聚功能和物流组织功能；城乡之间、公路与城市之间相关的物流基础设施衔接性不足。据国务院发展研究中心信息网的数据显示，河北省辖区内各地“断头路”累计里程长达11200千米。北京、天津和河北三地之间，“断头路”“瓶颈路”多达2300千米。另一方面，物流标准化工作有待进一步推进，同时，物流设备、物流设施、物流信息之间的标准衔接性有待增强。

（五）物流市场国际化竞争日趋激烈

2014年，我国物流业开放程度进一步扩大，物流市场国际化竞争日趋激烈，尤其是在一些物流细分领域更为明显。比如，9月24日快递业迈入全面开放的新时代，外资快递企业全面进入国内包裹快递市场，快递及相关物流市场的竞争更趋激烈。再比如，由于仓储业的外资市场准入比较自由，仓储巨头普洛斯拟斥资20亿元人民币收购中储发展股份有限公司15.34%的股权，加快仓储网络建设布局，在行业地位竞争中占领先机。

三、政策建议

（一）加大《物流业发展中长期规划》等政策落实力度，优化政策环境

自2009年国务院发布《物流业调整和振

兴规划》以来，促进物流发展的相关政策不断出台，商务部、交通部、公安部等部门文件众多。虽然这些政策对推动我国物流业健康发展有的已起到实效，但仍有不少政策有待落实，应以落实现有政策为突破口，加强政策、部门间统筹协调，为物流业发展创造更良好的环境。2014 年，《物流业发展中长期规划》出台，贯彻落实《物流业发展中长期规划》，要以促进现代物流发展为着力点，从物流业与制造业联动发展、协调发展的高度，充分发挥物流提高效率、降低费用的作用。

（二）支持新型物流业态发展，促进物流资源整合

推动多业融合、促进供应链发展。近年来，以中远物流、中邮物流等为代表的企业为空客、重汽等制造企业提供全程供应链服务，取得明显成效。加大成功的供应链管理模式的推广力度，制定指导措施，以推动更多企业尽快认识到供应链管理的重要性，实现两者互动发展。

推动平台建设，促进物流资源整合。一方面，支持物流平台企业发展，比如，以“卡行天下”网络为代表的一批平台企业已集合众多小微物流企业，物流平台有效提升了行业的集约化、标准化和信息化水平；另一方面，建立跨区域的巩固物流信息平台，比如，长江经济带、京津冀协同发展、丝绸之路经济带等一系列区域间的物流平台信息共享，从而更大范围、更高层次地提高物流效率。

（三）建立完善信用机制，促进行业诚信发展

推进信用记录机制建设。相关部门应进一步健全信用信息采集机制，消除交易中的信息不对称，利用行业协会拥有的业内信息资源和组织功能，在保障信息安全的前提下向社会信用服务机构有序开放；推动区域及行业间的信用信息资源整合共享，使物流企业的信用状况透明、可核查，建立完善的行业内企业信用自律机制。

（四）鼓励物流企业兼并重组，提高市场集中度

目前我国物流企业规模普遍较小，竞相压价恶性竞争现象突出，尤其是快递行业“价格战”持续，微利化、无利化现象普遍。为此，应以鼓励物流企业资本聚集为突破口，提高物流行业集中度，推动企业做大做强。推进物流系统整合，通过支持兼并重组、联盟合作等多种方式，推进横向扩张和纵向延伸，扩大企业规模、完善产业链条①。

（中国物流信息中心）

① 说明：由于货运量、货运周转量及 GDP 数据的调整，社会物流总费用、与 GDP 的比率和物流业总收入也进行了相应调整。

2014 年全国重点企业物流统计调查报告

根据《社会物流统计报表制度》要求，国家发展改革委员会、国家统计局和中国物流与采购联合会对 2013 年全国重点工业、批发和零售业企业物流状况，以及物流企业经营情况进行了统计调查。

一、调查样本概况

本次调查共收到 1069 家企业资料，其中，工业企业 401 家，占调查企业的 37%；批发和零售业企业 125 家，占调查企业的 12%；物流企业 543 家，占调查企业的 51%。

二、工业、批发和零售业企业物流情况

2013 年工业、批发和零售业企业销售总额保持平稳较快增长，物流成本增速持续回落，企业物流外包比例提高，物流费用率有所下降，物流效率有所提升。

（一）企业物流规模平稳较快增长

2013 年工业、批发和零售业企业销售总额比上年增长 10.4%，增幅同比回落 0.5 个百分点。其中，工业企业销售总额增长 9.3%，批发和零售业企业销售总额增长 11.4%，增幅分别回落 0.5 个和 0.8 个百分点，如图 1 所示。尽管企业销售总额增幅小幅回落，但仍保持平稳较快增长。

从物流实物量看，2013 年工业、批发和零售业企业货运量比上年增长 11.3%，增幅同比回落 1.3 个百分点。其中，工业企业货运量增长 11.8%，增幅回落 0.3 个百分点；批发和零售业企业货运量增长 9.1%，增幅回落 4.8 个百分点，如图 2 所示。

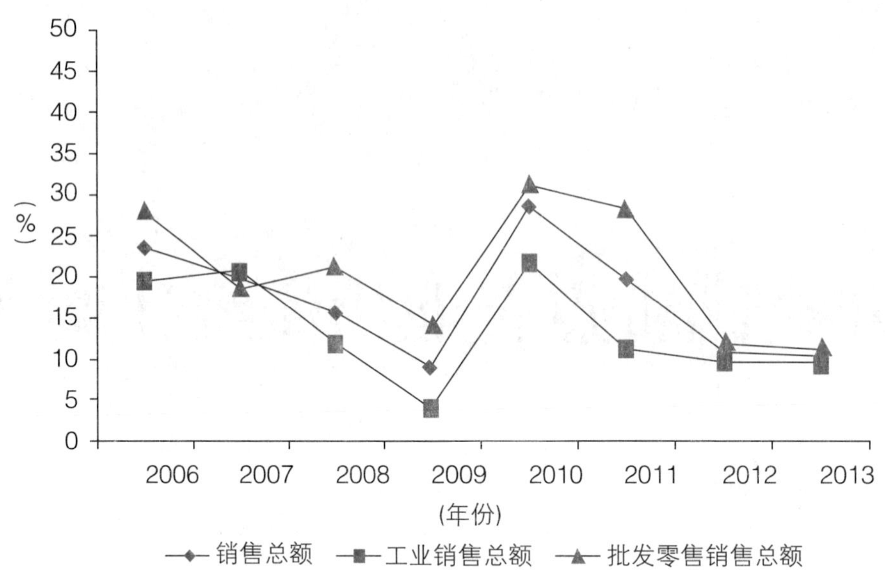

图 1　2006—2013 年工业、批发和零售业企业销售总额增长情况

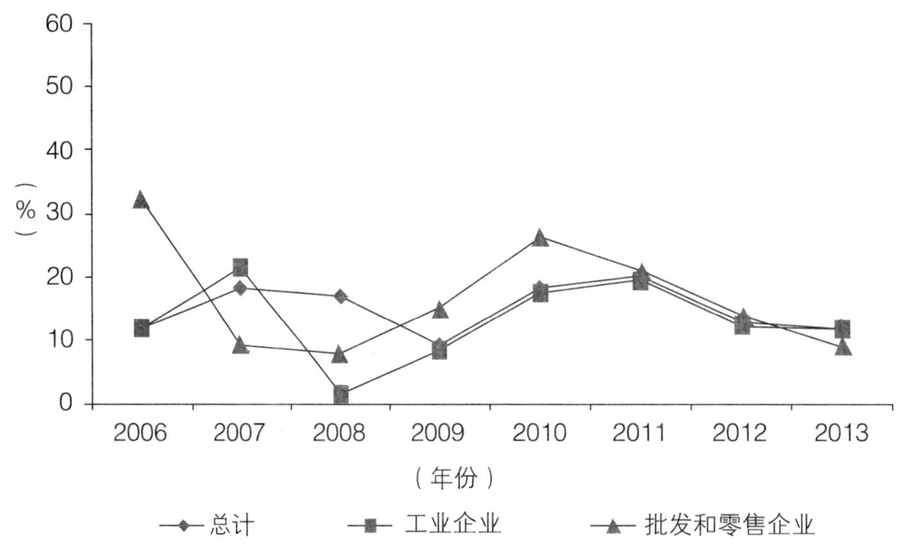

图 2　2006—2013 年工业、批发和零售业企业货运量增长情况

（二）物流成本增速持续回落

2013 年工业、批发和零售业企业物流成本比上年增长 10.1%，增幅同比回落 1.9 个百分点，连续三年回落。其中，运输成本增长 9%，增幅回落 0.2 个百分点；管理成本增长 12.5%，增幅提高 0.2 个百分点；保管成本增长 10.3%，增幅回落 1.7 个百分点。在保管成本中，仓储成本增长 9.9%，增幅回落 1.6 个百分点；利息成本增长 3.9%，增幅回落 8.8 个百分点，如图 3 所示。

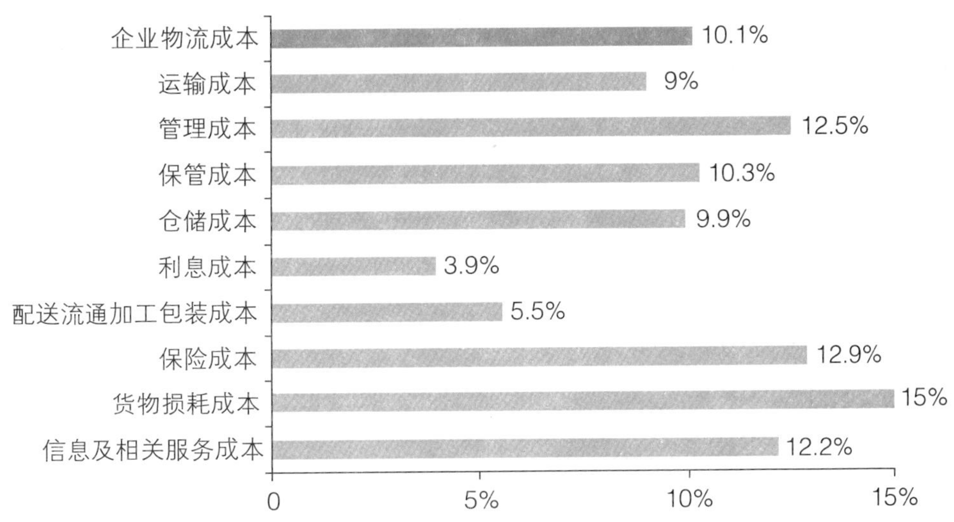

图3　2013 年工业、批发和零售业企业物流成本增长情况

2013 年工业、批发和零售业企业物流成本中，运输成本占47.9%，比上年降低2.3个百分点；保管成本占36%，比上年提高2.3个百分点；管理成本占16.1%，与上年持平。

（三）物流费用率有所下降

2013 年工业、批发和零售业企业物流费用率为8.4%，比上年下降0.15个百分点。其中，工业企业物流费用率为9.1%，下降0.14个百分点；批发和零售业企业物流费用率为7.8%，与上年基本持平，如图4和图5所示。总体上看，近年来我国工业、批发和零售业企业物流费用率呈下降趋势，2013 年比 2008 年下降了0.9个百分点。

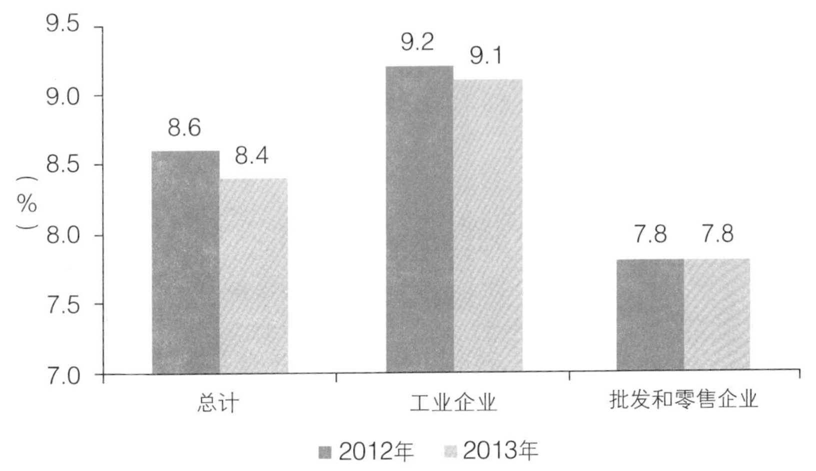

图4　2013 年工业、批发和零售业企业物流费用率情况

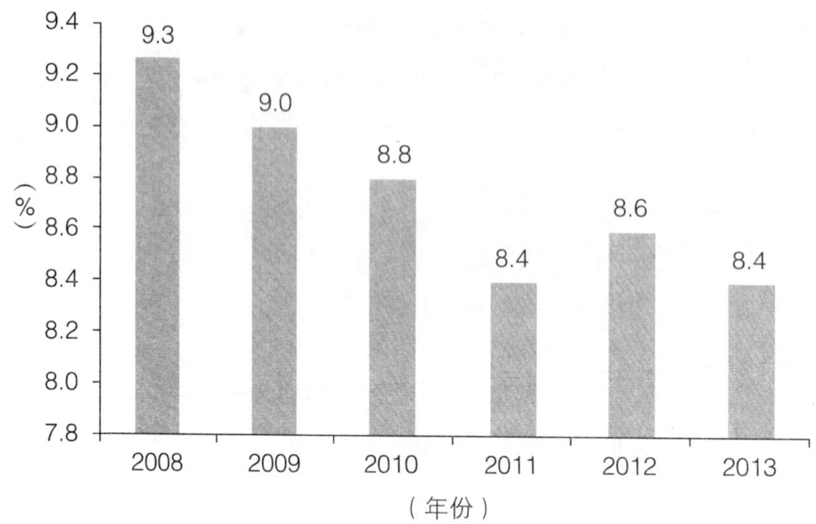

图 5 2008—2013 年工业、批发和零售业企业物流费用率情况

与发达国家相比，2013 年我国工业、批发和零售业企业物流费用率仍高于日本 3.6 个百分点。

（四）物流外包比例持续提高

2013 年工业、批发和零售业企业对外支付的物流成本比上年增长 13.5%，占企业物流成本的 62.9%，同比提高 1.9 个百分点。2010—2013 年工业、批发和零售业企业对外物流支付成本占比情况如图 6 所示。

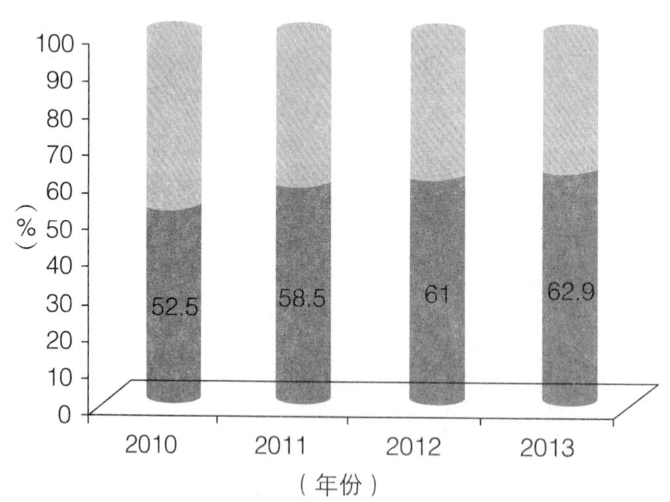

图 6 2010—2013 年工业、批发和零售业企业对外物流支付成本占比情况

从不同登记注册类型看，港澳台商投资企业、外商投资企业物流外包比例明显较高，分别高于全部调查企业 14.6 个和 10.6 个百分点；内资企业物流外包比例为 57.2%，在内资企业

中，私营企业物流外包比例高于其他内资企业，为62.4%。

1. 运输外包比例处于较高水平

从物流运输量看，2013年工业、批发和零售业企业委托代理货运量比上年增长11.6%，占货运量的79.6%。企业运输外包比例仍处于较高水平。

2. 仓储保管外包比例有所下降

从仓储面积看，工业、批发和零售业企业平均仓储面积为4.9万平方米，其中自有仓储面积为2万平方米，租用仓储面积2.9万平方米，租用仓储面积占比为59.9%，比上年同期下降4.7个百分点。

从不同登记注册类型看，港澳台商投资企业、外商投资企业仓储外包比例明显较高，为68.8%，内资企业为59.8%，其中国有企业仅为22.4%。

三、物流企业经营情况

（一）物流业务量保持平稳较快增长

2013年物流企业货运量比上年增长4.4%，货运周转量增长1.9%，配送量和装卸搬运量增长19.4%和12.5%。除周转量增幅同比提高0.2个百分点之外，货运量、配送量、装卸搬运量增幅分别回落0.1个、1.3个和2.4个百分点。

（二）物流业务收入结构优化，一体化、信息化成亮点

2013年物流企业物流业务收入比上年增长6.7%，增幅同比回落5.4个百分点。其中，运输收入增长0.4%，回落5.1个百分点；仓储收入增长9.7%，回落8.5个百分点。

与此同时，信息及相关服务收入和一体化物流业务收入保持高速增长，比上年分别增长94%和31%，表明在经济转型升级阶段，一体化和信息化服务收入正逐步成为物流企业新的收入增长点。

从收入构成看，物流收入结构有所优化。其中，运输收入占56.8%，按可比口径计算，同比下降2.5个百分点；一体化物流业务收入占9.7%，信息及相关服务收入占1%，同比分别提高1.9个和0.5个百分点。

（三）物流企业成本压力依然较大，人工成本快速上涨

2013年物流企业物流业务成本比上年增长6.4%，增幅同比回落5.1个百分点。其中，运输成本比上年增长0.4%，增幅回落3.9个百分点；仓储成本比上年增长11.4%，增幅高于物流业务成本5个百分点。

此外，物流企业人工成本快速上涨，2013年物流人员劳动报酬比上年同期增长10.9%，增幅同比提高3.8个百分点。近年来，物流人员劳动报酬占物流业务收入比例也逐年提高，2013年达9%，同比提高0.8个百分点。2006—2013年物流人员劳动报酬增长情况如图7所示。

（四）企业资产规模增幅回落

2013年物流企业资产总计比上年增长9.5%，增幅同比回落4.4个百分点。从近5年情况看，物流企业资产规模增速逐步放缓，进入平稳增长阶段。

2013年物流企业资产负债率为43.3%，比上年同期提高1.8个百分点。从不同登记注册类型看，私营企业最高为55.6%，国有企业为41.3%；港澳台商投资企业和外商投资企业相对较低，仅为19.6%和23.8%。

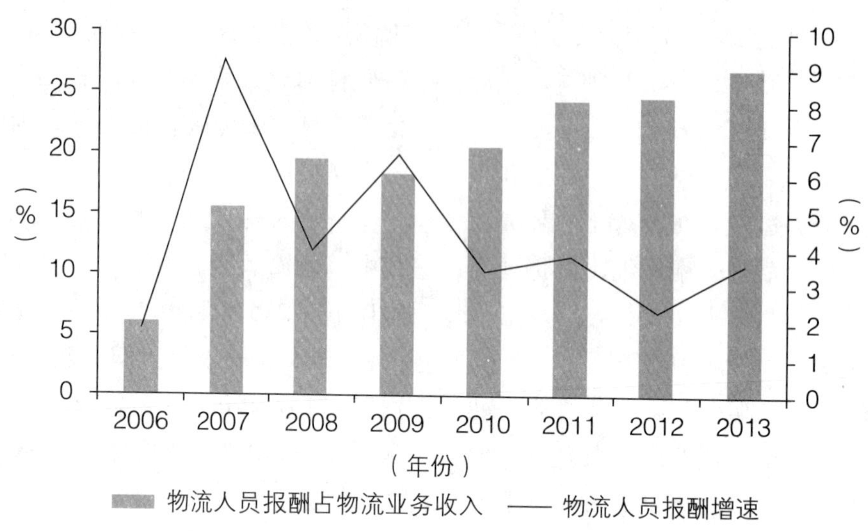

图7 2006—2013 年物流人员劳动报酬增长情况

（五）物流行业赢利水平差距明显

2013 年物流企业物流业务利润额比上年增长 9.3%，收入利润率为 7.9%。

从不同行业看，受铁路货物平均运价上调影响，铁路运输企业物流业务利润比上年增长 23.1%，收入利润率为 11.3%；而道路运输企业和水上运输企业物流业务利润则分别比上年增长 3.6% 和 2.1%，收入利润率仅为 5.1% 和 1.2%。

（中国物流与采购联合会　中国物流信息中心）

2014 年钢铁行业物流成本分析

中国物流与采购联合会、中国物流信息中心重点企业物流统计调查数据显示，2013 年钢铁行业物流效率稳步提升，物流专业化水平持续提高，但总体来看，我国钢铁物流成本依然较高，根据推算，规模以上钢铁企业物流总成本达 7900 亿元，降低物流成本的潜力较大。

一、钢铁物流效率稳步提升

在钢铁行业产能过剩的大背景下，全行业物流效率稳步提升，钢铁物流费用率有所下降。重点企业物流统计调查数据显示，2013 年我国钢铁行业物流成本费用率为 10.7%，同比下降 0.4 个百分点，较 2009 年下降了 1.3 个百分点，为近年来的最低水平，详情如图 1 所示。

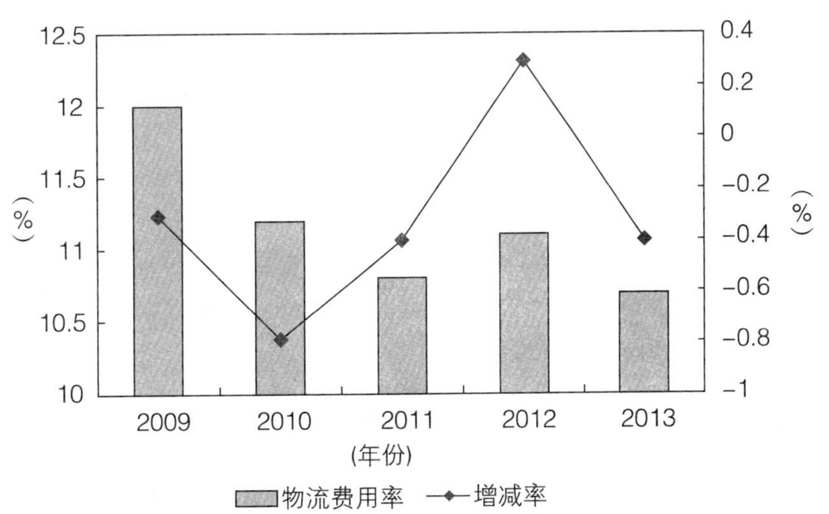

图 1　2009—2013 年我国钢铁企业物流费用率

二、钢铁企业物流成本控制有成效

2013 年重点调查钢铁企业物流成本比上年同期增长 3.9%，从 2007 年以来，我国钢铁企业物流成本增幅总体呈下降态势，如图 2 所示，其中保管成本同比增幅回落 3 个百分点。在保管成本中，利息成本和仓储成本增幅分别回落 10.4 个和 5.2 个百分点。此外，运输成本和管理成本保持平稳增长，比上年同期分别增长 5.3% 和 10.5%。

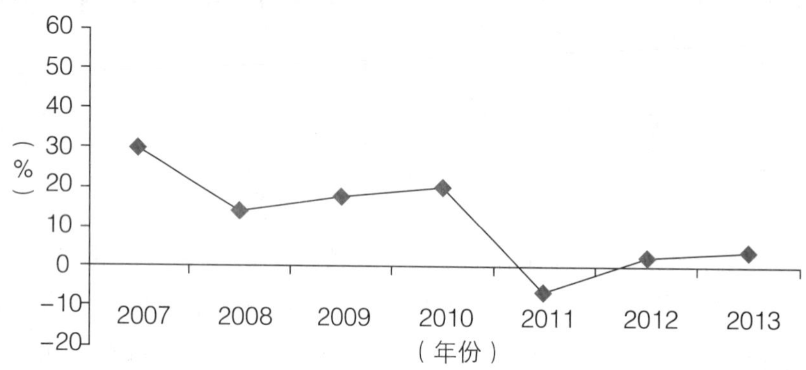

图 2　2013 年我国钢铁企业物流成本增长情况

（一）物流成本占企业成本比重下降

根据推算，2013 年规模以上钢铁企业物流总成本达 7900 亿元，物流成本占主营业务成本的比重为 11.2%，同比下降 0.7 个百分点。

（二）行业削减库存举措促保管成本占比下降

在钢铁物流成本构成中，运输成本占 52.3%，同比提高 0.7 个百分点；管理成本占 12%，同比提高 0.8 个百分点；保管成本占 35.7%，同比下降 1.4 个百分点。2013 年调查钢铁企业物流成本构成情况如图 3 所示。

近年来，在钢铁价格持续低迷、银行限贷等诸多因素影响下，我国钢铁企业为压缩物流环节费用，积极采取措施，如加大直供比例及电子商务平台的应用，以实现供应链的成本节省和快速响应。使得行业库存总体呈下降趋势。2013 年我国钢铁行业库存率为 11%，较 2009 年下降了 1.6 个百分点。在此背景下，2013 年我国钢铁行业仓储成本和利息成本占比分别比上年下降 0.01 个和 0.2 个百分点，为 4.4% 和 12.2%。

三、钢铁物流专业化水平持续提高

2013 年调查钢铁企业对外支付的物流成本同比增长 10.2%，占物流成本的比例为 74.8%，同比提高 3.5 个百分点。这说明通过采用专业物流可以使钢铁企业更好地保持竞争优势，同时提高企业物流效率、减少资金占用，如图 4 所示。

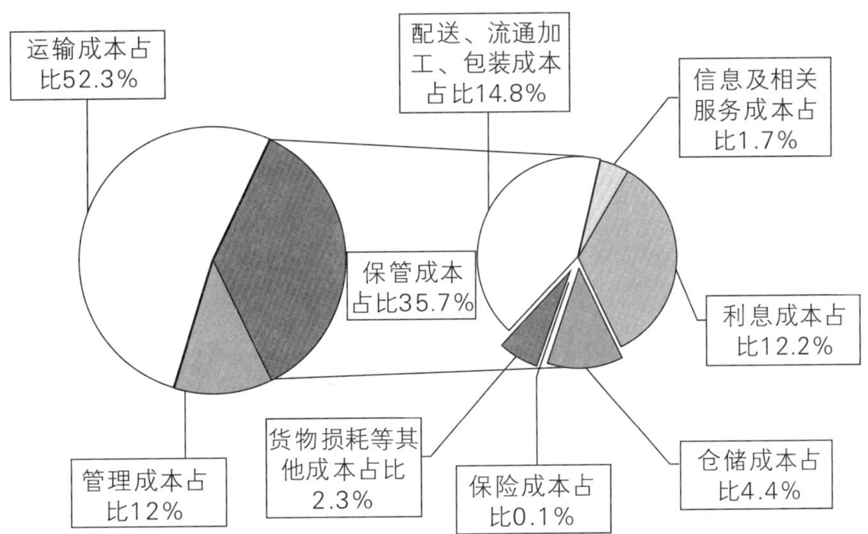

图3　2013年调查钢铁企业物流成本构成

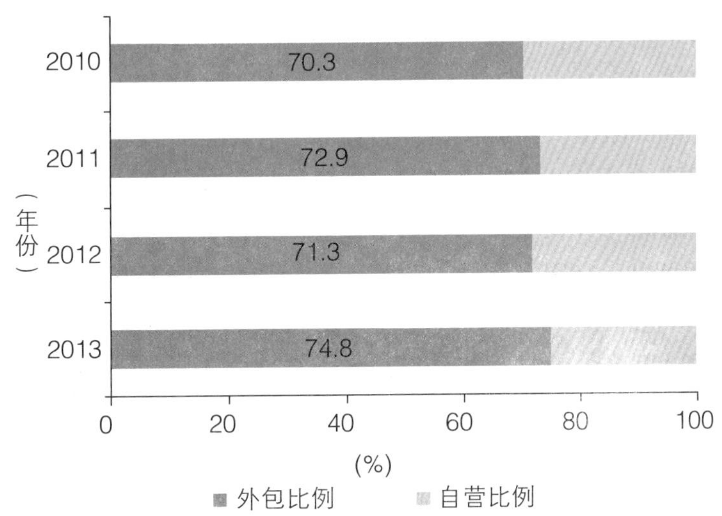

图4　2010—2013年我国钢铁企业物流外包情况

四、降低钢铁物流成本潜力巨大

2013年日本钢铁企业物流费用率仅为7.7%，与日本相比，我国钢铁企业的物流费用率仍高出3个百分点。一方面，表明我国钢铁行业物流水平仍存在很大差距；另一方面，显示出我国钢铁行业降低物流成本的潜力巨大。数据显示，2013年我国钢铁行业实现利润2588亿元，行业利润率仅为2.2%。如果我国钢铁物流费用率达到日本的水平，意味着可以降低2000亿元左右的物流成本，节约的物流成本接近行业全年利润额。

（中国物流信息中心）

2014年石油行业物流成本分析

2013年，伴随着我国经济结构调整持续推进，国民经济增速稳中小幅回落，我国油品市场呈现供给平稳增长、供需宽松平衡、价格震荡回落的运行格局。在此背景下，一方面，石油加工行业物流需求增势减弱，物流规模增速持续减缓；另一方面，物流运行效率提升，物流成本增速回落、物流费用率有所下降、物流专业化水平进一步提升。

据中国物流与采购联合会、中国物流信息中心重点企业物流统计调查数据显示，从行业的物流成本构成来看，运输成本占比持续下降，而保管成本与管理成本占比上升。从成本控制的角度看，由于劳动力成本刚性上涨，控制物流成本的关键点是转变行业物流运作方式。一方面，通过促进一体化物流和供应链构建，减少库存积压和冗余周转，降低仓储成本和因库存积压带来的资金占用成本；另一方面，应积极推动行业物流专业化和社会化发展，促进物流资源集约配置，降低物流管理成本。

一、物流规模增速继续减缓

2013年，我国油品供需保持平稳增长，油品价格震荡回落。全年原油总资源为4.90亿吨，同比增长2.4%，增速较上一年回落2.2个百分点；全年原油加工量为4.79亿吨，同比增长3.3%，增速较上一年回落0.4个百分点；2013年1—12月，流通环节的成品油价格累计同比下降3.5%，累计较年初下降2%。受此影响，我国石油行业物流需求增势减弱，物流规模增速持续减缓，重点调查企业的销售总额同比增长6.6%，增速较上一年有所回落。

二、物流专业化水平有所提升

物流外包率是衡量一个行业物流专业化、社会化水平的重要指标。一般而言，物流专业化和社会化有助于促进物流资源集约使用，提高物流效率、降低物流成本，但由于石油加工业的特殊性和安全性要求，加之已有的大型石油企业物流相关基础设施较完备，从而更多地选择物流自营。重点企业物流统计调查数据显示，2013 年，我国石油加工企业对外支付的物流成本占物流成本的比例为 25.4%，较 2012 年上升 0.7 个百分点。但是若与全部调查工业企业相比，石油加工企业的物流专业化、社会化仍处于较低水平，物流外包率低于工业平均水平 23.6 个百分点。2009—2013 年我国工业、石油加工企业物流外包占比情况如图 1 所示。

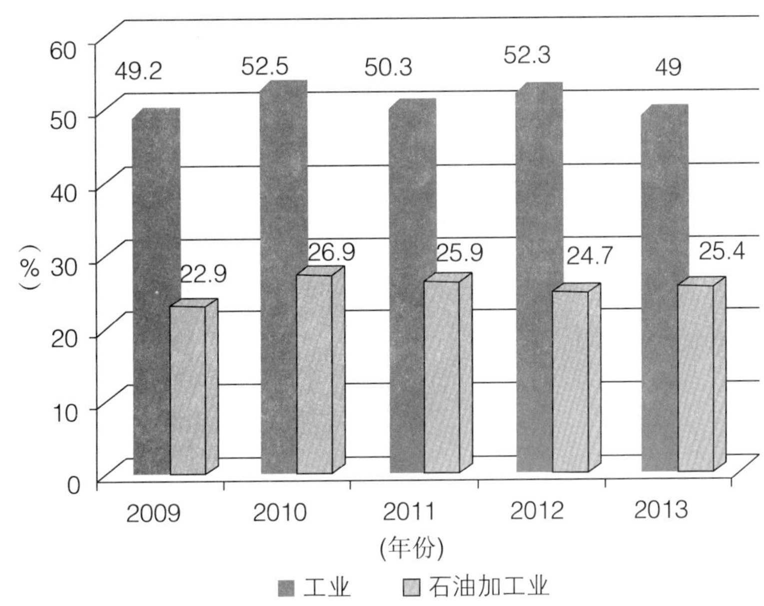

图 1 2009—2013 年我国工业、石油加工企业物流外包占比情况

三、物流成本水平有所下降

重点企业物流统计调查数据显示，2013 年我国石油加工行业物流成本费用率为 6.4%，较 2012 年下降 0.5 个百分点，低于全部调查工业企业 2.7 个百分点，显示出行业的物流成本水平有所下降。

从更长的时间来看，2009 年以来我国石油加工行业的物流成本水平总体上呈现下降趋势，相对于 2009 年的 7.3%，2013 年物流费用率下降了 0.9 个百分点，如图 2 所示。

四、保管环节物流成本占比上升

重点企业物流统计调查数据显示，2013 年，我国石油加工业物流成本同比增长 3.5%，增速较 2012 年明显回落，从结构上看，运输成本所占比重持续下降；但保管成本和管理成本保持快速增长，占物流总成本的比重有所上升。2013 年我国石油加工企业物流成本构成情况如图 3 所示。

（1）运输成本占比下降。2013 年，石油加工业运输成本同比下降 6.8%，占物流总成本的比重为 48.7%，较 2012 年下降 3.3 个百分点。

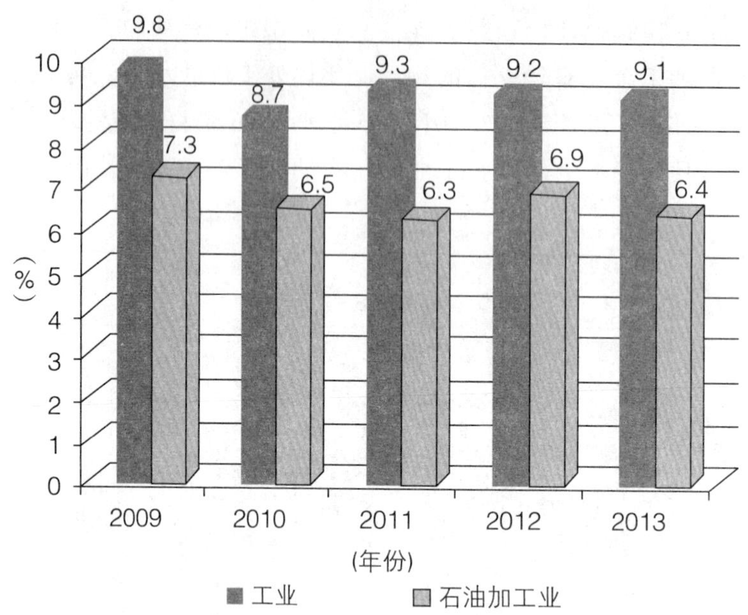

图2 2009—2013年我国工业、石油加工企业物流费用率走势

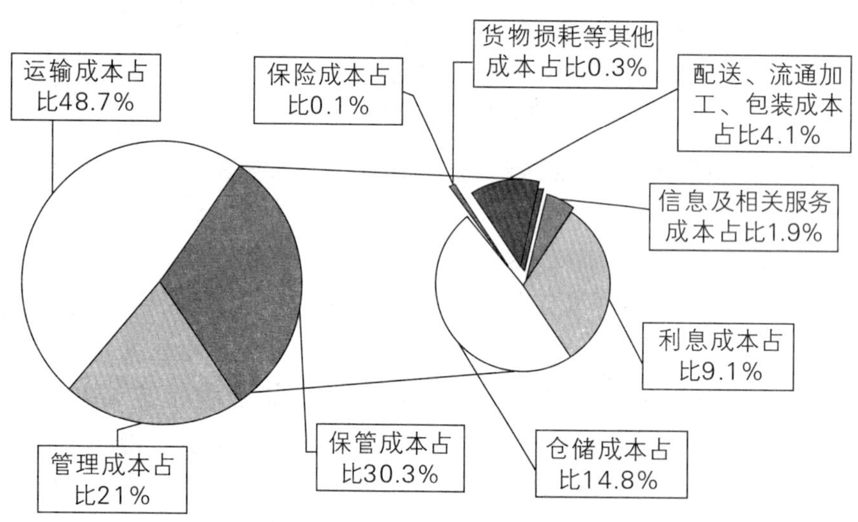

图3 2013年我国石油加工企业物流成本构成示意

（2）保管成本占比上升。2013年，石油加工业保管成本占物流总成本的比重为30.3%，较2012年上升1.6个百分点。其中，利息成本占物流总成本的比重为9.1%，较2012年上升0.4个百分点；仓储成本所占比重为14.8%，较2012年上升0.3个百分点。

（3）管理成本占比上升。2012年，石油加工业的管理成本同比增长8.1%，占物流总成本的比重为21%，较2012年上升1.7个百分点。近年来，我国劳动力成本呈持续上涨的态势是管理成本占比上升的重要推手。

从成本控制的角度看，由于劳动力成本刚

性上涨，控制物流成本关键是要转变行业物流运作方式。要通过促进一体化物流和供应链构建，减少库存积压和冗余周转，降低仓储成本和因库存积压带来的资金占用成本。同时，积极推动行业物流专业化和社会化，促进物流资源集约配置，降低物流管理成本。

（中国物流信息中心）

2014 年煤炭行业物流成本分析

煤炭产业关乎国计民生，煤炭物流则是影响行业运行的关键环节。根据全国重点企业物流统计调查数据，2013 年我国煤炭企业物流成本占销售总额的比率（物流费用率）为 15%，物流效率有所提升；在物流成本中，运输保管成本占比平稳，管理成本下降明显。与此同时，煤炭行业物流成本依然较高，下降空间较大，行业物流专业化水平有待提升。

一、煤炭行业物流量回落

2013 年，在国民经济不断进行结构调整以及产业转型升级加快的大背景下，煤炭等大宗资源产品需求明显放缓，全年完成煤炭产量 36.5 亿吨，同比增长 3.7%，增速比上年同期回落 5.1 个百分点。

重点企业物流统计调查数据显示，从运输量看，2013 年我国煤炭企业货运量比上年同期下降 4.3%；从价值量看，煤炭企业销售总额由增长转为下降 13.2%。

二、煤炭行业物流效率有所提升

调查企业汇总数据显示，2013 年我国煤炭行业物流成本同比下降 15.2%，是近年来的首次下降。与此同时，煤炭行业物流效率近年呈现逐步改善趋势，2013 年为 15%，比 2012 年同期下降 0.3 个百分点，比 2010 年下降 4.6 个百分点（见图 1）。

三、降低煤炭物流成本的关键在运输环节

（一）煤炭运输成本控制仍是关键

煤炭是我国铁路货运量占比最大的货类，2013 年我国铁路完成煤炭运输量 23.2 亿吨，比上年增长 2.7%。在 2000—2013 年，铁路的煤炭运输量经历了一个快速增长的过程，年运输量从 6.85 亿吨增加到 23.2 亿吨，增长了 230.2%；铁路煤炭运量占铁路总货运量比例从 41.4% 增长到 58.6%。总体来看，我国“西煤东送、北煤南运”以及“长距离、多周转”的物流格局短期内难有改观，铁路运输仍

将是煤炭运输的主要方式。

2013 年在铁路运费提高、油价上涨等诸多因素影响下，煤炭运输成本占比有所提高。调查汇总数据显示，2013 年煤炭企业运输成本占比为 53%，较上年同期提高 0.5 个百分点。

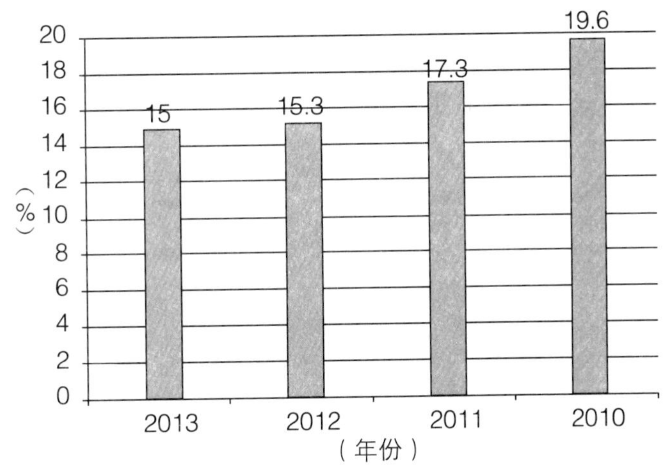

图 1　2010—2013 年我国煤炭行业物流成本费用率示意

（二）煤炭物流保管成本占比提高

煤炭生产、流通以及消费企业之间未形成一体化的供应链体系，产供销难以协调一致，一方面导致煤炭企业库存成本持续上升，另一方面也加剧了企业资金链紧张的局面。2013 年我国规模以上煤炭企业存货为 2193 亿元，比上年同期增长 9.8%。在此背景下，煤炭企业仓储成本与利息成本比上年同期增长 3.8% 和 6.7%，占比分别提高了 1.3 个和 2.8 个百分点，合计占比超过 20%。

（三）煤炭管理效率提升

近年来，煤炭物流正由分割的管理体制向集中管理的运作方式转变，2013 年煤炭企业管理成本比上年同期下降 22%，占企业物流成本的比重为 17.2%。2013 年我国煤炭企业物流成本构成情况如图 2 所示。

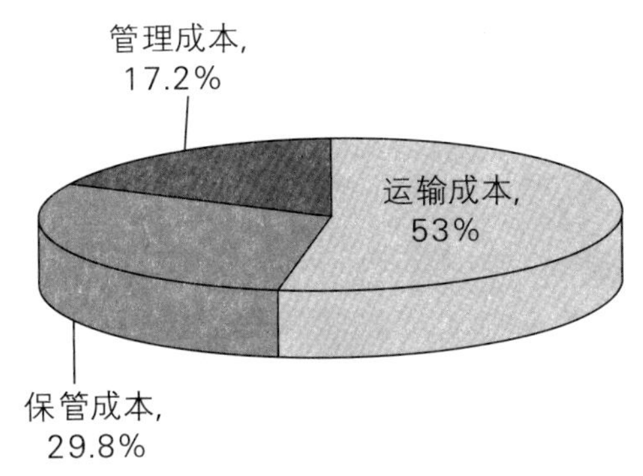

图 2　2013 年我国煤炭企业物流成本构成情况

四、煤炭物流专业化水平有待提高

目前，我国多数煤炭企业的物流活动仍是靠组织内部自我服务完成，第三方物流介入相对较少。2013 年煤炭企业对外支付成本占物流成本的比重为 42. 2% ，低于全部调查企业 20. 7 个百分点。这说明我国煤炭物流的现代化、专业化程度仍有待提高。

（中国物流信息中心）

2014 年纺织业物流成本分析

2013 年，我国纺织工业经济运行态势总体保持平稳，主要指标均实现正增长，其中生产增速较上年同期有所回落，出口、投资和利润增速较上年平稳回升。但受国内外棉花价差较大、国际市场竞争环境日趋激烈和生产成本上涨等因素影响，纺织行业发展压力仍然较大。与此同时，受生产增速回落影响，2013 年我国纺织业物流规模略有下降，物流费用率微幅上升，物流成本继续增加，成本结构仍需优化，外包率有所下降。

一、2013 年纺织行业经济运行特点

（一）生产总量增长，增速有所放缓

2013 年，我国纺织行业生产总量较上年继续增长，但增速有所放缓，由上年的两位数增长态势回落至个位数增长。国家统计局数据显示，2013 年我国纺织全行业工业增加值同比增长 8.3%。规模以上纺织企业化纤、布、服装产量同比分别增长 7.9%、4.6% 和 1.3%。国内外棉花价差过大和市场需求增长缓慢是造成生产增速放缓的主要原因。

（二）出口规模扩大，增速明显回升

2013 年，我国纺织品服装出口额较上年继续增长，增速明显回升。据海关数据显示，2013 年我国纺织品服装出口总额为 2921 亿美元，同比增长 11.2%，增速较 2012 年提高 7.9 个百分点，较 2011 年下降 8.9 个百分点。受国际市场需求改善和国内贸易便利化措施影响，我国纺织服装行业出口增速在经历了 2012 年的大幅回落后，2013 年呈现平稳较快回升态势。

（三）投资增长平稳，行业信心有所恢复

2013 年，我国纺织行业 500 万元以上固定资产投资新开工项目实现正增长，同比增长 5.9%，表明企业信心恢复较快。行业固定资产投资实际完成额达到 9140 亿元，同比增长 17.3%，增速较上年提高 2.7 个百分点，投资额增长稳定。

（四）行业盈利水平较上年有所改善

2013 年，我国纺织行业总体效益状况较上年有明显好转。全国 3.86 万户规模以上纺织企业主营业务收入同比增长 11.5%，增速较上年提高 0.9 个百分点；利润总额同比增长 15.8%，增速较上年提高 8.1 个百分点；销售

利润率为 5.49%，较上年提高 0.2 个百分点。综合来看，纺织行业运行各方面质效指标均较上年有所改善。

二、纺织行业物流发展状况

（一）纺织物流规模继续扩大，增速放缓

与行业整体规模增长态势相适应，2013 年我国纺织行业物流规模较上年继续增长，但增速放缓。据调查企业汇总数据推算，2013 年我国纺织行业物流货运量同比增长 5.6%，增速较上年同期下降 1.5 个百分点。从结构上看，自运货运量同比增长 3.1%，委托代理货运量同比增长 3.8%。

（二）物流费用率微幅增长，仍高于工业行业平均水平

调查企业汇总数据显示，2013 年纺织行业物流费用率为 12.8%，较上年提高 0.1 个百分点，高于全部工业企业平均水平 3.7 个百分点。在我国工业行业物流成本费用率逐年稳步下降的背景下，纺织行业物流成本费用率不降反升，反映出我国纺织企业物流布局需要优化，物流管理能力亟待提高。2010—2013 年我国工业、纺织业物流费用率对比情况如图 1 所示。

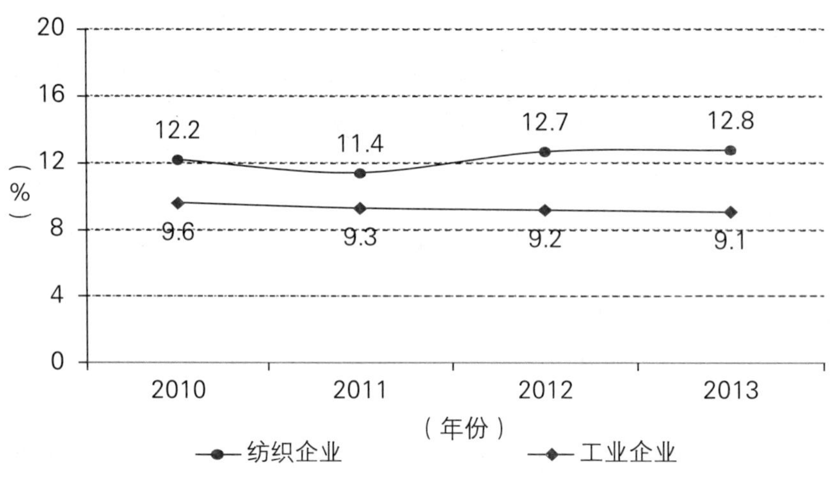

图 1　2010—2013 年我国工业、纺织业物流费用率对比

（三）运输成本由降转升，信息服务成本增速最快

调查数据显示，2013 年我国纺织行业物流成本同比增长 10.2%，增幅较上年下降 1.6 个百分点，但仍高于工业企业平均水平 1.9 个百分点。从结构上看，运输成本占据最大份额，接近全部成本的五成，且由降转升，增幅较高；信息及相关服务成本增长最快；仓储成本继续增加，但增速较上年有明显收窄；配送、流通加工、包装成本上升明显；利息成本走势平稳，略有上升；管理成本小幅下降。

2013 年，我国纺织企业物流运输成本未能延续之前两年下降的趋势，反而增长了 13.8%，增幅在各项成本中仅次于信息及相关服务成本。在纺织行业生产增速放缓的背景下，运输成本大幅上升主要是受货运价格提高的影响。中国物流业景气指数显示，2013 年我国物流服务价格同比增长 0.6 个百分点。从占

比来看，运输成本占 47.6%，较上年提高 1.5 个百分点。

信息及相关服务成本占比最小，增长最快。2013 年我国纺织企业物流信息及相关服务成本增长速度达到 14.8%，在各项成本中位居第一。虽然信息及相关服务成本增长较快，但其仅占物流总成本的 0.2%，远低于工业企业平均水平，这表明纺织行业物流信息技术推广应用较为滞后，信息化水平较低。由于信息化建设投入较高，短期回报率低，纺织企业参与的积极性不高。但信息化是现代物流的灵魂，信息不畅导致物流瓶颈的产生。企业只有认识到信息化的重要性，提高信息化水平，才能进一步节约物流成本，提高物流效率。

仓储成本继续增加，但增速较上年有明显收窄。2012 年，受国际市场需求持续低迷影响，我国纺织企业外销订单减少、出口下滑、库存水平居高不下，导致仓储成本大幅提高。2013 年，世界经济缓慢复苏，发达经济体总体趋于好转，美、欧、日三大市场服装市场零售额增长平稳，但进口需求回升较慢。国内纺织品库存压力略有缓解。2013 年，我国纺织业物流仓储成本仍在增加，同比增长 2.2%，但增幅较上年显著下降 26.6 个百分点。仓储成本占物流成本的 5.4%，较上年下降 0.4 个百分点。

配送、流通加工、包装成本增长 13.7%，增速较上年提高 6.5 个百分点，占总成本的比重为 2.6%。利息成本小幅增长 2.8%，增速较上年下降 3.7 个百分点，占总成本的比重为 8.6%。管理成本由升转降，同比下降 3%。管理成本在纺织行业物流成本中也占有相当大的比重，2013 年我国纺织行业管理成本占物流成本的比重为 17.3%，较上年下降 2.4 个百分点。2013 年我国纺织行业物流成本构成情况如图 2 所示。

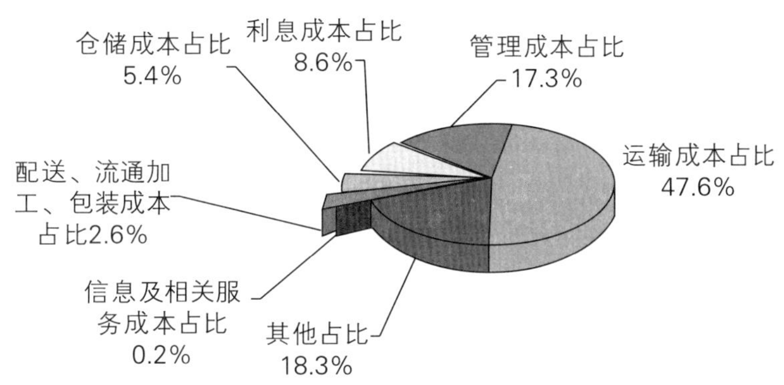

图 2　2013 年我国纺织行业物流成本构成

（四）纺织企业物流外包率再次下降，专业物流水平不高

纺织业在我国仍是传统行业，目前来看，纺织行业物流仍然以自营模式为主，外包率明显低于工业企业平均水平，专业化纺织品物流企业很少。2013 年调查资料显示，我国纺织行业企业对外支付的物流成本占物流总成本的比重仅为 31.9%，较上年下降 1.9 个百分点，连续三年呈下降走势（见图 3）；低于工业企业平均水平 17.1 个百分点，处于行业较低水平。企业自营物流规模小、效率低、成本高，严重挤占企业利润。我国纺织企业物流外包率长期

处于较低水平，反映出纺织企业物流亟须向现代化管理方向转变，联合多方构建纺织专业物流平台，开发适合企业自身需要的配送系统，有利于实现技术共享、成本降低、效益增加、风险共担。

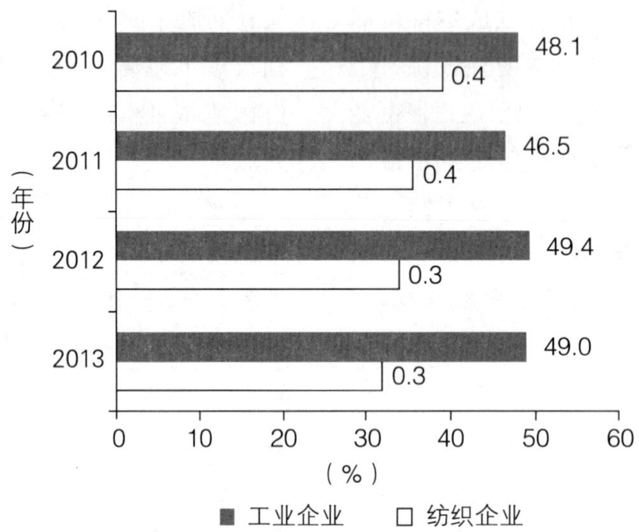

图3 2010—2013年我国工业、纺织业物流外包情况

（中国物流信息中心）

2014年1—12月中国制造业采购经理指数（PMI）

（中国物流与采购联合会、国家统计局服务业调查中心联合发布）

1月

2014年1月中国制造业采购经理指数（PMI）为50.5%，比上月回落0.5个百分点。

特约分析师张立群分析认为："1月PMI指数继续回落，预示未来经济增长稳中略降；由于PMI指数仍在50%水平线上，表明经济平稳增长的基本态势不会改变。从分项指标看，订单类指数继续下降值得关注，反映市场需求约束继续增强，企业分化和结构调整活动预计将增加。"

本月生产指数为53%，比上月回落0.9个百分点。从企业规模来看，大型企业和中型企业小型企业的生产指数高于50%，分别为54.2%和52.4%；小型企业低于50%，为47%。

本月新订单指数为50.9%，比上月回落1.1个百分点。从企业规模来看，大型企业高于50%，为52.6%；中型和小型企业的新订单指数低于50%，分别为48.5%和46.3%。

本月新出口订单指数49.3%，比上月回落0.5个百分点。从企业规模来看，大型企业位于50%；中型企业和小型企业的新订单指数低于50%，分别为47%和49.6%。

本月积压订单指数为45.7%，比上月回升0.6个百分点。从企业规模来看，大、中、小型企业的积压订单指数均低于50%，指数为38.8%～46.9%。

本月产成品库存指数46.5%，比上月回升0.3个百分点。从企业规模来看，大、中、小型企业的产成品库存指数均低于50%，指数为45%～47.2%。

本月采购量指数为51%，比上月回落1.7个百分点。从企业规模来看，大型企业的采购量指数高于50%，指数为53.2%；中型和小型企业低于50%，分别为49.5%和46.7%。

本月进口指数为48.2%，比上月回落0.8个百分点。从企业规模来看，大型、中型和小型企业的进口指数均低于50%，分别为48.3%、47.6%和49.7%。

本月购进价格指数为49.2%，比上月回落3.4个百分点。从企业规模来看，小型企业的购进价格指数高于50%，为51.2%；大型和中型企业的购进价格指数低于50%；指数分别为

48.8%和49.5%。

本月原材料库存指数为47.8%，比上月回升0.2个百分点。从企业规模来看，大、中、小型企业的原材料库存指数均低于50%，指数为46.4%～48.6%。

本月从业人员指数为48.2%，比上月回落0.5个百分点。从企业规模来看，大型、中型和小型企业的从业人员指数均低于50%，指数为46.6%～48.5%。

本月供应商配送时间指数为49.8%，比上月回落0.7个百分点。从企业规模来看，大型、中型和小型企业的供应商配送时间指数均低于50%，指数为49.5%～49.9%。

本月生产经营活动预期指数为51.3%，比上月回升1.9个百分点。从企业规模来看，大型企业的生产经营活动预期指数高于50%，为52.4%；中型和小型企业的生产经营活动预期指数均低于50%，指数分别为49.9%和47.7%。

2月

2014年2月中国制造业采购经理指数（PMI）为50.2%，较上月回落0.3个百分点。从12个分项指数来看，同上月相比，产成品库存、供应商配送时间指数和生产经营活动预期指数回升，其中生产经营活动预期指数回升幅度达10.5个百分点，其余各主要指数均有不同程度回落。其中新出口订单、采购量、进口和原材料购进价格指数回落超过1个百分点。

特约分析师张立群分析认为："2月PMI指数继续小幅回落，仍不排除存在春节因素的影响。从产成品库存及生产经营活动预期指数回升等情况看，企业预期大体稳定。从当前市场需求和一些行业的生产情况看，预计未来经济增长总体仍会呈现平稳态势。应充分考虑可能的风险因素，进一步完善宏观经济政策储备，不断巩固经济平稳增长态势。"

本月生产指数为52.6%，比上月回落0.4个百分点。从企业规模来看，大型企业和小型企业的生产指数高于50%，指数分别为54%和51.7%；中型企业低于50%，为49.7%。

本月新订单指数为50.5%，比上月上回落0.4个百分点。从企业规模来看，大型和中型企业的新订单指数高于50%，指数分别为51.2%和50.3%；小型企业低于50%，为47.1%。

本月新出口订单指数48.2%，比上月回落1.1个百分点。从企业规模来看，大型、中型和小型的新出口订单指数均低于50%，分别为48.9%、46.4%和47.1%。

本月积压订单指数为45.1%，比上月回落0.6个百分点。从企业规模来看，大、中、小型企业的积压订单指数均低于50%，指数为40.8%～46.4%。

本月产成品库存指数47.8%，比上月回升1.3个百分点。从企业规模来看，大、中、小型企业的产成品库存指数均低于50%，指数为42.9%～49.6%。

本月采购量指数为49.4%，比上月回落1.6个百分点。从企业规模来看，大型企业的采购量指数高于50%，为50.6%；中型和小型企业低于50%，分别为48.1%和45.8%。

本月进口指数为46.5%，比上月回落1.7个百分点。从企业规模来看，大型、中型和小型企业的进口指数均低于50%，指数为44.8%～47%。

本月购进价格指数为47.7%，比上月回落1.5个百分点。从企业规模来看，大型和中型企业的购进价格指数低于50%；分别为46.5%和49.1%；小型企业高于50%，为51.1%。

本月原材料库存指数为47.4%，比上月回落0.4个百分点。从企业规模来看，大、中、小型企业的原材料库存指数均低于50%，指数为46.9%~47.5%。

本月从业人员指数为48%，比上月回落0.2个百分点。从企业规模来看，大、中、小型企业的从业人员指数均低于50%，指数为47.6%~48.2%。

本月供应商配送时间指数为49.9%，比上月回升0.1个百分点。从企业规模来看，大型企业的供应商配送时间指数高于50%，为50.3%；中型和小型企业指数低于50%，分别为49.2%和49.6%。

本月生产经营活动预期指数为61.8%，比上月回升10.5个百分点。从企业规模来看，大、中、小型企业的生产经营活动预期指数均高于50%，指数为55.3%~63.7%。

3月

2014年3月中国制造业采购经理指数(PMI)为50.3%，较上月回升0.1个百分点。从12个分项指数来看，同上月相比，生产、新订单、新出口订单、采购量、原材料库存、产成品库存、进口、从业人员和生产经营活动预期指数回升。其中进口和新出口订单指数上升幅度超过1个百分点。积压订单、购进价格和供应商配送时间指数回落，其中购进价格指数回落最大，降幅为3.3个百分点。

特约分析师张立群分析认为："3月PMI指数略升，结束了连续三个月的回落。尽管包含季节性因素影响，但仍然预示未来经济增长趋稳。其中进口和新出口订单指数较大幅度提高，预示未来外贸形势趋好。原材料购进价格指数较大幅度回落，预示企业对市场仍然偏于谨慎，去库存活动预计仍将持续。"

本月生产指数为52.7%，比上月上升0.1个百分点。从企业规模来看，大型、中型和小型企业的生产指数均高于50%，指数分别为54%、50.4%和50.7%。

本月新订单指数为50.6%，比上月上升0.1个百分点。从企业规模来看，大型企业的新订单指数高于50%，为51.9%；中型和小型企业低于50%，分别为48.9%和47.5%。

本月新出口订单指数50.1%，比上月上升1.9个百分点。从企业规模来看，大型企业的新出口订单指数高于50%，为50.9%；中型和小型企业低于50%，分别为47.5%和49.1%。

本月积压订单指数为44.8%，比上月回落0.3个百分点。从企业规模来看，大、中、小型企业的积压订单指数均低于50%，指数为42.8%~45.5%。

本月产成品库存指数48.3%，比上月回升0.5个百分点。从企业规模来看，大、中、小型企业的产成品库存指数均低于50%，指数为46.8%~49.1%。

本月采购量指数为50.3%，比上月上升0.9个百分点。从企业规模来看，大型企业的采购量指数高于50%，为51%；中型企业位于50%；小型企业低于50%，为47.9%。

本月进口指数为49.1%，比上月上升2.6个百分点。从企业规模来看，大型、中型和小型企业的进口指数均低于50%，指数为47%~49.8%。

本月购进价格指数为44.4%，比上月下降3.3个百分点。从企业规模来看，大型、中型和小型企业的购进价格指数均低于50%；分别为43.1%、46.3%和47.4%。

本月原材料库存指数为47.8%，比上月上升0.4个百分点。从企业规模来看，大、中、小型企业的原材料库存指数均低于50%，指数为47.5%~48.4%。

本月从业人员指数为48.3%，比上月上升0.3个百分点。从企业规模来看，大、中、小型企业的从业人员指数均低于50%，指数为47.6%～48.9%。

本月供应商配送时间指数为49.8%，比上月回落0.1个百分点。从企业规模来看，大型企业的供应商配送时间指数高于50%，为50.2%；中型和小型企业指数低于50%，分别为49.5%和48%。

本月生产经营活动预期指数为62.7%，比上月回升0.9个百分点。从企业规模来看，大、中、小型企业的生产经营活动预期指数均高于50%，指数为61%～63.6%。

4月

2014年4月中国制造业采购经理指数（PMI）为50.4%，较上月回升0.1个百分点。从12个分项指数来看，同上月相比，新订单、采购量、购进价格和原材料库存等指数回升。其中，购进价格指数回升最大，升幅为3.9个百分点；生产、新出口订单、进口、产成品库存和生产经营活动预期等指数有所回落。从业人员指数与上月持平。

特约分析师张立群分析认为："4月PMI指数继续小幅回升，预示未来经济增长趋稳。新订单指数、购进价格指数回升，表明企业对未来市场的预期趋稳，结合产成品库存、采购量库存指数的变化，预计企业去库存活动将趋于减弱。综合市场需求因素分析，预计未来经济增长将呈现回稳态势。"

本月生产指数为52.5%，比上月回落0.2个百分点。从企业规模来看，大型企业和中型企业高于50%，分别为52.8%和53%；小型企业生产指数低于50%，为49.4%。

本月新订单指数为51.2%，比上月上升0.6个百分点。从企业规模来看，大型企业和中型企业的新订单指数高于50%，分别为52.1%和50.4%；小型企业低于50%，为48.3%。

本月新出口订单指数为49.1%，比上月下降1个百分点。从企业规模来看，大型企业、中型和小型企业的新出口订单指数均低于50%，分别为49.8%、46.9%和48.7%。

本月积压订单指数为44.9%，比上月回升0.1个百分点。从企业规模来看，大、中、小型企业的积压订单指数均低于50%，指数为43%～45.4%。

本月产成品库存指数为47.3%，比上月回落1个百分点。从企业规模来看，大、中、小型企业的产成品库存指数均低于50%，指数为46.9%～48%。

本月采购量指数为50.6%，比上月上升0.3个百分点。从企业规模来看，大型和中型企业的采购量指数高于50%，分别为50.8%和51.3%；小型企业低于50%，为47.7%。

本月进口指数为48.6%，比上月回落0.5个百分点。从企业规模来看，大型、中型和小型企业的进口指数均低于50%，指数为48.1%～48.8%。

本月购进价格指数为48.3%，比上月回升3.9个百分点。从企业规模来看，大型、中型和小型企业的购进价格指数均低于50%；指数为47.6%～49.8%。

本月原材料库存指数为48.1%，比上月上升0.3个百分点。从企业规模来看，大、中、小型企业的原材料库存指数均低于50%，指数为47.7%～49%。

本月从业人员指数为48.3%，同上月持平。从企业规模来看，大、中、小型企业的从业人员指数均低于50%，指数为47.5%～48.7%。

本月供应商配送时间指数为50.1%，比上月回升0.3个百分点。从企业规模来看，大型企业的供应商配送时间指数高于50%，为

50.3%；中型和小型企业的供应商配送时间指数低于50%，均为49.7%。

本月生产经营活动预期指数为59.6%，比上月回落3.1个百分点。从企业规模来看，大、中、小型企业的生产经营活动预期指数均高于50%，指数为55.7%~60.3%。

5月

2014年5月中国制造业采购经理指数（PMI）为50.8%，比上月上升0.4个百分点。从12个分项指数来看，同上月相比，产成品库存、原材料库存、从业人员和生产经营活动预期指数略有下降，其余各指数均上升。其中，新订单指数、采购量指数、购进价格指数上升较为明显，升幅超过1个百分点。

特约分析师张立群分析认为："5月PMI指数继续回升，表明经济回稳态势已经较为明显。各类订单指数全面回升，支持制造业企业开工率回稳、增长率回稳这一判断。库存指数、生产经营活动预期指数回落，则反映企业对未来市场前景预期仍然较为谨慎，表明未来经济增长尚不具备明显回升的条件。"

本月生产指数为52.8%，比上月上升0.3个百分点。从企业规模来看，大型企业和中型企业高于50%，分别为52.8%和54.2%；小型企业的生产指数低于50%，为49.8%。

本月新订单指数为52.3%，比上月上升1.1个百分点。从企业规模来看，大型企业和中型企业的新订单指数高于50%，分别为52.3%和53.9%；小型企业低于50%，为48.3%。

本月新出口订单指数为49.3%，比上月上升0.2个百分点。从企业规模来看，中型企业新出口订单指数高于50%，为50.8%；大、小型企业低于50%，分别为49.3%和42.5%。

本月积压订单指数为46%，比上月回升1.1个百分点。从企业规模来看，大、中、小型企业的积压订单指数均低于50%，指数为44.2%~46.8%。

本月产成品库存指数为47.1%，比上月回落0.2个百分点。从企业规模来看，大、中、小型企业的产成品库存指数均低于50%，指数为46.5%~47.5%。

本月采购量指数为52.3%，比上月上升1.7个百分点。从企业规模来看，大型和中型企业的采购量指数高于50%，分别为52.7%和52.9%；小型企业低于50%，为48.5%。

本月进口指数为49%，比上月回升0.4个百分点。从企业规模来看，大型、中型和小型企业的进口指数均低于50%，指数为45.6%~49.2%。

购进价格指数为50%，比上月回升1.7个百分点。从企业规模来看，大型、中型企业购进价格指数低于50%，分别为49.2%和49.9%；小型企业高于50%，为54.3%。

本月原材料库存指数为48%，比上月下降0.1个百分点。从企业规模来看，大、中、小型企业的原材料库存指数均低于50%，指数为47.0%~48.4%。

本月从业人员指数为48.2%，比上月下降0.1个百分点。从企业规模来看，大、中、小型企业的从业人员指数均低于50%，指数为47.4%~48.4%。

本月供应商配送时间指数为50.3%，比上月上升0.2个百分点。从企业规模来看，大型和中型企业供应商配送时间指数高于50%，分别为50.3%和50.6%；小型企业低于50%，为49.6%。

本月生产经营活动预期指数为56.2%，比上月回落3.4个百分点。从企业规模来看，大、中、小型企业的生产经营活动预期指数均高于50%，指数为53.3%～56.6%。

6月

2014年6月中国制造业采购经理指数（PMI）为51%，比上月上升0.2个百分点。从12个分项指数来看，同上月相比，除采购量和生产经营活动预期指数回落外，其他各项指数均呈现回升。其中，新出口订单回升幅度最大，升幅为1个百分点；原材料库存指数持平；其余生产、新订单、原材料购进价格、产成品库存指数以及从业人员等指数环比升幅均在1个百分点以内。

特约分析师张立群认为："6月PMI指数继续提高，表明经济平稳增长态势已基本确立。从分项指标看，新订单、出口订单等各类订单指数，采购量指数、进口指数和产成品库存指数，购进价格指数等都出现提高，反映了随订单水平回升，企业采购和生产活动水平开始回升。稳增长各项政策措施已见成效。"

本月生产指数为53%，比上月上升0.2个百分点。从企业规模来看，大型企业和中型企业高于50%，分别为53.5%和53.8%；小型企业的生产指数低于50%，指数为48.5%。

本月新订单指数为52.8%，比上月上升0.5个百分点。从企业规模来看，大型企业和中型企业的新订单指数高于50%，分别为53.6%和52.9%；小型企业低于50%，指数为48.5%。

本月新出口订单指数为50.3%，比上月上升1个百分点。从企业规模来看，大型企业高于50%，为50.8%；中型和小型企业的新出口订单指数低于50%，分别为48.9%和48.5%。

本月积压订单指数为46.2%，比上月回升0.2个百分点。从企业规模来看，大、中、小型企业的积压订单指数均低于50%，指数为43.8%～47%。

本月产成品库存指数为47.3%，比上月上升0.2个百分点。从企业规模来看，大、中、小型企业的产成品库存指数均低于50%，指数为47%～48.5%。

本月采购量指数为52%，比上月回落0.3个百分点。从企业规模来看，大型和中型企业的采购量指数高于50%，分别为52.9%和53.2%；小型企业低于50%，指数为44.2%。

本月进口指数为49.2%，比上月上升0.2个百分点。从企业规模来看，小型企业的进口指数高于50%，为53.6%；大型和中型企业低于50%，指数分别为49.4%和48%。

本月购进价格指数为50.1%，比上月回升0.1个百分点。从企业规模来看，大型企业的购进价格指数低于50%，为49.2%；中型和小型企业高于50%；指数分别为51%和53.2%。

本月原材料库存指数为48%，同上月持平。从企业规模来看，大、中、小型企业的原材料库存指数均低于50%，指数为46.8%～48.6%。

本月从业人员指数为48.6%，比上月上升0.4个百分点。从企业规模来看，大、中、小型企业的从业人员指数均低于50%，指数为48.3%～48.8%。

本月供应商配送时间指数为50.5%，比上月回升0.2个百分点。从企业规模来看，大型、中型和小型企业的供应商配送时间指数均高于50%，指数为50.5%～50.6%。

7月

2014年7月中国制造业采购经理指数（PMI）为51.7%，比上月上升0.7个百分点。从12个分项指数来看，同上月相比，除从业人员和供应商配送时间指数回落外，其他各项指数均呈现回升。其中，生产量指数回升幅度最大，升幅为1.2个百分点；采购量和原材料库存指数均回升 1 个百分点；其余新订单、新出口订单、购进价格以及产成品库存指数等环比升幅均在 1 个百分点以内。

特约分析师张立群认为："7 月 PMI 指数继续回升，且幅度加大；大、中、小型企业 PMI 均已上升到 50% 的景气线以上，预示未来经济增长呈现稳中略升态势。订单指数、库存指数、采购量指数、购进价格指数、生产经营活动预期指数等，都有不同幅度上升，表明经济增长由落转稳的态势已全面形成，预计未来还会继续保持一段时间。从业人员指数小幅下降，可能表现了资金、技术替代劳动的趋势在制造业正在发展，值得注意。"

本月生产指数为 54.2%，比上月上升 1.2 个百分点。从企业规模来看，大型企业、中型企业和小型企业均高于 50%，指数为51% ~56%。

本月新订单指数为 53.6%，比上月上升 0.8 个百分点。从企业规模来看，大型、中型和小型企业的新订单指数均高于 50%，分别为 55%、51.9% 和 50.3%。

本月新出口订单指数 50.8%，比上月上升 0.5 个百分点。从企业规模来看，大型企业的新出口订单指数高于 50%，为 52.2%；中型和小型企业低于 50%，分别为 47.5% 和 46.2%。

本月积压订单指数为 46.4%，比上月回升 0.2 个百分点。从企业规模来看，大、中、小型企业的积压订单指数均低于 50%，指数为 44.9% ~47%。

本月产成品库存指数 47.6%，比上月上升 0.3 个百分点。从企业规模来看，小型企业的产成品库存指数高于 50%，为 50.3%；大型和中型企业指数低于 50%，指数均为 47.3%。

本月采购量指数为 53%，比上月回升 1 个百分点。从企业规模来看，大型、中型和小型企业的采购量指数均高于 50%，指数为 50.9% ~ 54.3%。

本月进口指数为 49.3%，比上月上升 0.1 个百分点。从企业规模来看，小型企业的进口指数高于 50%，为 52.8%；大型和中型企业低于 50%，指数分别为 49.7% 和 47.8%。

本月购进价格指数为 50.5%，比上月回升 0.4 个百分点。从企业规模来看，大型企业的购进价格指数低于 50%，为 49.9%；中型和小型企业高于 50%；指数分别为 51.2% 和 52.2%。

本月原材料库存指数为 49%，比上月回升 1 个百分点。从企业规模来看，小型企业的原材料库存指数高于 50%，为 52.5%；大、中型企业的指数低于 50%，指数分别为 48.7% 和 48.2%。

本月从业人员指数为 48.3%，比上月回落 0.3 个百分点。从企业规模来看，大、中、小型企业的从业人员指数均低于 50%，指数为 47.3% ~48.9%。

本月供应商配送时间指数为 50.2%，比上月回落 0.3 个百分点。从企业规模来看，小型企业的供应商配送时间指数低于 50%，为 49.4%；大型和中型企业的指数高于 50%，指数分别为 50.4% 和 50.2%。

本月生产经营活动预期指数为 55.3%，比上月回升 0.5 个百分点。从企业规模来看，大、中、小型企业的生产经营活动预期指数均高于 50%，指数为 53.1% ~56.4%。

8 月

2014 年 8 月中国制造业采购经理指数（PMI）为 51.1%，比上月回落 0.6 个百分点。从 12 个分项指数来看，同上月相比，除产成品库存指数和生产经营活动预期指数上升外，其他各项指数均回落。其中，生产、新订单、采购量和原材料购进价格指数回落幅度较大，降幅均超过1个百分点；其余新出口订单、进口、原材料库存、从业人员以及供应商配送时间等指数环比降幅均在1个百分点以内。

特约分析师张立群认为：“8月PMI指数出现明显下降，表明当前经济运行存在一定的下行压力。其中生产、新订单、采购量和购进价格指数下降幅度超过1个百分点，反映了从市场需求到企业生产经营活动都出现下降，预示未来工业增长率可能继续小幅下降。由于PMI指数仍然在50%的景气线以上，因此经济平稳增长的基本态势没有改变。”

本月生产指数为53.2%，比上月回落1个百分点。从企业规模来看，大型企业、中型企业和小型企业的生产指数均高于50%，指数为51.7% ~54.1%。

本月新订单指数为52.5%，比上月回落1.1个百分点。从企业规模来看，小型企业的新订单指数低于50%，为48.7%；大型、中型企业高于50%，分别为54.1%和50.4%。

本月新出口订单指数50%，比上月回落0.8个百分点。从企业规模来看，中型企业的新出口订单指数低于50%，为47.4%；大型和小型企业高于50%，分别50.7%和52%。

本月积压订单指数为45.9%，比上月回落0.5个百分点。从企业规模来看，大、中、小型企业的积压订单指数均低于50%，指数为43.4% ~46.3%。

本月产成品库存指数为48.1%，比上月上升0.5个百分点。从企业规模来看，大型、中型和小型企业指数均低于50%，指数为47% ~48.6%。

本月采购量指数为51.9%，比上月回落1.1个百分点。从企业规模来看，大型的采购量指数高于50%，为53.6%；中型和小型企业低于50%，指数均为49.2%。

本月进口指数为48.5%，比上月回落0.8个百分点。从企业规模来看，小型企业的进口指数高于50%，为54.5%；大型和中型企业低于50%，指数分别为48.6%和47%。

本月购进价格指数为49.3%，比上月回落1.2个百分点。从企业规模来看，大型企业的购进价格指数低于50%，为48.4%；中型和小型企业高于50%；指数分别为50.1%和52.3%。

本月原材料库存指数为48.6%，比上月回落0.4个百分点。从企业规模来看，大型、中型和小型企业的原材料库存指数均低于50%，指数为46.3% ~48.9%。

本月从业人员指数为48.2%，比上月回落0.1个百分点。从企业规模来看，大、中、小型企业的从业人员指数均低于50%，指数为46.4% ~48.8%。

本月供应商配送时间指数为50%，比上月回落0.2个百分点。从企业规模来看，小型企业的供应商配送时间指数低于50%，为49.3%；大型和中型企业高于50%，指数均为50.1%。

本月生产经营活动预期指数为57.9%，比上月回升2.6个百分点。从企业规模来看，大、中、小型企业的生产经营活动预期指数均高于50%，指数为55.9% ~59%。

9月

2014年9月中国制造业采购经理指数（PMI）为51.1%，与上月持平。从12个分项指数来看，同上月相比，生产、新出口订单、原材料库存和供应商配送时间指数上升；从业人员指数持平；其余新订单、在手订单、进口、原材料购进价格和经营活动预期指数下降。其中，原材料购进价格和经营活动预期指数下降幅度较大，均为1.9个百分点。

特约分析师张立群认为："9 月 PMI 指数与上月持平，且保持在 50% 的荣枯分界线以上，预示未来经济平稳增长的基本态势不会改变。生产指数小幅上升，预示 9 月工业增长率呈恢复趋势；订单类指数下降，产成品、采购量、购进价格等指数回落，反映去库存活动还在发展，企业信心偏低，经济增长仍存在一定下行压力。"

本月生产指数为 53.6%，比上月上升 0.4 个百分点。从企业规模来看，大型企业和中型企业高于 50%，指数分别为 55.3% 和 51.8%；小型企业低于 50%，为 48.2%。

本月新订单指数为 52.2%，比上月回落 0.3 个百分点。从企业规模来看，小型企业的新订单指数低于 50%，为 48.6%；大型和中型企业高于 50%，分别为 53.4% 和 50.9%。

本月新出口订单指数为 50.2%，比上月上升 0.2 个百分点。从企业规模来看，大型企业的新出口订单指数高于 50%，为 51.3%；中型和小型企业低于 50%，分别为 47.4% 和 47.3%。

本月积压订单指数为 45.6%，比上月回落 0.3 个百分点。从企业规模来看，大、中、小型企业的积压订单指数均低于 50%，指数为 44% ~46.1%。

本月产成品库存指数为 47.2%，比上月回落 0.9 个百分点。从企业规模来看，大型、中型和小型企业指数均低于 50%，指数为 44.6% ~48.4%。

本月采购量指数为 51.2%，比上月回落 0.7 个百分点。从企业规模来看，大型的采购量指数高于 50%，为 52.4%；中型和小型企业低于 50%，指数均为 49.9% 和 46.9%。

本月进口指数为 48%，比上月回落 0.5 个百分点。从企业规模来看，大型、中型和小型企业的进口指数均低于 50%，指数分别为 48.1%、47.8% 和 48%。

本月购进价格指数为 47.4%，比上月回落 1.9 个百分点。从企业规模来看，大型和中型企业的购进价格指数分别为 45.9% 和 48.8%；小型企业高于 50%，为 51.7%。

本月原材料库存指数为 48.8%，比上月上升 0.2 个百分点。从企业规模来看，大型、中型和小型企业的原材料库存指数均低于 50%，指数为 47.3% ~49.6%。

本月从业人员指数为 48.2%，同上月持平。从企业规模来看，大、中、小型企业的从业人员指数均低于 50%，指数为 47.6% ~48.3%。

本月供应商配送时间指数为 50.1%，比上月上升 0.1 个百分点。从企业规模来看，小型企业的供应商配送时间指数低于 50%，为 48.7%；大型和中型企业高于 50%，指数分别 50.1% 和 50.7%。

本月生产经营活动预期指数为 56%，比上月回落 1.9 个百分点。从企业规模来看，大、中、小型企业的生产经营活动预期指数均高于 50%，指数为 53.8% ~57.2%。

10 月

2014 年 10 月中国制造业采购经理指数（PMI）为 50.8%，较上月回落 0.3 个百分点。从 12 个分项指数来看，同上月相比，产成品库存和从业人员指数上升；供应商配送时间指数持平；生产、新订单、新出口订单、积压订单、原材料库存和经营活动预期等指数有所下降。其中，购进价格指数下降幅度最大，降幅为 2.3 个百分点。

特约分析师张立群认为："10 月 PMI 指数出现小幅回落，显示当前经济增长仍有一定下行压力。今年三季度出台了一系列稳增长措施，其效果在市场方面已经开始显现，虽然尚未表现在 PMI 指数变动中，但支持经济增长趋稳的作用预计会日益明显。据此判断，未来 PMI 指数不会趋势性回落，经济增长也不会趋势性下行。”

本月生产指数为 53.1%，比上月回落 0.5 个百分点。从企业规模来看，大型企业高于 50%，为 51.9%；中型企业和小型企业低于 50%，指数分别为 49.1% 和 48.5%。

本月新订单指数为 51.6%，比上月回落 0.6 个百分点。从企业规模来看，大型企业的新订单指数高于 50%，为 53.5%；中型和小型企业低于 50%，指数分别为 48.7% 和 48.3%。

本月新出口订单指数为 49.9%，比上月下降 0.3 个百分点。从企业规模来看，大型企业的新出口订单指数高于 50%，为 50.7%；中型和小型企业低于 50%，分别为 48.4% 和 46.1%。

本月积压订单指数为 44.7%，比上月下降 0.9 个百分点。从企业规模来看，大、中、小型企业的积压订单指数均低于 50%，指数为 43.4% ~45.4%。

本月产成品库存指数为 47.9%，比上月上升 0.7 个百分点。从企业规模来看，大型、中型和小型企业指数均低于 50%，指数为 47.8% ~48.3%。

本月采购量指数为 50.7%，比上月回落 0.5 个百分点。从企业规模来看，大型和中型企业的采购量指数高于 50%，分别为 51.8% 和 50.5%；小型企业低于 50%，指数为 45.1%。

本月进口指数为 47.9%，比上月下降 0.1 个百分点。从企业规模来看，大型、中型和小型企业的进口指数均低于 50%，指数为 47.9% ~49.1%。

本月购进价格指数为 45.1%，比上月下降 2.3 个百分点。从企业规模来看，大型、中型和小型企业的购进价格指数均低于 50%，指数为 44.3% ~48%。

本月原材料库存指数为 48.4%，比上月下降 0.4 个百分点。从企业规模来看，大型、中型和小型企业的原材料库存指数均低于 50%，指数为 47.2% ~49.2%。

本月从业人员指数为 48.4%，比上月上升 0.2 个百分点。从企业规模来看，大、中、小型企业的从业人员指数均低于 50%，指数为 47.2% ~49%。

本月供应商配送时间指数为 50.1%，同上月持平。从企业规模来看，小型企业的供应商配送时间指数低于 50%，为 49.3%；大型和中型企业高于 50%，指数分别为 50.2% 和 50.3%。

本月生产经营活动预期指数为 54.1%，比上月回落 1.9 个百分点。从企业规模来看，大、中、小型企业的生产经营活动预期指数均高于 50%，指数为 51.9% ~55.5%。

11 月

2014 年 11 月中国制造业采购经理指数（PMI）为 50.3%，较上月回落 0.5 个百分点。从 12 个分项指数来看，同上月相比，除供应商配送时间指数上升外，其余各指数均有所回落。其中，新出口订单和经营活动预期指数回落幅度最大，降幅超过 1 个百分点；其余指数降幅均在 1 个百分点之内。

特约分析师张立群认为：“11 月 PMI 指数继续回落，表明经济增长仍处于下行态势。新订单指数回落，反映市场需求仍然偏弱，与投资增速持续回落是一致的；出口订单指数明显回落，预示未来出口增速将有所降低。产成品库存、采购量、原材料库存等指数回落，反映企业去库存活动仍在进行中，也是购进价格指数回落的重要原因。综合来看，今年以来投资增速回落引起的经济增速回调，以及去库存活动增加等，目前仍在发展中。10月投资增速降幅明显收窄，稳增长各项政策效果日益显现，预计经济增速下行态势将趋于平稳。”

本月生产指数为52.5%，比上月回落0.6个百分点。从企业规模来看，大型企业高于50%，为54.6%；中型企业和小型企业低于50%，指数分别为49.5%和47.7%。

本月新订单指数为50.9%，比上月回落0.7个百分点。从企业规模来看，大型企业的新订单指数高于50%，为52.7%；中型和小型企业低于50%，分别为48.3%和47.2%。

本月新出口订单指数为48.4%，比上月下降1.5个百分点。从企业规模来看，大型、中型和小型企业的新出口订单指数均低于50%，指数为44.4%～49.8%。

本月积压订单指数为43.9%，比上月下降0.8个百分点。从企业规模来看，大、中、小型企业的积压订单指数均低于50%，指数为38.6%～45.3%。

本月产成品库存指数为47.2%，比上月下降0.7个百分点。从企业规模来看，大型、中型和小型企业指数均低于50%，指数为47.1%～47.3%。

本月采购量指数为50.5%，比上月回落0.2个百分点。从企业规模来看，大型企业采购量指数高于50%，为52.4%；中型和小型企业低于50%，指数均为47.2%。

本月进口指数为47.3%，比上月下降0.6个百分点。从企业规模来看，大型、中型和小型企业的进口指数均低于50%，指数为44.1%～48.2%。

本月购进价格指数为44.7%，比上月下降0.4个百分点。从企业规模来看，大、中、小型企业购进价格指数均低于50%，指数为43.4%～47.9%。

本月原材料库存指数为47.7%，比上月下降0.7个百分点。从企业规模来看，大、中、小型企业原材料库存指数均低于50%，指数为44.2%～48.4%。

本月从业人员指数为48.2%，比上月下降0.2个百分点。从企业规模来看，大、中、小型企业从业人员指数均低于50%，指数为46.7%～48.8%。

本月供应商配送时间指数为50.3%，比月上升0.2个百分点。从企业规模来看，大、中、小型企业供应商配送时间指数均高于50%，指数为50.2%～50.6%。

本月生产经营活动预期指数为52.2%，比上月回落1.9个百分点。从企业规模来看，大型和小型企业生产经营活动预期指数高于50%；中型企业低于50%，指数为49.5%。

12月

2014年12月中国制造业采购经理指数（PMI）为50.1%，较上月回落0.2个百分点。从12个分项指数来看，同上月相比，除新出口订单指数、产成品库存指数、进口指数上升外，其余各分项指数均有所回落。其中，购进价格指数回落1.5个百分点，经营活动预期指数回落3.5个百分点；其余指数降幅均在1个百分点之内。

特约分析师张立群认为：“12月PMI指数继续回落，但降幅收窄，表明工业增长仍呈下行状态，但势头趋缓。产成品库存指数、进口指数回升，反映企业去库存活动开始减少；新出口订单指数回升，反映出口增速提高，外需拉动作用有所增强；结合消费与投资走势分析，预计未来市场需求总体趋稳。综合判断，当前经济运行处于由降转稳的过程中。”

本月生产指数为52.2%，较上月下降0.3个百分点。从企业规模来看，大型企业高于50%，为54.6%；中型企业和小型企业低于50%，指数分别为49.9%和44.3%。

本月新订单指数为50.4%，较上月下降0.5个百分点。从企业规模来看，大型企业的新订单指数高于50%，为52.7%；中型和小型企业低于50%，指数分别为47.7%和43.5%。

本月新出口订单指数为49.1%，较上月回升0.7个百分点。从企业规模来看，大型、中型和小型企业的新出口订单指数均低于50%，指数为45.3%～49.9%。

本月积压订单指数为43.8%，比上月下降0.1个百分点。从企业规模来看，大、中、小型企业的积压订单指数均低于50%，指数为41.3%～44.8%。

本月产成品库存指数为47.8%，较上月回升0.6个百分点。从企业规模来看，大型、中型和小型企业的产成品库存指数均低于50%，指数为44.6%～48.7%。

本月采购量指数为50.1%，较上月下降0.4个百分点。从企业规模来看，大型企业采购量指数高于50%，为52.1%；中型和小型企业低于50%，指数分别为47.8%和43.9%。

本月进口指数为47.8%，较上月回升0.5个百分点。从企业规模来看，小型企业进口指数高于50%，为50.8%；大型和中型企业低于50%，指数分别为48.4%和45.1%。

本月购进价格指数为43.2%，较上月下降1.5个百分点。从企业规模来看，大型、中型和小型企业的购进价格指数均低于50%，指数为42.0%～45.7%。

本月原材料库存指数为47.5%，较上月下降0.2个百分点。从企业规模来看，大型、中型和小型企业的原材料库存指数均低于50%，指数为43.4%～48.4%。

本月从业人员指数为48.1%，较上月下降0.1个百分点。从企业规模来看，大、中、小型企业的从业人员指数均低于50%，指数为47.2%～48.4%。

本月供应商配送时间指数为49.9%，较上月回落0.4个百分点。从企业规模来看，大型企业供应商配送时间指数位于50%；中型和小型企业低于50%，指数分别为49.8%和49.3%。

本月生产经营活动预期指数为48.7%，较上月下降3.5个百分点。从企业规模来看，大型企业生产经营活动预期指数高于50%，为50.3%；中型和小型企业低于50%，指数分别为46.6%和44.2%。

2014年1—12月中国制造业采购经理指数（PMI）走势如下图所示。

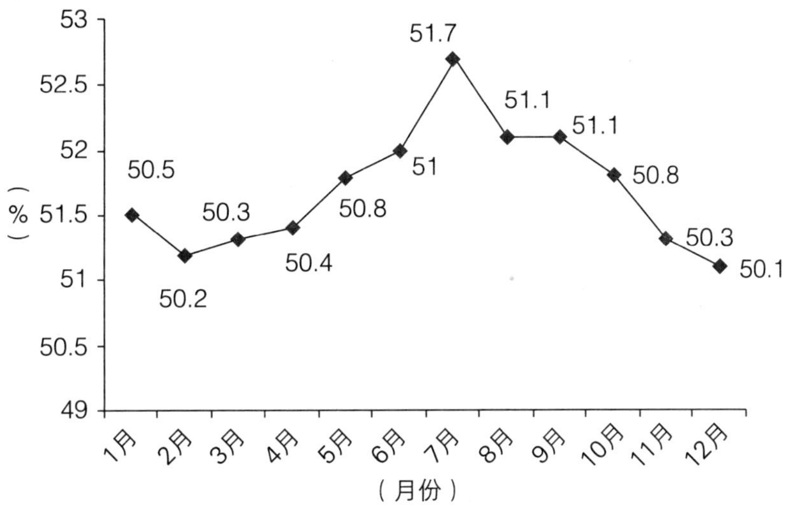

2014 年 1—12 月中国制造业采购经理指数（PMI）走势

（中国物流信息中心）

2014 年 1—12 月中国非制造业商务活动指数

（中国物流与采购联合会　国家统计局服务业调查中心联合发布）

1 月

2014 年 1 月中国非制造业商务活动指数为 53.4%，环比回落 1.2 个百分点。由于非制造业没有综合指数，通常以商务活动指数来反映非制造业经济的总体变化。

本月，在中国非制造业 PMI 各单项指数中，新出口订单指数和存货指数环比回升，其中存货指数上升幅度超过 1 个百分点；其余指数呈现回落。其中，投入价格指数回落幅度最大，为 2.4 个百分点；收费价格和从业人员回落幅度为 1 ~ 2 个百分点；新订单指数、在手订单、供应商配送时间和业务活动预期指数均在 1 个百分点之内。

中国物流与采购联合会副会长蔡进认为：1 月，受季节因素影响，非制造业商务活动有所回落，市场运行总体偏弱，与节日消费相关的零售业和交通运输业表现良好；餐饮业商务活动指数回升至 50% 以上，大众消费趋于升温；房地产业活动连续两个月大幅回落，收费价格指数也回落至 50% 以下；当前需要注意的是，服务业订单需求有所萎缩，价格走势偏弱，仍需注重加大力度改善消费环境。

本月新订单指数为 50.9%，同上月相比回落 0.1 个百分点。分行业来看，建筑业新订单指数为 55.8%；服务业新订单指数为 49.6%。19 个行业中，航空运输业、铁路运输业、土木工程建筑业和零售业等行业高于 50%；邮政业、居民服务及修理业、房地产业和住宿业等行业低于 50%。

本月新出口订单指数为 50.1%，比上月回升 0.7 个百分点。分行业来看，建筑业新出口订单指数为 55.2%；服务业新出口订单指数为 48.8%。19 个行业中，装卸搬运及仓储业、生态保护环境治理及公共设施管理业、房屋建筑业和航空运输业等行业高于 50%；居民服务及修理业、建筑安装装饰及其他建筑业、邮政业、餐饮业、房地产业和批发业等行业低于 50%。

本月收费价格指数 50.1%，较上月回落 1.9 个百分点。分行业来看，建筑业收费价格指数 50.4%；服务业收费价格指数为 50%。19 个行业中，航空运输业、租赁及商务服务业、居民服务及修理业、住宿业和零售业等行业高于50%；水上运输业、批发业、生态保护环境治理及公共设施管理业、电信广播电视和卫星传输服务业和建筑安装装饰及其他建筑业等行业低于50%。

本月从业人员指数为49.7%，比上月下降1.4个百分点。分行业来看，建筑业从业人员指数为54.4%；服务业从业人员指数为48.6%。19个行业中，建筑安装装饰及其他建筑业、土木工程建筑业和铁路运输业等行业高于50%；道路运输业位于50%；住宿业、水上运输业、居民服务及修理业、租赁及商务服务业、邮政业和批发业等行业低于50%。

本月业务活动预期指数为58.1%，比上月下降0.6个百分点。分行业来看，建筑业业务活动预期指数为59.8%；服务业业务活动预期指数为57.7%。19个行业中，生态保护环境治理及公共设施管理业、电信广播电视和卫星传输服务业、航空运输业和铁路运输业等行业超过50%；住宿业和餐饮业2个行业低于50%。

2月

2014年2月中国非制造业商务活动指数为55%，环比回升1.6个百分点。本月在中国非制造业PMI各单项指数中，新订单、积压订单、从业人员和业务活动预期指数环比上升，其中从业人员和业务活动预期指数上升幅度超过1个百分点；其余各指数回落。其中，存货指数、中间投入价格指数回落幅度最大，超过2个百分点；新出口订单指数和收费价格指数回落幅度为1～2个百分点；供应商配送时间指数回落幅度在1个百分点之内。

中国物流与采购联合会副会长蔡进认为：2月，非制造业商务活动指数回升至55%的较高水平，反映春节过后，企业经营活动有所回升，市场活动趋于旺盛。特别是服务业经济走势活跃，为经济平稳增长奠定了良好的市场基础。房地产经营活动和市场需求双双回升，行业活动有所恢复。在商务活动指数回升同时，价格指数连续两个月回落，有利于我国经济运行保持平稳健康的基本态势。

本月新订单指数为51.4%，同上月相比回升0.5个百分点。分行业来看，建筑业新订单指数为54.9%；服务业新订单指数为50.5%。19个行业中，生态保护环境治理及公共设施管理业、互联网及软件信息技术服务业、航空运输业、土木工程建筑业、租赁及商务服务业等12个行业高于50%；餐饮业、零售业、住宿业、铁路运输业、水上运输业、批发业、房地产业7个行业低于50%。

本月新出口订单指数为48.3%，比上月下降1.8个百分点。分行业来看，建筑业新出口订单指数为45.4%；服务业新出口订单指数为49.1%。19个行业中，建筑安装装饰及其他建筑业、零售业、租赁及商务服务业、道路运输业、航空运输业、餐饮业、房地产业、居民服务及修理业8个行业高于50%；装卸搬运及仓储业、邮政业、水上运输业、铁路运输业、电信广播电视和卫星传输服务业、生态保护环境治理及公共设施管理业、互联网及软件信息技术服务业等11个行业低于50%。

本月收费价格指数49%，较上月回落1.1个百分点。分行业来看，建筑业收费价格指数51.1%；服务业收费价格指数为48.5%。19个行业中，航空运输业、生态保护环境治理及公共设施管理业、铁路运输业、房屋建筑业、土木工程建筑业、房地产业6个行业高于50%；租赁及商务服务业为50%；住宿业、批发业、水上运输业、零售业、居民服务及修理业等12个行业低于50%。

本月从业人员指数为50.9%，比上月上升

1.2 个百分点。分行业来看，建筑业从业人员指数为 57.4%；服务业从业人员指数为 49.3%。19 个行业中，土木工程建筑业、建筑安装装饰及其他建筑业、生态保护环境治理及公共设施管理业、铁路运输业等 9 个行业高于 50%；住宿业、餐饮业、水上运输业、居民服务及修理业、零售业等 10 个行业低于 50%。

本月业务活动预期指数为 59.9%，比上月上升 1.8 个百分点。分行业来看，建筑业业务活动预期指数为 67.9%；服务业业务活动预期指数为 57.8%。19 个行业中，房屋建筑业、批发业、互联网及软件信息技术服务业、邮政业、住宿业等 15 个行业超过 50%；餐饮业、道路运输业、航空运输业、装卸搬运及仓储业 4 个行业低于 50%。

3 月

2015 年 3 月中国非制造业商务活动指数为 53.7%，环比下降 0.2 个百分点。本月在中国非制造业 PMI 各单项指数中，只有供应商配送时间指数和业务活动预期指数与上月相比呈现上升，升幅分别为 0.5 个和 0.1 个百分点。其余各单项指数均有所下降；其中，在手订单指数较上月下降 3.4 个百分点，销售价格指数较上月下降 2.8 个百分点。

中国物流与采购联合会副会长蔡进认为：3 月数据显示，受零售、餐饮等行业节后短暂回调影响，非制造业商务活动指数小幅回调，但仍保持平稳较快的增长趋势；多数行业表现反映出市场发展逐步好转，市场积极因素正在释放。一是批发贸易、物流业、住宿和电信等服务业升幅明显，市场经营活动趋于活跃；二是建筑业市场需求继续大幅提升，基础建设投资将持续发挥作用。此外，以互联网为代表的信息服务业指数水平高于去年同期，信息消费升级趋势进一步增强；3 月房地产商务活动指数变化反映市场有所升温，关注房贷新政策给行业带来的积极影响。

本月新订单指数为 50.3%，比上月下降 0.9 个百分点。分行业来看，建筑业新订单指数为 54.7%；服务业新订单指数为 49.2%。19 个行业中，电信广播电视和卫星传输服务业、互联网及软件信息技术服务业等 12 个行业高于 50%；土木工程建筑业、装卸搬运及仓储业和航空运输业等 7 个行业低于 50%。

本月新出口订单指数为 51.5%，比上月下降 0.6 个百分点。分行业来看，建筑业新出口订单指数为 50.6%；服务业新出口订单指数为 51.7%。19 个行业中，装卸搬运及仓储业、铁路运输业、住宿业和房屋建筑业等 7 个行业高于 50%；生态保护环境治理及公共设施管理业、居民服务及修理业和零售业等 12 个行业低于 50%。

本月投入品价格指数为 50%，环比下降 2.5 个百分点。分行业来看，建筑业投入品价格指数为 49.1%；服务业投入品价格指数为 50.3%。19 个行业中，道路运输业、航空运输业、邮政业和居民服务及修理业等 10 个行业高于 50%；互联网及软件信息技术服务业、生态保护环境治理及公共设施管理业和房地产业等 9 个行业低于 50%。

本月从业人员指数为 49%，比上月下降 0.8 个百分点。分行业来看，建筑业从业人员指数为 52.4%；服务业从业人员指数为 48.2%。19 个行业中，房屋建筑业、航空运输业、居民服务及修理业和道路运输业等 6 个行业高于 50%；生态保护环境治理及公共设施管理业、建筑安装装饰及其他建筑业、装卸搬运及仓储业和铁路运输业等 13 个行业低于 50%。

本月业务活动预期指数为 58.8%，与上月相比上升 0.1 个百分点。分行业来看，建筑业业务活动预期指数为 67.2%；服务业业务活动预期指数为 56.6%。19 个行业中，生态保护环境治理及公共设施管理业、房屋建筑业、土木工程建筑业和互联网及软件信息技术服务业等 16 个行业高于 50%；餐饮业、装卸搬运及仓储业和居民服务及修理业低于 50%。

4 月

2014 年 4 月中国非制造业商务活动指数为 54.8%，环比回升 0.3 个百分点。本月在中国非制造业 PMI 各单项指数中，新订单指数、供应商配送时间指数和业务活动预期指数均与上月持平；其余指数均有所回落。其中，存货指数和从业人员等指数回落超过 1 个百分点；新出口订单指数、中间价格指数、收费价格指数等回落幅度均在 1 个百分点以内。

中国物流与采购联合会副会长蔡进认为：4 月商务活动指数有所回升，反映非制造业经济活动延续增长势头。服务业经营活动和市场需求双双回升拉动了本月的增长。特别是与物流相关行业活动增势加快以及大宗商品批发零售行业活动保持高位，市场活跃度有所增强。价格指数变化波动幅度较小，走势稳定，有利于经济继续走稳向好。本月，房地产行业活动增速继续放缓，市场需求降速趋稳，价格小幅上升。

本月新订单指数为 50.8%，同上月相比持平。分行业来看，建筑业新订单指数为 51.4%；服务业新订单指数为 50.7%。19 个行业中，生态保护环境治理及公共设施管理业、航空运输业、住宿业、租赁及商务服务业、电信广播电视和卫星传输服务业等 11 个行业高于 50%；餐饮业、居民服务及修理业、建筑安装装饰及其他建筑业、道路运输业、铁路运输业和房地产业等 8 个行业低于 50%。

本月新出口订单指数为 51%，比上月回落 0.7 个百分点。分行业来看，建筑业新出口订单指数为 48.6%；服务业新出口订单指数为 51.8%。19 个行业中，铁路运输业、建筑安装装饰及其他建筑业、住宿业、餐饮业、生态保护环境治理及公共设施管理业和批发业等 11 个行业高于 50%；道路运输业、房地产业、土木工程建筑业、居民服务及修理业和互联网及软件信息技术服务业等 8 个行业低于 50%。

本月收费价格指数 49.4%，较上月回落 0.1 个百分点。分行业来看，建筑业收费价格指数为 51%；服务业收费价格指数为 49%。19 个行业中，住宿业、装卸搬运及仓储业、生态保护环境治理及公共设施管理业、房屋建筑业和航空运输业等 8 个行业高于 50%；铁路运输业、餐饮业、水上运输业、批发业、电信广播电视和卫星传输服务业等 11 个行业低于 50%。

本月从业人员指数 50.2%，比上月回落 1.2 个百分点。分行业来看，建筑业从业人员指数为 54.6%；服务业从业人员指数为 49.1%。19 个行业中，房屋建筑业、互联网及软件信息技术服务业、航空运输业、房地产业和土木工程建筑业等 9 个行业高于 50%；住宿业、装卸搬运及仓储业、餐饮业、水上运输业、生态保护环境治理及公共设施管理业、电信广播电视和卫星传输服务业等 10 个行业低于 50%。

本月业务活动预期指数为 61.5%，与上月相比持平。分行业来看，建筑业业务活动预期指数为 67.8%；服务业业务活动预期指数为 60.1%。19 个行业中，航空运输业、房屋建筑业、生态保护环境治理及公共设施管理业、邮政业、土木工程建筑业、批发业、水上运输业、租赁及商务服务业、互联网及软件信息技术服务业等 18 个行业高于 50%；居民服务及修理业低于 50%。

5 月

2014 年 5 月中国非制造业商务活动指数为 55.5%，环比回升 0.7 个百分点。本月，在中国非制造业 PMI 各单项指数中，存货指数、收费价格指数、商务活动预期指数比上月略有下降，其余各指数均有所上升。其中，中间投入价格指数上升最为明显，升幅达到 2.1 个百分点；其次是新订单指数、新出口订单指数和在手订单指数，升幅超过 1 个百分点。

中国物流与采购联合会副会长蔡进认为：5 月商务活动指数创年内新高，市场活跃度持续增强；反映市场需求的新订单指数升幅明显，成为市场活跃的主要推动力；与投资有关的基础建设需求和以零售、旅游、信息消费为主的消费需求均有提升，市场需求整体趋于改善。终端需求回升对就业的带动作用进一步显现，推动就业指数回升；在油价上调和消费因素的带动下，中间投入价格指数出现阶段性上升，其趋势性变化仍待观察。本月，房地产行业总体偏冷，商务活动指数和新订单指数均在 50% 以下，价格指数微幅回落。

本月新订单指数为 52.7%，比上月上升 1.9 个百分点。分行业来看，建筑业新订单指数为 53.4%；服务业新订单指数为 52.5%。19 个行业中，租赁及商务服务业、生态保护环境治理及公共设施管理业、互联网及软件信息技术服务业、航空运输业、房屋建筑业和住宿业等 13 个行业高于 50%；居民服务及修理业、建筑安装装饰及其他建筑业和房地产业等 6 个行业低于 50%。

本月新出口订单指数为 52.7%，比上月回升 1.7 个百分点。分行业来看，建筑业新出口订单指数为 47.4%；服务业新出口订单指数为 54%。19 个行业中，铁路运输业、装卸搬运及仓储业、租赁及商务服务业、邮政业和航空运输业等 7 个行业高于 50%；道路运输业、住宿业、土木工程建筑业、建筑安装装饰及其他建筑业和居民服务及修理业等 12 个行业低于 50%。

本月中间投入价格指数为 54.5%，环比上升 2.1 个百分点。分行业来看，建筑业中间投入价格指数为 53.2%；服务业中间投入价格指数为 54.8%。19 个行业中，租赁及商务服务业、住宿业、土木工程建筑业、邮政业、道路运输业、铁路运输业和互联网及软件信息技术服务业等 17 个行业高于 50%；房屋建设业和水上运输业 2 个行业低于 50%。

本月从业人员指数 50.9%，比上月上升 0.7 个百分点。分行业来看，建筑业从业人员指数为 55.1%；服务业从业人员指数为 49.9%。19 个行业中，房屋建筑业、航空运输业、互联网及软件信息技术服务业、土木工程建筑业、道路运输业等 8 个行业高于 50%；铁路运输业、装卸搬运及仓储业、邮政业、生态保护环境治理及公共设施管理业 4 个行业为 50%；批发业、电信广播电视和卫星传输服务业、水上运输业和居民服务及修理业等 7 个行业低于 50%。

本月业务活动预期指数为 60.7%，比上月回落 0.8 个百分点。分行业来看，建筑业业务活动预期指数为 68%；服务业业务活动预期指数为 58.8%。19 个行业中，航空运输业、水上运输业、房屋建筑业、建筑安装装饰及其他建筑业、互联网及软件信息技术服务业等 18 个行业高于 50%，为首的 2 个行业高于 70%；居民服务及修理业低于 50%。

6 月

2014 年 6 月的中国非制造业商务活动指数为 55%，环比回落 0.5 个百分点。本月，在中国非制造业 PMI 各单项指数中，中间价格、收费价格和供应商配送时间指数环比上升；其余各单项指数与上月相比均呈现下降。其中，新订单和新出口订单指数回落幅度最大，降幅分别为2个和2.5个百分点；其余在手订单、存货、从业人员和业务活动预期等指数降幅均在2个百分点以内。

中国物流与采购联合会副会长蔡进认为：6月商务活动指数仍保持55%的较高水平，特别是与制造业密切相关的生产性服务业回升较为明显。其中，大宗商品批发业新订单指数大幅提升，反映出制造业经济稳中趋升的传导效应。同时，本月价格指数上升较快，收费价格指数重新占到50%以上，应给予关注，加强监测。本月，房地产经营活动小幅增长，订单需求仍处下降区间，降幅扩大，价格延续小幅回落走势，市场走势总体偏淡。

本月新订单指数为50.7%，比上月回落2个百分点。分行业来看，建筑业新订单指数为52.2%；服务业新订单指数为50.4%。19个行业中，邮政业、生态保护环境治理及公共设施管理业、电信广播电视和卫星传输服务业、批发业4个行业超过60%；租赁及商务服务业、房屋建筑业、水上运输业和互联网及软件信息技术服务业等5个行业为50%～60%；住宿业、餐饮业、居民服务及修理业和建筑安装装饰及其他建筑业等10个行业低于50%。

本月新出口订单指数为50.2%，比上月回落2.5个百分点。分行业来看，建筑业新出口订单指数为42.2%；服务业新出口订单指数为52.2%。19个行业中，批发业和水上运输业高于50%；建筑安装装饰及其他建筑业、铁路运输业、住宿业、邮政业、道路运输业、土木工程建筑业和餐饮业等17个行业低于50%。

本月收费价格指数为50.8%，比上月回升1.8个百分点。分行业来看，建筑业收费价格指数为49.7%；服务业收费价格指数为51.1%。19个行业中，租赁及商务服务业、批发业、生态保护环境治理及公共设施管理业、铁路运输业和土木工程建筑业等12个行业高于50%；建筑安装装饰及其他建筑业、住宿业、水上运输业、零售业、房屋建筑业、电信广播电视和卫星传输服务业等7行业低于50%。

本月从业人员指数为50.4%，比上月回落0.5个百分点。分行业来看，建筑业从业人员指数为54.1%；服务业从业人员指数为49.5%。19个行业中，房屋建筑业、邮政业、航空运输业、租赁及商务服务业、土木工程建筑业和道路运输业等9个行业高于50%；住宿业、水上运输业、生态保护环境治理及公共设施管理业、装卸搬运及仓储业、电信广播电视和卫星传输服务业、房地产业等10个行业低于50%。

本月业务活动预期指数为60.4%，比上月回落0.3个百分点。分行业来看，建筑业业务活动预期指数为67.2%；服务业业务活动预期指数为58.7%。19个行业中，航空运输业、生态保护环境治理及公共设施管理业、土木工程建筑业、房屋建筑业、互联网及软件信息技术服务业、批发业、邮政业、水上运输业和租赁及商务服务业等17个行业高于50%；房地产业和居民服务及修理业2个行业低于50%。

7月

2014年7月的中国非制造业商务活动指数54.2%，环比回落0.8个百分点。本月在中国非制造业PMI各单项指数中，在手订单、存货和业务活动预期指数回升；新订单指数环比持平；其余新出口订单指数、中间价格、收费价格、从业人员和供应商配送时间指数与上月相比呈现下降。其中，中间价格指数回落最大，降幅为2.6个百分点。

中国物流与采购联合会副会长蔡进认为：7月，非制造业PMI各项指数波幅不大，市场总体保持平稳运行；业务活动预期指数回升明显，企业对下半年市场预期趋于乐观；中间投入价格和收费价格指数均有回落，价格上涨压力不大；本月，房地产市场仍表现为弱势格局，除受淡季因素影响外，反映出市场仍然偏淡，价格仍处于下降区间，降幅有所加大。

本月新订单指数为50.7%，与上月相比持平。分行业来看，建筑业新订单指数为51.6%；服务业新订单指数为50.5%。19个行业中，航空运输业、生态保护环境治理及公共设施管理业、租赁及商务服务业、铁路运输业、房屋建筑业和电信广播电视和卫星传输服务业等10个行业高于50%；零售业、餐饮业、房地产业和建筑安装装饰及其他建筑业等9个行业低于50%。

本月新出口订单指数为49.8%，与上月相比回落0.4个百分点。分行业来看，建筑业新出口订单指数为43.8%；服务业新出口订单指数为51.3%。19个行业中，建筑安装装饰及其他建筑业、铁路运输业、租赁及商务服务业等6个行业高于50%；邮政业、餐饮业、互联网及软件信息技术服务业、道路运输业、土木工程建筑业、住宿业、居民服务及修理业、生态保护环境治理及公共设施管理业等13个行业低于50%。

本月收费价格指数49.5%，较上月回落1.3个百分点。分行业来看，建筑业收费价格指数49.7%；服务业收费价格指数为49.5%。19个行业中，航空运输业、租赁及商务服务业、生态保护环境治理及公共设施管理业、道路运输业、土木工程建筑业、装卸搬运及仓储业等9个行业高于50%；批发业、水上运输业、零售业、房地产业和房屋建筑业等10个行业低于50%。

本月从业人员指数49.3%，比上月回落1.1个百分点。分行业来看，建筑业从业人员指数为49.5%；服务业从业人员指数为49.3%。19个行业中，航空运输业、铁路运输业、租赁及商务服务业、土木工程建筑业和房屋建筑业等8个行业高于50%；建筑安装装饰及其他建筑业、水上运输业、住宿业、居民服务及修理业和零售业等11个行业低于50%。

本月业务活动预期指数为61.5%，与上月相比回升1.1个百分点。分行业来看，建筑业业务活动预期指数为67.4%；服务业业务活动预期指数为60%。19个行业中，航空运输业、房屋建筑业、生态保护环境治理及公共设施管理业、土木工程建筑业、邮政业、住宿业、互联网及软件信息技术服务业、批发业、租赁及商务服务业等18个行业高于50%；居民服务及修理业低于50%。

8月

2014年8月的中国非制造业商务活动指数为54.4%，环比上升0.2个百分点。本月，在中国非制造业PMI各单项指数中，新出口订单、在手订单、从业人员和供应商配送时间指数回升；其余新订单、中间价格、收费价格、存货和业务活动预期指数与上月相比呈现下降。其中，存货指数回落最大，降幅为1.4个百分点；其次是中间价格和收费价格指数，均下降1.2个百分点。

中国物流与采购联合会副会长蔡进认为：8月，非制造业市场活动稳中略升。服务业市场总体表现较好，商务活动和新订单指数都有回升。特别是批发业、水上运输业、信息技术服务业等生产性服务行业表现较活跃，说明企业采购趋于积极，未来生产活动趋旺的可能性较大。建筑业商务活动指数持续回落，特别是受投资力度偏弱影响，新订单指数回落至47.5%，创出自非制造业PMI调查以来的最低水平，值得关注。房地产业活动继续走低，商务活动指数和新订单指数降幅继续扩大，收费价格指数降至年内最低水平，这种弱势格局短期恐难以改变。

本月新订单指数为50%，比上月回落0.7个百分点。分行业来看，建筑业新订单指数为47.5%；服务业新订单指数为50.6%。19个行业中，航空运输业、生态保护环境治理及公共设施管理业、铁路运输业、互联网及软件信息技术服务业等9个行业高于50%；批发业为50%；居民服务及修理业、房地产业、建筑安装装饰及其他建筑业、餐饮业等9个行业低于50%。

本月新出口订单指数为51.6%，比上月上升1.8个百分点。分行业来看，建筑业新出口订单指数为42.1%；服务业新出口订单指数为54%。19个行业中，生态保护环境治理及公共设施管理业、铁路运输业、航空运输业和邮政业等6个行业高于50%；建筑安装装饰及其他建筑业、道路运输业、土木工程建筑业、住宿业、水上运输业、房屋建筑业、居民服务及修理业等13个行业低于50%。

本月收费价格指数48.3%，较上月回落1.2个百分点。分行业来看，建筑业收费价格指数为50%；服务业收费价格指数为47.9%。19个行业中，航空运输业、租赁及商务服务业、房屋建筑业、道路运输业、装卸搬运及仓储业等9个行业高于50%；批发业、房地产业、互联网及软件信息技术服务业、水上运输业、建筑安装装饰及其他建筑业等10个行业低于50%。

本月从业人员指数为49.6%，比上月上升0.3个百分点。分行业来看，建筑业从业人员指数为51.8%；服务业从业人员指数为49%。19个行业中，互联网及软件信息技术服务业、航空运输业、铁路运输业、土木工程建筑业、电信广播电视和卫星传输服务业等8个行业高于50%；房屋建筑业位于50%；水上运输业、住宿业、居民服务及修理业等10个行业低于50%。

本月业务活动预期指数为61.2%，比上月回落0.3个百分点。分行业来看，建筑业业务活动预期指数为67.7%；服务业业务活动预期指数为59.6%。19个行业中，零售业、邮政业、住宿业、土木工程建筑业、房屋建筑业、建筑安装装饰及其他建筑业、批发业等18个行业高于50%，为首的3个行业超过70%；租赁及商务服务业低于50%。

9月

2014年9月的中国非制造业商务活动指数为54%，环比回落0.4个百分点。本月，在中国非制造业PMI各单项指数中，新订单、新出口订单指数、在手订单、中间价格、收费价格、存货、从业人员和供应商配送时间等指数全部呈现下降。其中，中间价格指数和在手订单指数回落幅度最大，均超过2个百分点。收费价格降幅为1个百分点。

中国物流与采购联合会副会长蔡进认为：9月，非制造业市场活动整体趋稳；建筑业活动表现较好，商务活动指数回升60%以上，投资需求对未来经济稳定增长的支撑作用将进一步增强；节日拉动效应较为明显，零售业、邮政快递业和居民服务业活动趋于活跃；中间投入价格指数连续三个月回落，本月降幅有所扩大，并降至50%以下，需关注指数走势，防止价格快速回落对企业经营带来不利影响；本月房地产业活动低位趋稳，商务活动、新订单指数等各项均有回升，但均在50%以下的收缩区间，行业活动总体偏淡。

本月新订单指数为 49.5%，比上月回落 0.5 个百分点。分行业来看，建筑业新订单指数为 50%；服务业新订单指数为 49.4%。19 个行业中，邮政业、零售业、互联网及软件信息技术服务业、电信广播电视和卫星传输服务业、建筑安装装饰及其他建筑业、装卸搬运及仓储业等 9 个行业高于 50%；生态保护环境治理及公共设施管理业、航空运输业、房地产业和餐饮业等 10 个行业低于 50%。

本月新出口订单指数为 50.8%，比上月回落 0.8 个百分点。分行业来看，建筑业新出口订单指数为 52.2%；服务业新出口订单指数为 50.4%。19 个行业中，装卸搬运及仓储业、道路运输业、邮政业、土木工程建筑业、批发业、零售业、铁路运输业和水上运输业等 14 个行业高于 50%；生态保护环境治理及公共设施管理业、租赁及商务服务业、互联网及软件信息技术服务业、房屋建筑业、建筑安装装饰及其他建筑业 5 个行业低于 50%。

本月中间投入价格指数为 49.8%，环比回落 2.4 个百分点。分行业来看，建筑业中间投入价格指数为 48.9%；服务业中间投入价格指数为 50.1%。19 个行业中，餐饮业、住宿业、零售业、邮政业、居民服务及修理业等 10 个行业高于 50%；水上运输业、航空运输业、批发业、房屋建筑业、道路运输业等 9 个行业低于 50%。

本月从业人员指数为 49.5%，比上月回落 0.1 个百分点。分行业来看，建筑业从业人员指数为 51.4%；服务业从业人员指数为 49%。19 个行业中，航空运输业、铁路运输业、建筑安装装饰及其他建筑业、互联网及软件信息技术服务业、道路运输业、房屋建筑业、租赁及商务服务业等 9 个行业高于 50%；住宿业、餐饮业、装卸搬运及仓储业、居民服务及修理业、生态保护环境治理及公共设施管理业等 10 个行业低于 50%。

本月业务活动预期指数为 60.9%，比上月回落 0.3 个百分点。分行业来看，建筑业业务活动预期指数为 66.4%；服务业业务活动预期指数为 59.5%。19 个行业中，零售业、邮政业、互联网及软件信息技术服务业、房屋建筑业、土木工程建筑业等 18 个行业高于 50%；租赁及商务服务业低于 50%。

10 月

2014 年 10 月中国非制造业商务活动指数为 53.8%，比上月回落 0.2 个百分点。本月，在中国非制造业 PMI 各单项指数中，新订单、在手订单、存货、中间投入价格、收费价格和供应商配送时间指数回升。其中，中间价格指数升幅最大，幅度为 2.2 个百分点；新出口订单指数、从业人员和业务活动预期指数下降。其中，新出口订单指数降幅最大，为 1.8 个百分点。

中国物流与采购联合会副会长蔡进认为：10 月，非制造业商务活动指数虽有小幅回调，但运行仍较平稳；一些向好发展的苗头也进一步显现：一是市场需求稳中有增，特别是建筑业需求升幅明显，有利于四季度经济企稳回升；二是市场经营活动稳中趋旺，零售、住宿、旅游等消费性服务业持续增长，消费需求有望向好；三是市场价格稳中有升，投入价格和收费价格指数都有所回升，有利于企业经营效益改善，提升市场信心。由于出台房贷新政策和各地限购政策陆续松动，本月，房地产活动有所企稳，企业预期也趋于乐观。其商务活动指数和新订单指数虽仍在 50% 以下，但连续两个月回升，本月升幅均在 3 个百分点以上，业务活动预期指数升幅扩大。当前，宏观调控应立足于结构调整，从加大供给入手，增加对医疗卫生、文化教育、节能环保、体育健身等服务领域的投入，通过增强服务供给，有效释放潜在消费需求，巩固稳增长的需求基础。

本月新订单指数为 51%，比上月上升 1.5 个百分点。分行业来看，建筑业新订单指数为 56.4%；服务业新订单指数为 49.6%。19 个行业中，住宿业、生态保护环境治理及公共设施管理业、零售业和房屋建筑业等 10 个行业高于 50%；居民服务及修理业、批发业、铁路运输业和装卸搬运及仓储业等 9 个行业低于 50%。

本月新出口订单指数为 49%，比上月回落 1.8 个百分点。分行业来看，建筑业新出口订单指数为 43.6%；服务业新出口订单指数为 50.4%。19 个行业中，住宿业、道路运输业、生态保护环境治理及公共设施管理业、航空运输业、租赁及商务服务业、铁路运输业等 12 个行业高于 50%；建筑安装装饰及其他建筑业、水上运输业、餐饮业、土木工程建筑业等 7 个行业低于 50%。

本月中间投入价格指数为 52%，比上月上升 2.2 个百分点。分行业来看，建筑业中间投入价格指数为 53%；服务业中间投入价格指数为 51.8%。19 个行业中，住宿业、互联网及软件信息技术服务业、餐饮业、邮政业、居民服务及修理业、装卸搬运及仓储业等 13 个行业高于 50%；航空运输业、水上运输业、铁路运输业、批发业和道路运输业等 6 个行业低于 50%。

本月从业人员指数为 48.9%，比上月回落 0.6 个百分点。分行业来看，建筑业从业人员指数为 50.5%；服务业从业人员指数为 48.4%。19 个行业中，生态保护环境治理及公共设施管理业、航空运输业、互联网及软件信息技术服务业、房屋建筑业、土木工程建筑业和道路运输业 6 个行业高于 50%；水上运输业、建筑安装装饰及其他建筑业、居民服务及修理业、铁路运输业、餐饮业、租赁及商务服务业等 13 个行业低于 50%。

本月业务活动预期指数为 59.9%，比上月回落 1 个百分点。分行业来看，建筑业业务活动预期指数为 67.6%；服务业业务活动预期指数为 58%。19 个行业中，邮政业、零售业、建筑安装装饰及其他建筑业等 15 个行业高于 50%；生态保护环境治理及公共设施管理业、租赁及商务服务业等 4 个行业低于 50%。

11 月

2014 年 11 月中国非制造业商务活动指数为 53.9%，环比回升 0.1 个百分点。本月，在中国非制造业 PMI 各单项指数中，新出口订单和从业人员指数与上月相比回升；其余各单项指数呈现回落。其中，中间投入价格、收费价格、存货、在手订单和供应商配送时间指数回落均超过 1 个百分点；其余指数降幅在 1 个百分点之内。

中国物流与采购联合会副会长蔡进认为：11 月，非制造业经济运行稳健。“双 11”网络促销活动，使得邮政快递、仓储配送等服务业表现活跃；电信、互联网等高端服务业继续高位回升，新兴产业仍具较强发展活力。总体上看，服务业发展对于稳增长、稳就业的作用越发重要。受央行降息推动，本月房地产业商务活动升幅明显，新订单指数自今年以来首次回升至 50% 以上，行业收费价格指数虽仍在 50% 以下，但较上月回升，意味着价格下降空间进一步收窄。当前需要关注的是价格水平较低，本月收费价格指数在 50% 下方继续回落，近期国际市场大宗商品价格大幅下降，形成较大的输入性通缩压力。应采取应对措施，有所防范。

本月新订单指数为 50.1%，比上月回落 0.9 个百分点。分行业来看，建筑业新订单指数为 52.9%；服务业新订单指数为 49.4%。19

个行业中，邮政业、装卸搬运及仓储业、电信广播电视和卫星传输服务业、互联网及软件信息技术服务业、水上运输业等 11 个行业高于 50%；航空运输业、生态保护环境治理及公共设施管理业、铁路运输业、餐饮业、租赁及商务服务业等 8 个行业低于 50%。

本月新出口订单指数为 49.3%，比上月上升 0.3 个百分点。分行业来看，建筑业新出口订单指数为 47.5%；服务业新出口订单指数为 49.8%。19 个行业中，道路运输业、装卸搬运及仓储业、居民服务及修理业、电信广播电视和卫星传输服务业、邮政业和水上运输业等 11 个行业高于 50%；建筑安装装饰及其他建筑业、生态保护环境治理及公共设施管理业、租赁及商务服务业等 8 个行业低于 50%。

本月收费价格指数为 47.7%，较上月回落 1.1 个百分点。分行业来看，建筑业收费价格指数为 49.8%；服务业收费价格指数为 47.1%。19 个行业中，水上运输业、装卸搬运及仓储业、邮政业、互联网及软件信息技术服务业等 6 个行业高于 50%；批发业、航空运输业、租赁及商务服务业、住宿业、生态保护环境治理及公共设施管理业、居民服务及修理业等 13 个行业低于 50%。

本月从业人员指数为 49.5%，比上月回升 0.6 个百分点。分行业来看，建筑业从业人员指数为 52.3%；服务业从业人员指数为 48.8%。19 个行业中，建筑安装装饰及其他建筑业、居民服务及修理业、互联网及软件信息技术服务业、土木工程建筑业、房屋建筑业和航空运输业等 8 个行业高于 50%；装卸搬运及仓储业、生态保护环境治理及公共设施管理业、铁路运输业、餐饮业、租赁及商务服务业、水上运输业等 11 个行业低于 50%。

本月业务活动预期指数为 59.7%，与上月相比回落 0.2 个百分点。分行业来看，建筑业业务活动预期指数为 65.4%；服务业业务活动预期指数为 58.3%。19 个行业中，邮政业、零售业、互联网及软件信息技术服务业、土木工程建筑业等 17 个行业高于 50%；住宿业、租赁及商务服务业 2 个行业低于 50%。

12 月

2014 年 12 月的中国非制造业商务活动指数为 54.1%，环比上升 0.2 个百分点。本月，在中国非制造业 PMI 各单项指数中，新订单指数、新出口订单指数、在手订单指数和存货指数与上月相比均有所上升；其中，新出口订单指数较上月上升 3.6 个百分点，在手订单指数较上月上升 2.6 个百分点；其余各单项指数呈现下降，降幅均在 1 个百分点之内。

中国物流与采购联合会副会长蔡进认为：12 月，非制造业经济表现较好，延续上升趋势。特别是服务业经营活动和市场需求增速均有加快。节日消费特点突出，带动零售业活动和相关邮政快递活动保持活跃，拉动内需增长。从业人员指数连续两个月小幅回升，服务业就业保持平稳。建筑业市场淡季回落，但需求增速继续加快，特别是随着走出去的步伐加快，建筑业新出口订单指数增幅明显。本月，房地产业活动有所波动，商务活动指数和新订单指数均有回落。非制造业投入品价格指数和销售价格指数延续回落趋势，特别是服务品价格指数回落意味着市场的通缩压力在增大，国际主要商品价格持续下行也加大了通缩压力。要注重防范通缩风险，但也要把握力度，防止价格剧烈波动，保持价格的稳定可控。

本月新订单指数为 50.5%，比上月回升 0.4 个百分点。分行业来看，建筑业新订单指数为 54%；服务业新订单指数为 49.6%。19 个行业中，邮政业、零售业、电信广播电视和卫星传输服务业、土木工程建筑业和房屋建筑业等10个行业高于50%；批发业、租赁及商务服务业、建筑安装装饰及其他建筑业、房地产业等9个行业低于50%。

本月新出口订单指数为52.9%，比上月上升3.6个百分点。分行业来看，建筑业新出口订单指数为64%；服务业新出口订单指数为50.1%。19个行业中，房屋建筑业、邮政业、铁路运输业、土木工程建筑业、互联网及软件信息技术服务业、批发业等12个行业高于50%；航空运输业、租赁及商务服务业、餐饮业等7个行业低于50%。

本月销售价格指数为47.3%，较上月下降0.4个百分点。分行业来看，建筑业销售价格指数为48.9%；服务业销售价格指数为46.9%。19个行业中，零售业、水上运输业、装卸搬运及仓储业、邮政业等5个行业高于50%；建筑安装装饰及其他建筑业、房屋建筑业、房地产业、居民服务及修理业等14个行业低于50%。

本月投入品价格指数为50.1%，环比下降0.5个百分点。分行业来看，建筑业投入品价格指数为49.9%；服务业投入品价格指数为50.1%。19个行业中，生态保护环境治理及公共设施管理业、居民服务及修理业、餐饮业、邮政业、互联网及软件信息技术服务业等12个行业高于50%；房屋建筑业、装卸搬运及仓储业、铁路运输业和道路运输业等7个行业低于50%。

本月业务活动预期指数为59.5%，与上月相比下降0.2个百分点。分行业来看，建筑业业务活动预期指数为62.7%；服务业业务活动预期指数为58.7%。19个行业中，建筑安装装饰及其他建筑业、航空运输业、零售业、邮政业、互联网及软件信息技术服务业和铁路运输业等16个行业高于50%；装卸搬运及仓储业、水上运输业和住宿业3个行业低于50%。

2014年1—12月中国非制造业商务活动指数走势如下图所示。

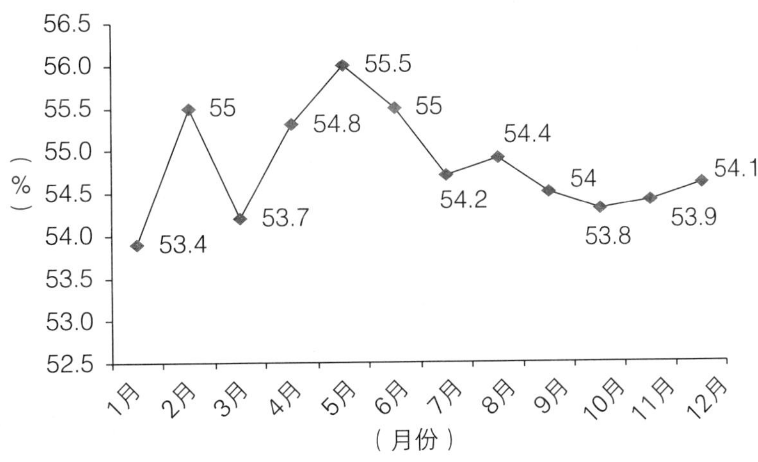

2104年1—12月中国非制造业商务活动指数走势

（中国物流信息中心）

2014 年 1—12 月中国物流业景气指数

（中国物流与采购联合会发布）

1 月

2014 年 1 月中国物流业景气指数（LPI）为 51.5%，比上月回落 0.9 个百分点。业务总量指数、新订单指数、设备利用率指数等主要分项指数回落，但都保持在 50% 以上。总体来看，物流经济延续了平稳运行态势，开局良好。

中国物流信息中心副主任何辉认为：1 月，受春节临近等因素影响，物流业景气指数正常回落，但依然保持在 50% 以上，尤其是业务总量指数仍保持在 55% 以上，反映出物流经济运行总体平稳，开局良好。平均库存量指数、库存周转次数指数小幅回升，表明虽然生产建设活动放缓，但由于节日备货以及居民消费增加等因素的影响，物流环节商品库存和周转呈加快增长态势。资金周转率指数回升 2 个百分点，反映出临近年底，物流企业回款速度加快。新订单指数回落 0.7 个百分点，业务活动预期指数回落至 50% 以下，预示着进入 2 月，受春节长假因素影响，物流活动将有所减弱。

本月业务总量指数比上月回落 0.5 个百分点，但仍然保持在 55.2% 的较高水平，反映出临近年底，物流业务活动规模增势减弱，但总体上物流活动仍较活跃。分区域来看，东、中、西部该指数均保持在 50% 以上的增长区间，分别为 56.2%、54.4% 和 51.9%。

本月受生产建设活动放缓、物流业务规模增势减弱影响，设备利用率指数小幅回落 0.1 个百分点，回落至 50% 的荣枯线水平。加上临近春节的因素影响，从业人员指数回落更为明显，比上月回落 3 个百分点，回落至 47%。

本月资金周转率指数为 52.3%，比上月回升 2 个百分点，显示出物流企业的回款速度加快，资金周转效率有所上升。

本月物流服务价格指数较上月回升 1.8 个百分点，回升至 52.1%。受价格回升带动，主营业务利润指数回升 1.8 个百分点，回升至 52.1%。

本月新订单指数回落 0.7 个百分点，回落至 51.8%，业务活动预期指数回落至 50% 以下，预示着 2 月受春节长假因素影响，物流活动将继续有所减弱。

2 月

2014 年 2 月中国物流业景气指数（LPI）

为51.9%，比上月小幅回升0.4个百分点。业务总量指数、新订单指数等主要分项指数均呈现一定程度的回升。显示出春节过后，物流活动呈现稳步回升的态势。

中国物流信息中心副主任何辉认为：2月，物流业景气指数小幅回升，业务总量指数保持在55%以上的较高水平，反映出春节过后，物流经济延续了年前的平稳运行态势，且稳中有所回升。各主要分项指数的回升幅度均在1个百分点以内，表明供应链上下游的采购、生产和销售等活动尚未完全启动，物流需求增势较为温和。从后期走势看，新订单指数回升、业务活动预期指数回升至55%以上，显示出物流经济具备企稳回升的市场基础。

本月业务总量指数比上月回升0.3个百分点，达到55.5%，结束了连续3个月的回落走势，显示出春节过后，供应链上下游企业的生产经营陆续启动，物流活动趋于活跃。分区域来看，东、中、西部该指数均保持在50%以上，分别为52.1%、64.9%和54.4%。

本月受物流业务规模增长带动，设备利用率指数回升0.4个百分点，回升至50.4%。显示出春节过后，物流企业经营呈现恢复性增长。

本月平均库存量指数比上月回升0.7个百分点，回升至52.2%；库存周转次数指数回升0.5个百分点，回升至52.8%。两项库存指数的变化表明，当期生产和消费等经济活动保持平稳增长。

本月资金周转率指数为52.4%，比上月回升0.1个百分点，一方面，显示出物流企业的回款速度基本保持稳定，资金周转效率有所上升；另一方面，反映出实体经济运行中的资金环境较为宽松。

本月物流服务价格指数较上月回升0.4个百分点，回升至52.5%。受前期油价下调影响，主营业务成本指数回落1.4个百分点；而受物流服务价格回升支撑，主营业务利润指数保持在50%以上，虽然比上月回落0.4个百分点，但回落幅度低于主营业务成本指数。

本月新订单指数回升0.4个百分点，回升至52.2%，业务活动预期指数回升6.1个百分点，回升至55.5%，预示着进入3月，随着供应链上下游企业生产经营活动全面启动，物流经济将延续稳中回升的发展态势。

3月

2014年3月中国物流业景气指数（LPI）为53%，比上月回升1.1个百分点。各主要分项指数均呈现一定程度的回升，且保持在50%以上。显示出，3月以来，物流活动趋于活跃，物流运行呈现稳中回升的发展态势。

中国物流信息中心副主任何辉认为：3月，物流业景气指数及各主要分项指数均保持回升态势，显示出，随着中国生产建设季节的到来，供应链上采购、生产和销售等经济活动趋于活跃，物流运行进入稳中回升的区间。分行业看，道路运输行业回升较为明显，回升至55%以上。分企业类型看，小微企业均回升至50%以上。但各项指数回升幅度低于去年同期水平，显示出，今年以来我国物流运行整体上较为平稳。

本月业务总量指数比上月回升0.3个百分点，达到55.8%，反映出，春节过后，供应链上下游企业的生产经营逐步启动，物流活动趋于活跃，尤其是道路运输行业回升较为明显，回升4.8个百分点，回升至57.8%。分区域来看，东部地区回升较为明显，回升至58.6%的较高水平。

本月从业人员指数回升2.3个百分点，回升至50.1%，物流从业人员有所增加；设备利用率指数回升 1.5 个百分点，回升至 51.9%。分区域看，东部地区的两项指数回升最为明显，显示出，春节过后，物流企业经营活动逐渐恢复。

本月库存周转次数指数回升 0.2 个百分点，回升至 53%。平均库存量指数为 51.7%，保持在 50% 以上。两项指数表明，3 月以来，生产和消费等经济活动有所加快。

本月物流服务价格指数较上月回升 0.2 个百分点，回升至 52.7%。主营业务成本指数回落 0.3 个百分点，回落至 58.5%。受价格回升、成本回落带动，主营业务利润指数回升 0.3 个百分点，回升至 52%，反映出物流企业效益有所好转。

本月新订单指数回升 0.8 个百分点，回升至 53%，业务活动预期指数回升 7.6 个百分点，回升至 63.1%，预示着后期物流运行有望延续回升态势。

4 月

2014 年 4 月中国物流业业务总量指数为 57.7%，比上月回升 1.9 个百分点。考虑到物流业的行业特点，自本月起，以业务总量指数反映物流业的总体变化。本月，在物流业各主要分项指数中，新订单指数、设备利用率指数回升幅度在 1 个百分点以上；分行业看，运输型和仓储型物流企业均呈现不同程度的回升。总的来看，4 月物流活动较为旺盛，物流运行呈现稳中有升的发展态势。

中国物流信息中心副主任何辉认为：4 月，物流业业务总量指数回升，显示出物流活动转旺，供应链上采购、销售等经济活动较为活跃，物流运行呈现稳中有升的发展态势。新订单指数回升至 55% 以上，从业人员指数延续回升态势，显示出社会物流需求有所回暖。分企业类型看，小微企业发展态势良好，回升至 55% 以上，分行业看，运输型物流企业稳中回升，仓储型物流企业回升明显，运输与仓储环节的物流活动双双回升，反映出宏观经济进入稳中趋升的运行区间。

本月业务总量指数比上月回升 1.9 个百分点，达到 57.7%，反映出物流活动较为旺盛。分行业看，运输型物流企业回升 2.5 个百分点，仓储型物流企业回升 8.1 个百分点，均回升至 55% 以上。分区域来看，东部地区回升较为明显，回升至 63.6% 的较高水平。

本月受物流业务活动增加带动，物流从业人员继续增加，设备利用率有所提高。从业人员指数回升 1.1 个百分点，回升至 51.2%；设备利用率指数回升 3.5 个百分点，回升至 55.4%。分行业来看，运输型物流企业和仓储型物流企业的这两项指数均呈现不同程度的回升。

本月平均库存量指数为 56.1%，回升 4.4 个百分点。分行业看，仓储型物流企业平均库存量指数回升至 56.7%，库存周转次数指数回升 2.9 个百分点，显示出仓储环节相关企业的市场活跃度整体上明显增强。

本月主营业务成本指数回落 2.9 个百分点，回落至 55.6%；而主营业务利润指数小幅回升 0.1 个百分点，回升至 52.1%，反映出物流企业效益有所好转。

本月资金周转率指数为 47.6%，比上月回落 5.1 个百分点，回落至 50% 以下。反映出，当前经济运行中的资金环境偏紧。

新订单指数回升 2.4 个百分点，回升至 55.4%，分行业看，运输型物流企业和仓储型物流企业的新订单指数均有较明显的回升，显示出物流需求不断改善；业务活动预期指数回落 1.4 个百分点，但保持在 61.7% 的较高水平。预示着物流有望保持平稳运行的基本走势。

5月

2014年5月中国物流业业务总量指数为55.2%，比上月回落2.5个百分点。本月，在物流业景气指数（LPI）各单项指数中，新订单指数、设备利用率指数、平均库存量指数、物流服务价格指数、主营业务利润指数、从业人员指数、业务活动预期指数均有不同程度的回落；库存周转次数指数、资金周转率指数和固定资产投资完成额指数有所回升；主营业务成本指数与上月持平。

中国物流信息中心副主任何辉认为：5月，受梅雨季节到来等季节性因素影响，物流业业务总量指数有所回落，但仍保持在55%以上的较高水平，显示出物流业呈现高位趋稳的发展态势。分行业看，运输型物流企业回落，而仓储型物流企业有所回升，意味着当前经济回暖仍处在由生产端向消费端传导的过程。在运输型物流企业中，受南方多省市暴雨水灾等季节性因素影响，道路运输业回落较为明显。

本月业务总量指数为55.2%，比上月回落2.5个百分点，但保持在55%以上的较高水平，反映出物流活动仍较活跃，呈现高位趋稳的发展态势。分行业看，运输型物流企业回落4.3个百分点，而仓储型物流企业回升0.6个百分点，均保持在50%以上。分区域来看，受南方多省市暴雨水灾等季节性因素影响，东部地区回落较为明显，而中、西部地区均有所回升。

本月受物流业务总量增势回落影响，物流从业人员增势减弱、设备利用率升势趋缓。从业人员指数回落0.2个百分点，回落至51%；设备利用率指数回落2个百分点，回落至53.4%。

本月平均库存量指数为54.6%，较上月回落1.5个百分点；库存周转次数指数为50.1%，较上月回升0.7个百分点。其中，仓储型物流企业的平均库存量指数和库存周转次数指数均呈回升态势，分别回升4.5个和6.1个百分点，显示出仓储环节相关企业的物流活动延续活跃态势。

本月物流服务价格指数为49.2%，比上月回落0.3个百分点；主营业务成本指数为55.6%，与上月基本持平。受物流服务价格、业务活动总量指数回落等因素影响，主营业务利润指数回落2.6个百分点，回落至49.5%。总的来看，物流企业效益偏弱。

本月资金周转率指数为50.8%，比上月回升3.2个百分点，反映出经济运行中资金偏紧的问题有所缓解。

本月新订单指数回落1.7个百分点，为53.7%；业务活动预期指数回落4.3个百分点，为57.4%。两个指数虽然有所回落，但均保持在较高水平，预示着后期物流有望保持平稳运行的基本走势。

6月

2014年6月中国物流业业务总量指数为56.7%，比上月回升1.5个百分点。本月，在物流业景气指数（LPI）各单项指数中，新订单指数、设备利用率指数、库存周转次数指数、主营业务利润指数回升幅度在1个百分点以上。分行业看，运输型和仓储型物流企业均呈现不同程度的回升。显示出，6月物流活动较为活跃。

中国物流信息中心副主任何辉认为：6月，物流业业务总量指数有所回升，保持在55%以上的较高水平，显示出物流活动较为活跃。新订单指数回升幅度超过1个百分点，预示着物流业经济平稳增长的基础进一步巩固。分行业看，运输型和仓储型物流企业均有所回升，意味着供应链上、下游企业的市场活跃度提高，宏观经济增长的稳定性进一步增强。分企业类型看，大、中、小型企业发展态势良好，均保持在50%以上，尤其是小型企业，回升幅度超过2个百分点。

本月业务总量指数为56.7%，比上月回升1.5个百分点，保持在55%以上的较高水平，反映出物流活动仍较活跃。分行业看，运输型和仓储型物流企业回升幅度均超过2个百分点，保持在55%以上，显示出供应链上下游企业的采购、生产、销售的活跃度进一步提高。分区域来看，东、中、西部均保持在50%以上的增长区间，其中，东部回升较为明显。受物流业务总量增势回升带动，物流设备利用率提高，设备利用率指数回升1个百分点，回升至54.4%。

本月从业人员指数回升0.1个百分点，回升至51.1%，保持在50%以上的增长区间。其中，小型企业的从业人员指数回升明显，回升2.9个百分点；而大、中型企业有所回落。

本月平均库存量指数为52.9%，较上月回落1.7个百分点，但仍保持在50%以上；库存周转次数指数为52.5%，较上月回升2.4个百分点。两项指数表明，生产和消费等经济活动较为活跃，处于扩张区间。

本月物流服务价格指数为49.1%，比上月小幅回落0.1个百分点；主营业务成本指数为57.5%，较上月回升1.9个百分点；主营业务利润指数回升2.7个百分点，回升至52.2%，显示出物流企业效益略有改善。

本月新订单指数回升1.6个百分点，回升至55.3%的较高水平，物流运行的需求基础进一步巩固；业务活动预期指数有所回落，但保持在50%以上，综合判断，后期物流发展将延续平稳运行走势。

7月

2014年7月中国物流业景气指数为56.8%，比上月小幅回升0.1个百分点。新订单指数、设备利用率指数、库存周转次数指数、从业人员指数均有不同程度的回升。

中国物流信息中心副主任何辉认为：7月，物流业景气指数在较高水平上仍有小幅回升，尤其是分行业看，铁路、道路、水运等运输企业均有所回升，而仓储环节的库存量指数下降、库存周转加快，显示出宏观经济运转加快，物流市场活跃度依然较强，呈现稳中有升的发展态势。企业新订单指数回升0.7个百分点、业务活动预期指数回升2.3个百分点，预示着后期物流业务活动具备稳中趋升的发展基础。但同时，资金周转率指数回落、主营业务成本指数位于50%以上，而物流服务价格指数仍在50%以下，反映出行业回款速度减慢、企业经营仍存在较大压力。

本月新订单指数为56%，比上月回升0.7个百分点，保持在55%以上的较高水平，显示出宏观经济稳中有升，带动物流市场需求进一步巩固。分行业来看，铁路、道路、水运等运输企业均有所回升，回升至50%以上，而仓储企业有所回落，反映出宏观经济处于运转加快的阶段。从区域来看，东、中部地区均有所回升，保持在50%以上，而西部有所回落，回落至50%以下。

本月从业人员指数回升1.1个百分点，回升至52.2%，保持在50%以上的增长区间。其中，大、中型企业的从业人员指数回升较为明显，分别回升1.7个和3.2个百分点，回升至53.1%和56.6%。

本月平均库存量指数为49%，较上月回落3.9个百分点，反映出上游企业处于去库存化阶段，流通环节没有明显的库存积压；库存周转次数指数为 58. 2%，较上月回升 5. 7 个百分点，反映出供应链上下游企业的经济活动较为活跃，库存周转效率有所提高。

本月物流服务价格指数比上月回升 0. 6 个百分点，回升至 49. 7%，但仍然位于 50% 以下，显示出物流价格呈现低位运行格局；主营业务成本指数为 52. 5%，主营业务利润指数为 46. 2%，较上月均有所回落。

8 月

2014 年 8 月中国物流业景气指数为 54. 1%，比上月回落 2. 7 个百分点。新订单指数、设备利用率指数、平均库存量指数、从业人员指数均有不同程度的回落。

中国物流信息中心副主任何辉认为：8 月，物流业景气指数有所回落，但仍保持在 50% 以上的较高水平，显示出物流活动仍保持增长态势，但增势有所减弱。分行业看，铁路、水运企业有所回升，但道路运输企业有所回落，仓储环节的平均库存量指数和库存周转次数指数均有所回落，反映出当前宏观经济运行总体平稳，但仍存在一定的下行压力。主营业务利润指数仍然位于 50% 以下，环比回升 3 个百分点，显示出物流企业效益有所改善但整体偏弱。企业新订单指数有所回落，但仍保持在 50% 以上的较高水平，业务活动预期指数小幅回升 0. 1 个百分点，预示着后期物流业务活动将延续平稳走势。

本月新订单指数为 54. 2%，比上月回落 1. 8 个百分点，但仍然保持在较高水平，显示出宏观经济运行总体平稳，但存在下行压力，导致物流市场需求增势减弱。分行业来看，道路运输企业有所回落，而铁路、水运企业有所回升；仓储企业新订单指数延续了回落走势。从区域来看，中部地区保持回升态势，而东、西部地区有所回落。

本月受秋收农忙影响，从业人员指数回落 1. 6 个百分点，回落至 50. 6%，但仍然保持在 50% 以上的增长区间，反映出物流就业形势总体稳定。分区域看，东、中部地区均有所回落，分别回落 2. 3 个和 2. 7 个百分点，而西部地区有所回升。

本月平均库存量指数为 48. 2%，较上月回落 0. 8 个百分点，反映出上游企业处于去库存化阶段，流通环节库存呈下降趋势；库存周转次数指数为 56. 4%，较上月回落 1. 8 个百分点，但保持在 55% 以上的较高水平，反映出供应链上下游企业的经济活动仍然较为活跃。

本月物流服务价格指数比上月回升 1 个百分点，回升至 50. 7%。主营业务成本指数为 54. 6%，回升 2. 1 个百分点。主营业务利润指数为 49. 2%，回升 3 个百分点，但仍位于 50% 以下，显示出企业效益有所改善，但整体仍然偏弱。

本月企业新订单指数有所回落，但仍保持在较高水平；业务活动预期指数为 54. 8%，小幅回升 0. 1 个百分点，预示着后期物流业务活动将延续平稳走势。

9 月

2014 年 9 月中国物流业景气指数为 56. 4%，比上月回升 2. 3 个百分点。本月，在中国物流业景气指数（LPI）各单项指数中，新订单指数、设备利用率指数、库存周转次数指数、主营业务利润指数回升幅度在 2 个百分点以上。分企业类型看，综合型和仓储型物流企业均呈现不同程度的回升。

中国物流信息中心副主任何辉认为：9 月，物流业景气指数有所回升，显示出进入“金九银十”的传统生产建设旺季，物流活动季节性转旺。分行业看，受国庆节假日因素带动，快递物流回升更为明显，达到 65% 以上。企业新订单指数回升 3.9 个百分点、业务活动预期指数回升 7.3 个百分点，显示出企业对后市的信心较为充足，预示着物流业务活动将延续稳中有升的发展态势。但同时，资金周转率指数回落、主营业务成本指数位于 55% 以上，而物流服务价格指数位于 50% 以下，反映出行业回款速度减慢，企业经营仍存在较大压力。

本月新订单指数为 58.1%，较上月回升 3.9 个百分点，显示出进入“金九银十”的传统生产建设旺季，供应链上下游企业的物流需求进一步增大。分区域看，东、中、西部地区均保持在 50% 以上的增长区间，分别为 62.2%、55.9% 和 51.1%，东部地区的增势更为明显。

本月平均库存量指数为 44.4%，较上月回落 3.8 个百分点，反映出当前仍处于去库存的过程；库存周转次数指数为 58.6%，较上月回升 2.2 个百分点，反映出供应链上下游企业的经济活动较为活跃，库存周转加快，周转效率有所提高。

本月受物流需求回升和物流业务量增加带动，设备利用率指数环比回升 3.7 个百分点，回升至 58.7%，从业人员指数为 51.4%，环比回升 0.8 个百分点。

本月物流服务价格指数为 49.2%，仍位于 50% 以下。而受业务规模扩大以及油价下调等多重因素带动，主营业务利润指数回升至 50% 以上，为 53.9%，显示出企业效益有所改善。但主营业务成本指数为 56.7%，环比回升 2.1 个百分点，反映出企业经营的成本压力依然较大。

本月新订单指数回升 3.9 个百分点，回升至 58.1%，业务活动预期指数回升 7.3 个百分点，回升至 62.1%，预示着后期物流运行将延续稳中有升的发展态势。

10 月

2014 年 10 月中国物流业景气指数为 54.9%，比上月回落 1.5 个百分点。本月，在中国物流业景气指数（LPI）各单项指数中，新订单指数、设备利用率指数、资金周转率指数均有所回落，而平均库存量指数、物流服务价格指数、固定资产投资完成额指数和从业人员指数呈现不同程度的回升。

中国物流信息中心副主任何辉认为：10 月，物流业景气指数有所回落，但仍位于 54.9% 的较高水平，显示出物流业经济增速有所减缓，但整体运行态势良好，保持适度增长。从物流环节来看，动态环节的运输企业和静态环节的仓储企业业务活动增长态势较为均衡，反映出国民经济运行中生产与消费较为协调。从后期走势看，新订单指数保持在 50% 以上，业务活动预期指数保持在 55% 以上，预示着物流业经济将延续平稳增长态势，快递物流等部分物流业态将进入季节性旺季。从成本效益情况看，主营业务成本指数高于主营业务利润指数，且差距拉大，显示出企业经营仍存在较大压力。从资金周转情况看，资金周转率指数回落，反映出企业经营面临的资金环境有所趋紧。

本月新订单指数为 53.5%，较上月回落 4.6 个百分点，依然保持在较高水平，显示出物流需求仍较旺盛，能够支撑物流业保持在适度增长区间。分企业类型看，大中型企业的物流需求增势较好，分别为 55.8% 和 54.7%，而小微型企业的物流需求增势较弱，为 50.4%。

本月设备利用率指数较上月回落 5.6 个百分点，但仍保持在 53.1% 的较高水平，显示出物流设备利用效率依然较高。分行业看，铁路、道路、快递物流均保持在 50% 以上。

本月资金周转率指数为 49%，位于收缩区间，比上月回落3.5个百分点。反映出，一方面，物流企业的回款速度放慢；另一方面，由于财政资金和国内贷款增长均有所放缓，经济运行中的资金趋紧。

本月物流服务价格指数回升1.6个百分点，回升至50.8%。受业务总量指数回落和国内成品油价格七连降影响，主营业务成本指数回落0.5个百分点，回落至56.2%，依然保持在较高水平；主营业务利润指数回落3.9个百分点，回落至50%。主营业务利润指数与主营业务成本指数之间的差距拉大，显示出企业经营存在较大压力。

本月新订单指数保持在50%以上，业务活动预期指数保持55%以上，其中，快递物流的新订单指数和业务活动预期指数均在60%以上，预示着物流业经济将保持平稳增长态势，而在“双11”、圣诞节等国内外节假日因素带动下，快递物流等细分物流业态将进入季节性旺季。

11月

2014年11月中国物流业景气指数为56.5%，比上月回升1.6个百分点。本月，在中国物流业景气指数（LPI）各单项指数中，新订单指数、设备利用率指数和主营业务成本指数回升，而平均库存量指数、库存周转次数指数、资金周转率指数、物流服务价格指数、主营业务利润指数、固定资产投资完成额指数、从业人员指数和业务活动预期指数呈现不同程度的回落。

中国物流信息中心副主任何辉认为：11月，物流业景气指数回升，显示出供应链上采购、生产和销售等各环节经济活动加快。从行业来看，受外贸需求回暖和西方“圣诞节”假日因素影响，水上运输业回升至54.8%。受国内“双11”电商促销活动的影响，邮政业和仓储业延续增长的势头。从区域来看，除中部略有回落，东、西部较上月有所回升，且均位于50%以上。从企业规模看，大、中、小、微型物流企业均位于50%以上的景气区间。从后期走势看，新订单指数保持在50%以上，业务活动预期指数保持在54%以上，预示着物流业经济将保持较为稳健的发展态势。

本月新订单指数为54.5%，比上月回升1个百分点。预示着物流业发展仍将保持稳中趋升的态势。从企业类型来看，综合型、运输型和仓储型物流业均保持在50%以上，分别为56.9%、54.6%和55.6%。

本月设备利用率指数环比回升3.4个百分点，回升至56.5%。显示出物流业务量的增加，带动物流服务相关设备利用率的提高。分企业规模看，大、中、小、微型物流企业该指数均高于50%，且较上月呈现不同程度回升，分别为57.8%、55.5%、54.8%和59.9%。

本月资金周转率指数为48.3%，连续三个月回落，位于收缩区间，比上月回落0.7个百分点，回落幅度收窄。反映出物流企业回款速度放慢。值得关注的是，本月22日中国人民银行决定下调金融机构人民币贷款和存款基准利率，有望在未来一段时间内缓解“融资难、融资贵”问题和企业较为紧张的资金状况。

本月物流服务价格指数回落1.5个百分点，为49.3%；主营业务成本指数回升1.1个百分点，上升至57.3%。在成本上升、物流服务价格下降的双重挤压下，主营业务利润指数回落0.2个百分点，为49.8%，两项指数均位于收缩区间，且主营业务利润指数与主营业务成本指数之间的差距逐步拉大，显示出物流业“高成本、低效益”的运行特征没有根本改观。

本月新订单指数保持在50%以上、业务活动预期指数保持在54%以上，预示着物流业经济将保持较为稳健的发展态势。

12 月

2014 年 12 月中国物流业景气指数为 57.5%，比上月回升 1 个百分点。本月，在中国物流业景气指数（LPI）各单项指数中，业务总量指数、平均库存量指数、库存周转次数指数、资金周转率指数、物流服务价格指数、主营业务利润指数、固定资产投资完成额指数和业务活动预期指数回升，新订单指数、主营业务成本指数和从业人员指数回落。

中国物流信息中心副主任何辉认为：12 月，物流业景气指数回升，反映出物流业经济延续稳中有升的发展态势。平均库存量指数和库存周转次数指数双升，且回升幅度相近，显示出生产环节和消费环节相关企业活动较为活跃。资金周转率指数回升，显示出物流企业回款速度加快，企业融资难的情况有所缓解。在主营业务成本指数回落和物流服务价格指数回升的带动下，主营业务利润指数有所回升，企业经营情况有所改善。从后期走势看，业务活动预期指数和固定资产投资完成额指数均保持 55% 以上，显示出物流企业对明年的物流业经济发展的趋势看好。

本月新订单指数为 53.7%，比上月小幅回落 0.8 个百分点。显示出受季节性因素影响，经济社会运行中的物流需求增势有所减弱，但依然保持在较高水平。物流业发展仍将保持稳中趋升的态势。

本月平均库存量指数为 54.5%，较上月回升 3.5 个百分点；库存周转次数指数为 53.3%，较上月回升 2.5 个百分点。显示出仓储环节和运输环节相关企业的物流活动延续活跃态势。

本月资金周转率指数回升至 56.6%，终止了前期连续三个月回落的态势。反映出物流企业回款速度加快。上个月 22 日中国人民银行决定下调金融机构人民币贷款和存款基准利率，在一定程度上缓解“融资难、融资贵”的问题和企业较为紧张的资金状况。

本月受到临近春节的因素影响，从业人员指数比上月回落 0.4 个百分点，回落至 51.8%，根据物流业景气指数历史数据推测，未来两个月从业人员指数将连续出现回落的情况。

本月物流服务价格指数升 1.3 个百分点，为 50.6%，虽有小幅回升，但今年整体走势依然偏弱。受近日油价下调因素的影响，主营业务成本指数回落 2.5 个百分点，为 54.8%。在成本下降、物流服务价格回升的双重带动下，主营业务利润指数回升 0.2 个百分点，为 50%。

本月固定资产投资完成额指数回升明显。今年以来，该指数均保持在 50% 以上，反映出物流运行的基础设施条件呈现改善态势。

本月新订单指数保持在 50% 以上，业务活动预期指数保持 59% 以上，预示着物流业经济将保持较为稳健的发展态势。但受春节长假因素影响，物流活动将有所减弱。

2014 年 1—12 月中国物流业景气指数走势如下图所示。

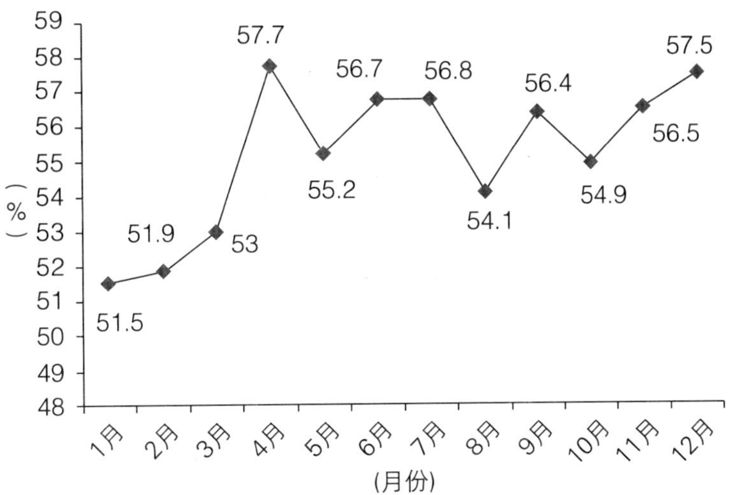

2014年1—12月中国物流业景气指数走势

（中国物流信息中心）

2014年重点生产资料流通企业经营情况

2014年我国经济增长结束了改革开放30多年来接近两位数的高速期，步入以中高速增长为标志的“新常态”，经济增长动力和产业结构发生了新的变化。从全年来看，制造业PMI平均水平为50.7%，与前两年平均水平基本相当，并未出现大幅下降，显示经济运行稳定性增强，增速处在适度合理区间；就业形势良好，节能减排成效显现，经济运行较为协调；结构调整加快，服务业和新兴产业蓬勃发展，显示经济运行的平衡性明显增强。

2014年在宏观经济影响下，我国生产资料市场供需矛盾较为突出，生产资料价格持续处于下行通道。据对生产资料流通行业重点企业调查情况显示，2014年我国生产资料流通企业经营状况不太乐观，营业收入大幅缩水，同比出现负增长；利润总额同比大幅下滑，企业效益一直未见好转。在市场需求不足、经营效益下降的情况下，行业整体销售利润率和成本费用利润率均低于上年同期；行业整体资金流动性出现小幅回升，企业应收账款有所下降，总资产周转率和资产负债率略有下降。

整体来看，2014年我国生产资料流通行业发展情况不乐观，重点生产资料流通企业经营主要呈现以下几个特点。

一、利润总额大幅下降

据对65家重点生产资料流通企业（以下简称“重点企业”）统计调查资料显示，2014年重点企业经营规模增速放缓，累计实现营业收入16475.8亿元，比上年同期减少1296.9亿元，同比降低7.3%，降幅比2013年1—11月扩大4.1个百分点。2014年重点企业累计实现利润总额31.8亿元，同比减少28.8亿元，比上年同期大幅下降47%，降幅比2013年1—11月扩大37.4个百分点。2014年重点企业营业收入和利润总额增速变化情况如图1所示。

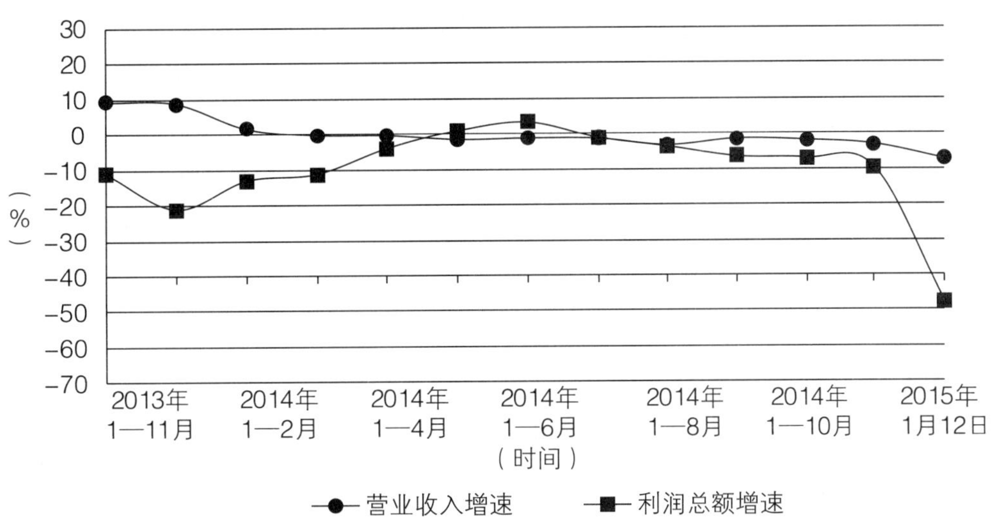

图1　2014 年重点企业营业收入和利润总额增速变化情况

2014 年重点企业中营业收入排名前十位的企业是：天津物产集团有限公司、中国五矿集团公司、浙江省物产集团公司、中国中钢集团公司、中国铁路物资总公司、广东物资集团公司、中国兵工物资集团有限公司、中国诚通控股集团有限公司、河北省物流产业集团有限公司、南通化工轻工股份有限公司，具体如表 1 所示。

表1　2014 年重点企业营业收入排名位居前十的企业情况

排名	企业名称	营业收入（万元）	同比增长（%）
1	天津物产集团有限公司	40145021	19
2	中国五矿集团公司	32275663	-22.2
3	浙江省物产集团公司	21436412	1.3
4	中国中钢集团公司	13742452	-2.4
5	中国铁路物资总公司	10955373	-35.3
6	广东物资集团公司	8866984	-18.8
7	中国兵工物资集团有限公司	8720732	3.5
8	中国诚通控股集团有限公司	7002664	-9.5
9	河北省物流产业集团有限公司	5503601	-5.4
10	南通化工轻工股份有限公司	2094809	3.8

2014 年重点企业累计销售煤炭及制品类1352.6 亿元，同比下降11%，占汇总企业总销售额的8.7%；销售石油及制品类444.3 亿元，比上年下降4.7%，占总销售额的2.8%；销售黑色金属材料类6838.6 亿元，比上年下降13.8%，占总销售额的43.8%；销售有色金属材料类3611.8 亿元，比上年增长8.9%，占总销售额的23.1%；销售化工材料及制品类1513.3 亿元，比上年增长12.3%，占总销售额的9.7%，如图2 所示。

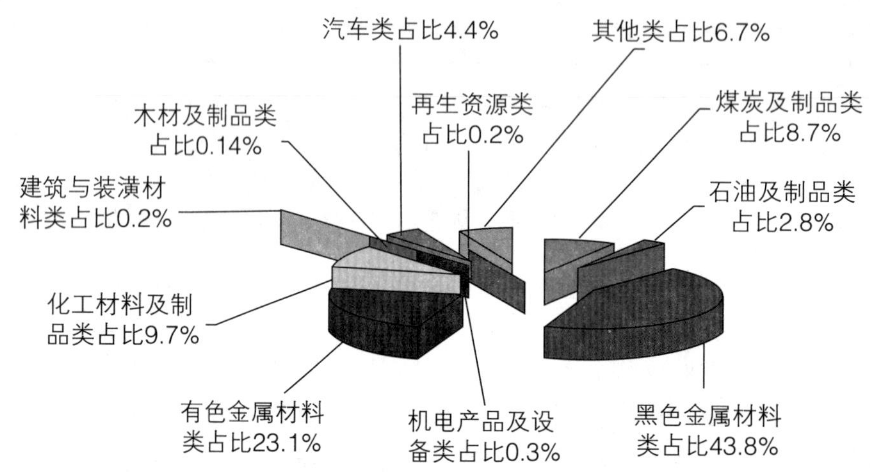

图2　2014 年重点企业销售各类产品占比情况

2014 年，重点企业整体销售库存率为5.7%，比上年同期增加0.4 个百分点。从主要品种看，销售库存率上升的是木材及制品类、机电产品及设备类、其他类、建筑与装潢材料类、汽车类、黑色金属材料类和煤炭及制品类，同比分别提高12.7 个、8.2 个、5.2 个、4.7 个、1.5 个、0.4 个和0.2 个百分点。库存下降的是化工材料及制品类、石油及制品类、再生资源类和有色金属材料类，其中，化工材料及制品类库存率为6.3%，同比降低0.1 个百分点；石油及制品类库存率为3.9%，同比降低0.4 个百分点；再生资源类库存率为5.1%，同比降低0.8 个百分点；有色金属材料类为3.1%，同比降低1.9 个百分点。对生产资料流通企业来说，保持一定数量的库存可以应对市场的销售变化；但如果库存过高，就会占用大量资金，增加管理成本。因此，合理的销售库存率对企业的发展十分重要。

从各企业的销售情况来看，在黑色金属材料类销售额中，天津物产集团有限公司、中国五矿集团公司、浙江省物产集团公司和中国中钢集团公司四家企业共占比重78.5%，其中中国五矿集团公司独占25.8%，天津物产集团有限公司独占25.3%；在有色金属材料类销售额中，天津物产集团有限公司、中国兵工物资集团有限公司、中国五矿集团公司和中国中钢集团公司四家企业共占比重83.6%，其中天津物产集团有限公司独占29.8%，中国兵工物资集团有限公司独占25.2%；在煤炭及制品类销售额中，天津市物资集团总公司、浙江省物产集团公司、河北省物流产业集团有限公司和中国五矿集团公司四家企业共占比重76.7%，其中天津市物资集团总公司独占47.6%。大型国有企业仍是我国生产资料流通领域的中坚力量。

二、经营效益同比持续下降

（一）企业营利同比下降

2014 年 1—12 月，重点企业销售毛利为 553.6 亿元，比上年同期减少 48.6 亿元，同比下降 8.1%；利润总额为 31.8 亿元，比上年同期减少 28.8 亿元，同比下降 47.6%。重点企业平均劳动效率为 607.9 万元/人，与上年同期的 652.8 万元/人相比有所下降。

在重点企业中，有 46 家赢利企业共盈利 88.4 亿元，赢利企业数占重点企业总数的比重为 71%。在 46 家赢利企业中有 3 家企业由亏转盈，有 32 家企业利润总额比上年同期有所提高，有 14 家企业利润总额同比下降。在重点企业中有 19 家亏损企业，亏损总额为 56.6 亿元，亏损企业占重点企业总数的比重为 29%，在 19 家亏损企业当中有 9 家企业由赢利转为亏损，有 4 家企业亏损额有所减少，有 6 家企业亏损额有所增加。

2014 年重点企业利润总额排在前十位的企业分别是：浙江省物产集团公司、天津物产集团有限公司、中国诚通控股集团有限公司、武汉商贸国有控股集团有限公司、欧姆龙健康医疗（中国）有限公司、中国兵工物资集团有限公司、中国五矿集团公司、重庆港务物流集团有限公司、贵州省物资集团有限责任公司和广西物资集团有限责任公司，具体情况如表 2 所示。

表 2　　2014 年重点企业利润总额前十名企业排序

排名	企业名称	利润总额（万元）	同比增长（%）
1	浙江省物产集团公司	243176	49.2
2	天津物产集团有限公司	231643	8.7
3	中国诚通控股集团有限公司	140124	9.7
4	武汉商贸国有控股集团有限公司	33053	16.0
5	欧姆龙健康医疗（中国）有限公司	26781	-0.8
6	中国兵工物资集团有限公司	26118	-29.5
7	中国五矿集团公司	24441	-96.2
8	重庆港务物流集团有限公司	23115	55.6
9	贵州省物资集团有限责任公司	18462	27.4
10	广西物资集团有限责任公司	15017	20.5

（二）企业经营成本略有减少

2014 年，重点企业营业成本总计 15922.1 亿元，同比减少 1248.3 亿元、下降 7.3%，如图 3 所示。企业每百元营业收入中的成本构成为 96.64%，比上年同期小幅上升 0.03 个百分点，如图 4 所示。企业整体三项费用合计

589.2 亿元，同比增加 72.3 亿元，增长 14%。2014 年重点企业支付的各项税费 202.6 亿元，比上年同期下降了 8.9 亿元，同比下降 4.2%。

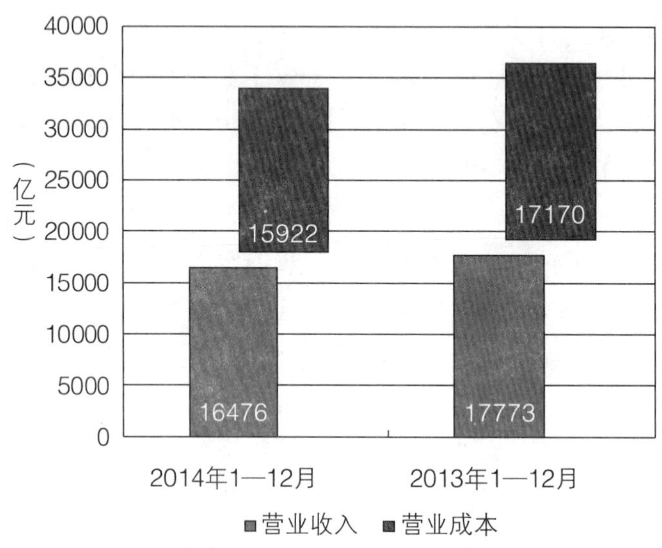

图 3 2014 年与 2013 年重点企业营业收入与营业成本对比

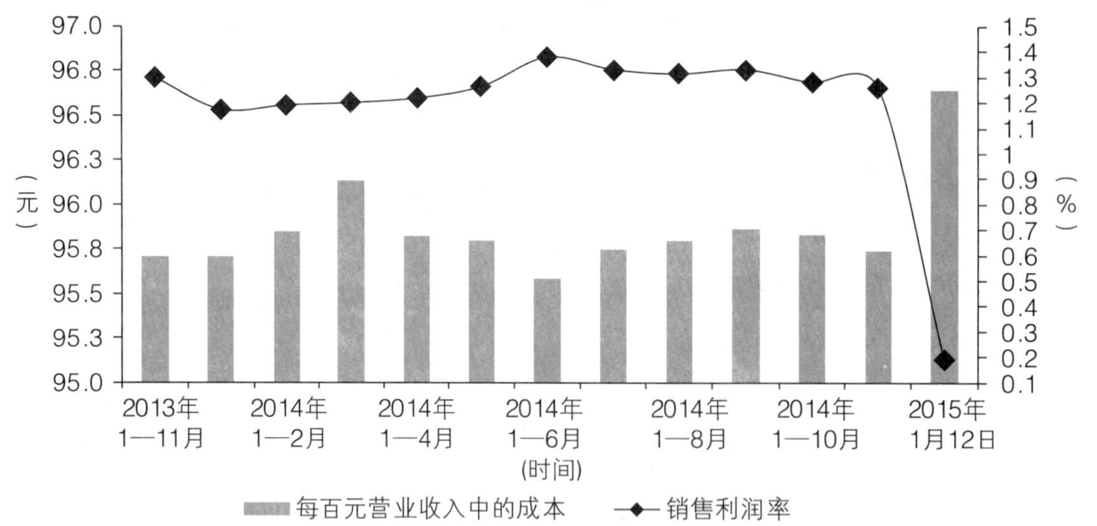

图 4 2014 年重点企业每百元营业收入的成本构成及销售利润率变化情况

（三）相关效益指标均略有下降

在整体经济景气度不高和生产资料市场低迷的大背景下，行业整体的销售利润率和成本费用利润率均比上年同期有所下降。2014 年重点企业整体销售利润率为 0.19%，比上年同期下降了 0.15 个百分点；企业整体成本费用利润率为 0.19%，比上年同期下降了 0.15 个百分点。

2014年重点企业销售利润率排名前十位的企业分别是：四川万家福投资管理有限公司、山东黑马集团有限公司、新疆西部农资物流有限公司、新疆生产建设兵团农十师供销合作公司、珠海市煤气有限公司、新疆生产建设兵团奎屯农七师物资总公司、武汉商贸国有控股集团有限公司、新疆生产建设兵团第十三师天元供销有限公司、贵州省物资集团有限责任公司和新疆万达有限公司，具体情况如表3所示。

表3　　2014年重点企业销售利润率前十名企业排序

排名	企业名称	本期比率（%）	上年同期比率（%）
1	四川万家福投资管理有限公司	12.44	9.64
2	山东黑马集团有限公司	7.73	6.93
3	新疆西部农资物流有限公司	7.11	0.03
4	新疆生产建设兵团农十师供销合作公司	7.10	2.82
5	珠海市煤气有限公司	6.94	5.03
6	新疆生产建设兵团奎屯农七师物资总公司	6.51	0.96
7	武汉商贸国有控股集团有限公司	6.42	6.12
8	新疆生产建设兵团第十三师天元供销有限公司	4.23	2.98
9	贵州省物资集团有限责任公司	3.32	2.18
10	新疆万达有限公司	2.89	2.94

2014年重点企业成本费用利润排名前十的企业分别是：四川万家福投资管理有限公司、山东黑马集团有限公司、新疆西部农资物流有限公司、珠海市煤气有限公司、新疆生产建设兵团农十师供销合作公司、武汉商贸国有控股集团有限公司、新疆生产建设兵团奎屯农七师物资总公司、新疆生产建设兵团第十三师天元供销有限公司、贵州省物资集团有限责任公司和新疆万达有限公司，具体情况如表4所示。

表4　　2014年重点企业成本费用利润率前十名企业排序

排名	企业名称	本期比率（%）	上年同期比率（%）
1	四川万家福投资管理有限公司	14.98	11.12
2	山东黑马集团有限公司	8.65	7.51
3	新疆西部农资物流有限公司	7.58	0.04

续 表

排名	企业名称	本期比率（%）	上年同期比率（%）
4	珠海市煤气有限公司	6.88	5.08
5	新疆生产建设兵团农十师供销合作公司	6.76	2.73
6	武汉商贸国有控股集团有限公司	6.13	5.81
7	新疆生产建设兵团奎屯农七师物资总公司	5.91	0.86
8	新疆生产建设兵团第十三师天元供销有限公司	4.26	2.98
9	贵州省物资集团有限责任公司	3.41	2.23
10	新疆万达有限公司	2.96	2.67

三、行业整体资金流动性小幅回升

2014 年，重点企业整体的流动比率为 104.36%，与上年同期相比增加了 1.28 个百分点。其中，流动比率位居前十名的企业分别是：珠海市煤气有限公司、青海省物资产业集团总公司、重庆港务物流集团有限公司、新疆生产建设兵团农十师供销合作公司、新疆八钢国际贸易股份有限公司、黄冈市天绿贸易有限公司、中国诚通控股集团有限公司、湖州维农农资连锁经营有限公司、浙江省物产集团公司、新疆农资（集团）有限责任公司，具体情况如表 5 所示。

表 5　　2014 年重点企业流动比率前十名企业排序

排名	企业名称	本期比率（%）	上年同期比率（%）
1	珠海市煤气有限公司	188.94	176.91
2	青海省物资产业集团总公司	153.44	191.44
3	重庆港务物流集团有限公司	151.21	134.34
4	新疆生产建设兵团农十师供销合作公司	149.23	163.13
5	新疆八钢国际贸易股份有限公司	143.18	109.40
6	黄冈市天绿贸易有限公司	141.12	203.38
7	中国诚通控股集团有限公司	137.21	122.02
8	湖州维农农资连锁经营有限公司	137.17	163.93
9	浙江省物产集团公司	136.24	115.27
10	新疆农资（集团）有限责任公司	132.82	130.00

2014 年，重点企业整体速动资产达 4092. 5 亿元，比上年同期减少 126 亿元，下降 3%；速动比率为 71. 9%，比上年同期小幅上升了 0. 35 个百分点。其中，速动比率排位前十名的企业分别是：珠海市煤气有限公司、和田地区天物生产资料有限责任公司、新疆生产建设兵团农十师供销合作公司、武汉商贸国有控股集团有限公司、青海省物资产业集团总公司、新疆八钢国际贸易股份有限公司、重庆港务物流集团有限公司、广西物资集团有限责任公司、贵州省物资集团有限责任公司和新疆农资（集团）有限责任公司，具体情况如表 6 所示。

表 6　　2014 年重点企业速动比率前十名企业排序

排名	企业名称	本期比率（%）	上年同期比率（%）
1	珠海市煤气有限公司	186. 34	172. 71
2	和田地区天物生产资料有限责任公司	150. 20	56. 63
3	新疆生产建设兵团农十师供销合作公司	148. 85	159. 69
4	武汉商贸国有控股集团有限公司	143. 91	71. 86
5	青海省物资产业集团总公司	143. 58	167. 03
6	新疆八钢国际贸易股份有限公司	140. 01	104. 26
7	重庆港务物流集团有限公司	139. 37	121. 36
8	广西物资集团有限责任公司	116. 90	104. 30
9	贵州省物资集团有限责任公司	114. 60	101. 83
10	新疆农资（集团）有限责任公司	106. 21	107. 93

四、资产规模增速回升，应收账款有所下降

2014 年重点企业资产总计为 9931. 8 亿元，同比增加 752. 5 亿元，增长 8. 2%，增速比上年同期上升了 0. 5 个百分点。其中流动资产合计 5940 亿元，比上年同期减少 136. 8 亿元，同比下降 2. 25%；负债合计为 7919. 4 亿元，同比增加 422. 9 亿元，同比增长 5. 64%，其中流动负债合计 5692 亿元，同比减少 204 亿元，下降 3. 5%。总体来看，行业整体资产规模继续扩大幅度回升。

2014 年行业整体应收账款为 719. 9 亿元，比上年同期下降 11. 6 亿元，下降 1. 6%。应收账款周转率为 22. 89 次，同比减少 1. 41 次，周转天数（一年按 365 天计算）由上年的 15 天延长为 2014 年的 16 天。应收账款周转次数比上年有所下降，说明企业整体资产流动性有所降低，短期偿债能力下降，收账速度有所减慢，账龄增加，在一定程度上提高了坏账损失的可能性。

2014 年行业整体存货为 1847. 5 亿元，比上年同期缩减 10. 8 亿元，同比小幅降低 0. 6%。存货周转率为 8. 62 次，比上年下降

0.62 次，企业存货的流动性及变现速度同比微降。流动资产周转率为 2.77 次，比上年下降 0.15 次。行业整体平均营业周期为 58.3 天，比上年增加 3.8 天。

2014 年重点企业流动资产周转率排名前十的名企业分别是：新疆生产建设兵团石油有限公司、南通化工轻工股份有限公司、安庆市吉宽再生资源有限公司、新疆金业报废汽车回收（拆解）有限公司、中山市物资集团有限公司、湖州维农农资连锁经营有限公司、新疆生产建设兵团农十二师农业生产资料有限责任公司、河北省物流产业集团有限公司、中国兵工物资集团有限公司和和田地区天物生产资料有限责任公司，具体情况如表 7 所示。

表 7　　2014 年重点企业流动资产周转率前十名企业排序

排名	企业名称	本期比率（%）	上年同期比率（%）
1	新疆生产建设兵团石油有限公司	16.65	12.68
2	南通化工轻工股份有限公司	16.60	16.15
3	安庆市吉宽再生资源有限公司	11.91	7.20
4	新疆金业报废汽车回收（拆解）有限公司	10.92	3.76
5	中山市物资集团有限公司	6.95	7.27
6	湖州维农农资连锁经营有限公司	6.68	4.56
7	新疆生产建设兵团农十二师农业生产资料有限责任公司	6.66	1.96
8	河北省物流产业集团有限公司	5.83	10.83
9	中国兵工物资集团有限公司	5.75	6.85
10	和田地区天物生产资料有限责任公司	5.66	2.53

2014 年行业整体资产周转率为 1.66 次，同比下降 0.28 次，行业整体包括负债和所有者权益在内的全部资产，总体的获利能力仍有待提高。

2014 年，重点企业整体平均资产负债率（举债经营比率）为 79.74%，同比缩减 1.93 个百分点，整体资产负债率略有下降。当前我国生产资料流通企业资金需求量大，为适应经营发展的需要，企业主要以债务融资扩大资产规模和经营规模，资产负债率普遍处于较高水平。

（中国物流信息中心 综合处）

第三部分

物流产业

2014年中国交通运输业

一、交通运输发展情况

(一)基础设施

2014年，在经济进入新常态、经济结构调整和全面深化改革深入推进的大背景下，我国交通运输发展取得了积极进展。交通运输、仓储和邮政业共完成固定资产投资4.3万亿元，比上年增长18.6%，占全社会固定资产投资总额的8.4%，增速比全社会固定资产投资增速高3.3个百分点，为交通运输发展提供了有力保障。

1. 铁路

2014年，我国完成铁路固定资产投资再创新高，达到8088亿元。其中铁路建设投资6623亿元，比上年增长12.6%。全年共投产新线8427公里，其中高速铁路5491公里，兰新第二双线、贵广、南广等一批西部重要的跨区域高速铁路开通运营。截至2014年年底，我国铁路营业里程已达到11.2万公里，比上年年末增长8.4%。其中，高速铁路营业里程达到1.6万公里，西部地区营业里程4.4万公里。路网密度116.5公里/万平方公里，提高9.1公里/万平方公里。复线里程5.7万公里，复线率50.8%，提高4个百分点；电气化里程6.5万公里，电化率58.3%，提高4.2个百分点。

2. 公路

2014年，我国完成公路建设投资达到15460.9亿元，比上年增长12.9%。其中，高速公路建设完成投资7818.1亿元，比上年增长7.1%；普通国省道建设完成投资4611.8亿元，比上年增长18.9%；农村公路建设完成投资3030.99亿元，比上年增长20.4%，新改建农村公路23.21万公里。纳入《集中连片特困地区交通建设扶贫规划纲要(2011—2020)》的505个贫困县完成公路建设投资3442.9亿元，比上年增长8.1%，占全国公路建设投资的22.3%。

截至2014年年底，我国公路总里程达446.4万公里，比上年增加10.8万公里。公路密度46.5公里/百平方公里，比上年提高1.12公里/百平方公里。公路里程中，二级及以上公路里程54.6万公里，占公路总里程的12.2%，比上年提高0.2个百分点。高速公路里程11.2万公里，比上年增加0.8万公里，其中国家高速公路7.3万公里，比上年增加0.2

万公里。农村公路（含县道、乡道、村道）里程388.2万公里，比上年增加9.7万公里，其中村道222.5万公里，比上年增加7.7万公里。通公路的乡（镇）占全国乡（镇）总数的99.98%，其中通硬化路面的乡（镇）占全国乡（镇）总数的98.08%，比上年提高0.28个百分点；通公路的建制村占全国建制村总数的99.82%，其中通硬化路面的建制村占全国建制村总数91.76%，比上年提高2.76个百分点。

3. 水运

2014年，我国水运领域建设完成投资1456亿元，比上年下降4.5%。其中，内河建设完成投资508.1亿元，比上年下降6.9%；沿海建设完成投资951.9亿元，比上年下降3.1%。

（1）内河航道。截至2014年年底，我国内河航道通航里程达12.63万公里，比上年增加427公里。内河航道中有等级航道6.5万公里，占总里程的51.8%，比上年提高0.2个百分点，其中，三级及以上航道1.1万公里，占总里程的8.6%，比上年提高0.5个百分点；五级及以上航道2.9万公里，占总里程的22.5%，比上年提高0.6个百分点。

（2）港口。截至2014年年底，我国港口生产用码头泊位31705个，比上年减少55个。其中，沿海港口生产用码头泊位5834个，比上年增加159个；内河港口生产用码头泊位25871个，比上年减少214个。全国港口拥有万吨级及以上泊位2110个，比上年增加109个。其中，沿海港口万吨级及以上泊位1704个，比上年增加97个；内河港口万吨级及以上泊位406个，比上年增加12个。全国万吨级及以上泊位中，专业化泊位1114个、通用散货泊位441个、通用件杂货泊位360个，分别比上年增加52个、27个和15个。

4. 民航

2014年，我国民航固定资产投资总额1508.2亿元。其中民航基本建设和技术改造投资734.2亿元，比上年增长2.5%。

截至2014年年底，我国共有运输机场202个（不含中国香港、中国澳门），比上年增加9个，其中，定期航班通航机场200个，定期航班通航城市198个。新增机场分别为黑龙江抚远机场、湖北神农架机场、青海德令哈机场、山西吕梁机场、吉林通化机场、广西河池机场、四川阿坝机场、贵州六盘水机场和湖南衡阳机场。陕西汉中机场完成迁建，陕西安康机场、新疆且末机场停航。年旅客吞吐量1000万人次以上的机场24个，与上年持平，完成旅客吞吐量占全部机场旅客吞吐量的76.2%，北京、上海和广州三大城市机场旅客吞吐量占全部机场旅客吞吐量的28.3%。年货邮吞吐量10000吨以上的机场有50个，与上年持平，完成货邮吞吐量占全部机场货邮吞吐量的98.5%；北京、上海和广州三大城市机场货邮吞吐量占全部机场货邮吞吐量的51.3%。

5. 输油气管道

截至2014年年底，我国陆上输油气管道总里程已达12万公里，覆盖全国31个省市区，其中，原油、成品油和天然气管道分别占总里程的19%、18%和63%，全国油气骨干管网构架基本形成。需要注意的是，输油气管道中30%以上管道运行时间已经超过10年，存在一定的安全隐患。

6. 城市轨道交通

2014年，我国城市轨道交通投资达到2860亿元，比上年增长25%以上，城市轨道交通成为全国交通基础设施建设领域仅次于公路和铁路的第三大增长点。

截至2014年年底，我国已有22个城市开通轨道交通线路，城市轨道交通运营总里程达到2816公里（包含地铁、有轨电车等），轨道交通线路总计92条，轨道交通车站1947个。

（二）运输服务

1. 运输总量

2014年我国交通运输平稳增长。全年全社会完成客运量221亿人次、旅客运输周转量29994亿人公里、货运量439亿吨、货物运输周转量184619亿吨公里，分别比上年增长3.9%、8.8%、7.1%和9.9%（详见下表）。全国港口完成货物吞吐量124.5亿吨，完成集装箱吞吐量2.02亿标准箱，分别比上年增长5.8%和6.4%。其中，规模以上港口完成货物吞吐量111.6亿吨，完成集装箱吞吐量2.01亿标准箱，分别比上年增长4.8%和6.1%；规模以上港口完成的吞吐量中外贸货物为35.2亿吨，比上年增长5.9%。

2014年全社会客货运输量完成情况表

类别		单位	绝对数	比上年增长（%）	所占比重（%）
客运量	总量	亿人	220.7	3.9	100.00
	铁路	亿人	23.6	11.9	10.69
	公路	亿人	190.5	2.8	86.32
	水运	亿人	2.6	12.3	1.18
	民航	亿人	3.9	10.6	1.77
旅客周转量	总量	亿人公里	29994.2	8.8	100.00
	铁路	亿人公里	11604.8	9.5	38.69
	公路	亿人公里	11981.7	6.5	39.95
	水运	亿人公里	74.4	8.9	0.25
	民航	亿人公里	6333.3	12	21.12
货运量	总量	亿吨	439.1	7.1	100.00
	铁路	亿吨	38.1	-3.9	8.68
	公路	亿吨	334.3	8.7	76.13
	水运	亿吨	59.6	6.4	13.57
	民航	亿吨	593.3	5.7	0.01
	管道	亿吨	6.9	5.2	1.57
货物周转量	总量	亿吨公里	184619.2	9.9	100.00
	铁路	亿吨公里	27530.2	-5.6	14.91

续 表

类别		单位	绝对数	比上年增长（%）	所占比重（%）
货物周转量	公路	亿吨公里	61139.1	9.7	33.12
	水运	亿吨公里	91881.1	15.7	49.77
	民航	亿吨公里	186.1	9.3	0.10
	管道	亿吨公里	3882.7	10.9	2.10

资料来源：《2014 年国民经济和社会发展统计公报》。

2. 运输结构

2014 年，随着经济结构调整以及产业转型升级，我国运输结构调整步伐加大。在旅客运输方面，随着高速铁路的快速发展，铁路在旅客运输中的比重明显提升，占比达到 11%，比上年增长近 1 个百分点，旅客周转量占比达到 38.7%，比上年增长 0.3 个百分点，接近公路客运 39.9% 的比重。同时，随着人们收入的增长，航空客运需求也不断上升，民航在全社会客运中的比重进一步提升，运量占比达到 1.8%，周转量占比达到 21.1%，分别比上年增长 0.1 个和 0.6 个百分点。公路运输在客运总量中仍然占主导地位，占比超过 85%。

在货运方面，随着长江经济带战略加快推进，以长江为重点的水运发展迅速，货运量和货物周转量分别比上年增长 6.4% 和 15.7%，在全社会货运中的占比分别达到 13.6% 和 49.8%。铁路运输无论是货运量还是货物周转量继续下降，分别比上年下降 3.9% 和 5.6%，在全社会货运中的比重也进一步下滑，占比分别为 8.7% 和 14.9%。公路运输在货运总量中仍然占主导地位，占比达到 76%。

3. 运输质量

2014 年，随着我国交通网络和设施设备技术水平的不断提升，以及运输组织与模式等的创新，交通运输服务整体质量与水平明显提升，多样化、便捷化运输服务能力进一步增强。特别是随着信息技术及网络的发展，互联网与交通运输的融合呈现快速发展态势，涌现出货运 App、滴滴打车等一系列新的运输运营模式和发展业态。随着城际交通网络的不断完善，围绕重要城市群、都市圈的同城化发展快速。此外，邮政普遍服务能力也有了明显改善，快递业迅猛发展，2014 年我国快递业务量完成 139.6 亿件，比上年增长 51.9%；快递服务企业业务收入完成 2045.4 亿元，比上年增长 41.9%。民航领域平均航班正常率为 68.4%，客运航班平均延误时间为 19 分钟，比上年减少 2 分钟。

（三）技术装备

1. 技术与标准

2014 年，我国交通运输技术装备发展取得新的进展。铁路部门发布了《高速铁路设计规范》《城际铁路设计规范》等 55 项铁路技术标准，进一步完善了铁路领域的相关技术标准体系。公路、水路等领域围绕信息化、智能化、节能减排以及新工艺、新技术等方面的研发投入进一步增加，全年新签科技项目 1600 多项，计划投入研发资金总规模超过 38 亿元，其中新材料、新技术、新工艺、新产品研究项目数约占项目总数的 43%，计划投入研发资金占总规模的 68%。

2. 运输装备

2014年我国交通运输装备与技术水平明显提升。

(1) 铁路机车。截至2014年年底，我国拥有铁路机车2.1万台，比上年增加261台，其中电力机车占55%。拥有铁路客车6.1万辆，比上年增加0.2万辆，其中，空调车5.2万辆，占85.9%；“和谐号”动车组1411组、13696辆；铁路货车71.1万辆。

拥有地铁车辆15696辆，轻轨车辆1372辆，分别比上年增长21%和9.5%。

(2) 汽车。民用汽车保有量达到15447万辆（包括三轮汽车和低速货车972万辆），比上年增长12.4%。其中，私人汽车保有量12584万辆，比上年增长15.5%。

拥有公路营运汽车1537.9万辆，比上年增长2.2%。其中，载客汽车84.6万辆、2189.6万客位，分别比上年减少0.8%和增加0.9%；载货汽车1453.4万辆、10292.5万吨位，分别比上年增长2.4%和7.1%。

拥有公共汽电车52.9万辆、59.8万标台，分别比上年增长3.8%和4.3%。其中，BRT车辆5339辆，比上年增长19.1%。

拥有出租汽车运营车辆137万辆，比上年增长2.2%。

(3) 船舶。拥有水上运输船舶17.2万艘，比上年减少0.3%；净载重量25785.2万吨，比上年增长5.7%；集装箱箱位231.9万标准箱，比上年增长36.3%。城市客运轮渡329艘，比上年减少22%。

(4) 飞机。拥有运输飞机在册架数2370架，比上年增加225架，通用航空企业适航在册航空器总数达到1798架。

(四) 节能减排

2014年我国交通运输节能减排工作深入推进。国家铁路能源消耗折算标准煤1652.6万吨，比上年下降4.6%；单位运输工作量综合能耗4.5吨标准煤/百万换算吨公里，比上年下降2.6%。国家铁路化学需氧量排放量1999吨，二氧化硫排放量3.17万吨，分别比上年下降5.1%和10.1%。公路班线客运企业百车公里单耗29.3千克标准煤，比上年下降1.6%；公路专业货运企业每百吨公里单耗2千克标准煤，比上年增长6.7%；城市公交企业每万人次单耗1.4吨标准煤，比上年增长0.4%。海运企业每千吨海里单耗5.1千克标准煤，比上年下降12.6%；港口企业每万吨单耗2.7吨标准煤，比上年下降5.1%。航空公司使用临时航线约38.5万架次，缩短飞行距离超过1295万公里，节约航油消耗6.99万吨，减少二氧化碳排放约22万吨。

二、交通运输业存在的问题

(一) 交通运输业发展环境更为严峻

随着中国经济进入“新常态”，发展环境与发展模式正在发生重大变化。2014年，世界经济复苏势头低于预期，外需不振，进出口贸易总额43030亿美元，比上年增长2.3%，增速同比回落3.3个百分点。国内经济下行压力增加，受淘汰落后产能、化解过剩产能和房地产调整等多重合力作用，多项宏观经济指标明显回落，GDP增速由2013年的7.7%进一步降至7.4%，固定资产投资增速大幅向下，制造业部分产能和需求双重疲软，消费需求全面释放仍有待时日。在这一背景下，交通运输业作为支撑国民经济发展的基础产业部门，需求增长乏力，而资源要素、人力资本等红利逐渐消失，铁路、航运等传统运输企业正在面临持续恶化的市场环境，经营效益与企业利润不断下滑。同时，交通运输发展面临的资源环境约束持续增强，发展空间受到挤压，发展成本不断增加。

（二）交通发展对国家战略支撑不足

2014年，我国确定了“一带一路”、京津冀协同发展和长江经济带三大国家战略，未来我国将以三大战略为引领，构建全方位的对外开放格局，打破地区封锁和利益藩篱，全面提高资源配置效率，加快城市群建设和区域一体化发展。三大战略将改变我国甚至世界经济地理格局，进一步调整优化国内区域空间结构，为交通运输发展拓展了更广阔的维度，与此同时，也提出了更高的要求。但目前而言，我国交通运输整体布局、结构、层次等还不能有效适应三大战略，更难以对战略实施形成强有力的支撑。一是交通互联互通发展水平较低，主要跨境通道规模与技术等级难以满足未来人员交往与经贸往来扩大的需求，国际运输大通道尚未布局完成，陆上战略性运输通道仍未贯通，海上运输通道亦存在安全风险，相互间更未形成策应，现有通道运行效率不高。二是城际交通网络不完善，尤其是支撑城市群发展的轨道交通明显滞后，难以对城市群空间形态发挥锚固作用，引导产业和人口有序聚集与合理分布，有力支撑新型城镇化进程和城市生产生活的高效运转。三是跨区域协调发展的体制机制尚未建立，运行管理中行政区划界限与壁垒仍然存在，交通发展缺乏统筹规划与优化衔接，基础设施共建共享、市场体系统一开放的格局还远未形成。

（三）基础设施投资面临较大压力

经过多年的建设发展，我国综合交通网络已初具形态，跨区域主骨架基本建成，东部沿海地区已成网运行，当前交通投资与建设重点正在转向中西部地区、城市与城市群内部和广大农村地区，主要任务是完善路网结构和提高网络的覆盖面与通达度。在新形势、新任务下，交通建设面临着更加复杂恶劣的自然条件，工程造价高，经济效益不显著，城市交通项目土地与拆迁成本快速上升，因此需要更多的资金投入，但同时，项目对社会资本的吸引力却在下降。2014年9月，《国务院关于加强地方政府性债务管理的意见》（国发〔2014〕43号）正式出台，清理地方融资平台、控制地方政府举债规模等措施，使交通融资瓶颈进一步凸显。尽管全年铁路、公路、水路固定资产投资实现了12.6%的较快增长，但投资压力已经显现。年底又推出投资总额近10万亿元的“七大工程包”，涉及公路、机场、长江黄金水道等内河高等级航道、中西部铁路、城际铁路网络和油气管网等众多交通领域，资金筹措任务十分艰巨。为此，《国务院关于创新重点领域投融资机制鼓励社会投资的指导意见》（国发〔2014〕60号）提出了一系列改革措施，旨在营造平等投资环境、激发市场主体活力、鼓励社会资本参与重点领域投资，有望对稳定和扩大交通投资发挥积极作用。

（四）对运输供需转变适应性不足

改革开放以来，我国经济保持了连续30多年的高速增长，近年来增速有所放缓。交通运输作为经济社会发展的派生需求，受到增速换挡、结构调整的深度影响，尤其是2014年以来，供给与需求均发生深刻变化，但交通运输行业无论是企业运营还是政府管理都未能全面积极转变，主动适应这一变化。需求方面，投资、消费、出口已形成较大存量规模，相对增量减少，部分行业产能过剩，经济结构加速调整，导致运输需求总量难以继续保持长期以来的较高增长速度，正在迎来拐点，尤其是大宗商品运输需求或已接近甚至达到增长上限，而多年来大规模交通建设形成的运输能力仍在逐步释放，结构性供过于求已在多个领域出现。2014 年，铁路货运量出现下降，部分港口呈现能力过剩。供给方面，许多交通运输行业的服务仍以低端、同质化为主，难以适应经济转型升级和社会生活水平提高的要求，同时，另一些行业“互联网 + 交通”等创新业态模式蓬勃发展，但政府管理部门尚未形成对应匹配的强大服务能力与有效管理手段，导致政策、监管滞后于行业发展，一定程度上造成市场发展不规范、社会反馈不积极的被动局面。

（谢雨蓉　樊一江　国家发展和改革委员会综合运输研究所）

2014年中国港口物流业

一、港口物流业运行情况

2014年，我国经济增速在保持相对平稳的基础上略有下滑。受全球经济依旧疲软的影响，我国对外贸易下滑明显，除三季度进出口总额保持7.7%增速外，其他三个季度对外贸易增长均相对乏力。在此背景下，2014年我国港口生产总体情况不及2013年，增速明显下滑。

（一）港口生产增速小幅下滑

受国内经济低速增长的影响以及港口吞吐量统计口径的调整，2014年全国规模以上港口货物吞吐量增速明显放缓，全年共完成货物吞吐量112亿吨，同比增幅仅为5.2%，增速较2013年下滑3.7个百分点。集装箱吞吐量增速虽也有所下滑，但相对保持稳定。2014年，规模以上港口集装箱吞吐量达到2亿标准箱，同比增长5.8%（见表1）。

表1　2008—2014年我国规模以上港口货物吞吐量及集装箱吞吐量

年份		2008	2009	2010	2011	2012	2013	2014
货物吞吐量	吞吐量（亿吨）	58.7	69.7	80.2	90.7	97.8	106.5	112.0
	同比增长（%）	11.6	18.7	15.1	13.1	7.8	8.9	5.2
外贸货物吞吐量	吞吐量（亿吨）	18.99	21.8	24.73	27.57	30.2	33.1	35.0
	同比增长（%）	6.0	14.8	13.4	11.5	9.5	9.6	5.7
集装箱吞吐量	吞吐量（亿标准箱）	1.29	1.22	1.45	1.64	1.77	1.89	2.00
	同比增长（%）	13.2	-5.4	18.9	13.1	7.9	6.8	5.8

2014年，我国沿海和内河港口货物吞吐量增速均明显放缓。仅有唐山、湛江、福州、虎

门、芜湖、锦州等少数几个港口依然保持两位数增长。其中，唐山港凭借大宗能源运输服务，货物吞吐量保持快速增长。虽然增速较2013年下滑近10个百分点，但仍凭借两位数的增长，在全国排名中由第七位上升为第四位。大部分一线港口货物吞吐量保持低速甚至负增长，例如上海、深圳两港，反映出我国港口发展已进入“新常态”，吞吐量已不能作为考核港口发展的唯一指标。其中，上海港随着黄浦江下游港区和罗泾港区的功能转型，部分散杂货港口装卸业务迁移，对上海港吞吐量增长产生一定影响。

2014年，我国亿吨以上港口已达到34个，其中沿海港口23个、内河港口11个，芜湖、杭州、锦州三个港口分别以18.1%、6.6%和17.2%的增速进入亿吨大港的行列。除锦州港外，其余两个港口均为内河港口。其中，吞吐量达到2亿吨以上的港口增加6个，达到19个。2012—2014年我国亿吨以上港口货物吞吐量排序情况见表2。

表2　2012—2014年我国亿吨以上港口货物吞吐量排序

排序	港口名称	2014年		2013年		2012年	
		吞吐量（亿吨）	同比增长（%）	吞吐量（亿吨）	同比增长（%）	吞吐量（亿吨）	同比增长（%）
1（1）	宁波—舟山港	8.73	7.84	8.10	8.87	7.44	9.73
2（2）	上海港	7.55	-2.60	7.76	5.43	7.36	2.22
3（3）	天津港	5.40	7.78	5.01	5.25	4.76	5.54
4（7）	唐山港	5.01	12.33	4.46	22.19	3.65	16.99
5（4）	广州港	5.00	5.90	4.55	4.84	4.34	1.17
6（5）	苏州（内河）港	4.79	5.51	4.54	6.07	4.28	12.63
7（6）	青岛港	4.77	4.19	4.50	10.57	4.07	8.53
8（8）	大连港	3.51	5.50	4.07	9.12	3.73	10.36
9（10）	日照港	3.35	8.41	3.09	9.96	2.81	11.07
10（9）	营口港	3.34	4.38	3.20	6.31	3.01	15.33
11（11）	秦皇岛港	2.74	0.37	2.73	3.80	2.63	3.95
12（13）	烟台港	2.37	6.76	2.22	10.45	2.01	11.67
13（12）	深圳港	2.23	-4.70	2.34	2.63	2.28	2.24
14（14）	南通（内河）港	2.20	7.32	2.05	10.81	1.85	6.94
15（16）	南京（内河）港	2.20	8.91	2.02	5.21	1.92	10.34

续 表

排序	港口名称	2014 年		2013 年		2012 年	
		吞吐量（亿吨）	同比增长（%）	吞吐量（亿吨）	同比增长（%）	吞吐量（亿吨）	同比增长（%）
16（15）	连云港	2.10	3.96	2.02	9.19	1.85	11.45
17（17）	厦门港	2.05	7.33	1.91	11.05	1.72	10.26
18（18）	北部湾港*	2.04	9.09	1.87	7.47	1.74	13.73
19（19）	湛江港*	2.03	12.78	1.80	5.26	1.71	8.92
20（20）	黄骅港	1.76	2.62	1.71	36.80	1.25	12.61
21（22）	泰州（内河）港*	1.56	1.96	1.53	18.60	1.29	29.00
22（24）	重庆（内河）港	1.47	7.40	1.37	9.60	1.25	10.62
23（25）	福州港	1.44	13.39	1.27	11.40	1.14	11.76
24（23）	镇江（内河）港*	1.39	-1.42	1.41	4.44	1.35	21.62
25（27）	丹东港	1.38	14.65	1.20	25.00	0.96	26.32
26（31）	虎门港*	1.29	17.27	1.10	115.69	0.51	50.00
27（26）	江阴（内河）港*	1.24	-1.90	1.26	-4.55	1.32	3.13
28（30）	岳阳（内河）港	1.20	9.09	1.10	5.77	1.04	15.56
29（29）	泉州港	1.12	1.82	1.10	5.77	1.04	10.64
30（—）	芜湖（内河）港*	1.10	18.11	0.93	12.75	0.83	10.53
31（32）	珠海港	1.07	7.00	1.00	29.87	0.77	6.94
32（28）	嘉兴内河	1.01	-7.82	1.10	1.85	1.08	1.89
33（—）	杭州（内河）港	1.00	6.80	0.94	3.13	0.91	1.85
34（—）	锦州港*	1.00	17.19	0.85	16.02	0.74	-4.63

注：* 表示 2014 年吞吐量为预测值。

（二）外贸货物吞吐量增速震荡下行，内贸货物吞吐量基本保持低速平稳增长

逐月来看，从 2013 年四季度开始，我国港口货物吞吐量增速便一直保持低位震荡。直到 2014 年四季度，受我国内贸吞吐量拉动的影响，港口货物吞吐量增速有所回升。总体来看，2014 年上半年我国外贸吞吐量增速好于内贸，但全年外贸货物吞吐量增速整体呈现震荡下行态势。尤其是三季度后，由于 7 月、8 月步入锅炉等设备检修高峰，钢铁下游市场需求

减弱，铁矿石进口量明显减速；再加上国内煤**炭企业压低煤价，**严重冲击挤压进口煤空间，**同时中国煤炭余量增多，**电厂负荷未如预期大**幅上涨，耗煤量明显减少，**煤炭进口量明显缩**水。从国际方面看，**国家人口红利减弱、物料**成本提高**、环境压力凸显削弱了国内产品的竞**争力，使出口面**临周边国家和地区的挑战；而**发达国家**“再工业化”、货币贬值以及贸易保**护策略进**一步阻碍了中国外贸进出口的增长。

基于上述因素，受我国外贸吞吐量占比较大的大宗能源货物需求减弱，外贸货物吞吐量增速四季度开始逐月走低。相对而言，受圣诞节、春节等节前消费因素影响，内贸吞吐量在四季度表现相对较好。但整体来看，外贸吞吐量的增速仍高于内贸，2014 年我国规模以上港口累计完成外贸货物吞吐量 35 亿吨，同比增长 5.7%，内贸货物吞吐量增幅达到 4.92%，如图 1 所示。

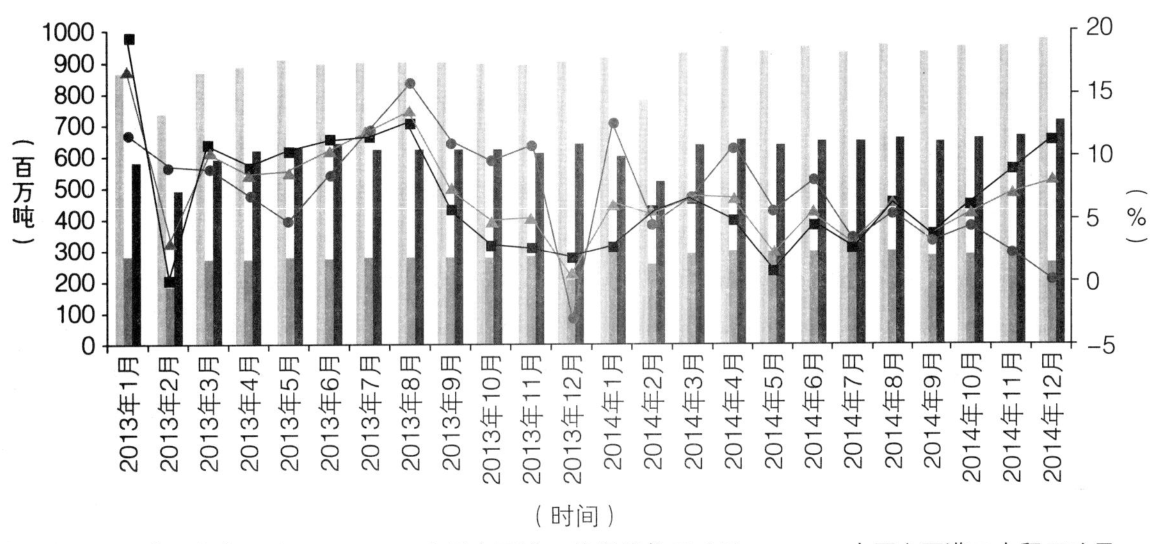

图 1　2013—2014 年规模以上港口内外贸吞吐量

从沿海和内河港口来看，自 2013 年到 **2014 年，我国沿海港口货物吞吐量增长情况就明显好于内河。**2014 年，沿海规模以上港口完**成货物吞**吐量 76.89 亿吨，同比增长 5.6%；**内河港口**完成货物吞吐量 35.11 亿吨，同比增**长 3.6%**。沿海港口的内贸货物吞吐量增长情况好于内河港口内贸吞吐量增速。2014 年，沿海内贸吞吐量达到 44.85 亿吨，同比增长 6.8%；内河港口内贸吞吐量为 31.7 亿吨，同比增长仅为 3.9%。2013—2014 年规模以上沿海和内河港口内外贸吞吐量增速走势如图 2 所示。

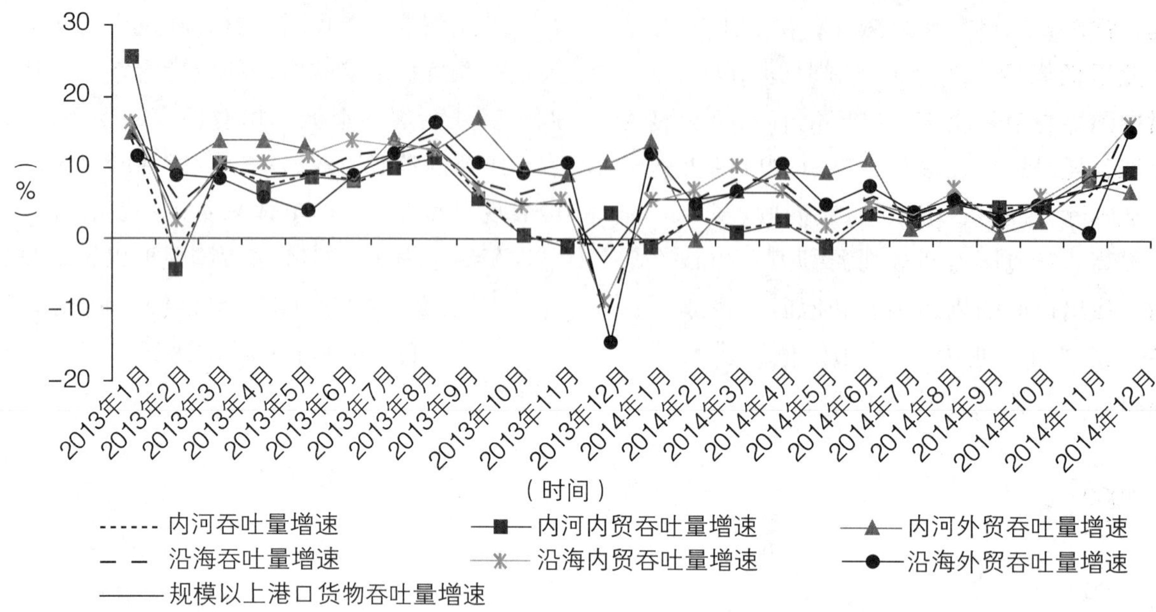

图2 2013—2014 年规模以上沿海和内河港口内外贸吞吐量增速走势

（三）集装箱吞吐量低速增长成常态，内贸箱增长潜力较大

2014 年，我国集装箱吞吐量增速继续下滑，规模以上港口集装箱吞吐量增幅仅为 5.8%。在我国港口发展新常态的背景下，未来一段时期内，我国集装箱吞吐量可能都将保持低速增长的态势。但随着适箱货范围的扩大，集装箱吞吐量仍将保持增长。2014 年，在我国集装箱吞吐量排名位居前 20 位的港口中，保持两位数增长的仅有宁波—舟山港、虎门港、日照港、福州港泉州港。其中，宁波—舟山港近两年表现优异，在各港口增速均出现下滑或保持低速增长的情况下，其集装箱吞吐量增长情况连续三年好于其他一线港口；虎门港继续延续 2013 年的良好涨势，集装箱吞吐量增速超过 50%。2014 年我国港口集装箱吞吐量排名如表 3 所示。

表 3　　2014 年我国港口集装箱吞吐量排名

排名	港口名称	吞吐量（万标准箱）		同比增长（%）
		2014 年	2013 年	
1	上海港	3529	3362	4.97
2	深圳港	2403	2328	3.22
3	宁波—舟山港	1945	1735	12.10
4	青岛港	1658	1552	6.84
5	广州港	1660	1531	8.43

续 表

排名	港口名称	吞吐量（万标准箱）		同比增长（%）
		2014 年	2013 年	
6	天津港	1405	1300	8.08
7	大连港	1013	1002	1.10
8	厦门港	857	801	6.99
9	营口港*	562	530	6.04
10	连云港	501	549	-8.74
11	苏州（内河）港	445	534	-16.67
12	佛山（内河）港*	287	271	5.90
13	虎门港*	284	189	50.26
14	南京（内河）港*	276	267	3.37
15	日照港	242	202	19.80
16	烟台港	236	215	9.58
17	福州港	224	198	13.13
18	泉州港	188	168	12.17
19	丹东港	167	156	7.05
20	中山港*	136	131	3.82
21	海口港	135	117	15.38
22	汕头港*	133	129	3.10
23	珠海港	117	87	34.08
24	嘉兴港	116	101	14.46
25	江门港*	113	92	23.12
26	唐山港	112	73	53.94
27	北部湾港*	110	100	10.00
28	重庆（内河）港	101	91	11.50
29	武汉（内河）港	100	85	17.26

注：*表示 2014 年数据为预测值。

从内外贸增长情况来看，2014 年我国内贸箱增长仍好于外贸。2014 年前 11 个月，全国规模以上港口完成外贸集装箱1.16亿标准箱，同比增长5.28%；内贸集装箱吞吐量达6851.4万标准箱，同比增幅达7.76%，如图3、表4所示。过去，我国内贸货物多以大宗散货为主，集装箱化率并不高，在新时期为了加大港口集装箱业务的发展，各港口通过“散改集”的方式推动集装箱量的增长。另外，随着我国经济方式的转型，中西部地区开发以及产业转移等都为内贸集装箱的增长提供了重要条件。因此，未来一段时期，内贸集装箱将成为港口集装箱吞吐量新的增长点。

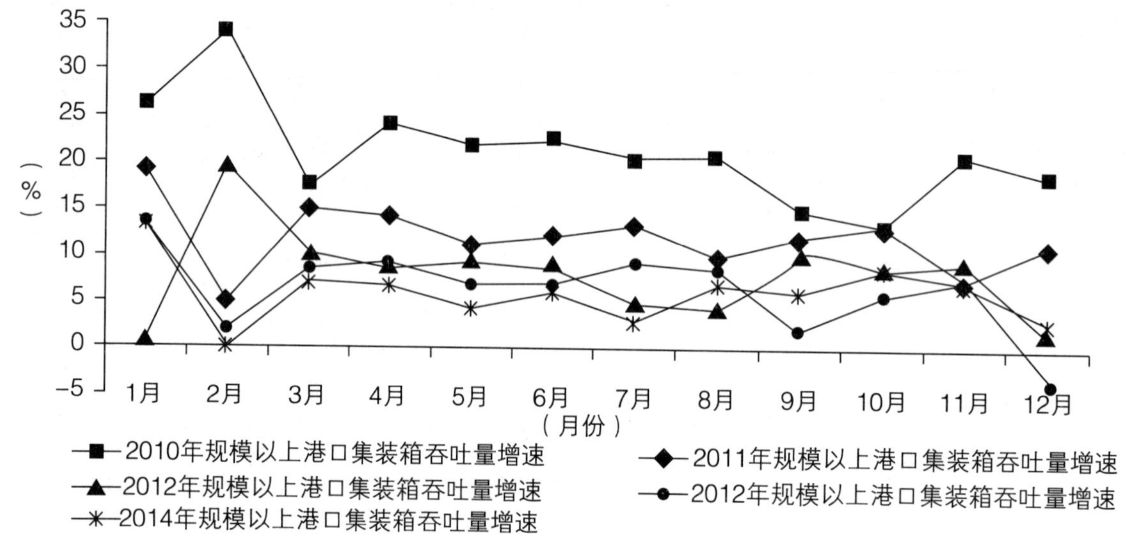

图3 2010—2014年我国规模以上港口集装箱吞吐量增幅走势①

表4 2013年和2014年1—11月我国港口集装箱内、外贸吞吐量

	外贸—国际航线		外贸—内支线		内贸	
	总量	出港	总量	出港	总量	出港
2014年前11个月（万标准箱）	9743	5047	1835	875	6851	3422
2013年（万标准箱）	9207	4731	1790	878	6358	3172
同比增速（%）	5.8	6.7	2.5	−0.3	7.8	7.9

数据来源：中华人民共和国交通运输部。

从航线来看，2014年外贸内支线延续2013年增速下滑趋势，呈现负增长，成为拖累我国港口集装箱吞吐量增长速度的主因。国际航线和内贸线仍保持相对较高的增长水平。国际航

① 数据来源：中华人民共和国交通运输部。

线中，受欧洲经济复苏影响，欧线箱吞吐量增长明显，同比实现近 8.9 个百分点的增长；美线延续过去两年的良好涨势，依旧保持了 3% 的增速。2014 年，新加坡航线增速放缓十分明显，由 2013 年的 7.8% 下降至 0.7% 的增幅，中国香港、台湾、日本等近洋航线都较 2013 年有明显的提升（见表 5）。

表 5　　2013—2014 年我国港口部分国际航线集装箱吞吐量

	中国香港	日本	韩国	新加坡	中国台湾	美国	欧洲
2014 年前 11 个月（万标准箱）	1137	726	617	389	246	1662	1889
2013 年（万标准箱）	1080	712	600	386	216	1613	1735
同比增速（%）	5.3	2.1	2.86	0.7	13.6	3.0	8.9

数据来源：中华人民共和国交通运输部。

由于宁波—舟山港近两年集装箱箱量的快速增长，2014 全球集装箱吞吐量排名中超越釜山港排名全球第五。在全球前五名集装箱港口排名中，除新加坡港外，其余均为中国港口。（详见表 6）

表 6　　2014 年全球前 20 大港口集装箱吞吐量排名

排名			港口名称	集装箱吞吐量（万标准箱）		
2014 年	2013 年	走势		2014 年	2013 年	增长率（%）
1	1	→	上海港	3529	3362	4.95
2	2	→	新加坡港	3387	3258	3.96
3	3	→	深圳港	2404	2328	3.25
4	4	→	香港港	2228	2229	-0.03
5	6	↑	宁波—舟山港	1945	1735	12.10
6	5	↓	釜山港	1865	1768	5.50
7	7	→	青岛港	1658	1552	6.84
8	8	→	广州港	1660	1531	8.43
9	9	→	迪拜港	1525	1350	12.96
10	10	→	天津港	1405	1300	8.08
11	11	→	鹿特丹港	1230	1162	5.83
12	12	→	巴生港	1095	1035	5.75

续 表

排名			港口名称	集装箱吞吐量（万标准箱）		
2014 年	2013 年	走势		2014 年	2013 年	增长率（%）
13	14	⬆	高雄港	1059	994	6.57
14	13	⬇	大连港	1013	1002	1.07
15	15	➡	汉堡港	970	921	5.32
16	16	➡	安特卫普港	898	858	4.64
17	17	➡	厦门港	857	801	7.02
18	18	➡	洛杉矶港	834	787	5.99
19	19	➡	丹戎帕拉帕斯港 *	760	747	1.74
20	20	➡	长滩港	682	673	1.35

注：* 表示 2014 年数据为预测值。

（四）煤炭吞吐量增速下滑，铁矿石和原油吞吐量增长相对乐观

2014 年，由于南方雨水充沛、水力发电能力增长和火力发电受到影响，煤炭消费需求有所下滑，导致沿海煤炭运输量下滑明显，勉强维持正增长。此外，由于国家能源局发文限制低质煤炭进口，外贸进口煤量也有所下滑。2014 年全年，我国规模以上港口共处理煤炭及其制品近 22 亿吨，同比增幅仅为 1.6%。其中，宁波港、唐山港、黄骅港等几个港口表现相对较好，增速均超过 15%。

2014 年，我国铁矿石吞吐量增长相对良好，全年规模以上港口完成铁矿石吞吐量超 16 亿吨，同比增幅达到 11%。其主要原因在于全球铁矿石供过于求，价格大幅下滑，国外铁矿石进口量大幅上涨，带动我国港口铁矿石吞吐量的增长。2014 年，宁波港完成铁矿石吞吐量 10156 万吨，同比增长 15.24%；唐山港处理铁矿石量超 2 亿吨，同比增幅达到近 30%。

2014 年，受国际油价不断走低影响，我国油类运输市场相对乐观。尤其是 2014 年上半年，我国原油进口量保持近 10% 的增速，直至三季度，由于国内原油消耗量增长并不显著，各地需求维持谨慎、观望态势，港口原油库存持续上扬等因素影响，原油进口量增幅出现下降。但全年来看，我国原油进口依旧保持相对较高的增速，进口原油量达到 3.08 亿吨，同比增长 9.5%；规模以上港口完成石油、天然气及制品 7.8 亿吨，同比增长 4%；主要原油装卸港口，宁波—舟山港和大连港原油处理量分别达到 8421 万吨和 3160 万吨，同比增长 1.01% 和 12.77%。

二、港口物流业发展情况

（一）港口建设稳步推进

1. 港口通过能力增长与吞吐量增长基本同步

2014 年我国沿海港口产能结构进一步调整，在码头建设稳步推进的同时，码头投资建设增长继续收窄。2014年，我国港口建设投资金额达到890亿元，其中新建深水泊位80个，较2013年进一步减少。从结构方面来看，新增大型矿石接卸能力得到有效控制，接卸能力适应性由2013年的适度超前转为基本适应。总体来看，我国沿海港口码头实际吞吐能力的增速与吞吐量增速保持一致，沿海港口码头吞吐能力适应性处在适度超前状态。

2. 集装箱枢纽港继续扩能，提升枢纽地位

随着船舶大型化的发展以及航运企业联盟，我国沿海枢纽港之间的竞争愈加激烈，而船舶大型化的发展要求枢纽港具有较高的通过能力和高效的集装箱处理能力。在这一趋势推动下，我国沿海集装箱枢纽港继续扩能，以期提升港口在区域中的枢纽地位。2014年，上海洋山深水港四期工程正式获批建设，该工程预计于2017年完工，工程总投资约139亿元，泊位岸线长近2800米，共建设5个5万吨级和2个7万吨级集装箱泊位，该码头将首次采用最新一代的自动化集装箱装卸设备和自动化生产管理控制系统，真正实现集装箱码头的全自动化运作。洋山四期码头的建成对缓解目前上海港通过能力不足有着重要意义，自动化码头的建设也将对其提升码头作业效率有积极的作用。此外，深圳盐田港也获批将已建成的突堤南端886米岸壁结构调整为1个15万吨级集装箱泊位，兼顾10万吨级、7万吨级集装箱船舶各1艘同时靠泊，新增年通过能力100万标准箱。宁波和舟山两港合作的金塘港区大浦口集装箱码头工程继续推进，广州南沙港区集装箱三期正式投入运营。

3. 内河港口建设再次提速

2014年9月，国务院正式发布《关于依托黄金水道推动长江经济带发展的指导意见》（以下简称《意见》），长江经济带战略上升为国家战略。《意见》提出充分发挥长江黄金水道功能，增强干线航运能力，改善支流通航条件，优化港口功能布局的具体要求。内河港口是长江黄金水道的重要节点通道，《意见》提出要加快上海国际航运中心、武汉长江中游航运中心、重庆长江上游航运中心和南京区域性航运物流中心建设。提升上海港、宁波—舟山港、江苏沿江港口功能，加快芜湖、马鞍山、安庆、九江、黄石、荆州、宜昌、岳阳、泸州、宜宾等港口建设，完善集装箱、大宗散货、汽车滚装及江海中转运输系统。在长江经济带战略要求下，2014年内河港口建设继续提速，淮安港、荆州港、安庆港、重庆港口项目得到稳步推进和落实，并在港口转型升级要求下，通过改造老旧码头，实现内河码头的专业化、大型化和现代化。

（二）“21世纪海上丝绸之路”带动新一轮港口投资与合作

2014年，“21世纪海上丝绸之路”上升为国家战略，我国海上丝绸之路沿线港口便陆续结合自身特点重新定位以融入丝路发展的大潮。例如，泉州港积极谋划“21世纪海上丝绸之路”先行区；宁波港提出建设“21世纪海上丝绸之路”重要的支点城市；广州港则要建成海上丝路的交通主枢纽；深圳港着力打造海上丝绸之路的重要枢纽；广西北部湾港定位于“21世纪海上丝绸之路”桥头堡和新枢纽；斯里兰卡等海外港口也将在“21世纪海上丝绸之路”建设中发挥“至关重要的中心作用”。

在“21世纪海上丝路”战略的大背景下，地区间港口合作正日渐升温。目前，中资码头运营商已投资、运营了斯里兰卡科伦坡港和希腊比雷埃夫斯港。国内深圳港依托新丝路战略与全球14个重点港结成友好关系，北部湾港也开辟了至新加坡、曼谷、海防、胡志明、巴

生等港口的多条国际直达航线，并建立了以钦州为基地，覆盖东盟国家 47 个港口城市的中国—东盟港口城市合作网络。

（三）以自贸试验区建设为依托，探索港口领域制度改革和政策突破

自 2013 年上海自由贸易试验区（以下简称“自贸试验区”）获批建设后，以自贸试验区为依托，在港口和航运服务领域等方面进行了有效的探索，对促进我国港口的发展有着积极的意义。2014 年 7 月海关完成国际中转集拼监管方案的制定，之后在外高桥保税物流园区和洋山保税港区各选择一家试点企业，启动国际中转集拼创新业务，业务试点后上海已成功运作两票国际中转集拼业务。中转集拼业务对于提升我国港口国际中转枢纽地位有着重要的意义。

此外，依托自贸试验区，开展沿海运输捎带业务的试点。2014 年 6 月 18 日，海关总署发布《关于调整内外贸集装箱同船运输以及中国籍国际航行船舶承运转关运输货物试点工作的公告》。要求中资航运公司全资或控股拥有的非中国籍国际航行船舶，拟开展承运海关转关运输集装箱货物试点业务的，仅限以上海港为国际中转港、在国内对外开放港口与上海港之间开展。该项政策在 2014 年 12 月 29 日“中远泗水轮”从上海港捎带货物驶往我国天津、青岛两个港口后正式落地。沿海捎带业务有利于防止中转箱量外流，提升我国集装箱中转枢纽港地位。

再者，自贸试验区的试验内容之一在于探索负面清单管理模式。在建立的 2014 年版的负面清单中，港口服务领域亦实现进一步扩大开放，原国际海运货物装卸、国际海运集装箱站和堆场业务限合资、合作，在 2014 年版负面清单进一步开放，外商可独资投资国际海运货物装卸、国际海运集装箱站和堆场业务。该项政策的突破是我国港口真正建立竞争市场的基础，有利于改善我国港口市场的服务水平。

（四）港口资源整合进一步推进

新时期下，我国港口发展环境正面临一系列变化。一是随着新港口的开发建设及原港区范围的扩大，港口群内港口密度不断加大，腹地交叉、重叠加剧，港口群内竞争愈加激烈。二是船舶大型化和航运企业联盟成为航运业发展主流趋势，港口链下游的航运企业联盟挑战了港口的议价能力，同时亦加剧了港口之间的竞争。三是港口岸线、土地等自然资源具有区域性和稀缺性特点，由于这类资源分散性的特点，在发展阶段这类资源往往被大量开发利用，导致目前我国港口岸线、土地等自然资源利用效率不高。在此背景下，港口群内港口需要通过资源整合来提升资源的利用率，提高港口群整体竞争力，从而应对下游航运业带来的挑战。

从 21 世纪初，我国便开展了一系列的港口资源整合，2014 年我国港口资源整合得到继续落实和推进。北京、天津和河北三地推动港口资源整合，天津港集团与河北港口集团共同出资 20 亿元各占 50% 股权的渤海津冀港口投资发展有限公司，负责京津冀地区港口项目的投资与开发。此外，天津港将在河北唐山、廊坊和天津静海、武清等地新建陆港口岸，使该集团在京津冀地区的陆港口岸增加到 10 个。京津冀港口的一体化发展有利于高效、统筹利用天津、河北两地的港口资源和航运要素，优化京津冀地区港口的合理分工及产业布局。

此外，在市场主导下太仓港和上海港合作进行资源要素整合，上海港出资参与太仓港集装箱码头的运营，以及将部分原本到外高桥港区转运至洋山的长江中上游地区外贸集装箱业务迁至太仓港。此次合作有利于解决上海港土地、岸线资源不足的问题，对于促进太仓港规模化发展也有积极的意义，有利于两港的互补、错位和双赢发展。

（五）继续推进绿色港口建设

我国绿色港口建设起步较晚，但当前对于绿色港口发展的重视再次被提升到新的高度。在2014年《交通运输部关于推进港口转型升级的指导意见》中，明确提出要推动港口绿色发展，而国务院《物流业发展中长期规划（2014—2020年）》也强调大力发展绿色物流，部分沿海港口已率先采取措施，积极营造绿色生态港口体系。目前，我国在推进绿色港口建设过程中不仅聚焦于绿色低碳技术的使用，还包括从管理上推动绿色能源管理体系的建立。例如，天津建立码头绿色低碳示范工程、绿色能源管理体系等多项重点工程。从技术的角度来看，岸电技术和对港口配套设施进行“油改气”或“油改电”等措施在越来越多的港口推进，并且港口也积极通过对清洁能源采取补贴的形式进行政策引导，促进了我国绿色港口的建设和发展。近期我国沿海港口推进绿色港口的建设和发展见表7。

表7　近期我国沿海港口推进绿色港口建设措施

港口名称	措施
宁波	龙门吊油改电（2007）、集卡油改气（2009）、船舶接岸电、绿色照明、集卡“一拖双挂”（2010）及“双重运输”（2008）等
天津	全自动智能化集装箱码头建设、码头绿色低碳示范工程、绿色能源管理体系等多项重点工程；货物“二维码扫描”技术（2013）等
深圳	每年投入资金2亿元对使用船舶岸电设施和船用低硫油进行补贴（2014）等
青岛	加强绿色低碳技术改造，重点在船舶岸电、绿色照明、清洁能源利用、大型机械运行节能控制、散货作业环保抑尘等领域研究新措施、实施新项目，加快建设无人闸口、无人堆场、无人桥板头、无人理货等智能化港区（2013）等
大连	建设太平湾港城一体化生态示范区；全面推行以节能、低耗和绿色材料等新技术为基础的低碳物流港建设；应用油改电、油改气、太阳能，以及码头岸电等能源替代技术，实现港口清洁化运行；以调整功能布局和运行专业化码头提升对散货粉尘控制等十大生态绿色项目（2013）
上海	轮胎式集装箱龙门起重机采用锂电池供电节能改造（2011）
日照	矿石卸船机综合节能技术（2012）
连云港	新苏港50万吨级矿石码头技能减排综合技术，以岸电技术创新为先导驱动港口绿色发展（2010）

（赵楠　上海海事大学　上海国际航运研究中心）

2014年中国物流地产业

2014年，在我国经济结构进一步优化，经济发展进入“新常态”的背景下，我国物流业各项指标保持良好的发展趋势。物流相关行业固定资产投资保持快速增长，物流基础设施建设稳步推进，物流园区服务能力进一步提升，物流地产进入调整规范阶段。

一、物流相关行业固定资产投资稳步增长，社会物流总费用占GDP比重有所下降

2014年我国物流基础设施进一步优化，物流相关行业固定资产投资稳步增长，全年物流固定资产投资完成额指数均保持在50%以上，反映出物流运行的基础设施条件呈现改善态势。

据国家统计公报显示，2014年我国全社会固定资产投资增速有所放缓，增速由2013年的18.7%下降为2014年的15.3%。相比之下，2014年全国交通运输、仓储和邮政业的固定资产投资继续保持平稳增长，增速为18.6%，近五年来首次超过全社会固定资产投资增速（见下页图）。

二、物流服务设施租金继续上涨，市场需求依然看好

受强劲的内需消费和居民消费习惯改变的支撑，2014年我国“双11”电商网购交易额再创历史新高，从2013年的350亿元增长至571亿元。电子商务对物流仓储需求的急剧增长，推动了物流服务设施租金的不断上涨。

世邦魏理仕（CBRE）亚太区研究部指出，2014年亚太区的仓储物流总供应量同比预计将增长80%，强劲的市场需求将有助于消化新增的物流仓储设施。2014年6月，世邦魏理仕（CBRE）首次发布的亚太地区物流市场的趋势报告指出，在全球经济缓慢复苏、亚太地区经济增长相对较快的大背景下，网络购物群体的持续增长、电子商务销量的迅速增多和第三方物流的持续壮大给亚太地区物流市场带来广阔的发展前景，未来仓储物流租金将出现继续上涨的态势。预计2014年亚太区的物流租金将以同比3%～4%的增长速度增长，其中东京、上海和广州的增长速度为4%，中国香港地区的增长速度为亚太地区最高，将达到7.5%。

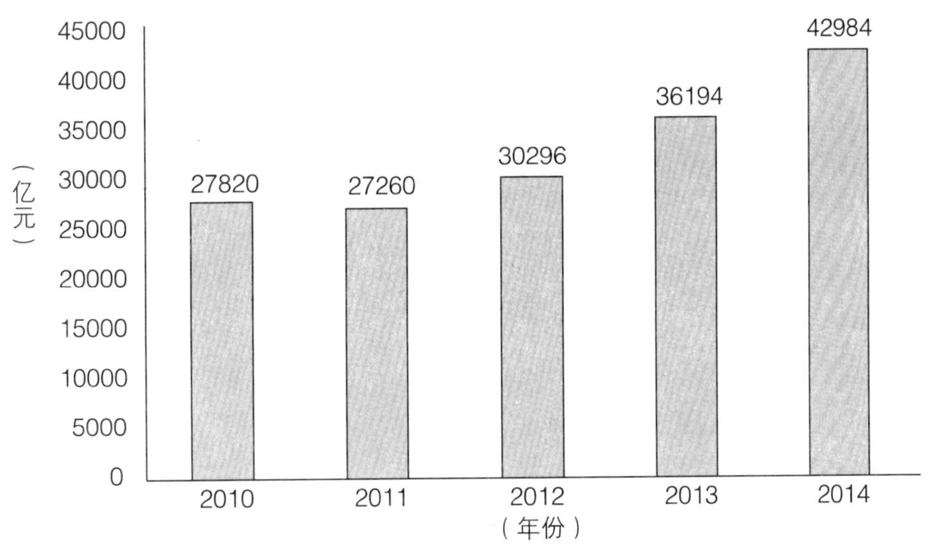

2010—2014 年我国交通运输、仓储和邮政业固定资产投资情况

2014 年我国一线城市的物流仓储用地价格不断上涨。据统计，北京市 2014 年物流仓储租金平均上升至人民币 37.1 元/月/平方米，同比上升 3.5%。其中北京空港物流园是租金最高的区域，租金为人民币 41.8 元/月/平方米，同比上涨 4.3%。北京通州物流园区租金为人民币 39.8 元/月/平方米，价格紧随其后。数据显示，2008—2014 年第三季度期间，上海物流仓储用地以年均 8% 的增长速度增长，其租金水平正在接近行业承受边界。根据戴德梁行的统计，过去五年，上海优质仓储物业平均租金已连续 18 个季度上涨。从我国物流地产的供需情况看，我国物流地产仍有较大的发展空间。

三、物流地产市场需求结构深度调整，电商物流需求快速增长

2014 年，我国煤炭、钢铁、水泥、有色金属等生产资料物流需求增速进一步放缓，进出口贸易依然保持低位波动。全年铁路货物周转量下降 6% 左右。电商物流、冷链物流等最终消费品物流对经济增长的贡献率持续走高，保持快速增长趋势。全年单位与居民物品物流总额增速超过 30%。据统计，2014 年我国社会消费品零售总额增长 12%，全国全年网上零售额比上年增长 49.7%。以服务电商为主的快递业保持快速增长，全年业务件量达 140 亿件，同比增长 52%。我国首次超过美国成为世界快递业第一大国。

据艾瑞统计数据显示，2014 年我国电子商务市场交易规模达 12.3 万亿元，同比增长 21.3%。其中网络购物增长 48.7%，在社会消费品零售总额中首次突破 10%。戴德梁行中国区工业和物流地产部表示，目前上海仓储用地的需求主要来自制造企业和物流地产投资商两类企业。其中物流地产商对仓储用地的需求非常旺盛。尤其是近两年电子商务的快速发展，使得电商企业对物流地产的需求更加强劲。数据显示，随着 2014 年网购市场的持续火爆，各路电商巨头为扩大市场份额，延伸产业链及价值链，纷纷在全国范围内大面积布点，建立

电商物流园区。克而瑞研究总监薛建雄指出："物流地产的兴起，电商自建具有非常大的推助作用。"目前，除阿里、京东外，大物流企业顺丰、德邦和圆通等都在进军物流和仓储市场。如京东在物流领域的布局从2007年起步，截至2015年3月31日，京东已在全国范围拥有7大物流中心，其自建物流体系在全国已覆盖1961个区县，总面积约为230万平方米，其中在全国43座城市建设运营大型仓库143个，拥有3539个配送站和自提点。

罗兰贝格2014年5月发布报告预测称，受宏观政策和市场需求推动，中国冷链物流行业未来将保持年均25%的高速增长，至2017年，市场规模将达到4700亿元。继阿里巴巴在北京、上海、广东、深圳、天津、武汉、重庆、成都、宁波等26个网购热点城市的生鲜冷链物流配送布局之后，2014年顺丰速运推出了定位全球新鲜美食的电商平台——顺丰优选，随后又完成了一系列在冷链物流方面的战略布局。冷链物流快速抢占物流地产。

四、物流地产开发运营模式呈现多样化，投资热度不减

2014年9月，国务院发布了《关于依托黄金水道推动长江经济带发展的指导意见》（国发〔2014〕39号），为我国中部地区尤其是长江经济带沿线城市的经济发展和产业的规模化扩张带来了新的机遇。同时，"新丝绸之路经济带"的提出也极大地促进了我国西部地区经济发展，中西部地区将会迎来新一轮的发展高潮。同时，配套的物流需求将快速增长，物流地产呈现出新的投资机遇。

物流业的快速发展也促进了物流地产开发建设模式的多样化。物流地产开发建设模式呈现出不断变化的特点，即从早期的地产商开发、物流企业租赁运营模式或物流企业独立开发运营模式，到地产商与物流企业合资开发运营，再到第三方整合开发运营模式，发展到现阶段的由政府主导的经济开发区模式，实现了规范化发展，预示着我国物流地产行业正在走向高效化与规范化。

我国物流地产投资建设主要由地产商进行，但是由于地产商对物流领域不熟悉，很容易造成大量过剩的现象。目前国内地产商和物流企业已经开始建立重要的战略伙伴关系，合作趋势逐步明显。地产商充分吸收物流企业在选址、规划和运营管理等方面的经验，实现物流地产的良性运转。例如传化物流、林安物流等物流企业开始与各地房地产开发商合作。其中，林安物流致力于在全国连锁建设和运营现代化智慧物流园，实现其以现代智慧物流园区运营和管理，搭建现代物流信息交易服务平台的第四方物流企业的目标定位。

除房地产企业和电商企业纷纷投资物流地产外，保险、银行等企业也开始投资物流地产。2014年9月15日，五洲国际控股公告称，将引入平安不动产为战略投资者，如平安不动产计划在5年内就五洲国际未来的专业批发市场和物流项目进行不高于人民币15亿元的战略投资。除平安不动产外，目前已有多家保险企业的资金进入物流地产领域。2014年6月，中银投资、中国人寿、厚朴基金等知名险资企业先后投入25亿美元，宣布和物流地产巨头普洛斯合作，我国物流地产的投资运营模式进一步呈现多样化态势。

五、物流地产的投资主体多元化趋势将更加凸显

随着信息技术和电子商务的突飞猛进，我

国经济发展对现代物流服务设施的需求将进一步增强，服务能力要求将进一步提升，物流地产有较大的发展空间。这进一步促使境外物流地产基金和投资集团、传统房地产商、电子商务企业等抢夺中国物流地产市场。

首先，投资银行、境外投资基金仍然对中国物流地产市场保持高度兴趣。据《21世纪经济报道》统计，目前境外资金对国内物流地产商的投资规模已在30亿美元左右，其中宇培集团4.5亿美元、易商集团超过了8.5亿美元，嘉民集团目前15亿美元，在未来2~3年内将翻一番达到30亿~40亿美元。其在上海、天津、成都、重庆、廊坊、常州、合肥等重点城市的在建项目总面积超过78万平方米。在国内，中国平安银行成立了物流、不动产等部门，已经成功收购维龙地产（vailog）及民营仓储物流设施，将在物流地产继续开拓业务市场。总体来看，物流地产基金、投资银行对于市场需求大、租金回报率较高的物流地产项目保持着较高积极性，未来将进一步发挥重要作用。

其次，电子商务企业仍将积极布局物流网络，并抢占三、四线城市乃至县级农村市场。2014年10月，京东在上海的“亚洲一号”物流中心正式投入运营，在南京雨花台区签下了四个新项目。苏宁也即将在雨花台区建成苏宁雨花二期自动化仓库，项目占地20万平方米，存储能力可达2000万件商品。在管理方面，苏宁已经对集团架构进行了重新调整，成立了苏宁物流集团和苏宁金融集团，将在未来逐步实现物流的社会化运营，并独立运营，向第三方开放。

另外，传统地产商加快了在物流地产领域开拓的步伐。随着中国房地产市场的持续调整，发展增速放缓，房地产供需趋于平衡，原有的传统住宅和商业地产项目利润率已逐步走低。富力、绿地、恒大、合生创展等传统房地产投资商已经投资物流地产，2014年5月，万科集团与廊坊市国土土地开发建设投资有限公司签署了《战略合作框架协议》，标志着万科集团正式进入物流地产领域。据万科透露，进军物流地产将是万科战略转型的重要一步，物流地产围绕大都市周围的高铁、机场布局，空间很大，金融化、专业化是万科做物流地产的方式。8月23日，万科又在贵阳龙里县签下了总投资10.5亿元的综合仓储物流项目，万科表示未来还将覆盖江浙沪地区，并引入黑石、凯雷等战略投资伙伴。万科投资物流地产将是万科城市配套服务商定位中的重要一环，这也将引领中国房地产商进一步争夺物流地产市场。

六、物流园区服务能力不断提升，进入规范化发展阶段

按照2013年《全国物流园区发展规划》的要求，2014年中国物流与采购联合会物流园区专业委员会开展了“2014年度物流园区综合评价”工作。通过对全国206家物流园区的基础设施、服务能力、运营效率和社会贡献等几个方面的统计分析和综合评价，评选出全国50家优秀物流园区，为我国物流园区的规范化发展指明了方向。

2014年由国家标准化管理委员会立项、全国物流标准化技术委员会提出并归口的《物流园区统计指标体系》《物流园区服务规范及评估指标》和《仓储绩效指标体系》三个物流标准于7月1日正式开始实施。三个物流标准对我国物流园区经济活动的统计和管理、物流园区服务保障和仓储型物流企业的绩效考核等提

出了明确要求，为政府部门、行业组织和物流园区自身提供了科学向导，预示着我国物流园区的规划、建设将进入规范化运营新阶段。2014 年作为国内优秀物流企业之一的传化公路港物流有限公司不仅积极参与了国家标准《物流园区分类与基本要求》《社会物流统计指标体系及方法》的制定，并率先将标准化、规范化的原理与方法运用于产业服务链。2015 年 1 月，其浙江分公司承担的升级服务业标准化试点项目——《物流园区管理服务标准化试点》顺利通过现场评估验收。数据显示，杭州公路港通过标准化工作，工商企业物流业务外包率从 36% 上升到 90%，降低物流成本 20% 以上，年节约社会物流成本近 15 亿元。

根据《国务院关于加快发展生产性服务业促进产业结构调整升级的指导意见》（国发〔2014〕26 号）和国家标准委、商务部《关于加快推进商贸物流标准化工作的意见》（国标委服务联〔2014〕33 号）的精神及要求，全国各省对商贸物流企业纷纷开展了标准实施情况调查，这有助于加强物流园区的规范发展，提高物流园区的运作效率和服务能力。

七、物流园区纷纷触网融合，转型升级态势明显

为加快我国商贸物流业的快速发展，商务部于 2014 年 9 月印发了《关于促进商贸物流发展的实施意见》（商流通函〔2014〕790 号），提出要大力支持电子商务物流的快速发展，促进商贸物流和电子商务物流的有效协同，加快推进两业的业务流程再造。在物流平台建设方面，物流公共信息平台、物流园区基地平台以及电商和物流金融平台等快速崛起。在经营模式上，园区的组织模式、管理模式和商业模式创新成为热点，如中储股份与普洛斯建立合资公司，探索混合所有制模式等。

随着互联网的快速发展，各地物流园区积极实施改革创新，提高园区总体服务能力和自主创新能力。作为 2014 年度优秀物流园区之一的山东盖世国际物流集团，积极促进物流信息化及物流产业供应链一体化，加快了物流产业的转型升级。深圳市平湖物流园区是深圳市唯一以政府主导投资开发的综合性物流园区，总规划控制范围约 14.75 平方公里，2014 年共投资 100 多亿元，引进 14 个物流项目入驻园区。随着深圳市的产业发展布局不断调整，市政府对物流园区的定位也不断清晰，包括多式联运、国际中转、电商物流、冷链物流等在内的一系列现代化物流功能不断增加，物流园区的服务能力也逐步加强，为深圳市物流业发展提供了重要支撑。

（刘缨缨　孙雨　陈对对　西安市商用信息系统分析及应用工程实验室　冯耕中　王能民　西安交通大学管理学院　刘幼臻　西安国际陆港投资发展有限公司）

2014 年中国保税物流

2014 年我国保税物流发展平稳推进，当年国务院和各部委又新批准设立了一批海关监管区域，其中一些是在原有低层次的监管区域基础上整合设立的综合保税区。同时，广东、天津、福建也被批准作为第二批自由贸易试验区。我国保税物流进入了新的发展阶段。

一、海关特殊监管区域建设稳步推进

1. 自贸区发展取得突破

2014 年 9 月上海自由贸易实验区成功运作一周年。高层次的海关特殊监管区域及自由贸易试验区已经不仅是局限于对外贸易和物流的实验田，已经升级为我国政府改革、行政改革的试验田，将在国家的新一轮改革发展中起到更为关键的作用。

2014 年年末上海自贸区扩容，将陆家嘴、张江、金桥三个区域纳入，由原来的 28.87 平方公里扩大到 120.72 平方公里。扩区后，将建设几个“区中区”，分别为科技创新区和航运实验区。

2014 年 12 月 28 日国务院先后批复天津、广东和福建三个自贸区。至此我国已有四个自由贸易试验区（见表 1）。

中国（天津）自由贸易试验区占地面积 119.9 平方公里，涵盖天津港区域、天津机场区域及滨海新区中心商务区区域。天津自贸区依托天津东疆保税港区离岸金融及融资租赁等业务基础，重点拓展在金融领域方面的深化改革。天津港作为中国北方第一大港，作为京津冀地区第一开放口岸，天津自贸区对加快京津冀协同发展增添新动力。

中国（广东）自由贸易试验区占地面积 116.2 平方公里，涵盖深圳前海区域、珠海横琴区域、南沙新区三部分。广东自贸区依托深圳港对接香港及澳门，与之前和香港签订的自贸协定（CEPA）相比较，广东自由贸易区试验区具有更多的优势，在税收方面，对于进入自由贸易区的货物不但可以减免关税，还可以免交增值税、消费税等；广东自由贸易区属于境内关外，从地域上分析，对于中国香港、澳门等土地稀少地区扩展经营地域提供便利，中国（广东）自由贸易试验区与 CEPA 相互补充共同发展。

中国（福建）自由贸易试验区占地面积

118.04平方公里，涵盖平潭区域、厦门区域和福州区域三部分。与广东自贸区类似，福建自由贸易区依托对台区位优势，重点发展对台贸易及交流，同时也是作为《海峡两岸经济合作框架协议》（ECFA）实施的补充。

表1　　截至2014年12月我国自由贸易实验区一览

序号	名称	成立时间	规划面积（平方公里）	备注
1	中国（上海）自由贸易试验区	2013.9.28	120.72	全国第一个自贸区
2	中国（天津）自由贸易试验区	2014.12.28	119.9	天津港30平方公里 天津机场43.1平方公里 中心商务区46.8平方公里
3	中国（广东）自由贸易试验区	2014.12.28	116.2	南沙新区60平方公里 深圳前海28.2平方公里 珠海横琴28.2平方公里
4	中国（福建）自由贸易试验区	2014.12.28	118.04	厦门43.78平方公里 平潭43平方公里 福州31.26平方公里

在此基础上，进一步在全国范围内复制推广改革事项28项。其中，在投资管理领域包括外商投资广告企业项目备案制、涉税事项网上审批备案等9项；贸易便利化领域包括全球维修产业检验检疫监管、中转货物产地来源证管理等5项；金融领域包括个人其他经常项下人民币结算业务、外商投资企业外汇资本金意愿结汇等4项；服务业开放领域包括允许融资租赁公司兼营与主营业务相关的商业保理业务、允许设立外商投资资信调查公司等5项；事中事后监管措施包括社会信用体系、信息共享和综合执法制度等5项。此外，在全国其他海关特殊监管区域复制推广的改革事项6项，包括期货保税交割海关监管制度、境内外维修海关监管制度、融资租赁海关监管制度3项海关监管制度创新，以及进口货物预检验、分线监督管理制度、动植物及其产品检疫审批负面清单管理3项检验检疫制度创新。

2. 综合保税区建设稳步推进

与自由贸易试验区的密集批复及火热申请相比，综合保税的审批推进则显得更加有序，2014年新批复的综合保税区呈现出两个特征，一是在原有功能单一的海关特殊监管区基础上通过区域合并功能整合升级为综合保税区，例如盐田综合保税区；二是继续布局西部地区开发开放，服务丝绸之路经济带。

自2006年我国第一个综合保税区成立至2014年年底，我国综合保税区的发展从未停过，从2008年开始每年都有新的综合保税区成立，具体情况如图1所示。截至2014年12月，我国已设立了43个综合保税区（见表2）。

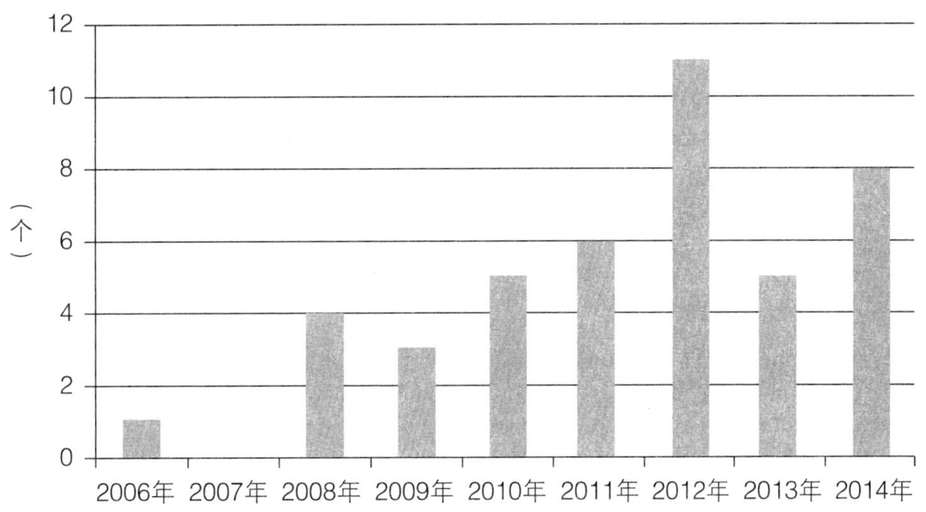

图1　2006—2014年我国每年新增综合保税区数量

表2　截至2014年12月我国综合保税区情况

序号	名称	成立时间	规划面积（平方公里）	备注
1	苏州工业园综合保税区	2006年12月17日	5.28	国内首个综合保税区
2	天津滨海新区综合保税区	2008年3月1日	1.967	—
3	北京天竺综合保税区	2008年7月23日	5.944	国内第一家直接依托空港口岸设立的综合保税区
4	广西凭祥综合保税区	2008年12月19日	8.5	国内第一个在陆地边境线上设立的综合保税区
5	海口综合保税区	2008年12月22日	1.93	国内第一个省会城市综合保税区
6	黑龙江绥芬河综合保税区	2009年4月21日	1.8	—
7	上海浦东机场综合保税区	2009年7月3日	3.59	—
8	江苏昆山综合保税区	2009年12月20日	5.86	—
9	重庆西永综合保税区	2010年2月15日	10.3	国内面积最大综合保税区
10	广州白云机场综合保税区	2010年7月3日	7.385	全国最大的空港综合保税区

续 表

序号	名称	成立时间	规划面积(平方公里)	备注
11	苏州高新技术产业开发区综合保税区	2010 年 8 月 25 日	3. 51	全国首家通过"信息化围网"技术来进行监管的综合保税区
12	成都高新综合保税区	2010 年 10 月 18 日	4. 68	—
13	郑州新郑综合保税区	2010 年 10 月 24 日	5. 073	—
14	潍坊综合保税区	2011 年 1 月 25 日	5. 17	—
15	西安综合保税区	2011 年 2 月 14 日	6. 17	西北地区第一个综合保税区
16	阿拉山口综合保税区	2011 年 5 月 30 日	5. 6	新疆首个综合保税区
17	武汉东湖综合保税区	2011 年 8 月 29 日	5. 41	湖北首个综合保税区
18	沈阳综合保税区	2011 年 9 月 7 日	7. 1982	东北地区内陆城市第一个综合保税区
19	长春兴隆综合保税区	2011 年 12 月 16 日	4. 89	—
20	无锡高新区综合保税区	2012 年 5 月 10 日	3. 497	—
21	济南综合保税区	2012 年 5 月 15 日	5. 22	—
22	盐城综合保税区	2012 年 6 月 18 日	2. 28	苏北第一家综合保税区
23	淮安综合保税区	2012 年 7 月 19 日	4. 92	—
24	曹妃甸综合保税区	2012 年 7 月 30 日	4. 59	—
25	太原武宿综合保税区	2012 年 9 月 2 日	2. 94	山西省第一家综合保税区
26	银川综合保税区	2012 年 9 月 10 日	4	—
27	南京综合保税区	2012 年 9 月 17 日	5. 03	—
28	西安高新综合保税区	2012 年 9 月 22 日	3. 64	—
29	舟山港综合保税区	2012 年 9 月 29 日	5. 85	—
30	衡阳综合保税区	2012 年 10 月 25 日	2. 5743	湖南省第一家综合保税区
31	南通综合保税区	2013 年 1 月 3 日	5. 29	—
32	苏州太仓港综合保税区	2013 年 5 月 30 日	2. 07	—
33	湘潭综合保税区	2013 年 9 月 9 日	3. 12	—
34	贵阳综合保税区	2013 年 9 月 14 日	3. 01	国内首个山地生态型综合保税区

续 表

序号	名称	成立时间	规划面积（平方公里）	备注
35	红河综合保税区	2013 年 12 月 17 日	3.29	云南省第一个综合保税区
36	深圳盐田综合保税区	2014 年 1 月 22 日	1.16	—
37	合肥综合保税区	2014 年 3 月 27 日	2.6	安徽省首个综合保税区
38	岳阳城陵矶综合保税区	2014 年 7 月 8 日	2.98	—
39	兰州新区综合保税区	2014 年 7 月 15 日	3.39	—
40	临沂综合保税区	2014 年 8 月 8 日	3.7	—
41	新疆喀什综合保税区	2014 年 9 月 2 日	3.56	新疆第二个、南疆首个综合保税区
42	石家庄综合保税区	2014 年 9 月 15 日	2.86	河北省第二个综合保税区
43	南阳卧龙综合保税区	2014 年 12 月 2 日	3.03	河南省第二个综合保税区

2014 年我国新增的 8 个综合保税区情况如下。

（1）深圳盐田综合保税区。2014 年 1 月 22 日，国务院正式批准设立深圳盐田综合保税区。新获批的盐田综合保税区整合了海关特殊监管区域的所有功能政策，具备保税仓储、国际贸易、国际分拨、国际中转、检测维修、保税展示、研发制造、港口作业等功能。

作为深圳保税区域转型升级重点工程，盐田综合保税区在原沙头角、盐田港保税区和盐田港保税物流园区的基础上，实现区域整合、资源整合、功能整合和监管整合。区域整合改变了盐田保税区域数量多、面积小的零散现状，为战略新兴产业、现代商贸服务业、临港服务业等的综合发展提供了空间；资源整合将改变盐田保税区域产业联动弱、配套资源不足的现状，为区港全面联动和产业整合优化创造条件；功能整合将改变目前各园区产业功能单一的现状，极大提升片区的产业和土地价值；监管整合改变了狭小区域多重监管的现状，为监管设施的升级和监管机制的优化提升奠定基础。

（2）合肥综合保税区。2014 年 3 月 27 日，国务院批准设立合肥综合保税区，是安徽省首个综合保税区。获批的合肥综合保税区规划面积 2.6 平方公里，将在该市新站区建设，东至铜陵北路、南至东方大道、西至新蚌埠路、北至魏武路。合肥综合保税区获批，对进一步承接产业转移，促进地方加快开放型经济发展将产生积极效应。

（3）岳阳城陵矶综合保税区。2014 年 7 月 8 日，国务院批准设立岳阳城陵矶综合保税区，规划的综合保税区位于城陵矶临港产业新区核心区内，规划面积 2.98 平方公里。其中，第一期 1.5 平方公里，第二期 1.48 平方公里，分为出口加工区、保税物流区、保税仓储区、综合服务区四个功能区，将建设成为具有示范性的绿色、生态、环保型综合保税区。

（4）兰州新区综合保税区。2014 年 7 月 15 日，国务院批复设立兰州新区综合保税区，规划面积 3. 39 平方公里，其中围网区域面积约 2. 86 平方公里，配套区域面积约 0. 53 平方公里。总体规划为“一轴两翼多组团”。一轴，即位于综合保税区内的综合服务区、海关查验区和口岸作业区，以及位于综合保税区外的配套办公区和商业区；两翼，即主轴南北两侧的配套区，主要是西南和西北侧的加工物流功能、东南侧的商务功能、东北侧的居住功能；多组团，即综合保税区内的口岸作业、保税加工、仓储物流、综合服务等功能组团。兰州新区综合保税区将依托独特的地理区位优势、便捷的空港交通优势、丰富的产业资源优势，着力建设成为政策优惠、功能完善、配套齐全的经济发展高地，打造成为具有强大功能和竞争力的向西开放战略平台，逐步发展成为辐射西北、带动全国的内陆地区自由贸易区，成为推动西北地区经济社会转型跨越发展的重要增长极。兰州新区综合保税区的设立是全省对外开放平台建设的一件大事，对于推进甘肃省向西开放，推动丝绸之路经济带甘肃段建设具有重大意义。

（5）临沂综合保税区。2014 年 8 月 8 日，国务院正式批准设立临沂综合保税区，综合保税区位于国家级临沂经济技术开发区东部，规划面积 3. 7 平方公里。四至范围：东至东外环路、西至澳门路、北至临工路、南至华夏路，距临沂机场仅 10 千米，距市中心约 15 千米，邻近 327 国道，处在长深高速和京沪高速的中间连接线上，周边有兖石铁路、胶新铁路、新亚欧大陆桥铁路经过，具备公路、铁路、航空、海运四位一体的综合交通优势。具有保税加工、保税仓储、保税物流、口岸作业和综合服务等功能，这将为加快临沂商城国际化、推动经济转型升级注入新活力。

（6）新疆喀什综合保税区。2014 年 9 月 2 日，国务院正式批准设立新疆喀什综合保税区，喀什综合保税区规划面积 3. 56 平方公里，划定了四至范围。主要规划设置保税仓储、保税物流、保税加工、展览展示、口岸操作、航空货运和综合配套服务七大功能区，具备国际中转、国际配送、国际采购、国际转口贸易和出口加工等功能。

新疆喀什综合保税区是新疆第二个综合保税区，也是南疆首个综合保税区，其设立有助于为喀什发展乃至南疆区域外向型经济增添新动力，搭建新平台，利用综保区贸易、物流、加工等便利条件，发挥喀什国际机场的货运联运优势，打造喀什空港货物中转枢纽，也必将搭建起中国与中亚、南亚乃至欧洲经贸交流的“喀什通道”，其现实意义和战略意义重大。

2015 年 1 月 8 日已顺利通过由海关总署、国家发展改革委员会、财政部、国土资源部等十部委联合验收组的验收。

（7）石家庄综合保税区。2014 年 9 月 15 日，国务院正式批准设立石家庄综合保税区。石家庄综合保税区选址在空港工业园起步区内，位于石家庄正定国际机场东侧，规划面积 2. 86 平方公里，围网面积 2. 58 平方公里，重点建设海关检查区、口岸物流区、保税物流区、综合服务中心和两个产业单元。功能定位以口岸作业、保税加工、保税物流三大功能为主，积极拓展保税商品展示展销、跨境电子商务、综合保税服务等功能。

（8）南阳卧龙综合保税区。2014 年 12 月 2 日，国务院正式批准设立南阳卧龙综合保税区，成为继郑州新郑综合保税区后，河南省第二个综合保税区。南阳卧龙综合保税区选址在南阳市卧龙区境内的南阳光电产业集聚区北部，面积3.03平方公里，一期建设面积1.05平方公里；建设周期为1年，将于2015年年底封关运行。

二、海关特殊监管区域全年进出口数据分析

海关数据显示，2014年全年我国海关特殊监管区域（包括保税区、出口加工区、保税港区、综合保税区、保税物流园区和珠澳跨境工业区）进出口额累计6961.7亿美元，同比下降1.6%。其中，出口额3494.5亿美元，同比下降1%；进口额3467.2亿美元，同比下降2.2%。我国海关特殊监管区域总进出口额在2014年出现负增长情况，既与国际大环境有一定关系，也与我国政策导向有着密不可分的联系。同时也可以看到，我国海关特殊监管区域在我国外贸进出口事业中仍然有着举足轻重的作用。相关数据如图2、表3所示。

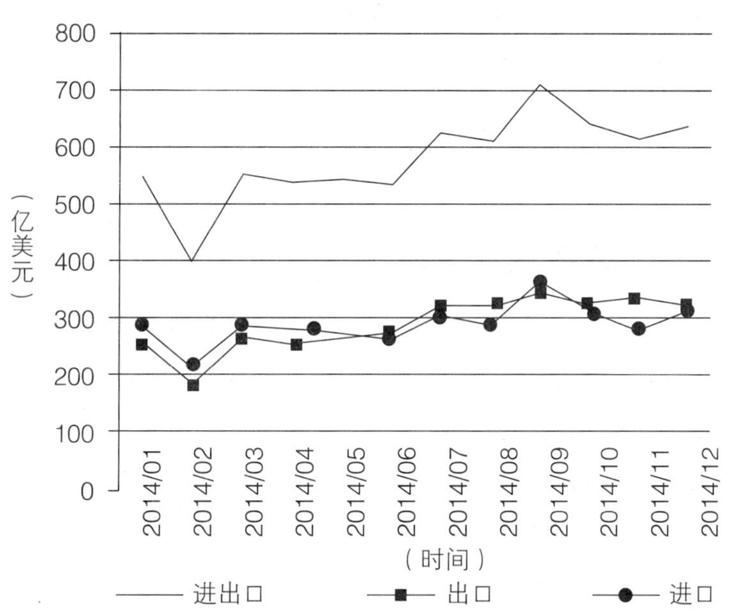

图2　2014年我国海关特殊监管区域进出口价值走势

表3　2014年1—12月我国海关特殊监管区域进出口、出口和进口额统计

月份	进出口额（亿美元）	同比增长（%）	出口额（亿美元）	同比增长（%）	进口额（亿美元）	同比增长（%）
1	546.4	−10.3	261.1	−14.2	285.3	-6.3
2	402.1	−16.8	187.8	−22.9	214.3	−10.5
3	555.1	−39.9	270.2	−40.9	284.8	−38.9
4	540.0	−24.2	257.6	−27.5	282.3	−20.9
5	543.4	8.9	268.3	8.8	275.1	9.0

续 表

月份	进出口额（亿美元）	同比增长（%）	出口额（亿美元）	同比增长（%）	进口额（亿美元）	同比增长（%）
6	537.4	16.6	273.2	18.7	264.2	14.4
7	623.7	14.2	322.5	24.2	301.2	5.0
8	611.7	16.4	322.5	25.1	289.2	8.1
9	709.2	32.3	344.9	40.0	364.3	25.7
10	642.1	18.0	328.0	16.0	314.1	20.1
11	617.8	0.2	336.3	1.4	281.5	-1.2
12	636.0	2.9	323.2	3.2	312.8	2.7
合　计	6961.7	-1.6	3494.5	-1.0	3467.2	-2.2

三、不同类型海关特殊监管区域发展概况

2014 年我国保税区以 2321 亿美元的进出口数额持续领先于其他各类海关特殊监管区域的进出口数额，但同比增量开始呈现出负增长态势；保税港区和珠澳跨境工业区的同比增量分别以 55.3% 和 56.8% 的增幅位列前茅，但增幅小于 2013 年 67.3% 和 64.6% 的增长幅度。与珠澳跨境工业区表现截然相反的则是保税物流园区，2014 年我国保税物流园区、出口加工区的进出口增幅情况略有提升，好于 2013 年的 -7.2% 及 -10.3% 的负增长数据。另外，综合保税区以 10.3% 的增速持续增长，表现出不可小觑的实力。2014 年我国海关特殊监管区域进出口值如表 4 所示。

表 4　　2014 年我国海关特殊监管区域进出口额汇总

监管区域类型	进出口额（亿美元）	同比增长（%）	进口额（亿美元）	同比增长（%）	出口额（亿美元）	同比增长（%）
保税区	2321.0	-26.8	1484.8	-22.6	836.1	-33.2
出口加工区	1358.3	17.2	521.3	22.4	837.0	14.2
保税港区	911.8	55.3	509.6	51.0	402.2	61.2
综合保税区	2208.2	10.3	884.6	10.6	1323.6	10.0
保税物流园区	159.5	3.9	65.1	3.8	94.3	3.9
珠澳跨境工业区	2.9	56.8	1.6	46.2	1.2	73.1

1. 保税区进出口情况

2014 年 1—12 月我国保税区进出口额累计 2321 亿美元，同比增长 -26.8%。其中，出口额 836.1 亿美元，同比增长 -33.2%；进口额 1484.8 亿美元，同比增长 -22.6%。2014 年我国有 7 个月保税区进出口呈现负增长，直接影响 2014 年保税区进出口额全年负增长。如图 3 和表 5 所示。

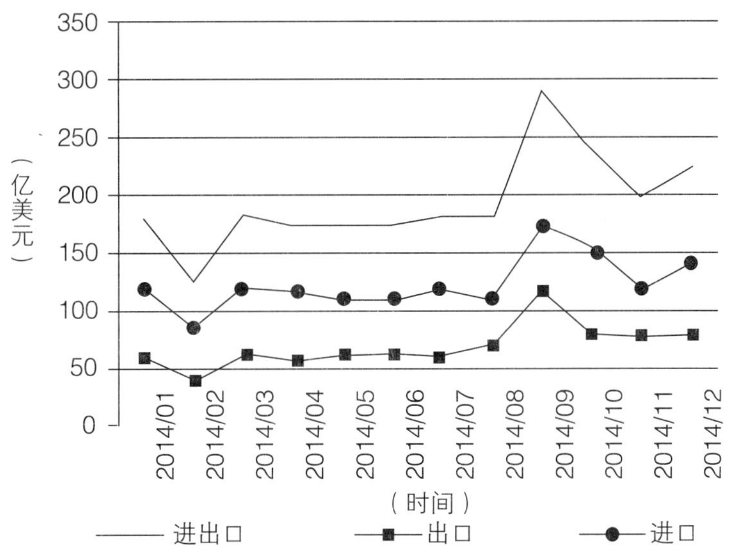

图 3　2014 年我国保税区进出口价值走势

表 5　2014 年 1—12 月我国保税区进出口、出口和进口额统计

月份	进出口额（亿美元）	同比增长（%）	出口额（亿美元）	同比增长（%）	进口额（亿美元）	同比增长（%）
1	178.8	-43.9	59.5	-54.4	119.2	-36.6
2	127.1	-53.6	41.2	-63.3	86.0	-46.8
3	183.1	-70.9	63.2	-77.3	119.9	-65.7
4	175.1	-56.8	57.2	-67.8	117.8	-48.3
5	173.4	-14.4	62.1	-12.2	111.3	-15.6
6	174.2	0.7	64.1	7.6	110.1	-3.0
7	180.8	-21.4	62.0	-24.3	118.8	-19.7
8	182.5	-12.4	71.0	-9.0	111.5	-14.5
9	290.5	60.3	116.1	97.4	174.4	42.5
10	236.8	38.7	81.5	25.9	155.4	46.4

续　表

月份	进出口额（亿美元）	同比增长（%）	出口额（亿美元）	同比增长（%）	进口额（亿美元）	同比增长（%）
11	198.4	8.3	78.4	15.4	119.9	4.2
12	221.7	13.7	80.5	13.9	141.3	13.5
合　计	2321.0	−26.8	836.1	−33.2	1484.8	−22.6

2. 出口加工区进出口情况

2014 年 1—12 月我国出口加工区进出口额累计 1358.3 亿美元，同比增长 17.2%。其中，出口额 837 亿美元，同比增长 14.2%；进口额 521.3 亿美元，同比增长 22.4%。2014 年全国出口加工区进出口情况整体好于 2013 年，如表 6 和图 4 所示。

表 6　　2014 年 1—12 月全国出口加工区进出口、出口和进口额统计

月份	进出口额（亿美元）	同比增长（%）	出口额（亿美元）	同比增长（%）	进口额（亿美元）	同比增长（%）
1	120.9	33.8	67.9	18.0	53.0	61.6
2	83.9	15.5	50.3	−0.7	33.5	53.1
3	107.1	22.6	64.8	14.2	42.3	38.1
4	113.8	25.7	69.9	29.3	43.9	20.3
5	110.7	32.1	69.7	32.1	41.1	32.0
6	98.2	24.9	59.1	17.7	39.1	37.7
7	119.5	27.5	76.5	33.9	43.0	17.5
8	126.1	23.5	77.2	21.8	48.9	26.2
9	121.9	15.2	71.9	13.1	50.0	18.4
10	119.1	9.9	74.1	4.9	45.0	19.5
11	128.4	−1.2	82.8	−2.9	45.6	1.9
12	111.2	−4.9	73.7	2.7	37.4	−17.0
合　计	1358.3	17.2	837.0	14.2	521.3	22.4

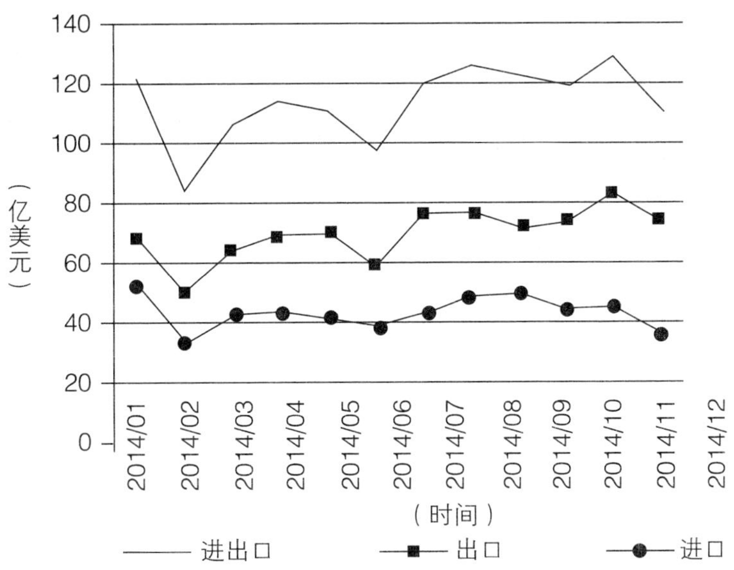

图4　2014 年我国出口加工区进出口价值走势

3. 保税港区进出口情况

2014 年 1—12 月我国保税港区进出口额累计 911.8 亿美元，同比增长 55.3%。其中，出口额 402.2 亿美元，同比增长 61.2%；进口额 509.6 亿美元，同比增长 51%，如表 7 和图 5 所示。

表 7　　2014 年 1—12 月全国保税港区进出口、出口和进口额统计

月份	进出口额（亿美元）	同比增长（%）	出口额（亿美元）	同比增长（%）	进口额（亿美元）	同比增长（%）
1	84.7	162.5	33.4	163.0	51.4	162.3
2	56.1	92.4	18.0	69.2	38.1	105.8
3	82.0	84.8	33.7	84.9	48.3	84.7
4	75.8	71.6	31.1	57.3	44.6	83.1
5	70.6	63.2	26.1	30.3	44.5	91.6
6	77.1	71.6	36.7	92.0	40.4	56.5
7	117.4	136.7	60.6	198.7	56.9	93.8
8	102.0	109.2	51.7	159.4	50.3	74.5
9	74.6	31.4	31.7	50.2	42.9	20.3
10	66.2	23.6	33.4	32.0	32.8	16.1

续 表

月份	进出口额（亿美元）	同比增长（%）	出口额（亿美元）	同比增长（%）	进口额（亿美元）	同比增长（%）
11	50.7	-21.6	23.4	-24.0	27.3	-19.6
12	55.0	-27.0	22.8	-27.9	32.2	-26.4
合　计	911.8	55.3	402.2	61.2	509.6	51.0

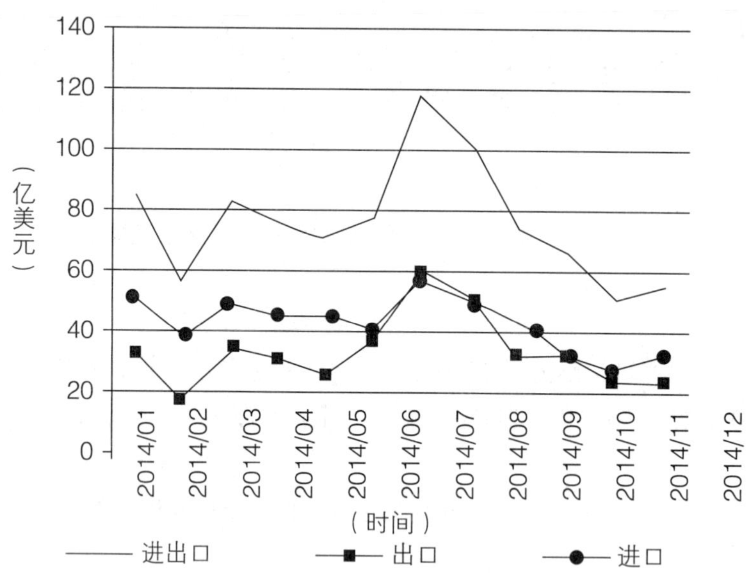

图 5　2014 年我国保税港区进出口价值走势

4. 综合保税区进出口情况

2014 年 1—12 月我国综合保税区进出口额累计 2208.2 亿美元，同比增长 10.3%。其中，出口额 1323.6 亿美元，同比增长 10%；进口额 884.6 亿美元，同比增长 10.6%，如表 8 和图 6 所示。

表 8　　2014 年 1—12 月我国综合保税区进出口、出口和进口额统计

月份	进出口额（亿美元）	同比增长（%）	出口额（亿美元）	同比增长（%）	进口额（亿美元）	同比增长（%）
1	147.3	2.1	92.3	1.9	55.0	2.3
2	124.4	27.2	73.2	14.9	51.3	49.9
3	168.8	12.5	101.2	5.5	67.6	24.8
4	161.1	-1.0	91.8	-6.6	69.3	7.6

续 表

月份	进出口额（亿美元）	同比增长（%）	出口额（亿美元）	同比增长（%）	进口额（亿美元）	同比增长（%）
5	177. 2	11. 8	103. 5	7. 3	73. 6	18. 9
6	174. 2	13. 2	104. 8	11. 0	69. 5	16. 7
7	191. 7	19. 4	114. 4	23. 7	77. 2	13. 4
8	186. 3	21. 3	112. 7	26. 9	73. 6	13. 7
9	207. 4	15. 6	115. 3	20. 7	92. 1	9. 9
10	207. 2	4. 7	131. 4	14. 6	75. 8	-9. 0
11	226. 8	1. 0	144. 1	3. 2	82. 7	-2. 6
12	234. 5	7. 6	137. 9	4. 8	96. 5	11. 8
合　计	2208. 2	10. 3	1323. 6	10. 0	884. 6	10. 6

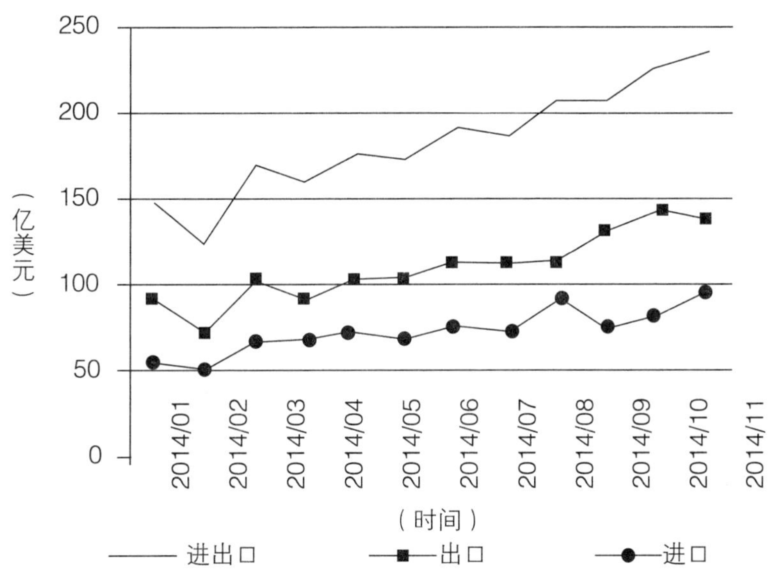

图 6　2014 年我国综合保税区进出口价值走势

5. 保税物流园区进出口情况

2014 年 1—12 月我国保税物流园区进出口额累计 159. 5 亿美元，同比增长 3. 9%。其中，出口额 94. 3 亿美元，同比增长 3. 9%；进口额 65. 1 亿美元，同比增长 3. 8%，如表 9 和图 7 所示。

表 9　　2014 年 1—12 月我国保税物流园区进出口、出口和进口额统计

月份	进出口额（亿美元）	同比增长（%）	出口额（亿美元）	同比增长（%）	进口额（亿美元）	同比增长（%）
1	14. 3	−38. 6	7. 8	−40. 5	6. 6	−36. 0
2	10. 4	7. 3	5. 1	−20. 8	5. 3	61. 7
3	13. 9	8. 7	7. 2	−0. 5	6. 7	20. 9
4	14. 0	47. 1	7. 4	32. 9	6. 6	67. 2
5	11. 2	4. 3	6. 8	5. 0	4. 4	3. 4
6	13. 4	29. 6	8. 4	24. 9	5. 0	38. 4
7	14. 1	14. 9	9. 0	15. 9	5. 1	13. 2
8	14. 7	18. 2	9. 8	28. 9	4. 9	1. 2
9	14. 5	14. 7	9. 8	37. 4	4. 7	−14. 6
10	12. 6	−6. 2	7. 5	3. 0	5. 0	−17. 3
11	13. 1	−6. 2	7. 3	−6. 9	5. 8	−5. 4
12	13. 3	7. 2	8. 2	8. 4	5. 1	5. 4
合　计	159. 5	3. 9	94. 3	3. 9	65. 1	3. 8

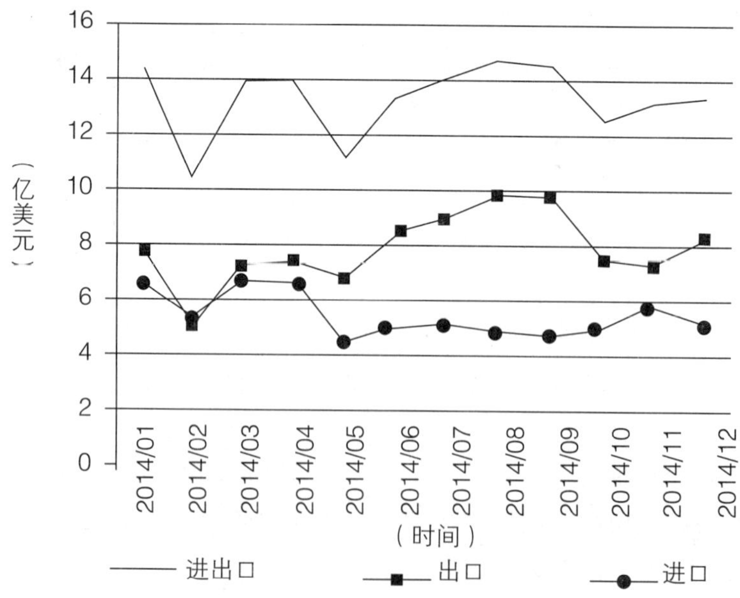

图 7　2014 年我国保税物流园区进出口价值走势

6. 珠澳跨境工业区进出口情况

2014 年 1—12 月珠澳跨境工业区进出口额累计 2.9 亿美元，同比增长 56.8% 。其中，出口额 1.2 亿美元，同比增长 73.1% ；进口额 1.6 亿美元，同比增长 46.2% ，如图 8 所示。

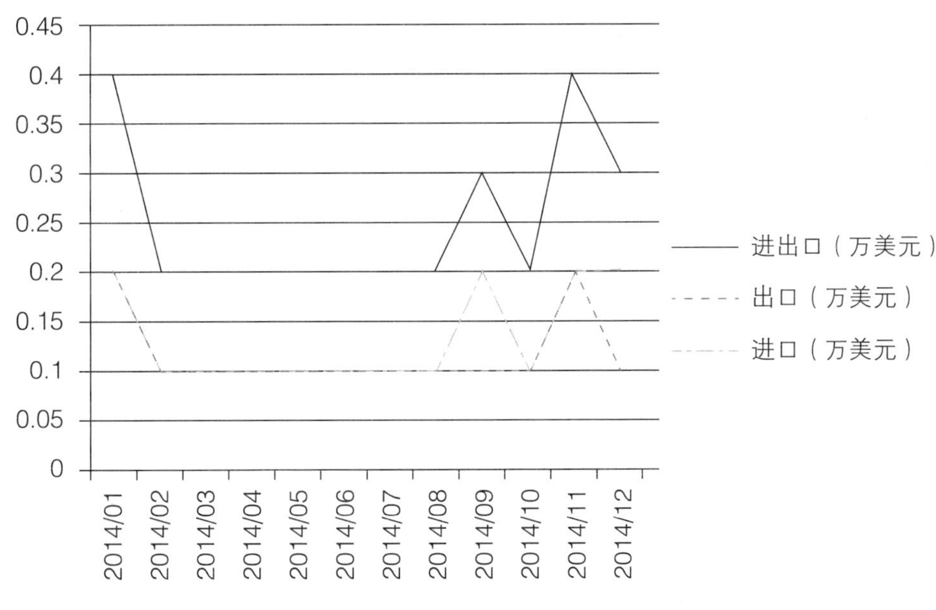

图 8　2014 年珠澳跨境工业区进出口价值走势

四、跨境电子商务催生新型保税物流

2012 年 8 月，国家批准上海、郑州、重庆、杭州和宁波首批五个跨境电商试点城市。另有 2013 年 9 月批准的广州和 2014 年 9 月批准的深圳。而出口模式对各个城市基本放开，只要提出申请，基本均能批准。北京、安徽、福建、重庆、宁波、金华、苏州、青岛、东莞等省、市也纷纷上马跨境电商园区与平台建设，其中杭州跨境贸易电子商务产业园发展速度较为迅捷，目前已经实现“家门口通关”。

我国跨境电子商务产业的发展远远领先于全球其他国家和地区，跨境电商已成为中国进出口贸易增长最快的领域。电子、时尚、家居园艺、汽配及收藏品成为中国跨境电商零售出口产业销售额最高的前五大品类，而家居园艺、汽配和时尚则成为增速最快的三大品类。

2014 年是我国电商发展的关键一年。2014 年 3 月 5 日李克强总理在《政府工作报告》中提出：要稳定和完善出口政策，加快通关便利化改革，扩大跨境电子商务试点；加快电子商务等新议题谈判。2014 年 3 月 4 日海关总署印发的《关于跨境贸易电子商务服务试点网购保税进口模式有关问题的通知》，明确提出了保税进口网购模式。

有三种类型电子商务 B2C 模式，即直购进口模式（境外电商与境内消费者之间的 B2C 模式）、网购保税进口模式（海关特殊监管区域内的电商与境内消费者之间的 B2C 模式）和一般出口模式（境内电商与境外消费者之间的B2C模式）。

在跨境电子商务经营中，在线批发多采用传统的通关物流方式；在线零售多以商业快件和个人行邮为主要的通关物流方式，并由此衍生出包裹集中后以百家货方式清关到中国香港转运以及批量货物海外仓转运的模式。

目前，我国跨境电商出口业务70%的包裹都通过邮政系统投递，其中中国邮政占据50%左右的份额，中国香港邮政、新加坡邮政等也是中国跨境电商卖家常用的物流方式。邮政网络基本覆盖全球，比其他任何物流渠道都要广。邮政为国营，有国家税收补贴，因此价格便宜。但是一般以私人包裹方式出境，不便于海关统计，也无法享受正常的出口退税，速度较慢。

再者是采用国际快递。国际快递对信息的提供、收集与管理有很高的要求，以全球自建网络以及国际化信息系统为支撑。优点是速度快、服务好、丢包率低，尤其是发往欧美发达国家非常方便。比如，UPS从中国寄包裹送到美国，最快可在48小时内到达；TNT发送欧洲一般3个工作日可到达，价格较高。

亚马逊于2014年与上海自贸区签订战略合作协议，推出六个国家8000万选品直邮中国，更让跨境电商业务得到实质性的推进。不到一年的时间，亚马逊独步全球全中文“海外购”商店，百分百源自亚马逊美国以及首次在中国市场带入“黑色星期五”狂欢节，几乎掀起了类似国内“双11”的轰动效应。

从全球范围来说，亚马逊已经在亚洲、北美、欧洲和大洋洲等13个国家建立业务站点，打造了一个线上的电子丝绸之路网。目前有96大运营中心和遍布全球的物流体系提供全球配送，可送至185个国家和地区。借助全球化的网络，亚马逊在海外购方面的优势已经非常明显。

2014年中国已经成为了亚马逊除美国本土之外最大的物流运营网络，目前在中国拥有13个运营中心。除了覆盖了近1400个城市区县的当日达及次日达服务，还以5000多个自提点雄踞B2C电商的首位。亚马逊也充分利用了大数据分析来提高效率。

国内最大的垂直专业网站开发运营商——生意宝将与谷歌合作，共同帮助中国外贸企业发展跨境电子商务。双方就关键词广告、外贸出口等方面发挥各自优势资源。

上海市跨境贸易电子商务试点平台于2013年12月28日正式投入运营，并开通直购进口和网购保税进口两种模式，提供外汇、通关、税收、结算等业务的公共服务平台、导购门户网站、跨境电商物流中心等均投入使用。截至目前，共有71家电商企业和14家物流、仓储企业在海关完成备案。通过此平台成交的主要商品类别涉及母婴、箱包、服装配饰、香水、化妆品、进口食品等。

随着我国经济的发展，很多企业正在考虑在境外建立保税物流中心，拓展国际物流业务。我国的物流企业在一些发达国家和地区建立了配送中心，可以快速反映客户订单；在一些第三世界国家建立保税物流中心，目的是规避我国境内沿海地区较高的土地成本和劳动力成本，规避一些国内的法律法规。这样就为保税物流增添了新的形态，也带来了新的需要研究的问题。

和沿海城市相比，东北地区过去一直是被我国经济发展大潮遗忘的角落。2014年东北地区的一些城市也借电子商务的东风，利用地缘优势开展针对俄罗斯的边境贸易。如2014年哈尔滨市共有101架次邮政小包货运包机飞抵俄罗斯莫斯科、叶卡捷琳堡，出境货物1214万件，共计2244.5吨，货值超2亿美元，发货量占全国对俄电商小包总数的30%，在国内位居第一。

2014年6月，中国首个对俄电子商务边境仓正式在哈尔滨开仓运营，极大地缩减了电商对俄跨境物流成本。目前，哈尔滨已开通5条对俄客货混载航线，其中，哈尔滨至叶卡捷琳堡航线每月包裹量可达100万件。哈尔滨也成为中国境内对俄跨境电商平台数量最多、对俄出口电商包裹量最多和跨境零售出口额最大的城市。

目前，哈尔滨市已启动建设60万平方米的对俄跨境电商基地，拟打造联通俄罗斯、东北亚、北美等地区的国际化跨境电商保税物流园区。同时，将开辟哈尔滨至克拉斯诺亚尔斯克、新西伯利亚等地的货运航线，形成辐射俄罗斯多地的航空网络运输格局。

2014年中国的出境人数已经超过1亿，境外消费已经超过1万亿元人民币，大部分购买的是中国制造的出口商品。原因有3个：一是出口商品退税，是形成价格倒挂的因素之一；二是国内流通成本过高，环节过多；三是国外品牌商对华的定价政策。

随着上海自贸区的设立，居民保税消费的坚冰已经开始融化，中哈霍尔果斯边境自由贸易区允许中国公民购买一定数额下的免税商品，四大自贸试验区均可以试点中国居民进区购物。其他海关特殊监管区域可以尝试复制自贸区入区购物免税政策，跨境电商与监管区域的实体店相配合，形成出口商品转内销的O2O模式。这样，既降低了物流成本，还节约了国民的购物时间。自由贸易试验区将和国际成熟的自由贸易区、自由港差距进一步缩小。最终诞生和中国香港、新加坡几乎一样的真正意义上的自由贸易区，届时中国的世界经济地位将会进一步提升。

五、保税物流通关便利化

1. 推广三项海关监管创新制度

“智能化卡口验放”“简化通关作业随附单证”“简化统一进出境备案清单”是上海自贸区海关监管创新的三项制度。

“智能化卡口验放”制就是依托电子地磅、条码自动扫描比对等功能，实现智能审核、自动抬杆，省去了原来人工比对、人工抬杆的程序。

“简化通关作业随附单证”制可使企业在申报时省去电子随附单证的扫描及上报流程。

“简化统一进出境备案清单”制使出境备案清单申报要素由原来的最高40项统一简化为30项，每票申报工作的工作量仅为原来的一半。

2. 区域通关一体化

为适应国家区域经济发展战略，自2014年7月起，国家海关先后在京津冀、珠三角区域实施通关一体化改革，建立起区域海关的统一申报、风险防控、专业审单和现场作业四大平台。区域海关间通过改革实现了互联互通，企业可以自主选择申报、纳税、验放地点，使得通关更便利、成本更节约。9月22日起，在上海、南京、杭州、宁波、合肥海关（以下简称长三角地区海关）启用区域通关一体化通关方式；12月1日在南昌、武汉、长沙、重庆、成都、贵阳、昆明海关启用该通关方式。

长三角地区海关区域通关一体化通关方式适用于上海市、江苏省、浙江省、安徽省（以下简称长三角地区）企业在长三角地区各口岸海关进出口的货物。长三角地区企业可自主选择向经营单位注册地、货物实际进出境地海关或其直属海关集中报关点办理申报、纳税和查验放行手续。

企业可根据实际需要，自主选择口岸清关、转关、“属地申报、口岸验放”“属地申报、属地放行”区域通关一体化等任何一种通关方式。

（田征　大连海事大学交通运输管理学院　王涛　东方海外（天津保税物流园区）有限公司）

2014 年中国快递业

2014 年是我国快递业持续高速发展的第四个年头，是快递业受到国务院、国家邮政局和相关协会关心和支持力度很大的一年，也是快递业发展具有历史性和国际性标志的一年。

一、快递业发展基本情况

（一）快递业务发展情况

2014 年我国快递业发展强劲，快递业务量快速增长，各项细分指标均好于上年，当年我国人均快递费支出为 149.5 元。

1. 快递业务快速增长

2014 年我国快递正式进入“百亿”时代，快递业务量达 139.6 亿件，同比增长 51.9%，超过美国问鼎世界第一，快递业连续 4 年保持了年均增幅超过 50% 的速度；快递业务收入完成 2045.4 亿元，同比增长 41.9%。2008—2014 年我国快递业务发展情况如图 1、图 2 所示。

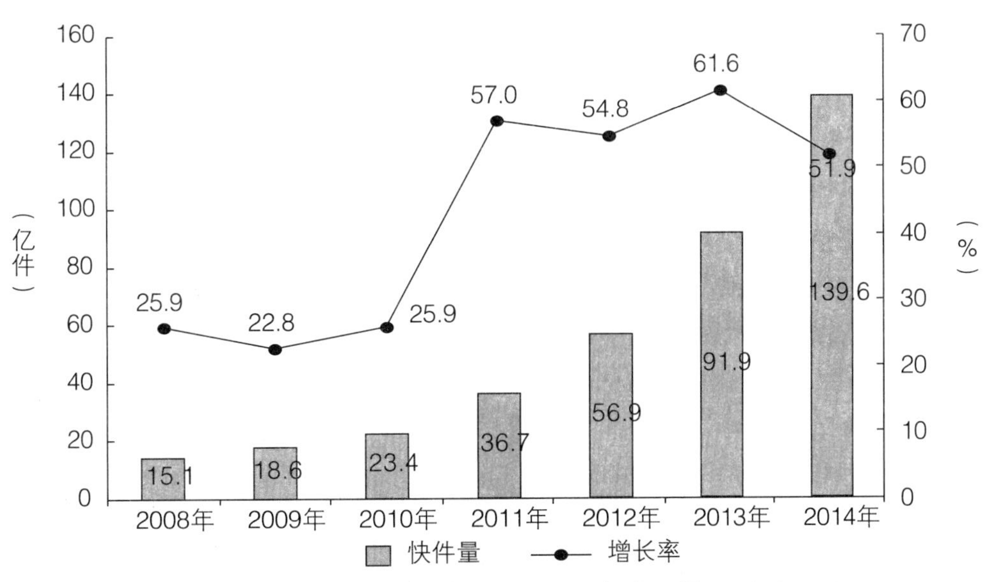

图 1　2008—2014 年我国快递业务发展情况（1）

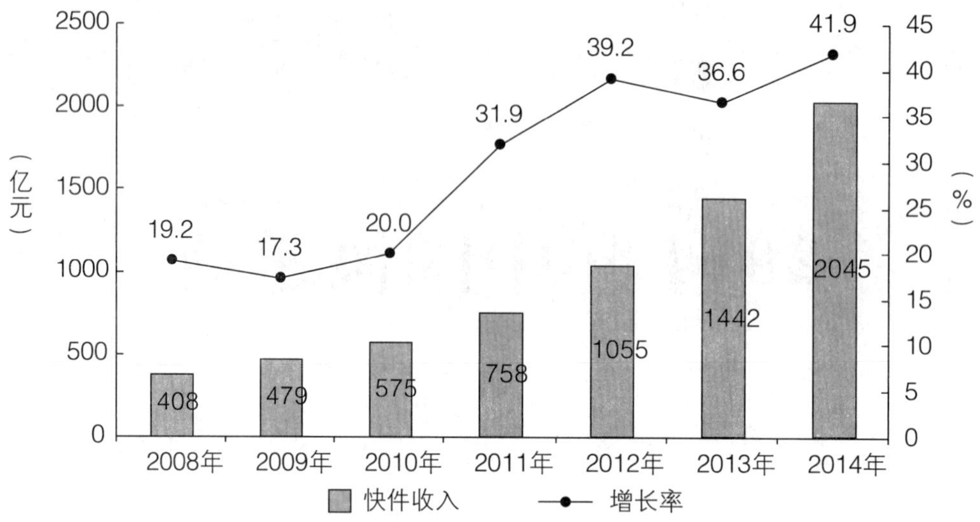

图2 2008—2014 年我国快递业务发展情况（2）

2. 快递业务收入在邮政业中占比继续提升

2014 年我国快递业业务收入占邮政业业务总收入的比重为 63.9%，比上年提高 7.3 个百分点。

3. 同城快递业务增势强劲

2014 年我国快递业同城快递业务量完成 35.5 亿件，同比增长 55.1%；实现业务收入 265.9 亿元，同比增长 59.8%。

4. 异地快递业务快速增长

2014 年我国快递业异地快递业务量完成 100.9 亿件，同比增长 52%；实现业务收入 1130.6 亿元，同比增长 36.4%。

5. 国际及港澳台快递业务稳定增长

2014 年我国快递业国际及港澳台快递业务量完成 3.3 亿件，同比增长 24.7%；实现业务收入 315.9 亿元，同比增长 16.7%。

6. 同城快递业务占比上升

2014 年我国快递业同城、异地、国际及港澳台快递业务量占全部比例分别为 25.4%、72.3% 和 2.3%，业务收入占全部比例分别为 13.0%、55.3% 和 15.4%。与上年相比，同城快递业务比例继续上升。

（二）区域市场发展情况

1. 东、中、西部市场占比基本稳定

2014 年我国快递业区域市场发展稳定，东部地区完成快递业务量 114.5 亿件，同比增长 53.2%；实现业务收入 1694.3 亿元，同比增长 41.3%。中部地区完成快递业务量 14.8 亿件，同比增长 49.2%；实现业务收入 191.6 亿元，同比增长 44.3%。西部地区完成快递业务量 10.3 亿件，同比增长 42.4%；实现业务收入 159.5 亿元，同比增长 45.3%。东、中、西部地区快递业务量比重分别为 82%、10.6% 和 7.4%，快递业务收入比重分别为 82.8%、9.4% 和 7.8%。

2. 东部地区业务量占比依然较大

2014 年我国快递业务量排名前五位的依次是广东、浙江、江苏、上海和北京，其快递业务量合计占全部快递业务量的比重达到 69.4%。快递业务收入排名前五位的依次是广东、上海、浙江、江苏和北京，其快递业务收入合计占全部快递业务收入的比重达到70.7%。

2014年我国快递业务量排名前15位的城市依次是广州、上海、北京、深圳、杭州、金华（义乌）、东莞、苏州、成都、南京、泉州、武汉、温州、宁波和台州，其快递业务量合计占全部快递业务量的比重达到62.6%，如图3所示。

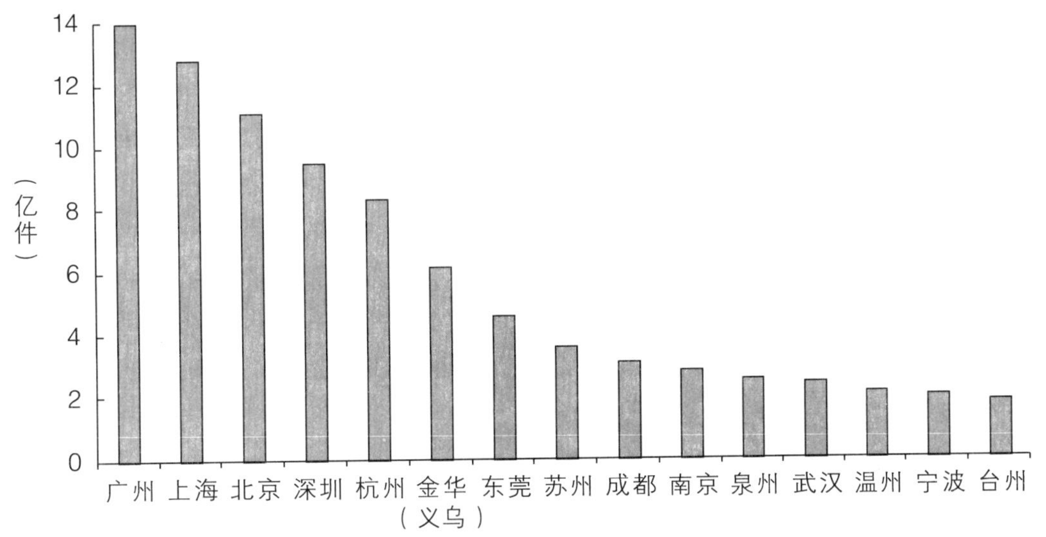

图3　2014年我国快递业务量排名前15位的城市情况

2014年我国快递业务收入排名前50位的城市情况如下表所示，其中快递业务收入排名前15位的城市依次是上海、深圳、广州、北京、杭州、苏州、东莞、金华（义乌）、南京、成都、宁波、武汉、泉州、天津和温州，其快递业务收入合计占全部快递业务收入的比重达到64.9%，如图4、下页表所示。

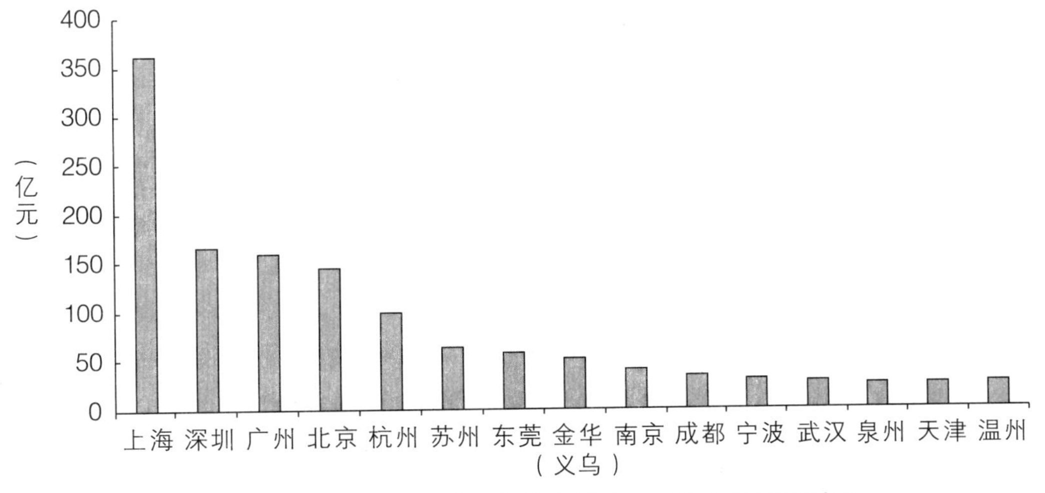

图4　2014年我国快递业务收入排名前15位的城市情况

2014 年我国快递业务收入排名前 50 位的城市情况统计表

排名	城市	快递业务收入累计（万元）	排名	城市	快递业务收入累计（万元）
1	上海市	3613060. 4	26	长沙市	165977. 5
2	深圳市	1686716	27	济南市	143128. 9
3	广州市	1597317	28	西安市	134305. 9
4	北京市	1476107. 9	29	石家庄市	133466. 9
5	杭州市	1022279	30	中山市	126758. 1
6	苏州市	629164. 9	31	合肥市	126552. 5
7	东莞市	584426. 6	32	常州市	124065. 9
8	金华（义乌）市	531847. 3	33	绍兴市	119573. 9
9	南京市	411668. 5	34	沈阳市	117005. 6
10	成都市	351228. 1	35	南通市	113909. 3
11	宁波市	305038. 5	36	昆明市	109968. 7
12	武汉市	300821	37	大连市	103713. 1
13	泉州市	263512. 1	38	南昌市	89087. 6
14	天津市	250712. 6	39	惠州市	83677. 1
15	温州市	247885. 4	40	莆田市	82540. 9
16	郑州市	232626. 9	41	长春市	79180. 5
17	宿迁市	216512. 6	42	哈尔滨市	77987
18	无锡市	208896. 4	43	南宁市	76313. 1
19	青岛市	206574. 2	44	湖州市	71658. 1
20	重庆市	201060	45	珠海市	69919. 8
21	嘉兴市	199361. 8	46	乌鲁木齐市	64676
22	佛山市	196094. 8	47	保定市	64085. 5
23	厦门市	192977. 7	48	扬州市	63881. 7
24	台州市	174364. 6	49	烟台市	58196. 4
25	福州市	173093. 2	50	太原市	58022. 5

（三）民营快递企业市场份额持续提升

全年国有快递企业业务量完成 18.7 亿件，实现业务收入 300 亿元；民营快递企业业务量完成 119.5 亿件，实现业务收入 1541 亿元；外资快递企业业务量完成 1.4 亿件，实现业务收入 204.2 亿元。国有、民营、外资快递企业业务量市场份额分别为 13.4%、85.6% 和 1.0%，业务收入市场份额分别为 14.7%、75.3% 和 10%，与上年相比，民营快递企业市场份额持续提升。

（四）快递市场发展新趋势

1. 快递市场集中度下降

2014 年我国快递市场快递服务品牌集中度指数 CR8 为 77.9，较上年下降 2.1。

2. 快递企业装备水平持续提升

数据显示，2014 年我国快递行业拥有国内快递专用货机 67 架，比上年末增加 13 架；拥有各类汽车 23 万辆，比上年末增长 10.9%，其中快递服务汽车 17.8 万辆，比上年末增长 13.2%。

2014 年我国快递服务企业拥有计算机 35.7 万台，比上年末增长 22.1%；手持终端 57.1 万台，比上年末增长 28.7%。快递行业装备水平的提升为后续发展奠定了坚实的基础。

二、快递业发展面临机遇与挑战

2014 年是快递行业发展极具机遇和挑战的一年，具体体现在以下三方面。

（一）政策、法规和标准出台力度最大的一年

2014 年是快递业受到国务院、国家邮政局和相关协会关心和支持力度最大的一年。2014 年 9 月 24 日，国务院常务会议决定进一步开放国内快递市场。2014 年，国家邮政局出台了《邮政业消费者申诉处理办法》《经营快递业务的企业分支机构备案管理规定》《快递业务经营许可注销管理规定》《邮政行业安全信息报告和处理规定》《寄递服务用户个人信息安全管理规定》《无法投递又无法退回邮件管理办法》《无法投递又无法退回快件管理规定》7 个规范性文件，以及《快递专用电动三轮车技术要求》《邮政业标准体系》《快递营业场所设计指南》3 个标准。各地方政府出台了如《青海省邮政条例》《海南省邮政条例》《湖北省邮政条例》《贵州省邮政条例》等邮政条例。

各项规范、文件及标准的出台，标志着国家邮政局的监管正向精细化管理转型，对适应快递业发展的新变化、保护消费者合法权益和快递企业的合法权益起到了积极的促进作用。地方性法规的颁布实施，使得地方邮政管理局实现了依法监管、依法行政。

（二）快递市场竞争最激烈的一年

2014 年是国内快递企业市场竞争最激烈的一年，也是竞争挑战最严峻的一年。一方面，电商继续利用自身的货源优势打压快递价格，其商业模式由赚取商品差价转变为赚取快递费差价，件均收入的下降幅度为 0.5～1.5 元；另一方面，快递企业之间的同质化竞争加剧了“价格战”的双重叠加效应，即多数快递企业呈现“微利化、无利化、亏损化”的趋势，特别是加盟模式民营快递企业的部分加盟商经营困难，部分中型快递企业总部亏损现象继续持续。究其原因，与美国相比，我国快递市场品牌集中度不高。同时，新的竞争还在加剧，自建快递物流还在进一步扩张。

经过多年的发展，我国快递业已经进入资本时代。在我国 20 家知名快递品牌或具有一定知名度的快递品牌中，有一半的快递企业总部还没有实现赢利，企业对资本的依赖度很高。因此，不断融资成为民营快递企业成败的关键要素。同时，资本市场也会利用资本优势重组快递企业，激活快递企业并提升快递产业的品牌集中度。

据统计，2014 年内资快递企业按照快递业务量的排名是：申通快递、圆通速递、中通快递、顺丰速运、韵达快递、邮政速递、百世汇通、京东快递、天天快递；按业务收入的排名是：顺丰速运、邮政速递、申通快递、圆通速递、中通快递、韵达快递、京东快递、百世汇通、天天快递。2014 年外资快递企业业务量的排名是：中外运敦豪（DHL）、联邦快递（FedEx）、联合包裹（UPS）、天地快递（TNT）、欧西爱斯（OCS）、日本雅玛多（黑猫）、大众佐川急便（中日合资）；业务收入的排名是：中外运敦豪（DHL）、联邦快递（FedEx）、联合包裹（UPS）、天地快递（TNT）、欧西爱斯（OCS）、日本雅玛多（黑猫）、大众佐川急便（中日合资）。

（三）基础设施投资力度最大的一年

2014 年，我国快递市场基础设施投资力度不断刷新，继京东亚洲一号启动后，大型快递企业和大型电商纷纷加速了基础设施的投资建设。据初步统计，2014 年仅顺丰速运、“三通一达”民营快递总部（包括加盟商）、邮政速递等用于基础设施建设的投资已超过 150 亿元。

例如，2014 年邮政集团公司投资约 1 亿元建立电子支付服务基地；京东商城投资 70 亿元在武汉建设华中物流基地，投资 20 亿元在东莞建设现代服务产业园；苏宁云商借力移动网络计划建设 60 个物流基地；唯品会中部枢纽物流基地正式落户郑州；圆通速递在 12 座城市投资建设仓配一体化服务体系。

三、2014 年快递业发展 10 件大事

2014 年是我国快递业发展突飞猛进的一年，以下 10 件大事可以对突飞猛进给予最好的诠释。

（一）我国快递业务量超过美国，跃居全球第一大快件国

2014 年，我国快递业务量接近 139.6 亿件，业务收入超过 2045.4 亿元。标志着我国快递业务量超过美国，跃居全球第一大快件国。但是，快递业务收入和件均收入与美国相比还有较大差距。2014 年，我国快递件均收入为 14.65 元，同比差额为 1.04 元，同比下降 6.6%。快递件均收入同比下降标志着我国内资快递企业盈利能力进一步下降，“以价换量”的发展模式基本没有改变。

（二）李克强总理先后在西安顺丰速运和义乌中通速递调研

2014 年 1 月 27 日，李克强总理赴西安顺丰速运有限公司调研；11 月 19 日，李克强总理来到浙江义乌青岩刘村的中通快递网点视察。这是我国民营快递业发展 20 年以来，第一次迎来总理调研、考察。

目前，我国民营快递企业业务量占全国市场份额的 80% 以上，为我国快递业的发展做出了巨大的贡献，也被李克强总理誉为中国经济的一匹“黑马”。这标志着我国民营快递企业已成为社会公认的快递业主力军。

（三）国务院常务会议决定进一步开放国内快递市场

2014 年 9 月 24 日，国务院总理李克强主持召开国务院常务会议，决定进一步开放国内快递市场、推动内外资公平有序竞争。会议指

出，扩大全方位主动开放，打造内外资企业一视同仁、公平竞争的营商环境，是我国长期坚持的重大政策取向。这将有利于倒逼国内快递企业改善经营管理、提升服务水平。

因此，外资快递企业进入国内包裹、信件（文件）快递市场将是必然趋势。但是，根据目前国内民营快递占80%市场份额的格局分析，我国全面开放国内包裹快递市场，对符合许可条件的外资快递企业，按核定业务范围和经营地域发放经营许可，并不会在短期内对内资快递企业造成明显影响。外资快递企业短期内很难占有一半以上国内快递包裹的市场份额。我国对外资快递企业开放国内包裹市场的政策利好意义大于实际意义。

（四）快递市场竞争格局进一步显现，市场集中度依然很低

从目前快递市场的竞争格局分析，外资企业在国际快递市场中处于主导地位，顺丰速运占据着国内商务快递和“网购”的高端型市场，中国邮政速递在国家公文、国有企业快递市场中处于核心地位，“三通一达”等民营快递企业占据着国内“网购”经济型市场，中国邮政在跨境电商寄递市场中处于垄断地位。

而大型电商的自建快递物流主要为其自身品牌提供服务，如京东、苏宁、国美、酒仙网、我买网、顺丰优选、日日顺、亚马逊、当当银河一号、1号店、唯品会、聚美优品等都在自建快递板块。

同时，大型快递企业综合化、中型快递企业专业化和小型快递企业个性化的转型趋势已经开始显现。如顺丰速运正在向综合物流企业转型；“三通一达”在专注“网购”快递的同时，向仓配一体化转型；“落地配”企业的服务更加个性化。由于我国快递企业主要采取以品牌为主导的加盟模式，加盟商拥有自主经营权（包括定价权），因此我国快递业的市场集中度非常低。这也符合产业集中度越低，竞争形式以价格竞争为主；产业集中度越高，则以服务品质竞争为主的规律。

（五）铁路电商班列开通，快递干线运输格局将发生变化

2014年下半年，铁路部门与电商、快递企业合作，最高时速160千米的电商班列开通，这是铁路货运改革的重要标志性成果之一。它将改变快递业目前以公路和航空两种干线运输方式为主的竞争态势，加快形成公路、航空和铁路三种运输方式并重的格局。与公路和航空运输方式相比，铁路电商班列具有速度快（公路汽运平均时速为70千米左右；铁路电商班列平均时速为110千米）、运输规模大（一列快递电商班列相当于9.6米的箱式货车45台）、时效性强、受气候影响极小、运输成本低和节能环保等优势。而且在1000~1500千米干线运输中，铁路较其他运输方式优势明显。

但是，由于快递企业对运输作业场地具有特殊需求，所以为了适应快递的装卸特点，应采用效率较高的输送设备和装卸模式。这就意味着铁路进入快递业干线运输市场还需要对相关配套设施进行技术改造。

（六）快递电子运单开始推广使用

据抽样调查显示，2014年电子运单在快递企业的使用率占到8%~20%，其趋势将会加速提升应用电子运单的比例，这将会对传统快递运单的使用产生冲击。

对快递企业来说，使用电子运单好似双刃剑，一方面，快递企业可以实现节能环保，降低运单成本和人工录入信息的作业成本，提高快递的作业（包括录单、分拣）效率；另一方面，若使用电子运单快递企业或将受制于电商以及为电商提供ERP信息技术的服务商，电商应用ERP的费用将会转嫁给快递企业，从而增加快递企业的相关成本。

（七）菜鸟网开始整合快递资源

总体看，目前快递行业的竞争方式，已经开始由快递服务能力的竞争向快递上游发货权的竞争转变。

菜鸟网正在准备控制阿里巴巴体系电商“网购”快递物流的发货权。其主要手段是通过免费为电商提供ERP（电子运单）服务，以掌握电商“网购”快件的分配权；制定电商快递的服务标准，从而达到整合快递资源的目的。同时，菜鸟网络联合日日顺物流，全面激活全国2600个区县的物流配送体系，实现了全国93%的区县家电送货入户，以降低对第三方快递企业的依赖度。

（八）快递“最后一百米”呈现多样化的趋势

在传统快递“门到门”的基础上，“最后一百米”呈现多样化，快递智能自助柜、便利店代理、社区物业代理、校区公共配送平台等新业态加速推广和使用。2014年快递智能自助柜“取派件”终端模式的业务量增速在2倍以上。

快递企业纷纷介入“最后一百米”的新业态，如韵达与杭州邮政启动“E邮站”项目战略合作；广州邮政首推“小蜜蜂邮包包”同城配送便民服务；圆通速递北京分公司与小麦公社签署战略合作协议；顺丰速运4000家“嘿店”打通线上线下经营模式；百世汇通在京沪试点运行智能快递柜。

“最后一百米”新型终端模式的飞速发展主要是基于其收寄快件智能化程度高、便利、运营成本低、安全性高等优势。目前，多样化的“最后一百米”新型终端模式已成为了智慧城市、物联网和民生工程的重要组成部分，也成为了社区和校区一道亮丽的风景线。

（九）民营快递企业深入涉足国际快递

目前，国际商务快递已经被“国际四大”和邮政速递所垄断，其中中国邮政占跨境电商快递的80%左右。对于民营快递企业来说，国际快递市场的空间有限，主要切入点应是以跨境电商快递为主的专线快递。对于国际快递业务的拓展方式则应分为三个层级：初级阶段是代理合作；中级阶段以代理为主，自营为辅；高级阶段以自主快递品牌为主，代理为辅。

2014年我国多家民营快递进军国际快递市场，业务拓展方式以跨境电商为主。例如，申通快递开通了日本专线；顺丰速运开通了俄罗斯小包专线和欧洲小包服务，顺丰速运“优选国际”海购平台正式上线；韵达快递的欧洲快递物流服务中心已在德国运营，美国服务中心网站正式上线；圆通速递推出“俄易邮”专线产品。

（十）蜂网投资有限公司成立

2014年1月，“三通一达”和顺丰共同投资组建了蜂网投资有限公司，蜂网的成立标志着我国民营快递企业的巨头将开始打造集合、整合、融合和竞合的公共平台，即着力打造快递行业产业链的集中采购服务平台、快递市场竞争规范平台，失信管理平台，以降低运营成本、管理成本和经营风险；加快将成本优势转化为服务优势、技术优势、装备优势和网络优势，加快上下游产业链的整合步伐。

成立蜂网的意义是：将“三通一达”和顺丰各自独立的利益体，通过寻求最大的公约数、抱团成为共性利益的共同体，以建立统一的快递服务标准、规范快递市场竞争手段、抵制不正当竞争；建立可持续发展、健康发展和有序发展的长效机制。但是，蜂网的成立并不代表着“三通一达”和顺丰之间将会重组与合并，而是采用欧盟或星空联盟的模式进行运作。

（徐勇　徐梦馨　快递物流咨询网）

2014年中国货代物流行业

一、经济发展大势

（一）发展动力

2014年全球经济成长低迷，国际需求不振，世界贸易增速连年萎缩，受其影响我国经济下行压力增大。党中央、国务院坚持以经济建设为中心，创新宏观调控，深化改革开放，加快经济结构调整和产业转型升级，在财税、金融、投资、行政审批等领域及保持人民币汇率市场形成机制的基本稳定，规范进出口环节收费，推进“三互”通关改革，促进贸易便利化，鼓励新型商业模式的转变等关键环节取得显著成效，激发了市场新活力和外贸竞争新优势，为我国对外贸易保持平稳增长提供了政策的保障和营商环境的支持。

（二）发展活力

2014年是“一带一路”建设进入我国新一轮高水平改革开放实际行动的一年。对内加强区域经济合作，优化产业布局和调整，促进了国民经济特别是对外贸易的均衡发展，东快西慢发展不平衡的差距得到改善。以对外贸易同比为例，中部地区对外贸易同比增长10%，西部地区对外贸易同比增长20.2%，分别高出全国平均增幅6.6个百分点和16.8个百分点。2014年中西部地区对外贸易的增长额对我国进出口增量的贡献率达到60.3%。对外坚持共商、共建、共享的原则，推进与相关国家发展战略的对接，提升与东盟、上合组织、欧洲经济联盟及东北亚等国家合作的整体升级，激发新的经济活力和市场潜力。2014年我国与“一带一路”沿线国家货物贸易额达到1.2万亿美元，占我国贸易总量的26%。我国企业在沿线国家的直接投资占全国非金融类对外投资的12.2%，对沿线国家承包工程完成营业额占我国对外承包完成总额的45.2%。

“一带一路”建设与“长江经济带”“京津冀协同发展”构成我国新经济格局三大规划，并与“振兴东北”“开发开放沿边沿疆建设”等重要举措同步推进，互联互通，形成海陆统筹、东西互济、南北呼应、内外融合的新格局，对共同利用两个资源、两个市场，促进外向型经济和对外贸易协调发展提供了更为广泛的市场空间和发展机遇。

（三）发展基础

2014年我国对外贸易继续保持稳定增长，

全年完成进出口总额4.3万亿美元，增幅高于全球贸易平均增速2.7个百分点，也高于同期美、欧、日、印、巴等主要经济体的增长速度。我国对外贸易大国的地位得到进一步巩固，外贸货物运量达到38.9亿吨，同比增长8.1%。尤其是反映与我国国际货代物流业市场主导权直接相关的外贸出口扭转了连续几年值增量减少的状况，实现了值、量双增，量的增幅大于值的增速。我国对外贸易持续增长，特别是外贸货物运输量的大幅增加，带动了货运服务业产业需求增速的回升，进一步巩固了我国国际货代物流业的市场基础。

（四）影响因素

我国是全球贸易第一大国，也是货物贸易运输量第一大国，但我国国际货代物流业与之地位不相匹配，主要是企业“走出去”打造全球供应链体系的能力建设尚属短板。反观以全新的商业模式进入我国市场的外企加剧了国内竞争的国际化程度，我国传统竞争力已受到影响。

除市场因素和竞争因素外，综合运价指数、人民币汇率变化对货代企业的营运也产生了影响。2014年波罗的海运价指数由年初的2217点下降到年末的761点，降幅达65.7%。2014年我国出口集装箱运价指数平均点位与2013年基本持平，但按月份统计呈下降趋势。运价指数单边下降有利于货主降低成本，但对于承运人有合约的代理人产生结算差的损失，影响营业收入。人民币汇制改革十年间，对美元结算升值30%，国际货代物流业对外主要以美元结算，在人民币总体不断升值的趋势下，应收往往滞后于应付，结算的汇差无形中缩减了企业的利润。货运服务业产业需求增速的回升，进一步巩固了我国国际货代物流业的市场基础。

二、行业发展情况

（一）整体稳健

1. 以货代物流百强综合榜营业收入统计分析说明

2014年货代物流百强综合榜上榜企业（以下简称百强企业）的营业总收入为3527.53亿元，比2013年微降1.13%。百强企业营业总收入虽同比略降，但总体经营好于预期。数据表明，百强企业是行业发展的中坚力量和稳健基础。

2014年百强企业营业总收入比2003年百强企业营业总收入增加了2.42倍，说明行业发展基础稳固、持续健康。

2012—2014年连续三年均出现在货代物流百强综合榜上的企业占比高达78%，说明在日益加剧的市场竞争环境中，行业企业的稳定性较好。

2. 以市场主体数量分析说明

截至2014年年底，在商务部门备案的全国货代企业有32407家（不含分公司），比2013年增加了2000家，增幅为6.2%，是2003年备案企业数量的8.1倍，说明行业仍处在发展期。

3. 以从业人员数量分析说明

根据企业备案数据抽样统计分析，2014年我国国际货代物流业从业人员有250万左右，近10年平均每年新增从业人员约5万人，在业企业扩充功能、扩大规模、增设分支机构等每年增招人员约5万人，说明行业有发展的动能和招贤纳人的吸引力。

（二）企业成长

1. 从百强企业综合榜排名分析说明

2014年百强企业与海运、空运、陆运、仓储各分榜单上榜企业复合率高达98%，是行业开展排名活动以来复合度最高的一年，说明企业在发展专业性优势的基础上开始向服务功能集成综合性发展。

2014年百强企业排名前10位的企业营业收入总计2292.7亿元，占百强企业营业总收入的64.2%，而且排名前10位的企业营业总收入是排名后10位企业营业总收入的68倍，说明行业的市场集中度比较高。

2014年百强企业中营业收入同比增幅超过10%的企业占比为36%，其中，同比增幅超过30%的有7家，同比增幅超过50%的有5家，同比增幅超过100%的有一家。说明在共同市场中行业企业有超越自我的发展能力。

2014年百强企业的排名变动率为9%，是最近3年排名变动率最高的一年，说明行业企业在市场竞争中具有很强的竞争能力。

选择上榜企业以不受特殊因素影响的百强中位线即排名第50位的企业营业收入分析，2014年百强企业排名第50位的企业营业收入为112237万元，是2003年首次排名同位线企业营业收入的4倍。说明10年间，同位企业规模做到了由一变四。

2. 从企业所有制性质分析说明

2014年我国货代行业中有国有企业备案主体1792家，占备案总数的5.5%，权重大幅减少，但在2014年货代物流百强综合榜排名前10位的企业中占据7位，说明国有企业在行业中仍起主导性作用。

2014年我国货代行业中有外资企业备案主体1807家，占备案企业总数的5.5%，在不同所有制企业中是上榜比率最高的（1.7%），且排名多居中上位次（前10名中占2名），说明外资企业在行业中发挥引领作用。

2014年我国货代行业中有民营企业备案主体28805家，占备案企业总数的88.89%，其中有49家民营企业跻身2014年货代物流百强综合榜，并且呈连年增加的趋势。说明民营企业是行业主体的基础力量，表现更为活跃。

（三）区域发展

行业企业发展与地区经济发展的特征和外贸发展的变化紧密相关。

2014年百强企业的地区分布特点明显，呈东稳西进态势。具体是：东部地区有91家，比2013年减少2家；中部地区有1家，与2013年持平；西部地区有8家，比2013年增加2家。百强企业的地区分布特点，显示出行业企业的发展符合地区外贸发展的特征。

以外贸出口表现为例：2014年我国外贸出口平均增速为6.1%，其中东部地区增长3.9%、中部地区增长12.8%、西部地区增长22%。西部地区快于东部地区已进入外贸发展的新常态，并从增量的货运服务需求为驻地国际货代物流企业代理服务货运量。

以与地区经济发展新特征融合为例：在改革开放的长期进程中，东部地区处在对外开放的前沿，享有特殊的政策，发展潜力和水平大大领先中西部地区，为国际货代物流业提供同步发展的强大支持。“一带一路”是国家重大发展战略，也是中西部地区借力发展缩小与东部差距的有利时机，以渝新欧、成新欧、郑新欧、西新欧班列为载体，快捷便利的大通道带动中西部地区经济结构，布局与国际市场对接，在做大贸易的同时也支持国际货代物流业的发展。

三、协会工作

协会在理事会决策领导下，强化五个重要平台，一个坚实后台，两个有效机制，承担对行业的公共服务，助力企业规模的发展。

（一）五个重要平台

一是国际行业交流合作平台。国际货运代理协会联合会（FIATA）是国际行业交流合作平台，重在研究趋势、制定规则、推动模式，引领行业发展。会长赵沪湘是 FIATA 高级主席团副主席，2014 年率队出席 FIATA 苏黎世总部工作会议、亚太区域北京会议和伊斯坦布尔年会，出席主席团会议和专门工作会议参与 FIATA 高层管理，一方面，在重大决策中吸纳 FIATA 的新知识、新产品，引领中国货代行业进步；另一方面，在 FIATA 的事务中充分介绍中国货代行业特征，使中国“元素”成为 FIATA 关注的重点。特别是中货协代表行业参与集体协商（营改增），集中维权（CASS 中国结算），集合诉讼（境外航空反垄断诉讼）等成为 FIATA 代表全球行业处理类同事务的借鉴。

二是交洽、交易平台。中外货代物流企业洽谈会是为行业企业提供全球性“重在交洽、力在交易”的平台。2014 年第十一届中外货代物流企业洽谈会在广州香格里拉举办，有 100 多个国家近 1000 名代表出席洽谈会。自中外货代物流企业洽谈会举办以来，共计有 200 多个国家或地区的 13000 多名代表参加会议，现场交易额超过 8 亿美元。洽谈会能持续保持活力，得益于会议始终坚持以市场为导向、以需求为纽带，能实实在在地惠及每个参会企业。

三是行业发展论坛。行业发展论坛已举办八届，每届论坛均以新视野、新机遇、新发展为主线，结合时代特征确定年度主题，行业专家汇聚一堂解析新方向、构筑新路径。同时，注重将行业发展与地区经济新特色相结合，为行业发展定向、为企业发展定位，起到引领和示范的作用。

四是科技成果创新评选。科技成果创新评选活动已组织过四届，2014 年经企业申报和专家评审，“国际物流云平台”和“以信息系统为载体的市场营销管理模式”分别获得科技成果创新二等奖、三等奖。科技成果创新活动成为促进行业科技进步、激发企业内生产力的重要途径。协会积极推介项目成果，促成项目成果价值行业共享。

五是人才培养开发。2014 年 CIFA 培训参考人员有 10671 人，合格率达 65%；FIATA 培训有 10 人，经考试合格率为 100%；ICAO/FIATA 空运危险品考试已举办二期。多元化的培训为行业积累了人才储备，为企业提供了适岗人员的更多选择。

（二）一个坚实的后台

商务部是货代行业的主管部门，十分重视行业企业的重大诉求，尤其在财税〔2013〕37 号“营改增”的税收引发全行业困惑和危机时，部主管领导亲自约见财政、税务主管；服务贸易司、财务司直接协调财税专司人员召开行业座谈会，到一线企业现场调研。最终形成共识，以国家税务总局〔2014〕42 号公告出台，妥善解决了长达 2 年之久的税收纷争。

商务部同时也十分注重行业的规范发展和对事中、事后管理的举措，借助《关于加快国际货运代理物流业健康发展的指导意见》的推进，积极协调企业备案向协会的移交工作。2014 年已完成 8 个省市的移交，另有 10 余个省市在协调中，企业备案的移交使行业组织对在业主体数量和企业在业状态（业务备案）的真实了解，有助于对行业发展的有效引导和对企业开展针对性、差别化的服务。

（三）两个有效机制

一是与各省市货代协会建立行业管理共同体机制。凡逢行业重大变故或涉及行业重要活动，通过机制会议的方式集体研讨，共谋举措，统一规则，一致行动，使协会工作能在行业快速反映，产生正能量。

二是协会专业工作专业委员会的工作职能成为协会与企业协同发展的助手。2014 年陆桥工委围绕“一带一路”开展富有成效的活动。8 月在营口港主办了“海铁联运打通中俄欧集装箱运输便利化专家研讨会”，会议发表了大陆桥东中西三线发展及相互协调的 3R 宣言。10 月在连云港举办“一带一路”陆港国际合作论坛，有 10 多个国家 200 多名港、航物流界代表参加。会议发表了“深化国际港航合作，促进一带一路建设”的倡议。

四、未来发展

统观货代行业在政策环境、市场环境、营商环境等方面的完善和提升，货代物流业将迎来新的发展机遇。

一是“一带一路”建设国内已建立三条南北向、五条东西向大通道，已布局 37 个国家级物流枢纽中心，66 个重要区域节点城市，互联互通的基础功能和正在建设的智能化大数据，不仅弥补了国际物流企业在网络及信息化的短板，更有利于对外开放的新格局，促进区域合作，激发经济新活力。亚投行的未来运行也将给“一带一路”提供庞大的商业机会，为货代物流业增加新的货运服务需求，提升货代物流业的服务功能。

二是自贸区扩围、自贸协定国的扩大和遍布全国各省市的 754 个各类保税区物流园区等的作用发挥正在改变国际贸易的传统格局和方式，也将进一步释放包括对货代物流业在内的制度约束，并将为货代物流业转型升级、提升国际竞争力创造更大的发展空间。

三是“互联网 +”已成为经济发展的新动能。以电子商务为例，2014 年我国电子商务销售额超过 16 万亿元。电子商务的迅猛发展正在引领传统消费和经营模式深刻变革，创造新需求，催生新业态。2015 年 7 月 16 日国发《关于促进跨境电子商务健康发展的指导意见》明确提出完善跨境电子商务进出境货物物品管理模式，优化跨境电子商务海关进出口通关作业流程，鼓励外贸综合服务公司为跨境电子商务企业提供通关、物流、仓储、融资等全方位的服务，支持企业建立全球物流供应链和境外物流服务体系等，是推动国际商务升级发展的重要举措。

货代物流业在政策环境、营运环境、市场环境等各方面迎来了新的发展机遇。如何将机遇转换成活力，需要企业围绕商务发展的大势，顺应新的变更，创新内生驱动力量，谋划未来的目标，制订行动规划。

（刘学德　中国国际货运代理协会秘书长）

第四部分

行业物流

2014年中国制造业物流

一、2014年我国制造业发展的主要特点

2014年我国制造业发展的趋势与典型工业化国家的普遍发展规律基本吻合，同时也表现出追赶国家的一些特点。一方面，我国工业化率高于典型工业化国家在类似发展阶段的平均水平，成挤压式增长；另一方面，我国重化工业的特点比较明显，制造业的服务投入系数偏低，劳动力、土地等成本上涨压力增大、产能过剩等矛盾也严重制约了制造业的快速发展。面对这些问题，制造业进行转型升级和结构调整已是大势所趋。2014年我国制造业发展主要呈现出以下几个突出特点。

（一）PMI平均水平与前两年不相上下

表1汇总了2011—2014年各月我国制造业采购经理人指数（PMI）同比增长情况。从表1可以看出，2014年我国制造业PMI平均水平为50.7%，比上年降低0.1个百分点，与前两年的平均水平不相上下，未出现大幅下降，同时全年PMI整体呈现先升后降趋势，显示出我国经济运行稳定性增强，增速处在适度合理区间。综合来看，新常态经济平台正在形成。

表1　2011—2014年我国制造业采购经理人指数（PMI）同比增长情况①

月　份	2011年PMI（%）	2012年PMI（%）	2013年PMI（%）	2014年PMI（%）
1	52.9	50.5	50.4	50.5
2	52.2	51.0	50.1	50.2
3	53.4	53.1	50.9	50.3
4	52.9	53.3	50.6	50.4

① 数据来源：国家统计局月度统计数据，http://www.stats.gov.cn/，作者已经进行整理。

续 表

月　份	2011 年 PMI（%）	2012 年 PMI（%）	2013 年 PMI（%）	2014 年 PMI（%）
5	52.0	50.4	50.8	50.8
6	50.9	50.2	50.1	51.0
7	50.7	50.1	50.3	51.7
8	50.9	49.2	51.0	51.1
9	51.2	49.8	51.1	51.1
10	50.4	50.2	51.4	50.8
11	49.0	50.6	51.4	50.3
12	50.3	50.6	51.0	50.1
全年平均	51.4	50.8	50.8	50.7

（二）结构调整与转型升级继续深化

工业是我国经济的根基所在，也是推动经济发展提质增效升级的主战场。在我国经济发展进入新常态的新形势下，我国工业只有不懈地进行结构调整和转型升级，进一步推进信息化和工业化深度融合，坚定地走新型工业化发展的道路，才能切实发挥工业在促进经济增长、结构优化和动力转换中的主力军作用。

我国工业进行结构调整和转型升级主要从以下几个方面展开：优化产业结构，发现培育工业领域新增长点，把推动经济结构战略性调整作为转变经济发展方式的主攻方向；实施创新驱动，重塑工业转型发展新引擎，增强创新能力摆在首要位置，增强中国工业升级的动力；发展智能制造，探索信息化条件下生产新方式，把发展智能制造作为战略重点，抓住新一轮产业变革浪潮和信息化发展趋势，探索智能制造生产方式，建立信息化条件下的工业生态体系。加快绿色发展，推动形成低碳循环发展新模式，坚持生态文明建设与工业文明建设相结合，推动工业走绿色、循环、低碳发展之路。

（三）制造业服务化创新趋势明显

“制造业服务化”是指在经济全球化、客户需求个性化和现代科学技术与信息化快速发展条件下，出现的一种全新的商业模式和生产组织方式，是制造与服务相融合的新的产业形式。这种产业形式使企业实现了从单纯产品或者服务供应商，向“综合性解决方案”供应商的转变。

服务化代表着制造业发展的大趋势和升级的大方向。《2014 年中国制造业服务创新调查报告》指出，在信息技术革命的背景下，制造业发展模式正在发生深刻变革。该调查报告指出，中国过去令人瞩目的增长是通过制造业扩张来实现的。中国已经成为制造大国，但要成为制造强国，则必须更加具有服务创新意识。服务创新有助于中国装备制造业摆脱长期处于价值链低端而导致的价格竞争，提高自身在国际产业分工中的地位。制造业服务化是制造业的本质回归，服务创新也可弥补技术和产品质量的不足。从国内的实际情况看，我国一些制造业企业正在积极探索与服务业有机结合的路子，并已初见成效。比如，中国铁建重工集团近年来积极延长产业链条，针对客户需求提供从产品研发、制造到售后服务的一揽子解决方案，构建了面向产品全生命周期的全新服务模式，极大提升了企业竞争力。

（四）面向信息化与数字化的智能制造开始起步

2014 年我国互联网与生产制造领域渗透融合步伐明显加快，涌现出个性化定制、按需制造、众包众设、异地协同设计等一批“互联网+”应用新模式。海尔通过众包平台聚集中科院、高通、腾讯等资源研发设计空调产品；北江纺织基于 O2O 开展定制化业务；创维发布了 O2O 移动商业平台“云 GO”。未来，将有一大批制造企业主动拥抱互联网，同时，互联网企业也将加快与制造业的深度融合。

一是大数据技术和应用加速向经济社会各领域快速延伸。大数据被喻为“未来新石油”，成为构建企业竞争优势的新基础。2014 年基于大数据的创新在制造业日益活跃，随着海量多格式和多模式数据纳入统一管理、实时分析和高效流通，随着大数据与神经计算、深度学习、语义计算以及人工智能等技术的不断结合，大数据应用更加智能，可视化手段更加丰富。

二是典型智能工业开始起步。2014 年我国互联网技术、新型感知技术和自动化技术相互融合并快速发展，带动智能制造技术在工业生产、设备管理、环保监测、能源管理、安全生产等领域广泛应用。中石化启动金陵石化智能工厂建设，九江石化即将完成智能工厂的基本框架构建，华纺股份、鲁泰、红豆、上海纺织集团等纺织企业开始部署智能制造，典型智能工业在我国开始起步。

二、制造业物流发展的现状

2014 年，我国物流业随着经济发展告别高速增长阶段，开始转入“稳中有进”的轨道。在产业结构调整的影响下，物流需求结构开始发生变化，呈现出外贸物流需求增速放缓，与内需有关的物流需求呈现高速发展的态势。面对制造业生产成本不断攀升、资源环境负责不断加重的问题，整合资源、大胆创新已成为驱动制造业物流业发展的主要动力。

（一）社会物流需求增速平稳

2014 年全国社会物流总额 213.5 万亿元，按可比价格计算，同比增长 7.9%，增幅比上年回落 1.6 个百分点。一季度 47.8 万亿元，增长 8.6%，回落 0.8 个百分点。上半年 101.5 万亿元，增长 8.7%，回落 0.4 个百分点。前三季度 158.1 万亿元，增长 8.4%，回落 1.1 个百分点；全年呈现稳中趋缓的发展态势。①

从构成情况看，工业品物流总额 196.9 万亿元，同比增长 8.3%，增幅比上年回落 1.4 个百分点；进口货物物流总额 12 万亿元，同比增长 2.1%，增幅比上年回落 4.3 个百分点；再生资源物流总额 8455 亿元，同比增长 14.1%，增幅比上年回落 6.2 个百分点；农产品物流总额 3.3 万亿元，同比增长 4.1%，增幅比上年提高 0.1 个百分点；单位与居民物品物流总额 3696 亿元，同比增长 32.9%，增幅比上年提高 2.5 个百分点。

① 数据来源：2014 年全国物流运行情况通报，http：//www.chinawuliu.com.cn/lhhkx/201504/16/300449.shtml。

2013 年和 2014 年各月社会物流总额及增长变化情况如图 1 所示。

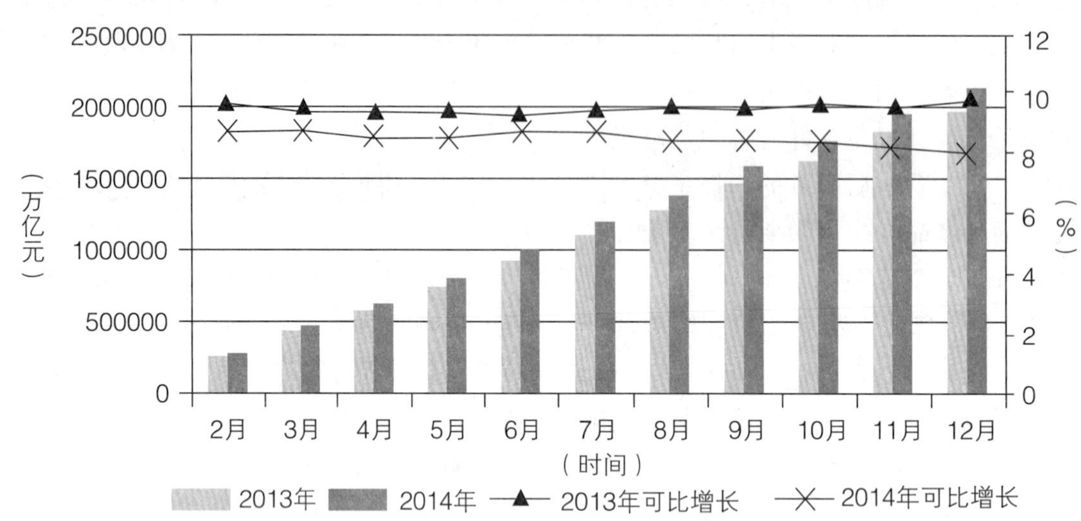

图 1　2013 年和 2014 年各月社会物流总额及增长变化情况

从 2014 年各月社会物流总额绝对值看，11 月当月社会物流总额为 18.9 万亿元，是 2014 年以来的最高水平，“双 11” 期间电子商务和网络购物的快速增长对其有一定的影响。从各月社会物流总额增幅看，平均每月增幅在 9.5% 左右，相比 2013 年的 10% 左右略有下降。总体来说，2014 年以来社会物流总额保持平稳适度增长，且增势更加平稳。

从分项数据来看，各分项物流总额自 9 月以来呈现明显的趋稳回升迹象。工业品物流总额增速也有回升迹象，较上半年回升 0.3 个百分点，但较 2013 年同期回落 0.4 个百分点。在社会物流总额中占绝大部分比重，仍是促进物流规模增大、拉动社会物流总量发展的决定性力量。

（二）制造业物流调查数据及分析①

2014 年 1—4 月，国家发改委经济运行调节局和南开大学现代物流中心对我国工商企业物流业务外包的总体情况进行了专项调查，获得了制造业物流的相关数据。这些相关数据不仅能够直观反映出制造业物流的运营现状，而且通过对这些相关数据进行分析整理，可以得出制造业物流的发展趋势。

1. 物流总费用占销售收入比例低于 2013 年

调查数据显示，工商企业的物流总费用占销售收入的比例的均值比 2013 年略有下降。在被调查的工商企业中，有 22% 的企业物流总费用占销售收入的比例低于 5%，物流总费用占销售收入比例的均值为 9.3%，低于 2013 年的均值。被调查的工商企业物流总费用占销售收入的比例及企业分布情况如表 2 所示。

① 本节数据均来源于《中国现代物流发展报告 2014》。

表2　　被调查的工商企业物流总费用占销售收入的比例及企业分布情况

	物流总费用占销售收入的比例（%）	企业分布情况（%）
项　目	低于5	22
	5～10	35
	10～15	33
	高于15	10
合　计	—	100
均　值	9.3	—

2. 通过电子商务网站销售产品的企业数量比上年明显增加

调查数据显示，2013年通过电子商务网站销售产品的企业数量比上年明显增多。在被调查的工商企业中，有43.4%的企业已经开始通过电子商务网站销售产品，有56.6%的企业还没有通过电子商务网站销售产品，然而其中有23.8%的企业已准备通过电子商务网站销售产品。在已经开展电子商务业务的企业中，无论通过哪一家电子商务平台销售产品，利用第三方物流公司完成配送的企业远远多于采取自营物流完成配送的企业，具体数据如表3所示。

表3　　被调查的工商企业采用的电子商务平台及配送模式的情况（有多选）

企业采用的电子商务平台及配送模式	企业占比（%）
自建电子商务平台，自营物流配送	8.2
自建电子商务平台，由第三方物流公司完成配送	29.3
借助其他电子商务平台开展业务，自营物流配送	5.9
借助其他电子商务平台开展业务，由第三方物流公司完成配送	63.7

3. 干线运输或配送业务外包的程度较高

调查数据显示，在外包干线运输或配送的工商企业中，有37.9%的企业将其70%以上的干线运输或配送业务实施外包，表明干线运输或配送业务外包的程度较高，被调查的工商企业物流业务外包情况具体如表4所示。

表 4　被调查的工商企业物流业务外包情况（有多选）　单位：%

业务外包占比 / 企业占比数	业务外包占比在 10% 以下	业务外包占比为 11% ~30%	业务外包占比为 31% ~50%	业务外包占比为 51% ~70%	业务外包占比在 70% 以上
外包干线运输或配送业务的企业占比数	17. 2	13. 7	24. 2	7. 0	37. 9
外包仓储保管业务的企业占比数	50. 0	15. 6	15. 2	7. 8	11. 3
外包采购管理业务的企业占比数	66. 8	8. 2	8. 6	0	16. 4
外包包装与流通加工业务的企业占比数	54. 3	0	36. 3	9. 4	0
外包产品装配与安装业务的企业占比数	63. 3	18. 4	9. 0	0	9. 4
外包库存管理业务的企业占比数	61. 7	7. 8	7. 8	0	22. 7
外包物流信息管理业务的企业占比数	64. 8	5. 9	0	5. 9	23. 4
外包物流系统设计业务的企业占比数	40. 2	0	19. 5	0	40. 2

4. 绝大多数工商企业以签订合同的方式确定与物流服务商的合作关系

调查数据显示，2013 年在工商企业与物流服务商的合作形式中，有 90. 6% 的工商企业通过签订合同与物流服务商建立合作关系，这一数值从 2009 年到 2013 年的 5 年间呈持续递减趋势；有 17. 2% 的工商企业采取与物流服务商结成战略联盟的方式建立合作关系，这一数值从 2009 年至 2013 年呈下降走势。具体情况如表 5 所示。

表5　　工商企业与物流服务商建立合作关系的情况（有多选）　　单位:%

年　份	2009	2010	2011	2012	2013
签订合同与物流服务商合作的企业占比数	93.1	94.6	92.7	92.3	90.6
以战略联盟方式与物流服务商合作的企业占比数	22.4	25.3	24.0	20.6	17.2
以参股方式与物流服务商合作的企业占比数	4.8	5.9	6.7	1.4	4.3
以其他形式与物流服务商合作的企业占比数	0.2	0.4	1.1	1.4	2.0

5. 使用射频识别技术的企业增多

调查数据显示，物流信息技术的广泛应用使得工商企业的物流运营效率和效果在很大程度上得到了提升。2013年，有70.3%的被调查企业采用了条码技术，有36.3%和22.7%的被调查企业采用了全球卫星定位系统（GPS）、地理信息系统（GIS）和射频识别技术（RFID）。总体来看，2013年被调查企业中使用射频识别技术的企业占比明显高于前几年，而且2009—2013年呈持续升高走势。但除射频识别技术外的各种物流信息技术的使用比例均比上年下降。具体如表6所示。

表6　　被调查的工商企业使用物流信息技术的情况（有多选）　　单位:%

信息技术类别 \ 年份	2009	2010	2011	2012	2013
条码技术	67.4	72.5	78.7	76.9	70.3
全球卫星定位系统（GPS）与地理信息系统（GIS）系统	32.6	38.9	41.3	45.1	36.3
射频识别技术（RFID）	14.3	16.2	15.3	18.2	22.7
电子数据交换系统（EDI）	37.2	37.3	37.0	38.8	19.1
电子订货系统（EOS）	18.6	19.1	25.3	27.6	14.8
自动分拣系统（ASS）	17.2	15.7	14.3	15.4	10.5
其他信息技术	14.0	14.1	11.7	7.7	10.5

（三）把握电子商务机遇，制造业物流转型升级继续推进

近年来，随着互联网技术的发展和普及，大数据、云计算得到普遍应用，电子商务迅速崛起，互联网化、拓展供应链布局成为制造业发展的一个大趋势。无论是服装、汽车等加工制造业，还是零售等服务性制造业，都在通过互联网手段不断强化供应链体系建设，进而实现创新发展。

另外，近年来我国大宗商品电子商务得到快速发展。2014 年，阿里巴巴上市和世界互联网大会将我国的消费互联网带入巅峰时代，我国电子商务总交易额超过美国。同时，大宗商品电子交易量也随着国际间贸易量的不断增加而快速上升。大宗商品电子商务在其发展过程中，与物流等相关领域的结合越来越紧密，为我国制造业物流快速发展创造了更大的空间。

（四）制造业物流重点行业物流效率稳步提升

据中国物流与采购联合会、中国物流信息中心发布的重点企业物流统计调查数据显示，2013 年我国钢铁行业物流效率稳步提升，物流专业化水平持续提高，但总体来看，我国钢铁物流成本依然较高，根据推算，规模以上钢铁企业物流总成本达 7900 亿元，降低物流成本潜力较大。

在钢铁行业产能过剩的大背景下，行业物流效率稳步提升，钢铁物流费用率有所下降。重点企业物流统计调查数据显示，2013 年钢铁行业物流成本费用率为 10.7%，同比下降 0.4 个百分点，较 2009 年下降了 1.3 个百分点，为近年来的最低水平，如图 2 所示。

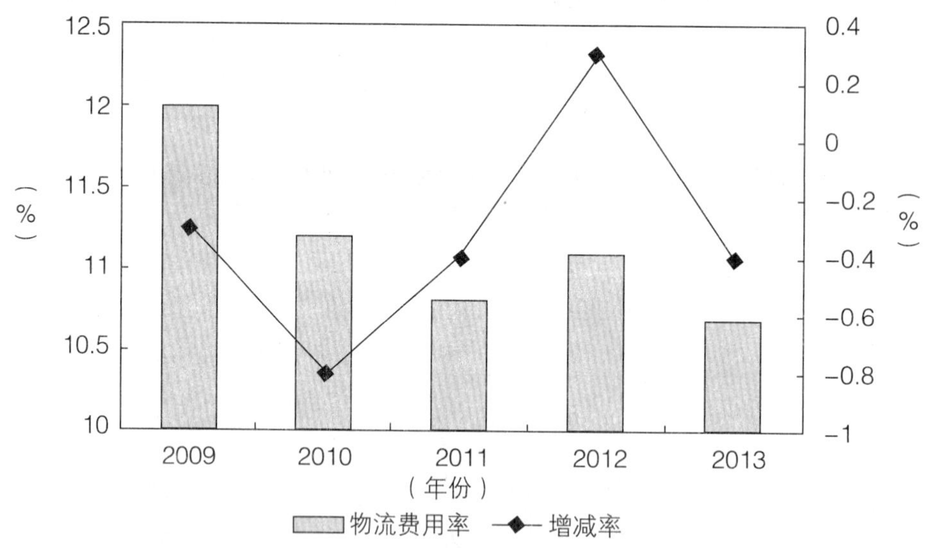

图 2　2009—2013 年我国钢铁企业物流费用率走势

近年来，在钢铁价格持续低迷、银行限贷等诸多因素影响下，我国钢铁企业为压缩物流环节费用积极采取措施，如加大直供比例及电子商务平台的应用，以实现供应链的成本节省和快速响应。2013 年我国钢铁行业库存率为 11%，较 2009 年下降了 1.6 个百分点。在此背景下，钢铁行业仓储成本和利息成本占比分别下降 0.01 个和 0.2 个百分点，占比分别为

4.4% 和 12.2% ，如图 3 所示。

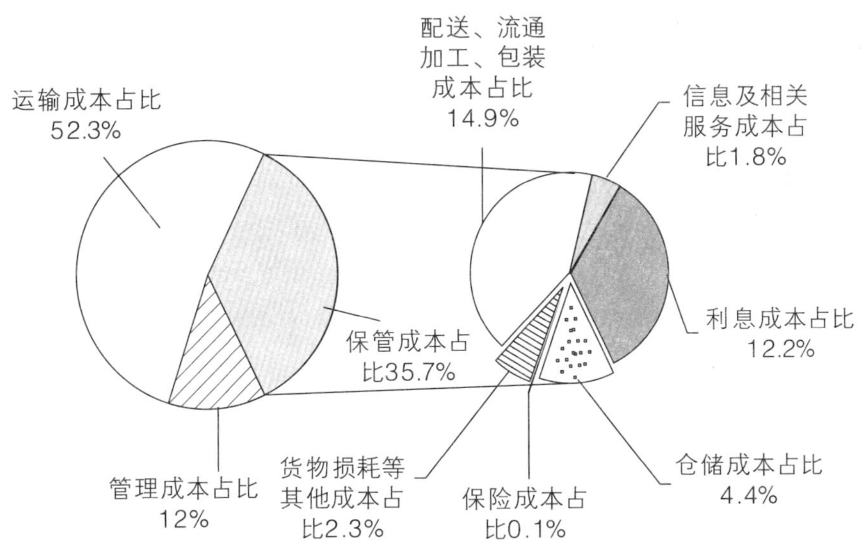

图 3　被调查的钢铁企业物流成本构成情况

三、2014 年制造业与物流业联动发展新进展

随着制造业与物流业的转型升级和现代化产业结构的优化调整，“两业”联动发展变得越来越重要，社会各界对两业联动必要性和紧迫性的认识不断提高。2014 年我国制造业与物流业联动发展在以下几方面进展明显。

（一）制造业物流与供应链管理工程发展纳入物流中长期规划，两业联动方式开始转型升级

2014 年 6 月 11 日，李克强总理主持召开国务院常务会议，讨论通过《物流业发展中长期规划（2014—2020）》（以下简称《中长期规划》），并于 9 月 12 日以国发〔2014〕42 号文正式发布。这是继 2009 年国务院《物流业调整和振兴规划》出台以来，又一个指导物流业发展的纲领性文件。《中长期规划》把物流业定位于支撑国民经济发展的基础性、战略性产业，是物流业产业地位进一步提升的重要标志。《中长期规划》提出三大发展重点、七项主要任务、十二项重点工程和九项保障措施。其中，制造业物流与供应链管理工程被纳入主要任务和重点工程中，显示出国家对于推动两业联动发展的高度重视。

《中长期规划》在主要任务中明确，要鼓励制造企业分离外包物流业务，促进企业内部物流需求社会化。优化制造业、商贸业集聚区物流资源配置，构建中小微企业公共物流服务平台，提供社会化物流服务。着力发展第三方物流，引导传统仓储、运输、国际货代、快递等企业采用现代物流管理理念和技术装备，提高服务能力；支持从制造企业内部剥离出来的物流企业发挥专业化、精益化服务优势，积极为社会提供公共物流服务。鼓励物流企业功能整合和业务创新，不断提升专业化服务水平，积极发展定制化物流服务，满足日益增长的个性化物流需求。进一步优化物流组织模式，积极发展共同配送、统一配送，提高多式联运比重。

由国家发改委印发的《促进物流业发展三年行动计划（2014—2016 年）》的通知中提出，要继续深入推动制造业与物流业联动发展，鼓励制造业企业分离外包物流业务，释放物流需求。提高物流企业的供应链一体化服务能力，发挥好物流业对制造业转型升级的支撑带动作用。

（二）制造业与物流业关系日益密切，两业联动继续深化

现代物流是提升制造企业核心竞争力的重要手段，制造业是物流业发展的需求基础。发达国家的经验表明，在工业化步入中后期发展阶段，必须借助于服务经济的力量，通过服务业特别是生产性服务业与制造业的融合发展，来推动制造业的转型升级和产业结构的优化。2014 年，整个社会物流业的增加值已占服务业增加值的 17% 左右，其发展的速度和质量对于服务业发展具有举足轻重的地位。因此，继续推动制造业与物流业的联动发展，不仅可以促进制造业的转型升级，而且可以推动服务业快速发展，对于转方式、调结构，打造中国经济的升级版具有十分重要的意义。

两业联动是促进物流业发展和发挥物流业基础性支撑作用的有效途径，两业联动的理念已得到了制造企业和物流企业的普遍认可。例如，中化化肥建立了供应商、生产企业到分公司、销售大区、销售网点及核心门店、客户的供应链，中化化肥作为供应链的核心企业，总部设立专职管理机构，在上游生产环节以集中采购和规模化生产使得供应链成本降低，在下游销售环节以市场和客户需求拉动，快速响应市场使公司销售收入提升，通过强化对供应商的考评管理，高度重视客户关系的建设和维护，并以全供应链信息化平台作为管理工具和手段，使供应商高效运作，为公司应对激烈的市场竞争，完成战略转型提供了有力的支持。

在制造业深度调整的背景下，行业物流也在积极应对变革，谋求整合提升。例如，钢铁生产企业积极向产业链中游流通环节渗透，拓展物流环节，兴办钢铁物流园区；汽车产业链加速拓展，第三方物流企业在实现汽车零部件入厂、整车物流、售后服务备件物流业务的同时，向汽车零部件企业供应链管理和物流领域延伸，向汽车后市场领域拓展。将来的物流企业要融入客户生产的前期采购、订单环节。物流企业从取货、送货阶段，发展到配合客户进行生产管理，深入到生产阶段，甚至直接参与生产线的生产过程。食品饮料行业重点关注冷链及配送环节，服装行业的供应链管理重难点在消灭链条上高库存等。

（三）物流技术应用步伐加快，供应链模式创新带动产业升级

2014 年是我国新技术革命的重要战略机遇期。随着劳动力的短缺和要素成本上升，以机器替代人力的趋势日益明显。制造业物流积极通过技术改造和设备升级，提升物流信息化、机械化、自动化水平，提高单位产出效率，创新物流服务模式。大数据、移动互联、智慧物流在制造业物流开始发力，通过整合数据和深入挖掘，为物流经营提供决策支持、为经济运行提供分析预警、为供应链上下游企业提供数据共享和相互协同，用数据创造新的价值，打造智能化竞争新优势。

以上海大众公司为例，上海大众借鉴德国大众新物流概念，建立了基于全流程信息化的拉式零部件供应链体系。以保证零件在正确的时间以正确的数量备货上线，实现零部件供应的同节拍运作，是日本精益生产的进一步创新和发展，是整车企业物流和供应链管理的新实践。此外，2014 年 3 月上海大众官方旗舰店入驻苏宁易购，开启 O2O 购车新时代：在线或电话咨询预约试驾，线上确认车型并进行支付。通过这种模式，减少了很多流通环节，有效降低物流成本，在满足客户需求个性化的同时，增加了物流业务的弹性。

物流的核心价值就在于整合，这也是现代物流区别于传统的运输、仓储行业的主要特征。领先企业通过流程再造、兼并重组、联盟合作等多种方式，加快功能整合、组织整合、信息整合和平台整合，挖掘物流整合潜力，发挥资源利用效率，有效提升发展的质量和效益。海尔的日日顺物流推出“送装一体化”服务模式，打造四网融合核心竞争力。淮矿物流推出“平台 + 基地供应链管理”模式，提升大宗商品流通组织化程度。

2014 年，制造业物流的一个重要发展趋势是向供应链转型。世界经济发达国家加大了“再工业化”战略的推进力度，依靠的就是对全球供应链的掌控和驾驭能力。徐州工程机械集团有限公司（以下简称“徐工集团”）充分利用物联网、云计算、数字化、智能化等新技术，在着力解决各业务和各产品之间普遍存在的信息孤岛问题、推进徐工集团信息化水平整体提升、实现企业内外有效协同、提升企业竞争力诸方面均取得了明显成效。2014 年 7 月 1 日，徐工信息技术服务有限公司正式成立运营。信息化作为徐工集团的“智慧大脑”和“价值中心”，开展产品智能化工程，面向装备制造业上下游产业链，提供数字化工厂解决方案，优化供应链整体运营。2014 年 11 月，徐工集团阿里巴巴国际站跨境电子商务平台投入运营。平台主营徐工全系列整机与备件产品，依托阿里巴巴国际站面向全球 190 余个国家销售。

总体来看，我国制造业供应链发展除了产业链上核心制造企业牵头带动以外，更多的是通过打造供应链一体化服务平台，为供应链上关联企业提供线上线下综合服务，如集中采购、分销执行、物流服务、平台交易、融资支付等，服务各类企业资源整合和功能提升的需要，这也是我国许多供应链企业的主要发展模式。

（四）制造业物流国际化步伐加速

2014 年，我国制造业发挥在全球产业链中的竞争优势，积极参与价值链体系分配，积极实施走出去战略。制造业企业通过“走出去”转移过剩产能，推动支持境外重大合作项目，引导冶金、化工、建材等重化工业到能源资源富集的国家和地区投资，鼓励轻工、纺织等劳动密集型产业有序“走出去”。以钢铁企业为例，2014 年 9 月初，河北钢铁在南非投资建设的 500 万吨钢铁项目正式启动，这是迄今我国在国外投资建设的最大规模的全流程钢铁项目，意味着我国钢铁企业“走出去”有了新开端，将会有企业跟进效仿，积极从外部谋求发展空间。

2014 年，国际物流渠道全面打开，中国物流与全球接轨，积极服务于制造业的全球化发展。亚太经合组织工商领导人峰会之后，谋求亚太经济一体化、共筑亚太梦想成为国际议论的焦点，而实现的关键在于“亚太物流一体化”。“亚太物流一体化”将积极推进亚太自贸区建设，支持多边贸易体制，促进全球供应链的合作。此外，中外运敦豪国际航空快递有限公司（DHL）扩展了其通过认证的 Thermonet 全球设施网络，计划在美洲建设 13 个站点，针对生命科学和保健行业推出服务；中海集运与法国达飞海运和阿拉伯联合航运签署合作协议，三家集装箱班轮运营商在亚欧航线、泛太平洋航线和亚洲—地中海航线三条东西向的主干线上展开共同投船、舱位互换和舱位买卖等形式的合作；中国—东盟自贸区建设向纵深推进，物流陆路通道不断扩展，中国与东盟已有近 10 条重要陆路货物运输通道进行互联互通，有力推动了双方经贸合作。与此同时，各类企业看好跨境电商业务，“海外仓”建设吸引大批资金。中远物流，中外运股份等大型物流企业继续保持工程物流领域的优势地位，跟随国内工程建设企业“走出去”，在港口、园区等物流战略资源方面取得积极进展。

（刘伟华　武润泽　朱冬蕾　天津大学管理与经济学部　毛乔梅　天津师范大学管理学院）

2014 年中国钢铁物流

2014 年处于“经济增长速度进入换档期、结构调整面临阵痛期、前期刺激政策消化期”，“三期叠加”的中国经济面临下行压力，钢铁业作为国民经济发展的支柱性产业，在此背景下也进入全面调整期，低增长、低效益、低价格、高压力成为钢铁行业的新常态。2014 年，我国钢铁产量、钢材出口、铁矿石进口量均创新高，但是钢价跌至近年来新低，社会库存严重收缩。在此背景下钢铁流通模式正在悄悄发生改变，钢铁电商时代日趋成熟。

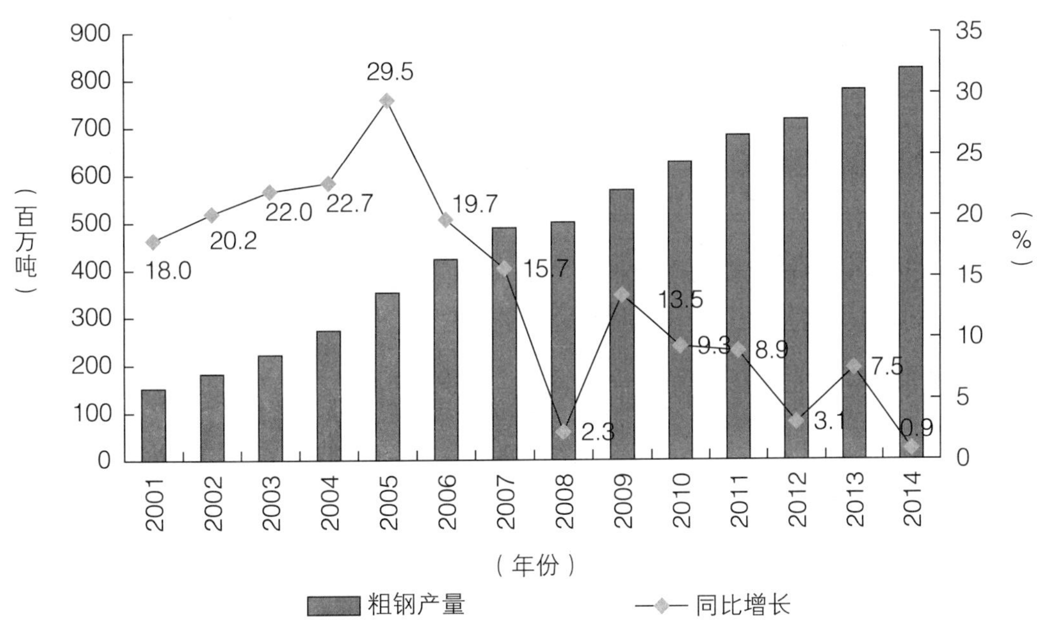

图 1 2001—2014 年我国粗钢产量及同比增速变化情况①

① 数据来源：国家统计局。

一、钢铁产业发展情况

（一）钢铁产量增速放缓，钢材出口量及铁矿石进口量大幅增长

2014 年我国钢铁产量继续保持增长，但增速有所放缓。据国家统计局数据统计，2014 年我国粗钢产量为 82270 万吨，同比增长 0.9%，如图 1 所示，增幅同比下降 6.6 个百分点，增速为 1981 年以来最低，我国粗钢产量占全球的比重为 49.4%，同比提高 0.9%。我国累计生产生铁 70897 万吨，同比增长 6.2%；钢材（含重复材）112557 万吨，同比增长 4.5%，增幅下降 6.9 个百分点。

2014 年，我国钢材出口仍然保持了高速增长态势。据海关统计，2014 年我国累计出口钢材 9378 万吨，同比增长 50.5%；累计进口钢材 1443 万吨，同比增长 2.5%；净出口钢材 7935 万吨（2000 年以来我国每年钢材进出口情况详见图 2）。2014 年我国铁矿石进口价格跌幅超过 40%，在价格剧烈下跌的刺激之下，我国铁矿进口量累计进口铁矿砂及其精矿 93251 万吨，同比增长 13.85%。

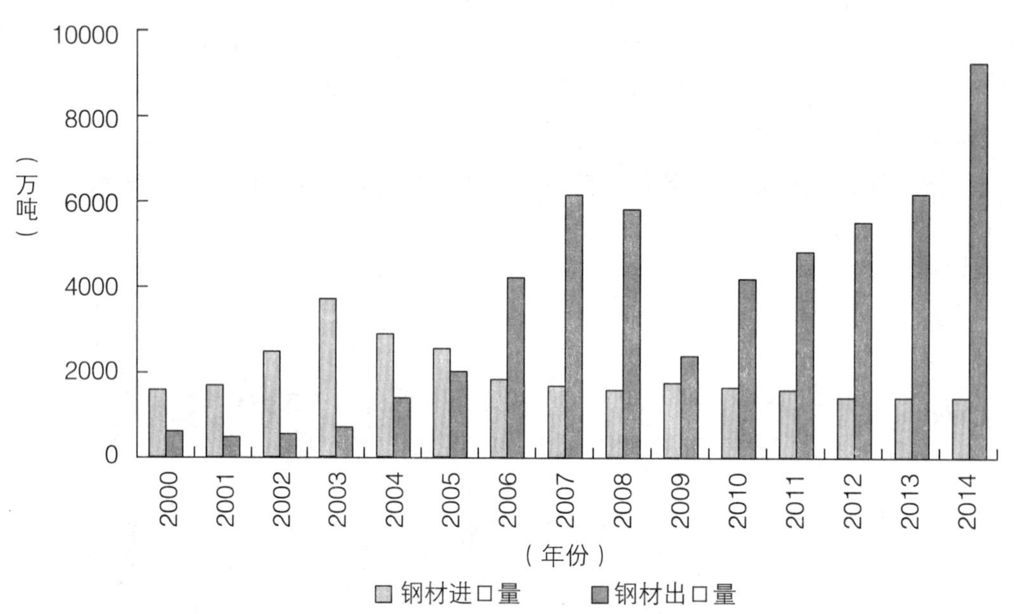

图 2　2000—2014 年我国钢材进出口情况变化①

（二）钢铁行业效益同比下滑

2014 年，随着我国钢铁产量增速放缓以及三大矿山矿石产量大幅增长，铁矿石供需关系发生变化。兰格钢铁信息研究中心监测数据显示，截至 2014 年 12 月 31 日，进口铁矿石普氏指数由年初的 134.5 美元/吨下跌至 71.25 美元/吨，跌幅达 47%。铁矿石海关进口均价也从 2014 年 1 月的 130.7 美元/吨下跌为 12 月的 75.6 美元/吨，海关进口均价跌幅达 42.2%。铁矿石价格的大幅下跌使得钢铁企业成本明显

① 数据来源：中国海关。

下降，但钢铁市场持续低迷，钢铁行业盈利有所下滑，特别是铁矿石企业下滑明显。国家统计局数据显示，2014 年 1—12 月，黑色金属矿采选业利润总额 801.2 亿元，同比下降 23.9%；主营活动利润 753.2 亿元，同比下降 29.6%；黑色金属冶炼和压延加工业利润总额 1647.2 亿元，同比下降 2.7%；主营活动利润 1722.5 亿元，同比下降 5.8%。

二、钢铁物流发展情况

（一）社会库存创下新低，流通环节规模不断收缩

据兰格钢铁信息研究中心市场监测数据显示，2014 年 12 月底，我国 29 个重点城市钢材社会库存量为 871.4 万吨，同比下降 29.7%。其中，建筑钢材社会库存 427 万吨，同比下降 29.1%；板材社会库存 444.4 万吨，同比下降 30.3%（详见图 3）。

2012 年以来，我国钢铁流通企业遭遇大规模洗牌。据不完全统计，上海近 70%、全国其他地区近 30% 的钢贸商退出行业，全国钢贸商数量从 20 万家迅速缩减至 10 万家左右，市场活跃度进一步降低，且普遍面临融资难的问题，很多企业利用自有资金进行货物流转，因此控制库存成为规避企业经营风险的一项举措。2013 年起我国传统的“钢材冬储”操作方式逐渐被淡化，在钢价持续下行、企业资金紧张和避险意识增强等情况下，2014 年我国钢铁流通企业冬储操作仍较为稀少。

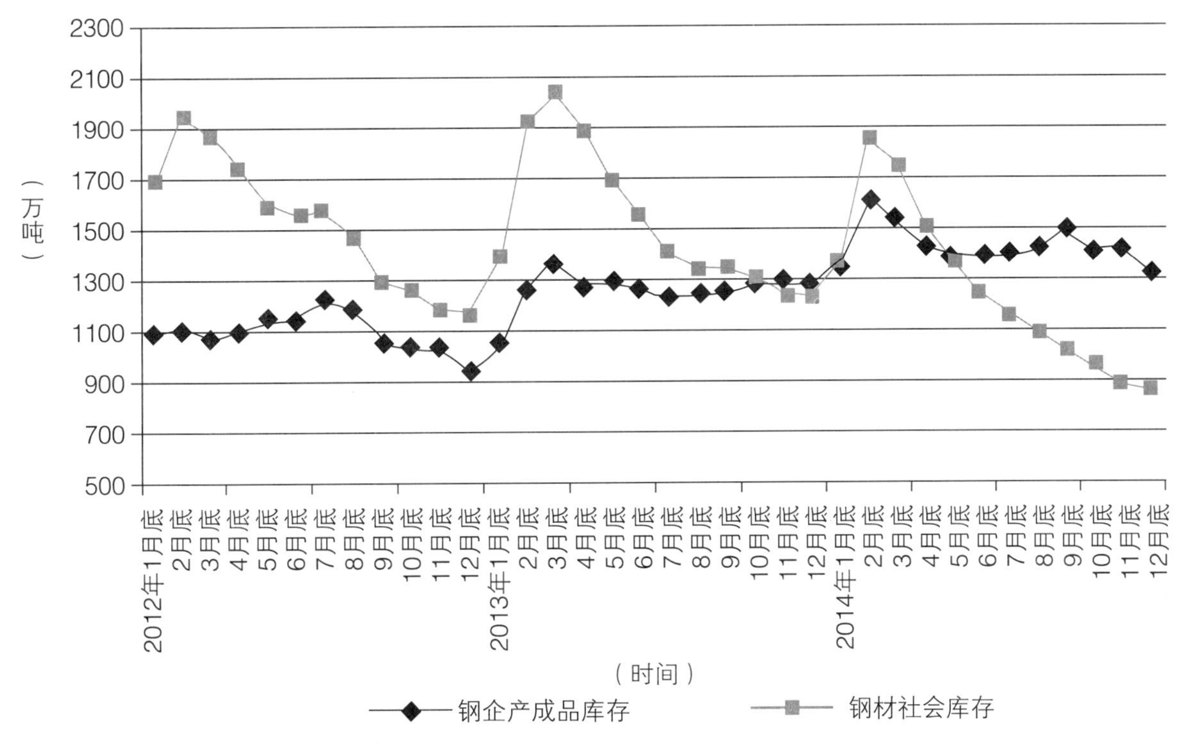

图 3　2012—2014 年我国钢材钢厂库存及社会库存变化①

① 数据来源：兰格钢铁信息研究中心。

（二）钢铁物流效率稳步提升

中国物流与采购联合会、中国物流信息中心重点企业物流统计调查数据显示，2013 年钢铁行业物流效率稳步提升，物流专业化水平持续提高，但总体来看，我国钢铁物流成本依然较高，根据推算规模以上钢铁企业物流总成本达 7900 亿元，降低物流成本潜力较大。2013 年钢铁行业物流成本费用率为 10.7%，同比下降 0.4 个百分点，较 2009 年下降了 1.3 个百分点。2013 年重点调查钢铁企业物流成本较上年同期增长 3.9%，近年增幅总体呈下降态势。其中，保管成本同比增幅回落 3 个百分点。在保管成本中，利息成本和仓储成本增幅分别回落 10.4 个和 5.2 个百分点。此外，运输成本和管理成本保持平稳增长，比上年同期分别增长 5.3% 和 10.5%。

2013 年我国钢铁企业物流费用率仍高于发达国家，一方面，表明我国钢铁行业物流水平仍存在很大差距；另一方面，显示出我国降低钢铁物流成本的巨大潜力。数据显示，2013 年我国钢铁行业利润率仅为 2.2%，行业实现利润 2588 亿元。如果我国钢铁物流费用率达到日本的水平，意味着可以降低 2000 亿左右的物流成本，节约的物流成本接近行业全年利润额。

（三）国内港口钢材吞吐量稳步增长

据国家交通部数据显示，2014 年我国国内港口铁矿石吞吐总量为 15 亿吨，同比增长 11.2%；煤炭及制品吞吐总量为 20.1 亿吨，同比增长 1.6%；钢材吞吐总量为 4.3 亿吨，同比增幅为 2.4%。

从港口钢材吞吐量对比来看，2014 年唐山港钢材吞吐量居于首位，占比达到 38.8%，紧随其后的为上海港、苏州港、天津港。沿海港口钢材吞吐量多于内河钢材吞吐量，2014 年钢材吞吐量在 100 万吨以上的港口包含 29 家沿海港口和 27 家内河港口。

国内港口钢材吞吐量稳步增长，进一步印证了在钢铁产业链中水路运输具有成本低、污染小、安全经济、可以实现大批量运输的优势，在钢铁物流中发挥着不可或缺的作用。一是由于我国铁矿石大量依赖进口，而矿石运输几乎都要靠船只海运抵达国内港口；二是我国钢材出口量较大，钢材出口运输基本均为海运；三是我国南北方钢材供需比例有较大差异，北方钢材需要大量进入南方地区消化，水路运输凭借运力大、成本低成为交通工具的首选；四是我国煤炭运输也依赖于水运。

三、钢铁物流发展的新亮点

（一）系列政策引导钢铁物流转型发展

2014 年 9 月，国务院正式印发的《物流业发展中长期规划》提出了三大发展重点、十二大重点工程和八项政策措施。其中与钢铁行业物流相关的有：制造业物流与供应链管理工程、资源型产品物流工程和物流园区工程三项工程。此外，《物流业发展中长期规划》还提出，要加强与制造业企业紧密配套、有效衔接的仓储配送设施和物流信息平台，要加快资源型产品物流集散中心和物流通道建设，要结合区位特点和物流需求发展钢铁、煤炭、汽车等专业类物流园区，发挥物流园区的示范带头作用。

为落实《物流业发展中长期规划》，商务部印发了《关于促进商贸物流发展的实施意见》。提出要加快生产资料物流转型升级；鼓励生产资料物流企业充分利用新技术和新的商业模式整合内外资源，延长产业链，跨行业、跨领域融合发展，增强信息、交易、加工、配送、融资、担保等一体化综合服务能力，由单纯的贸易商、物流商，向供应链集成服务商转型；支持生产资料生产，流通企业在中心城市、交通枢纽、经济开发区和工业园区有序建设大宗生产资料物流基地和物流园区，促进产业适度集聚。

系列政策的出台，为下一阶段钢铁物流业发展提供了方向指引和发展机遇。钢铁物流和流通企业要顺应“新常态”发展要求，努力提升自身社会化、专业化、标准化、信息化、组织化水平，建立一体化、个性化、多样化服务体系和经营模式，推动行业规模化和集约化发展。同时，要通过延长产业链，积极向上下游延伸服务，由单纯的贸易商、物流商，逐步向供应链集成服务商转型，整合分散的企业群体，形成更多的利益共同体，提升市场集中度，建立合作共赢的“产业生态圈”。

（二）国内首批钢铁物流国标在京通过专家评审

2014年12月24日，由中国物流与采购联合会钢铁物流专委会牵头组织，国家建筑钢材质量监督检验中心、西本新干线、鞍钢、新余钢铁等参与制定的我国首批钢铁物流国家标准，在北京顺利通过专家评审。评审会分别针对《钢铁物流包装标识规范》《钢铁物流验货操作规范》《钢铁物流作业规范》三个标准送审稿进行了广泛而深入的论证。与会专家还分别对三项标准对应的起草小组提出修改建议，为标准更具有实用性和可操作性提出积极参考意见。

这预示着市场期盼已久的钢铁物流领域第一批国标即将问世，未来将对提升我国钢铁物流运作效率、社会效益发挥重要作用，对钢铁物流产业的健康有序发展发挥重要的战略意义。

（三）制定《钢材质押融资仓储企业管理规范》，引导大宗商品钢材市场健康发展

为引导大宗商品钢材市场健康发展，推动上海诚信体系建设，在上海市商务委的推进和指导下，上海市仓储行业协会会同上海市银行同业公会、百联现代物流、东方钢铁等龙头企业，研制了《钢材质押融资仓储企业管理规范》。

该标准针对钢材质押业务中存在的质押监管风险等问题，对从事钢材质押融资业务的仓储企业的基本条件、从业人员、管理规范和操作流程等提出了明确要求。2014年10月，该标准通过专家评审并正式发布。标准编号为DB31/T 843—2014，自2015年1月1日起实施。

（四）钢铁电商平台发展迅速

自2012年钢贸危机爆发以来，中国钢贸商数量从20万家缩减至10万家左右，而钢铁行业产能过剩使得“卖方市场”朝“买方市场”转变，原先的钢铁企业分销体系发生了巨大改变，需要新式营销模式来替代。钢铁电商凭借公开透明的价格体系，便捷的物流配送等，使钢企有效对接市场需求，提高产品销量等优势因而迅速崛起并有效抢占市场。

目前，钢铁电商平台因载体不同，平台优劣势各有差异（详见下表）。由五矿发展全资子公司五矿电子商务有限公司建设运营的鑫益联于2014年5月正式启动，而五矿发展早在2010年就开始布局电商战略，并于2012年联合国内部分钢材仓储物流、钢贸等企业成立了“钢铁流通e联盟”。2014年，国内钢铁电商发展迅速，钢厂、贸易商、第三方平台等纷纷加大了对于钢铁电商平台的投资力度，资本融资也在不断创造奇迹，国内钢铁电商得以蓬勃发展，据相关统计数据显示，目前国内钢铁电商平台有200家左右。

不同类型钢铁电商对比分析表

	第三方钢铁电商	贸易商、仓储物流类钢铁电商	钢厂类钢铁电商
代表企业	兰格钢铁网、上海钢联、找钢网	五矿发展、物产中拓、欧浦钢网	宝钢（东方钢铁网、上海钢铁交易中心）、沙钢玖隆电商、华菱荷钢网
主要优势	信息数据服务能力强，平台开放度高，行业整合性强，互联网思维，业务模式灵活	成熟的物流仓储体系，满足客户个性化定制需求，产品多样化	资金实力强，与贸易商、物流仓储企业合作广泛
主要劣势	物流仓储在体外，难以满足客户定制化需求，仓单风险控制难度高，资金实力偏弱	属于重资产行业，异地扩张面临资金、渠道等问题，目前处于线下业务线上化阶段，平台内生性扩张能力不强	平台开发性、多元化性受到竞争对手排斥，产品多样性不足

目前我国钢铁电商遭遇几大发展瓶颈：一是平台模式难定。定位不清晰，没有清晰的盈利模式，最终导致不少电商平台昙花一现。二是物流网络难通。钢铁作为大宗生产资料，受到运输、储存、资金支付等多种因素的影响，线上线下无缝对接的难题成为电商平台发展的掣肘。三是资金线上支付难。钢铁产品所需资金量较大，动辄几百万元、上千万元甚至上亿元，电商平台的安全支付渠道如何取信于用户至关重要。四是短时间内难以建立诚信体系。自钢铁行业“重复质押”和“钢贸商跑路”事件被曝光后，整个行业都深陷信任危机。作为虚拟平台，钢铁电商同样面临诚信的考验。

钢铁电商平台能够盈利至少需要具备以下条件：一是交易规模巨大。无论卖家还是买家都能够迅速地在平台上找到对方，而且对客户来说具有黏性，交易量是电商平台盈利的前提。二是规模化的O2O交易平台。O2O交易平台以在线交易为核心，还要融合发展仓储管理、物流整合、支付结算、融资服务等生态链服务，并形成信息流、物流、资金流的三流合一，达成交易的完整闭环。全流程闭环钢铁电商的意义，一方面在于对交易各环节风险的严格把控；另一方面在于钢铁电商未来的盈利点也立足于平台提供的增值服务，包括供应链金融、仓储、物流等。三是对用户交易习惯的培养。从传统的贸易模式转向钢铁电商是巨大的转变，需要对用户交易习惯进行培养，一方面包括交易方式的改变，增加用户的黏性；另一方面，要通过为用户提供增值服务，使平台能够为钢铁产业链企业提供在线交易与结算、货物交收、物流配送和线上融资等钢铁流通全流程、集成化服务。

（王国清　刘长庆　兰格集团）

2014年中国粮食物流

2014年我国粮食总产量达到60710万吨，比2013年增加516万吨、增长0.9%，实现11年连续增产。其中谷物总产量55726.9万吨，比2013年增产457.7万吨、增长0.8%。我国粮食生产连年丰收，粮食需求增速放缓，粮食高产量、高收购量、高库存量“三高”叠加。分品种看，玉米连续增产和消费需求持续下降同步出现，产需走势逆向而行，阶段性过剩特征十分明显；稻米市场也呈现供大于求，销售不畅的情况；大豆供需缺口持续扩大，全年进口大豆7140万吨，同比增加12.66%，对外依存度高的局面没有改变；2009年至今，我国已经连续6年成为谷物净进口国，2014年净进口量突破1800万吨。2014年世界粮食产量创纪录，约253355万吨，比2013年增产1352万吨，增长0.54%；小麦、粗粮的产量分别增长1.23%和0.41%，稻谷产量减少0.12%。

面对世界经济深度调整和国内经济“三期叠加”的状况，我国粮食市场形势错综复杂、收储压力前所未有、改革发展任务艰巨繁重，中央发出了第11个涉农中央1号文件，财政预算“三农”支出继续增加，国家有关部门适时采取一系列粮食宏观调控措施，切实抓好粮食收储保供，为促进经济社会持续稳步发展做出了新的贡献。

一、抓好粮食收储，保护农民利益

为保护与调动农民种粮积极性，进一步促进粮食生产稳定发展，保障农民种粮收益，考虑粮食生产成本增加等因素，2014年我国生产的早籼稻（三等，下同）、中晚籼稻和粳稻最低收购价格分别提高到每50千克135元、138元和155元，比2013年分别提高了3元、3元和5元。2014年我国生产的小麦（三等）最低收购价提高到每50千克118元，比2013年提高了6元。继续对玉米、油菜籽实行临时收储政策，收储底价与2013年持平。启动东北三省一区大豆目标价格改革试点，2014年大豆目标价格定位每50千克240元，比2013年提高了10元。全年各类粮食企业的粮食收购量首次突破7000亿斤，总量达7298亿斤，同比增加409亿斤，其中最低收购价和临时收储粮食2478亿斤，同比增加814亿斤。各地通过提价托市、增加收购、优质优价、整晒提等、产后减损等措施，促进种粮农民增收550亿元以上。

二、做好储备投放，稳定市场供应

为保证粮食市场供应、维护粮食价格基本稳定，国家粮食管理部门综合利用政策性粮食竞价销售、储备粮油轮换、适时进口转储、组织跨省移库和产销衔接等手段，有效实施粮食宏观调控，全年政策性粮食竞价成交 1053 亿斤、跨省移库 200 亿斤，省际间粮食流通量达 3300 亿斤。各地市场粮源充裕、供应充足，有效保证了军需民食，维护了粮食市场稳定。

三、仓储物流建设取得新成效

2014 年中央财政对粮食行业各类设施建设投资达 54.5 亿元，直接带动各地财政及社会投资 234 亿元，极大地促进了粮食仓储物流设施建设。为农户配置科学储粮装具 140 万套，累计达到 817 万套。中央财政“危仓老库”维修改造补助资金增加到 20 亿元，重点支持的省份扩大到 12 个，已完成维改仓容 1108 亿斤。中央补助投资 8 亿元支持粮食现代物流项目和粮食质量安全检验监测能力建设。

四、企业改革取得新进展

2014 年，全国粮食行业系统基层国有粮食企业产权制度改革积极推进，“一县一企、一企多点”改革模式取得实效，安徽、湖北、黑龙江、四川等地粮食行业混合所有制经济发展势头良好，全年国有粮食企业统算赢利 56.15 亿元，连续 8 年保持赢利。农民社区粮行、大众主食厨房、放心粮油超市、粮油电商网购等新型产业模式和经营业态快速发展，吉林、河北、江苏、浙江、河南、重庆、陕西、青海、新疆等 17 个省发展“粮食银行”350 家，在新型城镇化和农业现代化建设中发挥了积极作用。

五、科技兴粮、人才兴粮工程迈出新步伐

2014 年，中央财政安排粮食公益性行业科研专项经费 1.5 亿元，全国粮食行业安全绿色储粮、粮食质量安全、粮食流通及信息技术、加工及节粮减损技术等 7 个重大项目研究进展顺利，粮食行业加快推进粮食产后领域“国家工程实验室”建设，成功开发以横向通风为代表的粮食储藏成套新技术和小麦真菌毒素生物降解技术，发布实施粮油储藏技术规范、牡丹籽油等一批国家和行业标准，首次由我国组织修订的国际谷物标准“小麦规格”获得国家标准创新贡献一等奖。全行业培训干部职工 27 万人次，9171 人取得国家职业资格证书。

六、粮食流通管理体制改革取得新突破

2014 年年底，国务院出台了《关于建立健全粮食安全省长责任制的若干意见》，进一步明确了省级人民政府在粮食安全方面的事权和责任，实现了理顺粮食流通管理体制的新突破。各地粮食行业系统把进一步落实粮食安全责任作为深化改革的中心任务，山西、云南、广东等省将粮食安全责任全面纳入各级政府目标责任考核体系，浙江、宁夏、广西、湖南、辽宁、江苏等地分别采取逐级签订粮食安全责任书、建立粮食安全监督考核机制等办法，全面落实粮食安全责任，为巩固和完善粮食市场管理打下了坚实的基础。

（韩兆轩　中国粮食行业协会）

2014 年中国汽车物流业

一、汽车物流市场平稳快速增长

2014 年，我国汽车物流市场的总体增速高于汽车工业增速。

1. 汽车产销量中速增长

2014 年，面对复杂多变的国际环境和艰巨繁重的国内改革任务，我国汽车行业整体运行平稳，实现了良好发展。据中国汽车工业协会的统计，2014 年我国汽车产销分别为 2372. 29 万辆和 2349. 19 万辆，增幅比上年有所回落，同比增长 7. 26% 和 6. 86% ，总体呈现平稳增长态势，产销增速比上年分别下降 7. 5 个和 7 个百分点。其中，乘用车产销分别完成 1991. 98 万辆和 1970. 06 万辆，比上年分别增长 10. 2% 和 9. 9% ，增速高于汽车总体 2. 9 个和 3 个百分点；商用车产销分别完成 380. 31 万辆和 379. 13 万辆，比上年分别下降 5. 7% 和 6. 5% ；客车产销比上年分别增长 7. 6% 和 8. 4% ，货车产销分别下降 7. 9% 和 8. 9% 。2014 年，我国汽车行业累计出口汽车 91. 04 万辆，比上年下降 6. 9% 。其中，乘用车出口 53. 3 万辆，比上年下降 10. 6% ；商用车出口 37. 73 万辆，比上年下降 1% 。进口汽车主要车型为越野车、轿车和小型客车；出口主要车型为轿车、载货车和客车。

2. 汽车物流产业链向上下游市场扩张

汽车物流产业链主要包括零部件入厂物流、整车物流、售后服务备件物流三个主要方面的业务，汽车物流服务以这三个环节为基础，上游从零部件入厂物流向汽车零部件供应商管理上延，下游从售后服务备件物流向二手车、报废汽车物流以及其他后市场服务延长，汽车物流产业的纵向延伸使汽车物流产业链条更加完整，服务更加完善。

（1）汽车零部件企业的发展丰富了物流市场资源。在汽车的总成本中，零部件的成本要占到 70% ~80% ，由于汽车产业市场规模巨大，因而汽车的零部件工业也相应成为制造业中宝贵的物流资源。由于国际企业普遍重视物流业务，国际零部件企业在物流和供应链管理方面普遍拥有成熟经验，因而成为我国汽车零部件企业物流外包的主流客户和汽车物流的新资源。

（2）汽车后市场强大需求成为汽车物流潜在发展市场。汽车后市场是从汽车销售以后，围绕汽车使用过程中的各种服务。汽车售后备件是后市场服务中的重要环节之一，也是汽车物流服务的重点环节。从全球情况看，汽车制造和维修用零部件所占比例大体上为 80% 和 20% 。

截至 2014 年年底，我国机动车保有量达 2. 64 亿辆，其中汽车为 1. 54 亿辆，新注册量和年增量均达历史最高水平。如此庞大的保有量背后有着庞大的售后备件需求，若每辆汽车一年中需要替换一个备件，则全年的售后备件量就可达到上亿件甚至更多，这对汽车售后备件物流来说既是机遇也是挑战。

（3）二手车、报废车市场扩大为汽车物流发展提供新的关注领域。2014 年我国共交易二手车 605. 29 万辆，同比增长 16. 33% 。二手车的运输与报废汽车的回收成为汽车物流发展的新领域。近两年，国家相关部门在出台多项关于开展报废汽车回收、整治的政策的同时，加大了老旧汽车报废更新补贴工作力度，对开展报废汽车回收工作起到了至关重要的推动作用。对汽车物流行业来说，如何在汽车报废回收领域开发提供专业化的服务是亟待解决的新课题。

二、行业政策利好和市场环境日趋规范

1. 相关政策指明汽车物流发展方向

2014 年，国务院和相关部委陆续出台了系列政策，为汽车物流行业发展创造了政策环境，指明了方向。

在宏观政策方面，2014 年 9 月国务院发布《物流业发展中长期规划（2014—2020 年）》（以下简称《规划》）要求，到 2020 年，基本建立布局合理、技术先进、便捷高效、绿色环保、安全有序的现代物流服务体系，明确了中长期发展的战略目标。《规划》提出三大发展重点、七项主要任务、十二项重点工程和九项保障措施，抓住了制约物流业发展的关键问题，明确了发展方向，是指导我国物流业“新常态”下健康发展的顶层设计蓝图。《规划》发布后，全国现代物流工作部际联席会议加强政策协调，积极推进政策落实，《促进物流业发展三年行动计划》正式出台，明确了五个方面、62 项重点工作任务的牵头部门以及具体目标和完成时限。国家发改委、交通部、商务部、国家铁路局、中国民航局、国家邮政局及国家标准委于 11 月联合印发《关于我国物流业信用体系建设的指导意见》，提出将建立健全物流业信用体系，有效约束和规范企业的经营行为，营造公平竞争、诚信经营的市场环境，同时提出加强物流信用服务机构培育和监管、推进信用记录建设和共享、积极推动信用记录应用、开展专业物流领域信用建设试点、加强物流信用体系建设的组织协调等十余项措施。

在涉及物流运输的微观政策方面，交通运输部、公安部、国家安全监管总局发布《道路运输车辆动态监督管理办法》，全面系统地规范了道路运输车辆动态监管工作，为做好道路运输车辆动态监管工作提供了基本制度保障，是指导动态监管工作的纲领性文件；交通运输部、公安部、商务部发布《关于加强城市配送运输与车辆通行管理工作的通知》，解决了“最后一公里”的部分管理问题。

2. “一带一路”为汽车物流发展提供了国际合作契机

“一带一路”是国家重大发展战略，为汽车制造业加快海外市场拓展步伐提供内生动力。为响应国家战略，各地推出了一批与之相

关的发展线路，如“渝新欧”“郑新欧”“蒙新欧”等，由沿途六个国家铁路、海关部门共同协调建立的铁路运输通道。这些专业线路的出现，为汽车物流的国际化发展创造了机遇。

3. 车辆运输车标准问题仍然制约行业发展

车辆运输车标准一直以来都是行业关注的焦点问题，被认为是解决行业公路运输问题的第一步。2014 年工信部、交通运输部、公安部、国家标准化委员会会同相关研究机构进行了广泛调研和深入研究，基本形成了一致意见，但仍未公布终稿，解决制约行业发展的老大难问题依旧需要等待。

4. 汽车物流企业陷入“治超”困境

2014 年，四川省高速交警总队发布的《关于分阶段整治商品车运输专用车相关问题的通知》指出，2014 年 7 月 1 日前允许商品车专用运输车辆通过高速公路，并集中运输积压的商品车；2014 年 7 月 1 日至 12 月 31 日，交管部门将开始集中整治商品运输车的超限问题。需整改的商品运输车的高度不得超过 4. 2 米、宽度不得超过 2. 55 米、整车长度不得超过 30 米，且专用车尾部伸出货箱部分必须切割。未达到规定标准的运输车、交警将责令车主、驾驶人按规定整改。此举对于汽车整车运输企业是一个警示。目前，车辆运输车违规车辆较多，特别是俗称“二怪”的车辆运输车，箱体尺寸大多不符合商品运输车箱体限额标准要求，四川省的“治超”严重影响了部分汽车物流企业的运营，使汽车物流企业陷入困境。同时对加快行业标准的出台和规范运输车辆提出了新要求。

三、行业标准继续完善

2014 年，我国汽车行业物流标准制定工作在国家物流标准化技术委员会的支持关注下不断推进，行业标准不断完善，为规范行业发展夯实了基础。

1. 已出台的新标准

2014 年有四项涉及汽车物流的国家标准正式发布，并已于 2014 年 12 月 1 日开始实施。分别是：由国家标准化管理委员会批准，中物联汽车物流分会牵头编制的《汽车物流服务评价指标》（GB/T 31149—2014）、《汽车零部件物流塑料周转箱尺寸系列及技术要求》（GB/T 31150—2014）、《汽车整车物流质损风险监控要求》（GB/T 31151—2014）和《汽车物流术语》（GB/T 31152—2014）。

2. 即将出台的国家及行业标准

2014 年，在全国物流标准化技术委员会推动下，中物联汽车物流分会牵头编制的《汽车物流统计指标体系》《商用车背车装载技术要求》《汽车零部件物流器具分类及编码》《汽车物流信息系统基础要求》四项国家标准及行业标准通过专家评审，进入报批阶段。《乘用车物流质损判定及处理规范》《乘用车运输服务规范》《乘用车水路运输服务规范》《乘用车仓储服务规范》四项修订的汽车物流行业标准已形成讨论稿，并准备向社会征求意见。《汽车整车出口物流标识规范》国家标准已由国标委批准立项。

3. 标准工作存在的问题

2014 年汽车物流行业的标准化建设工作稳步推进，但仍有一些问题：一是汽车物流行业标准体系有待完善，虽然汽车物流标准相继出台，并且针对物流标准体系已经有了一定的研究，但针对行业专业标准并没有完善的体系，标准的完成性还存在一定的问题。另外，由于各企业借鉴的国外标准不同，形成的标准存在一定的差异性，对于行业资源共享和利用存在一定阻碍。二是标准宣传贯彻不尽理想。标准制定后缺乏系统的宣传，导致企业对于已经出台的行业标准不了解，造成有标准却贯彻不下去的现象。

四、行业统计和研究工作有新突破

2014 年中物联汽车物流分会启动了汽车物流企业年度调研工作，具体包括整车、零部件、售后服务备件三个方面的调研。调研根据《汽车物流统计指标体系》中的指标进行数据采集，共涉及三大类 60 余项指标。调研完成后通过对数据进行整理和分析最终形成报告。调研有利于更好地了解汽车物流行业发展现状，分析行业发展中的问题，进一步优化汽车物流行业发展结构，推动公、铁、水综合运输体系建设，提升零部件、整车至售后服务备件物流的供应链管理水平。

五、综合运输体系建设更加深化

1. 铁路运输

中铁特货运输公司（以下简称“公司”）作为国家铁路汽车物流核心企业，在铁路商品车物流领域深耕细作，不断创新。一是完善全程物流链提效增收。为实现“门到门”全程物流，公司在全国范围内对配送业务进行重新招标；通过优化配送模式，改变了以往由于前后端配送商不统一导致质损多、赔付金额大的状况，实行项目两端由一家配送商负责全程商品汽车质损理赔。经过整合，公司建立规范的商品汽车配送队伍 49 支，提高了商品汽车全程物流质量，也大大降低了物流成本。二是建设物流基地筑巢引凤。随着铁路小汽车运输市场份额的快速提升，各汽车生产厂家的销售模式开始向规模化的集中区域代理销售方式转变。适应市场需求，依托铁道部政策和地方政府支持，公司积极建设大型物流基地。此举不仅帮助商品汽车生产厂家实现了库存前移，也为公司开展商品汽车全程物流运输工作创造了有利条件。三是量体裁衣做优服务。公司专项投资开发了商品汽车物流管理信息平台。信息化网络平台的建设，有效提升了铁路汽车物流的全过程管理水平，保证了汽车物流的信息畅通，提高了客户的满意度。公司还通过建立客户维护机制，对客户实行分类分级维护，提高决策效率和市场响应灵敏度，保持公司运量稳定增长。四是积极创新，公司创新制定了《商品汽车铁路装卸作业安全技术管理标准》，并印制成小册子。在这本小册子中仅汽车启动作业要求就有 20 条，细到对简单的开车门的动作都有精确描述。为提高运输时效，公司积极组织整列运输。目前，商品汽车整列运输比例接近 40%，从柳州开往郑州的“五定”直达班列，从原来的 50 多个小时压缩到 37 个小时。同时，公司加强与铁道部、铁路局、站段等的协调，加快重车输送和空车调配，提高车辆周转效率，缩短在途时间。运输装备方面，公司在拥有国内先进的运输车（箱）6000 余辆的基础上，不断研制运输多种汽车的新车型。目前，公司正在研究、设计一种新车型作为铁路汽车物流的专用车型，以“专用 + 通用”为特点，既能运输汽车，又能运输常规货物，这种新车型面世后，能够进一步降低汽车企业的物流成本、提升竞争力。2014 年公司专门就牵引车等商用车运输专用箱进行研究和开发，基本确定了制造方案。

2. 水运领域

2014 年，我国沿江沿海整车进口口岸及汽车水运枢纽的配套设施建设又有新的发展。

（1）青岛港。2014 年青岛港在保税港区内建设了 2.79 万平方米的汽车物流展示中心，吸引了近百家贸易商在这里聚集，类似于进口汽车的大卖场；青岛保税港区汽车整车进口口岸分两期开发建设，其中，一期工程开通 4 号、5 号汽车专用泊位，建设 8 万平方米汽车堆场、1.1 平方米检测场站、5600 平方米海关查验场地和 2.7 万平方米青岛国际汽车展厅；二期工程规划建设 3 个汽车专用泊位、码头作业区和 1.01 平方千米国际汽车贸易中心，其中，国际汽车贸易中心包括进出口汽车物流检测区、展示体验区、总部商务区、综合服务商业区、创意研发区五大功能业态。

（2）盐城港。2014 年 10 月 19 日盐城港大丰港滚装码头工程正式开工建设，该项目总投资 1.2 亿元，工期一年，码头等级为 7 万吨级。码头建成后，将形成 40 万台车辆的运送能力，对降低悦达起亚及周边车企运输成本、实现南北对流的内贸输运、促进汽车外贸进出口、发展中韩陆海联运都具有重要意义。

（3）南京港。2014 年 6 月 25 由南京港集团和安吉物流共同出资合作的南京港江盛汽车码头有限公司正式开业运营。南京港江盛汽车码头有限公司拟建设 3 万吨级和 1 万吨级浮式滚装泊位各 1 座，目标定位为三年内达到年中转 30 万辆规模，建设成为长江最重要的汽车物流枢纽之一。

（4）汉南港。2014 年 5 月 29 日武汉汉南港正式开港运营。该港是长江中上游年吞吐量最大的汽车转运港口，已建成投用的 3000 吨级汽车滚装泊位年汽车转运能力 30 万辆，汉南港还将配套建设占地 700 亩的港口物流加工园，形成长江中上游最大的商品车集并、中转、分拨中心。汉南港二期项目还将再建设一座 3000 吨级商品汽车滚装泊位、4 座 5000 吨级通用泊位，最终形成具备年运转商品车 60 万辆、吞吐件杂货 640 万吨的运作能力。

（5）江盛项目。2014 年 7 月 21 日，武汉港务集团（武港集团）与安吉汽车物流有限公司（安吉物流）签订协议，合资组建武汉江盛汽车码头公司。该公司将经营沌口滚装码头和金口滚装码头的汽车滚装及汽车物流业务，为汉产汽车提供多式联运物流服务，打造中部汽车物流枢纽。

（6）银河国际汽车园。2014 年 9 月 11 日福建江阴港银河国际汽车园正式开工，该项目总投资 5.5 亿美元、规划用地面积 1600 亩、建设工期 450 天，项目集成整车进出口、汽车物流、汽车改装、汽车配件以及相关金融、保险等在内的整条汽车产业链，项目建成后，预计整个港口年进口汽车 10 万辆、价值 800 亿元，将开启福建省整车进口的“加速度”。

（7）舟山兴海汽车滚装码头。2014 年 12 月，交通运输部批复了舟山兴海汽车滚装码头项目，该项目位于宁波—舟山港马岙港区小沙作业区，计划建设 1 个 7 万总吨级商品汽车滚装泊位及相关配套设施，使用岸线 490 米，泊位长度满足 2 艘 2 万总吨级商品汽车滚装船舶同时靠泊作业，设计年通过能力为商品汽车 60 万辆、零部件 19 万吨。

（8）安信物流项目。2014 年 11 月 6 日，安信联合物流有限公司物流总部项目在天津市临港经济区正式开工建设。该项目总投资 6.92 亿元，占地面积 32 万平方米，涵盖整车仓储、整车物流、进口车贸易、物流金融等业务。

此外，2014 年中海集装箱公司等，加大了集装箱在整车物流领域市场开拓的步伐，与滚装运输相比，集装箱运输具有网点数量更多、运输自由度大、班期密度更大的特点，适合小批量、多品种、内陆运输和国际联运的需求。

六、领军企业拓展国际市场速度加快

2014 年 6 月 4 日，上汽泰国工厂正式投入生产。这是我国自主品牌轿车在海外建成投产的第一座合资整车厂，其生产的 MG 轿车将以泰国为核心，加入东南亚汽车市场的竞争。应对挑战，安吉物流也在泰国实现了布点，从零部件到售后服务，完成了在当地“全产业链”的初步布局。在泰国等东南亚市场，长期以来日系汽车品牌占据绝对市场份额，中国汽车品牌要进入并非易事。上汽泰国整车工厂建设之初，当地日本品牌零部件供应商采取封锁态度，不跟上汽整车工厂配套；泰国本地汽车零部件基础薄弱，使得项目一度面临巨大挑战。完备的产业链为整车基地后续发展提供保障，也使得国内汽车工业更多高利润的业务环节进入海外市场。

2014 年，长久物流在德国汉堡注册了子公司，率先响应“一带一路”国家发展战略，进军国际物流业务。长久物流与优特埃（UTi）国际物流于 2015 年年初建立战略合作，能够使长久物流汲取国际领先的物流技术和管理水平；将 UTi 全球海运、空运网络与长久物流欧亚铁路网络的资源整合，形成海、铁、空立体的国际化物流网络。此举一方面推进中国“一带一路”的步伐，同时加快双方业务发展，为长久物流早日成为国际化物流企业打下坚实基础；另一方面，利用长久物流在国内的客户资源，将 UTi 的技术和管理理念在中国的汽车厂加以推广和应用，这必将加速中国汽车物流产业的发展。双方在战略合作阶段将共同开发三大产品，包括欧洲到中国的铁路运输、VMI/生产物流、售后市场零配件配送物流。尤其是欧洲到中国的铁路运输将为中国的客户提供更可靠、高效、低成本的中欧之间门到门铁路运输及海铁联运等多式联运服务。双方的战略合作不仅契合国家“一带一路”战略规划，还能够真正实现资源共享、优势互补、共同发展的目的，这对双方企业的快速增长具有十分重要的战略意义。

七、行业横向跨界融合创新

1. 物流服务和技术服务的融合创新

以往的物流服务与技术装备供应是汽车物流业务的两个环节，近年来呈现一体化融合发展的趋势，部分行业企业取得创新突破。中世国际物流有限公司是由长久物流、奇瑞汽车和大连港组建的合资公司。公司在按照既定目标，打造航运、码头、物流管理为一体的“全供应链一体化服务”的综合性国际物流公司的同时，拓展了汽车企业现场器具和耗材的开发、设计、研制，以及清查、损坏器具维护送修等附加业务，不仅稳定了物流链而且创新了价值链，实现了物流和技术服务的深度融合。

2. 传统物流与电子商务的跨界融合

流通领域的新型物流模式在向制造业渗透的过程中，在过去几十年的发展中，汽车产业一直处于引领地位。在新一轮信息技术对流通业颠覆发展中也不会例外，在已经形成稳定局面的零部件和整车物流领域，除电商技术逐步引入外，在面向大众消费的汽车整车和售后服务备件物流方面，电商发展存在无限商机。各大主机企业无不探讨电商在流通领域的变革，顺丰、京东、淘宝等知名电商和快递公司在过去一年中，在探索汽车产业发展新机遇中表现活跃。

八、行业技术创新活跃

2014 年，我国各汽车物流企业在行业创新方面又取得了一定的进步，在汽车整车物流、零部件入厂物流、售后服务备件物流三个方面涌现出 21 个创新项目。

1. 汽车整车物流创新项目

汽车整车物流创新项目有：天津劳尔工业有限公司的“车辆运输中置轴挂车及列车”项目；天津港环球滚装码头有限公司的“滚装船舶作业危险源可视化管理”项目；精英（天津）物流有限公司的“OMS 操作管理系统、进程管理系统、客户查询平台”项目；安徽江汽物流有限公司的“商用车发运中心流程优化项目”项目；中国重汽集团进出口有限公司的“出口车辆海运物流报价管理平台”项目；重庆长安民生物流股份有限公司的“整车库房次通道标准研究”项目；重庆中集汽车物流有限责任公司的“VLM 汽车物流管理系统”项目；东风商用车有限公司市场销售总部物流管理部的“构建商品车运输线路危险源图谱，降低商品车事故率”项目。

2. 汽车零部件入厂物流创新项目

2014 年汽车物流业创新项目热点纷呈，其中汽车零部件入厂物流创新项目有：上海安吉通汇汽车物流有限公司的“汽车零部件循环取料管理系统移动客户端软件”项目；东风汽车有限公司东风日产乘用车公司的“一次物流 AGV 零件上线无人化改善项目”；广州风神物流有限公司的“东风雷诺汽车物流规划咨询项目”与“乘用车轮胎搬运与储存技术研究与应用”项目；南京长安民生住久物流有限公司的“汽车零配件物流周转箱管理系统”项目；奇瑞捷豹路虎汽车有限公司的“收发货道口自动分配系统”项目；武汉东本储运有限公司的“入厂车辆排队优化”项目；长春一汽国际物流有限公司的“关于汽车零部件入厂物流网格化模型的应用研究”项目；一汽物流（长春陆顺）储运有限公司的“汽车零部件产前物流水陆联运项目”和北京长久物流股份有限公司的“跨欧亚国际铁路多式联运项目。

3. 售后服务备件创新项目

售后服务备件创新项目包括：广州风神物流有限公司的“汽车售后备件配送物流信息化平台”项目；济南佳明汽车物流有限公司“基于 eTMS 信息系统汽车售后零部件物流 KPI”项目；一汽物流有限公司的“轿车备品中心基于模块化管理的包装中心”项目。

九、行业交流活动丰富多彩

2014 年中物联汽车物流分会作为行业组织，围绕产业链发展组织举办了丰富多彩的交流活动，如“2014 汽车零部件物流高端巡访（重庆站）”活动、“第十一届中国国际汽车物流会议”“第七届中国汽车出口物流国际研讨会”“第五届全国汽车售后服务备件物流研讨会”“第五届全国商用车物流发展研讨会”“第三届全国汽车铁路和滚装物流研讨会”和“2014 全国汽车物流行业年会暨中物联汽车物流分会十周年庆典”活动等。通过组织活动，密切了分会与企业的联系，建立了通畅的沟通渠道，扩大了分会的影响力。

（马增荣　中物联汽车物流分会）

2014 年中国出版物物流

2014 年被视为传统出版与新兴出版融合发展的元年。我国大型出版传媒集团已经启动体制改革，主动将数字出版、数字化转型升级等融合发展的有关工作列入发展规划、工作计划。出版物物流作为出版传媒集团运营不可或缺的重要环节，如何适应电子商务下的新型要求、如何加快与第三方物流的融合发展、人才建设绩效考核如何评价，成为行业发展的新课题。

2014 年，我国出版物物流发展特点显著，具体表现为以下四点：

一、物流实力不断提升

据国家新闻出版广电总局发布的《2014 中国出版物发行业年度发展报告》显示，截至 2013 年年底我国 5000 平方米以上的出版物物流中心共有 142 个，仓储面积总计 351.75 万平方米，年发货码洋 902.42 亿元。北京市、天津市、上海市、江苏省、浙江省、山东省、广东省等 7 省市的大型出版物物流中心占到了总量的 74.65%，这与当地经济发展水平和在全国所处的位置基本一致，体现了物流服务经济发展的功能。从仓储面积看，亚马逊、浙江省新华书店集团有限公司（以下简称浙江新华）、山东新华分别以 16.5 万平方米、14 万平方米、11.2 万平方米位居前三位；从年发货量看，江苏凤凰出版传媒股份有限公司（以下简称江苏凤凰）、湖南华瑞物流有限责任公司（以下简称湖南华瑞）、浙江新华分别以码洋 77.9 亿元、73.9 亿元、66.6 亿元位居前三位。

从各出版公司发布的经营业绩看，2014 年我国出版物物流运行的情况普遍好于上年，物流实力不断提升。

2014 年，凤凰传媒实现了公司业绩的持续快速增长，销售收入 96.18 亿元、利润总额 12.49 亿元、净利润 12.05 亿元，分别比上年同期增长 25.75%，27.58%，26.36%，发行板块销售总量连续 23 年蝉联省域冠军，主要经济指标居全国同行前列。截至 2014 年年底，凤凰传媒拥有销售网点 1162 个，总面积超 70 万平方米，网点规模和数量居全国同行第一，并拥有全国规模最大、现代化程度最高的图书物流配送中心。

2014 年浙江新华实现销售码洋 118 亿元。

截至2014年年底，浙江新华发展小连锁书店已达370家，销售近亿元，馆配销售近5亿元。浙江省新华书店“微信查书”实现了移动端微电商与实体店信息无缝对接。

2014年江西省出版集团公司实现营业收入123.52亿元、净利润10.04亿元、总资产166.34亿元、净资产86.11亿元，同比分别提高4.04%、37.53%、17.22%、22.72%；集团公司销售净利率为8.13%，净资产收益率为11.66%，同比分别提高1.98个和1.26个百分点。

2014年安徽新华传媒股份有限公司（以下简称皖新传媒）实现营业总收入57.33亿元、净利润6.94亿元，同比分别增长24.74%和14.53%。增长的主要原因是传统主业提升转型成效显著，盈利能力稳步提升。2014年皖新传媒与腾讯微信合作共同搭建以微信为载体、以新华书店及其他实体业态为基础的O2O体系，打造全国首家以文化传播、文化消费及全民阅读为理念的社交平台。

二、现代物流建设仍是重中之重

随着国家出台一系列关于促进物流业发展的文件，完善基础设施、整合各方资源、加强网络建设，将对传统发行企业加强出版物配送能力、提升综合物流服务水平起到重要的推动作用。2014年，我国出版物物流从以储运为主的传统型出版企业物流向现代物流企业转型更加明显，现代化出版物物流中心仍是出版传媒集团基础设施建设的重点。

新华文轩正在建设总面积20万平方米的“西部文化物流配送基地”，一期工程已竣工验收，并已与国际物流业巨头敦豪（DHL）、国内的京东等企业达成合作，在满足自身业务的同时，积极面向市场开发第三方物流业务。

皖新传媒三大主业战略稳步推进，未来发展可期。2014年再次明确围绕培育文化消费、教育服务、现代物流三大产业板块竞争力，打造全国最大文化教育科技综合传媒集团的目标。

时代出版2014年营销物流渠道建设有效。积极参与政府招标采购，运营能力显著提高，在农家书屋、图书馆馆配等重大项目政府招标采购中取得明显成效，形成了集新华书店、网络书店、机构采购、直销渠道等多种渠道为一体并相互支撑的营销物流网络。目前公司已加速开展仓储物流整合工作，为打造现代物流产业奠定了良好基础。其打造的电商平台——时代商城已进入实质开发阶段，预计于2015年下半年正式上线运营。

湖北省新华书店（集团）有限公司（以下简称湖北新华）2014年年初与孝感市临空经济区管委会签订战略合作框架协议，将建长江传媒智慧物流园，着力打造立足中部、辐射全国的现代智慧物流示范项目。

三、密切关注“互联网+物联网”

在互联网时代，一切皆有可能。互联网正在打破信息的不对称性格局，竭尽所能透明一切信息，击穿一切基于信息不对称的行业，包括出版发行行业。书业物流与信息化建设同步发展，更早地感受到了网络的力量，主动拥抱“互联网+”、拥抱“物联网”。

为了整合商流、信息流、物流，编制覆盖江西省、辐射全国的现代出版物流网络，形成江西文化物联网研发应用基地，打造全国领先的物联网科技企业，江西新华发行集团有限公司（以下简称江西新华）围绕“互联网＋物联网”双网融合，借助江西省出版集团在上海自贸区投资1.18亿元并购重组的世界第三大物联网企业美国意联科技公司的多种优势，分别在江西各地市建设物流分中心。2014年，现代出版物流港的7个分拨中心建设稳步推进。

2014年，浙江新华加强物流供应链管理，完善供货商送货预约机制，提高供货商电子数据的及时率和准确率，缩短物流流转配送周期，加快图书商品上架。依托信息技术，开展供应商的进、销、存、退数据和图书商品生命周期的分析以及销售分析，降低平均销售库存期，提高库存商品周转率。扩充、完善自动化流水线体，引进物流设备，提高作业效率，调整完善物流信息系统，利用科技手段，优化调整自动化流水线，不断提升运作效率。

中南出版传媒集团股份有限公司（以下简称中南传媒）2014年加快物流升级，推进电子商务建设，形成实体门店与网上书店互动、无限抵近终极受众的经营模式。中南传媒旗下的华瑞物流公司进一步完善WMS物流管理信息系统，实现流水线、储区电子标签等模块的全面投入使用，以物流信息系统平台为支撑，结合先进的科学技术手段，实现物流效率的快速提升。结合新信息系统操作要求，制定完整、明晰的物流操作规范，组织员工认真学习并严格执行到位，通过科学、规范的操作，促进业务流程的快速、顺畅运转，提升物流速度，缩短收发运作周期。

出版物物流运用信息技术、网络技术和自动化技术，通过流程再造和运转优化，提高了物流运营的效率和水平。如作为重庆两江新区探索现代物流发展试点项目之一的重庆新华书店集团“畅快物流”改革试点，不但加快了物流服务技术创新，还进一步完善了新区城市公共配送体系。重庆新华物流中心图书吞吐量每年可达40亿元、25万品种，吞吐效率是传统仓储的10～20倍。图书进栈作业量每人每小时可收进80～100件，是传统效率的3～5倍。新的物流系统实现了物流节能减排效率，和传统设备能耗比较以每日作业8小时、吞吐6000件周转箱计算，仅为原来能耗的40%。

随着时间的推移、电子商务的高速发展、物流配送的要求越来越高，区域壁垒或许会在网络的冲击下，有望破冰。

江西新华与中国出版集团、江苏凤凰投资4亿元，于2013年在京重组成立具有国家一级总发行权资质的新华联合发行有限公司，2014年3月土建工作全面铺开，2014年年底完成主体结构工程。在北京200多家出版社的大力需求下，新华联合效益也会凸显，前景趋向更好，目标将成为全国最大的现代化出版物物流中心。新华联合整合“新华系”资源，建设第四方平台，提升竞争力，将企业竞争力的提升放在了全网资源的整合方面。将当当、卓越、京东等图书电商企业作为战略合作对象，将出版社图书到终端用户的链条缩短，降低多次物流成本，实现共赢。

中南传媒2014年积极对接国家整合发行市场、建立大流通体系的政策导向，搭建省际分销服务平台，尽快建成覆盖全国主要县市的出版物营销网络。

四、建设全渠道物流中心成趋势

第三方物流市场鱼龙混杂，竞争激烈，定位准确非常重要。为适应电子商务快速发展，书业物流也在探讨电子商务物流的发展动向。

电子商务物流也是全渠道多品类物流中心，即是把门店、批发客户、PC 端客户、手机端客户和电视购物客户等放在一个物流中心解决，内容包括多种品类。书业物流毕竟不是专门的电子商务企业，眼下面临 B2B 和 B2C 整合的问题，为应对图书市场的不确定性，有必要考虑把物流处理品类扩充到常温小件品品类，建设全渠道物流中心是必然趋势。

新华联合的三方物流业务主要瞄准于高端行业、高附加值产品。在物流服务方面上，重点推广物流增值服务能力及高效的信息处理能力，将专业化仓储、自动化拣选、高效率信息对接作为物流服务的主要卖点。该公司于 2014 年上半年，申请注册由新华联合全资管理的物流子公司，注册资金 3000 万元以上，以便于服务三方的物流业务开展。明确非出版物第三方物流发展战略，完成 10 万平方米第三方物流招商任务。同时，利用光伏供电的成本优势，探索冷链服务的可能。

华瑞物流公司对内狠抓规范化管理，对外积极开拓第三方物流市场，经营效益得到稳步增长。一方面通过网络信息平台向社会各界发布物流合作招商信息；另一方面积极加强市场调研，收集潜在目标客户信息，开发、引进既适应公司现状又能满足客户需求的第三方物流项目。2014 年，华瑞物流利用二次集成改造在硬件方面创造的优势，以文化出版产品企业为主要目标客户群，加大市场化运作力度，积极拓展第三方物流业务项目。通过多方沟通与协调，公司与湖南电子音像出版社、万木春文化传播有限公司签订了三方物流合作协议，与湖南华章国际贸易公司达成了红酒代储代运合作项目，实现系统外收入 810 万元。华瑞物流公司已经逐步跳出出版物物流企业的“一般规律”，全年保持业务持续平稳运作。下一步华瑞物流公司将积极利用现有优势，以文化出版行业产品为主要拓展方向，向物流量大、物流外包需求明显的大型知名品牌企业寻求合作契机。

五、加强人才建设注重绩效考核

随着市场经济和技术水平的不断发展，企业的竞争逐渐表现为人才的竞争。面对新形势下客户对物流服务的高效需求，2014 年出版物物流更加渴求人才，加强人才建设，制定绩效考核奖罚机制。

华瑞物流公司把“提高员工服务意识和岗位技能”列为人力资源管理工作的重点。加强队伍建设，提高员工素质。2014 年，通过知识培训、岗位练兵、操作竞赛等多种途径和方式，提高员工的业务素质和操作技能，促进环节间的沟通与理解，营造良好的工作氛围。建立健全公司各项规章制度，通过绩效考核奖罚机制，将每个员工的责、权、利挂钩，强化员工工作责任心，激发员工工作热情，提高员工创新意识、管理意识、团队意识和服务意识。

浙江新华物流强化物流人才培训，重点强化对组长、主管层面的管理培训，不断完善全员技能培训、考核，开展企业文化建设，强化协作精神。

绩效考核的核心是建立科学合理的关键绩效指标体系，也称 KPI 体系。书业物流的 KPI 体系，应从两个维度设计：过程维度——收货、上架、存储、订单捡货、发货五个部分；结果维度——财务、作业量、利用率、质量和周转时间五个部分，两者交叉形成 25 项基础 KPI 指标，在基础 KPI 上可以根据不同单位、不同情况取得不同倾向的指标体系。譬如每个订单行收货成本、上架成本、捡货成本、发货成本，每个订单行存储面积，由此可以计算出每个客户订单行内部作业成本、单位存储成本和单位收货成本。

（穆宏宇 张家口学院）

2014年中国冷链物流

如果说2012年冷链物流是“热闹非凡”的一年，2013年是“稳中有进”的一年，那么2014年则是我国冷链物流真正快速发展的一年。快速发展在冷链物流外部环境改善和基础设施建设步伐加快方面表现得最为突出。总体而言，历经几年的市场培育和理念传播，我国冷链市场逐步进入由初级的基础物流服务向物流增值服务阶段迈进。

一、政策环境不断改善，财政支持进一步加强

2014年中央一号文件明确提出要“完善鲜活农产品冷链物流体系”，后续出台的《物流业中长期发展规划》和《关于进一步促进冷链运输物流企业健康发展的指导意见》等都为推动冷链产业发展创造了良好的政策环境。对刚刚起步的冷链行业而言，政策环境的不断改善是其加快发展的重要推动力。

2014年我国政府除了在宏观政策上明确引导外，中央和各级地方政府对冷链产业的财政支持力度也进一步加大。2014年银川市获得中央财政3200万元补贴，用于大型农批企业、流通企业的冷链仓储和配送中心建设；吉林农产品冷库获中央财政补助3638.6万元；6月，福建省建宁县农产品产地初加工冷库项目获补助280万元；7月杭州萧山5个冷链项目获补助1250万；8月国家投资650万元支持海南冷链物流项目。

二、冷链市场规模稳步增长，基础设施不断完善

（一）冷链市场规模稳步增长

2014年我国冷链需求市场规模进一步增长，达到11200万吨左右，较2013年增长了近22%，冷链物流市场需求依然集中在中东部经济发达地区，如北京、天津、大连、山东、广东等。2014年我国冷库总量达到3320万吨，折合8300万立方米，与2013年2411万吨相比增长了36.9%。2014年，在“21世纪海上丝绸之路”等重大国家战略的推动下，西南地区的成都、云南等省市冷链设备市场需求明显增加，全年吸引了近60亿元的资金投入。此外，2014年我国冷藏车产销量达到2万辆，比2013年翻了一番。

（二）冷链基础设施投入加大

2014 年冷链物流园区的建设成为我国冷链业的一大亮点。据中物联冷链委不完全统计，2014 年全国运作（包含建成、开建、签约不包括建设中的）的重点冷链项目超过 40 个，投资额超过 550 亿元，虽然新投资相较 2013 年的近 700 亿元降幅较大，但考虑到大型冷链项目的建设工期一般在 2～3 年，所以总体上 2014 年我国的冷链基础设施建设力度依然强劲。其中 2014 年完工的冷链项目超过 80 亿元，奠基开工、新签约的冷链项目达到 370 多亿元，涉及冷库 180 多万吨。

2014 年我国运作的重点冷链项目仍然呈现地区分布依然不均衡的特点，重点分布在华北地区、东北地区、华南与华东地区、西南地区和东部地区。其中，华北地区（北京、天津、山东等）投资额超过 200 亿元，占比超过全国的 1/3；东北地区约 50 亿元；华南与华东地区（广东、上海、浙江等）投资额约 60 亿元；西南地区（重庆、四川等）投资额为 50 亿元；中部地区（安徽、湖北等）投资额为 50 亿元。

2014 年我国新建成的冷链物流重点园区有：大连冷链物流基地一期、晨农集团崇明冷链物流中心、重庆凯尔冷链物流园区、包头市农产品冷链物流中心和中国食品谷中凯冷链物流园区。正式投建的冷链物流重点项目有：泸州海吉星农产品商贸物流园项目、安必达冷链物流有限公司的黄冈农产品冷链物流配送中心、马鞍山御香苑冷链保护物流加工园、淮北市凤凰山农贸城冷链工程等。

三、标准化进程不断加快

2014 年我国冷链标准制定工作持续推进。其中由中物联冷链委负责起草的《物流企业冷链服务要求与能力评估指标》《水产品冷链物流服务规范》两项国家标准正式发布，并 2015 年 7 月 1 日正式实施。同时，《餐饮冷链物流服务规范》行标、《药品冷链保温箱通用规范》国标进入报批阶段，《道路运输食品冷藏车应用选型技术规范》和《冷链物流从业人员职业资质》两项行标进入调研阶段，《鲜活甲壳类海产品冷链运输规范》《肉禽类冷链温控运作规范》《药品阴凉箱的技术要求和试验方法》三项行标正式立项。

2014 年 7 月 1 日开始执行的《道路运输易腐食品与生物制品冷藏车安全要求及试验方法》强标发布，之前申请的公告一年缓冲期到 2015 年 6 月 30 日。本标准规定了冷藏车的分类、要求、降温和保温性能、机械制冷机组和试验方法。本标准适用于采用已定型汽车整车或二类底盘基础上改装，装备机械制冷机组、道路运输易腐食品与生物制品的冷藏车和冷藏半挂车参照此标准执行。

2014 年年底，冷标委对现有的冷链标准进行梳理，拟整合成一批对提高冷链流通率、保障品质有重大促进作用的标准。科学划分推荐性和强制性标准，针对冷冻、冷藏食品等重点品种，在零售交接规范、冷藏库能耗等级要求等关键领域推动出台 2～3 项强制性国家标准。

2014 年冷链委相继在食品和药品领域开展《食品冷链物流追溯管理要求》《药品冷链物流运作管理要求》《药品物流服务规范》等国家标准的试点工作，累计有近 100 家企业获得标准试点资质。

四、冷链物流企业规模有待提升

2014 年我国冷链物流行业第三方冷链物流企业整体状况依然规模小、实力弱。从中物联冷链委发布的《2014冷链物流企业百强排名》（具体见下表）看，2014年冷链物流企业百强名单中有74家企业是2013年冷链物流百强企业，有26家是新入围企业，新入围企业占2014年百强企业总数的26%。这表明冷链物流市场的优胜劣汰竞争非常激烈。

2014年冷链物流百强企业的总收入达到150亿元，比2013年冷链物流百强企业的总收入增长36.4%。荣庆物流供应链有限公司、漯河双汇物流投资有限公司、河南鲜易供应链股份有限公司以绝对优势荣膺“2014年冷链物流百强企业”前三甲，它们的冷链物流业务年收入均在10亿元以上。2014年冷链物流百强企业中，年收入在5亿元以上的企业有6家，较2013年增加1家；年收入过亿元的有38家，较2013年增长52%，在一定程度上说明2014年冷链物流行业较为景气；年收入在5000万元以上的企业有75家，较2013年增长了31.58%。在2014年冷链物流百强企业的排名中，排位前50强的企业年收入门槛为7500万元，而且排位前50强的企业总收入占百强企业总收入的82.8%；排位前3强的企业总收入占百强企业总收入的26.44%；排位前10强的企业总收入占百强企业总收入的48.05%，占比格局与2013年类似。这说明我国冷链物流发展不平衡的情况仍然没有改变。

按照企业主营业务来看，2014年冷链物流百强企业中有40家属于运输板块、21家属于综合板块、20家属于仓储板块、19家属于市配板块。按照企业注册地及主营业务区域划分，2014年冷链物流百强企业中有34家企业来自华东区域，有18家企业来自华北区域，有17家企业来自华中区域，有12家企业来自华南区域，有8家企业来自东北区域，西南区域和西北区域各有4家企业。这说明我国冷链物流东强西弱、南强北弱的局面没有改观。

2014年冷链物流百强企业投入使用（含自有和租用）的冷藏库和冷冻库共约1941万立方米，较2013年增长了21.4%。若与中物联冷链委调研得出的2014年我国冷藏冷冻库总容量约8300万立方米相比，百强企业冷库总量约可占我国冷藏冷冻库总容量的23.4%。

2014年冷链物流百强企业投入使用的冷藏车共计19299辆。若与中物联冷链委调研得出的2014年我国公路运输冷藏车辆达到76000辆比较，百强企业投入使用的冷藏保温车辆数量接近我国公路运输冷藏车辆总数的25%。

2014年中国冷链物流企业百强名单

排序	企业名单	排序	企业名单
1	荣庆物流供应链有限公司	7	大昌行物流有限公司
2	漯河双汇物流投资有限公司	8	夏晖物流有限公司
3	河南鲜易供应链股份有限公司	9	招商美冷（香港）控股有限公司
4	上海领鲜物流有限公司	10	中外运上海冷链物流有限公司
5	上海郑明现代物流有限公司	11	成都银犁冷藏物流有限公司
6	许昌众荣冷链物流有限公司	12	北京中冷物流有限公司

续 表

排序	企业名单	排序	企业名单
13	上海广德物流有限公司	39	深圳市盛辉达冷链物流有限公司
14	安得物流股份有限公司	40	昆明银翔航空货运服务有限公司
15	上海源洪仓储物流有限公司	41	湖南惠农物流有限责任公司
16	上海都市生活企业发展有限公司	42	上海恒孚物流有限公司
17	河南大用运通物流有限公司	43	西安林志物流有限公司
18	万吨冷链物流有限公司	44	北京百富达物流有限责任公司
19	镇江恒伟供应链管理股份有限公司	45	深圳市德信昌实业有限公司
20	佛山市粤泰冷库物业投资有限公司	46	武汉良中行供应链管理有限公司
21	大连港毅都冷链有限公司	47	青岛福兴祥物流有限公司
22	上海锦江低温物流发展有限公司	48	上海途靠物流有限公司
23	上海交荣冷链物流有限公司	49	河南华夏易通物流有限公司
24	恒浦（大连）国际物流有限公司	50	呼和浩特市盛乐经济园区 磐达冷藏运输有限责任公司
25	中外运普菲斯冷链物流有限公司	51	辉源（上海）供应链管理有限公司
26	北京海航华日飞天物流股份有限公司	52	南京谷昌物流有限公司
27	福建恒冰物流有限公司	53	沈阳天顺路发冷藏物流有限公司
28	重庆雪峰冷藏物流有限公司	54	上海波隆冷链物流有限公司
29	山东中超物流供应链管理有限公司	55	浙江统冠物流发展有限公司
30	成都市汇翔实业有限公司	56	厦门旺墩冷冻仓储有限公司
31	深圳市敏捷和冷链物流有限公司	57	辽渔集团冷冻厂
32	武汉山绿冷链物流有限公司	58	山东盖世国际物流集团
33	中粮集团（深圳）有限公司	59	两湖绿谷物流股份有限公司
34	武汉巨力鼎兴实业有限公司	60	深圳市小田物流有限公司
35	宁夏四季青冷链物流有限公司	61	宁夏领鲜物流有限公司
36	福建浩嘉冷链物流有限公司	62	太古冷藏仓库有限公司
37	山东齐畅冷链物流股份有限公司	63	黑龙江农垦北大荒物流集团有限公司
38	苏州三沐冷链物流有限公司	64	天津蓝玺冷链物流有限公司

续 表

排序	企业名单	排序	企业名单
65	永贵冷链物流有限公司	83	福州国运通冷藏运输有限公司
66	北京快行线冷链物流有限公司	84	天津鑫汇洋国际物流有限公司
67	獐子岛冷链（中央冷藏）	85	武汉仟吉冷链物流仓储管理有限公司
68	广州鑫□冷链物流有限公司	86	太原万鑫冷链物流有限公司
69	北京三元双日食品物流有限公司	87	天津金琦低温物流有限公司
70	上海众萃物流有限公司	88	内蒙古旺元运输有限责任公司
71	北京市五环顺通物流中心	89	卓尔宝沃勤武汉物流有限公司
72	德州飞马肉联集团有限责任公司	90	苏州加创物流有限公司
73	北京市东方友谊食品配送公司	91	上海东启物流有限公司
74	新疆拓普农业股份有限公司	92	吉林省中冷物流有限公司
75	北京三新冷藏储运有限公司	93	深圳市中柱物流有限公司
76	深圳市东方佳源实业有限公司	94	北京家家送冷链物流有限公司
77	漳州大正冷冻食品有限公司	95	大连四达冷链市场有限公司
78	淇县永达物流配送有限公司	96	当阳市万里运输有限责任公司
79	云通物流服务有限公司	97	天津品优物流有限公司
80	苏州点通冷藏物流有限公司	98	邢台邢业通物流有限公司
81	河南大象物流有限公司	99	北京傅瑞物流有限公司
82	济南大鹏物流有限公司	100	上海新颖物流有限公司

五、冷链物流面临机遇和挑战

2014年冷链物流市场热点纷呈，使冷链物流行业面临机遇和挑战。一是连锁餐饮稳步发展。2014年在经历了一年的转型过渡期之后，定位于大众消费的连锁餐饮发展势头明显，连锁餐饮标准化菜品和网点化扩张给我国冷链物流企业带了新的发展机遇。二是生鲜电商发展迅猛。2014年我国生鲜电商市场规模达260亿元，增长势头十分迅猛，成为我国冷链行业的一大亮点。各路资本强劲输血使得生鲜电商市场活力十足，不仅带动了冷链物流的巨大需求，也为冷链物流业提供了快速发展的空间。三是农村电子商务刚刚起步。来自国家统计局发布的数据显示，2014年我国电子商务交易额达到16.39万亿元，同比增长59.4%，其中农产品电子商务发展尤为突出。农产品电子商务市场是一块尚待开发的市场，由于我国农村市场广阔，市场潜力巨大，农产品电子商务市场需要农产品冷链物流的支撑，包括产前一公里的农产品采集与加工，如产地预冷、冷环境初分拣加工与包装、冷链集散，部分地区还建设有农产品集散批发市场，兼有冷链储藏、配送与销售功能。目前的情况是电商发展需求日益增加，但配套的冷链服务增速缓慢，虽然快递企业的营业网点已经延伸至农村，但是能够满足冷链物流的快递服务却严重缺失，冷链技术的滞后掣肘了农村生鲜电商的发展。

（秦玉鸣　中国物流与采购联合会冷链物流专业委员会秘书长）

2014年中国电子商务（网络零售）物流

一、电子商务（网络零售）市场概况

2014年，我国电子商务市场继续保持快速增长。据艾瑞咨询统计数据显示，2014年中国电子商务市场交易规模为12.3万亿元，比上年增长21.3%，其中网络购物市场交易规模达到2.8万亿元，比上年增长48.7%，仍然维持在较高的增长水平。根据国家统计局2014年全年社会消费品零售总额数据，2014年，我国网络购物交易额大致相当于社会消费品零售总额的10.7%，年度线上渗透率首次突破10%，成为推动电子商务市场发展的重要力量。如图1和图2所示。

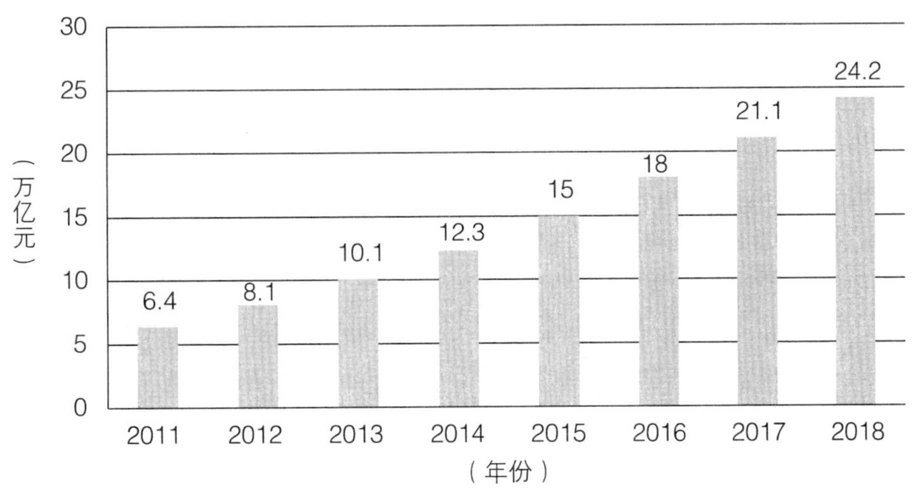

图1　2011—2018年我国电子商务市场交易规模

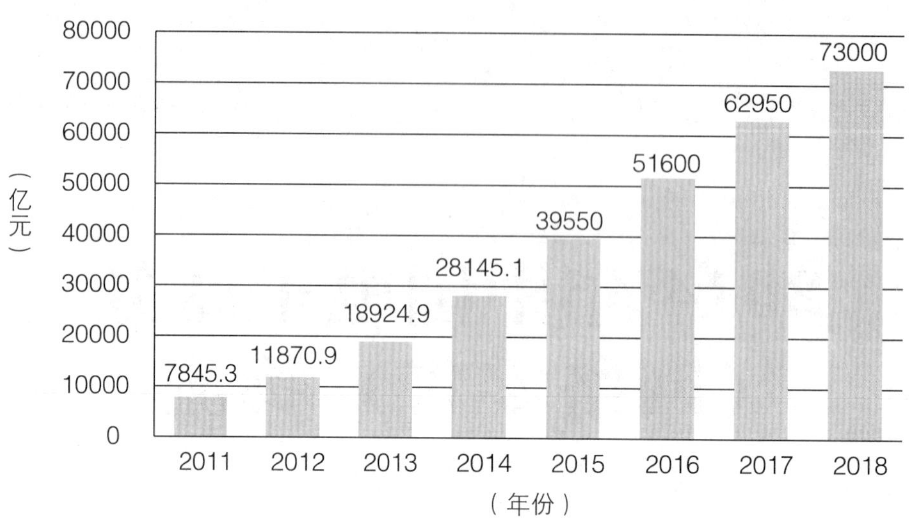

图2 2011—2018 年我国网络购物市场交易规模（含预测）

2014 年我国电子商务市场有以下几个显著特征。

（一）B2C 市场增长迅猛

据艾瑞咨询数据显示，2014 年中国网络购物市场中 B2C 交易规模达 12882 亿元，在整体网络购物市场交易规模的比重达到 45. 8%，较 2013 年的 40. 4% 增长了 5. 4 个百分点。从增速来看，B2C 市场增长迅猛，2014 年中国网络购物 B2C 市场增长 68. 7%，远高于 C2C 市场 35. 2% 的增速，B2C 市场将继续成为网络购物行业的主要推动力，如图 3 所示。

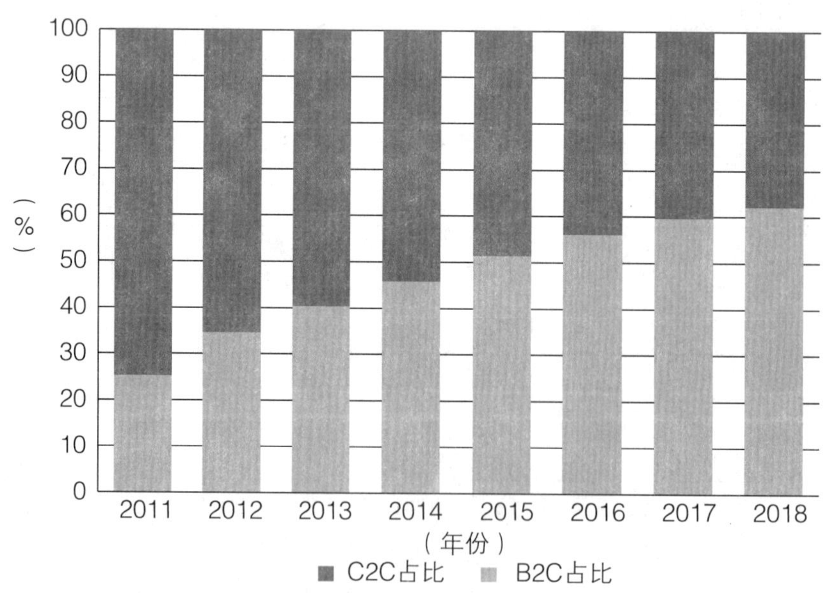

图3 2011—2018 年我国网络购物市场交易规模结构（含预测）

（二）B2C 市场格局稳定

2014 年我国网络购物 B2C 市场中，天猫市场份额占比超六成，京东占比为 18.6%，其余的 B2C 企业中，唯品会、1 号店、国美的增速均高于 B2C 市场整体增速。从自主销售为主的 B2C 市场看，京东占比近五成，苏宁易购占比达到 8.5%，唯品会占比达到 7.7%，其他项中小米手机官网发展迅速，整个市场集中度依然较高，如图 4 所示。

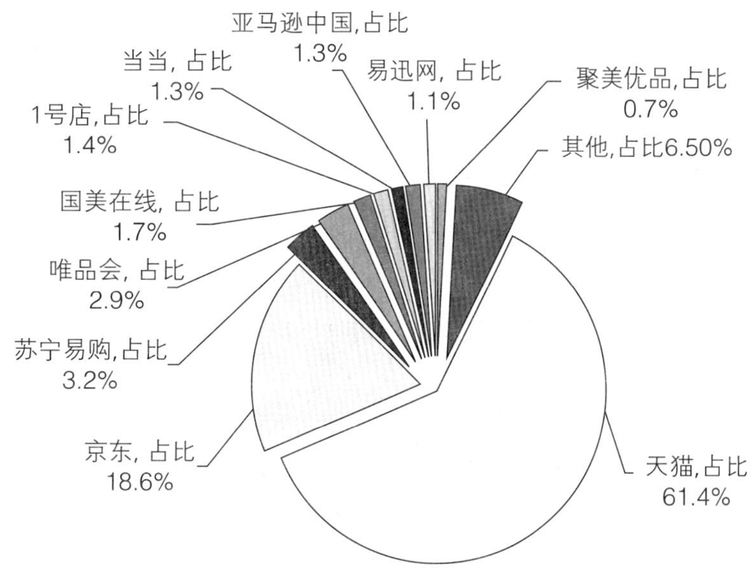

图 4　2014 年我国 B2C 购物网站交易规模市场份额

（三）移动购物市场异军突起

2014 年我国移动购物市场交易规模为 9297.1 亿元，年增长率达 239.3%，远高于全国网络购物整体增速。据艾瑞咨询预测，未来几年我国移动购物市场仍将继续保持较快增长，到 2016 年将超过 PC 端网购交易占比，成为中国网民网购的重要选择；到 2018 年我国移动购物市场交易规模将超过 4 万亿元。在 2014 年移动购物市场的企业份额中，阿里无线一家独大，占比达 86.2%，其无线端通过“淘宝 + 天猫”提供平台服务，由交易入口向无边界生活圈转型。京东方面则联手腾讯，以手机客户端、微信购物、手机 QQ 购物、微店等全面布局移动端。唯品会、苏宁易购、聚美优品、1 号店、国美在线、亚马逊、当当、买卖宝等也纷纷发力移动端，市场竞争较激烈，如图 5 所示。

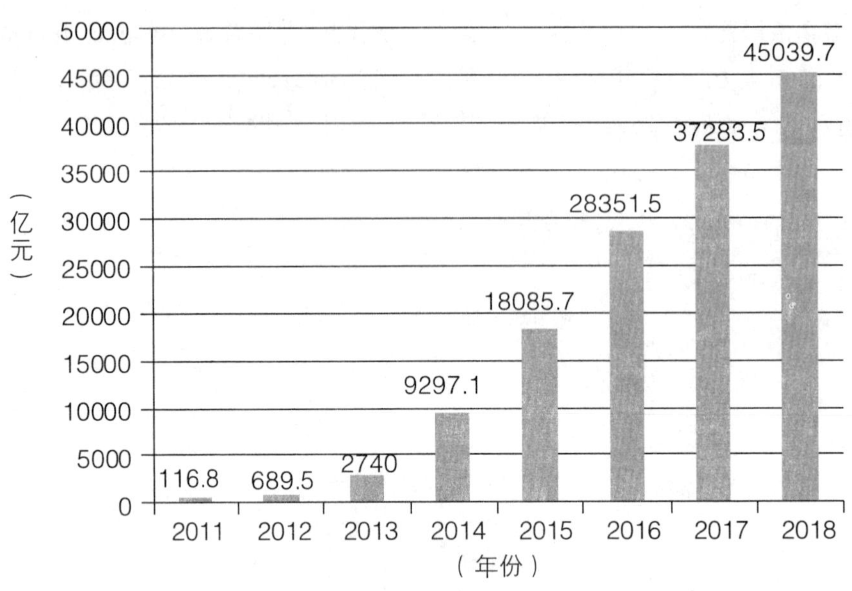

图 5 2011—2018 年我国移动购物市场交易规模（含预测）

二、电子商务（网络零售）物流发展特点

（一）京东自建物流模式得到资本市场认可

2014 年 5 月，京东商城成功登陆美国纳斯达克市场，其拥有的庞大自建物流网络基础成为上市成功的重要亮点。过去几年，京东投入巨资，建立了一套完整的覆盖全国的物流仓储配送体系。截至 2015 年 3 月 31 日，京东在全国 43 座城市建立了 143 个大型仓库。同时，还在全国 1961 个行政区县拥有 3539 个配送站和自提点、自提柜。强大的物流基础网络优势支撑着京东独树一帜的“仓配一体”的电商物流运作模式，其核心理念是减少物品流动，使货物离消费者更近，降低搬运次数，提升整个产业链效率。根据京东公开的 IPO 数据显示，2013 年京东年度成交总额 GMV 为 1255 亿元，总体运营费用占营业收入的 10. 3%，其中，物流占比为 5. 8%；库存周转天数为 32 天，远低于其他电商库存周转 70 ~ 90 天的水平。

在京东的“入场”效应下，其他电商企业的自建物流脚步也进一步加快。苏宁易购累计建成并投入使用的物流基地达到 29 个。当当网已在全国 11 个城市开设了 20 间仓库，总面积超过 42 万平方米。亚马逊目前在全国有 15 个运营中心，总运营面积超过 70 万平方米。唯品会宣布将在全国建立至少 4 个面积在 1000 亩以上的物流园，建立密集的仓储基地，整合调配资源，打通电商上下游，提升用户体验。此外，1 号店、易迅等电商企业纷纷加快在全国布局物流基础网络。

（二）菜鸟网络对电商物流领域产生重要影响

2014 年，菜鸟网络的“中国智能骨干网”以“地网”为载体，以仓聚货、聚人、聚产业，用“数据”驱动的云供应链服务的协同平台的战略格局日益清晰。

2014 年“双 11”期间，“天网”预警雷达数据驱动的云供应链平台发挥社会化物流的数据协同，对 617 个一级分拨中心、10000 条国内干线、50000 个末端网点进行事前预测、事中监控、事后统计，体现了大数据应用对智慧物流行业的决策支持。作为“天网”产品的电子面单于2014年5月上线试运营。该电子面单建立了行业统一的标准格式，推动了快递物流行业的信息化，赋能快递合作伙伴，最终提升商家的仓内运作效率。另外，菜鸟网络增强了对快递企业的控制力。在其信息系统与菜鸟网络全面对接后，快递企业的用户信息以及快递总部与网点间结算的关键信息亦将被菜鸟网络所掌控，这样一来难免会出现快递企业过度依赖菜鸟网络的局面，同时冲击加盟制企业建立在传统面单基础上的管控体制，削弱总部对网点的影响力。

“地网”的建设也在紧锣密鼓地进行。根据菜鸟的战略布局，希望通过5~8年的时间，建立一张支撑日均300亿网络零售额的智能骨干网络，加速在全国铺设自建仓库网络，形成一套开放共享的社会化仓储设施网络。“地网”已在全国14个核心骨干节点城市完成布局，预计于2016年年底交付150万平方米。

“人网”以菜鸟驿站的形式实现末公里基础设施的覆盖，目前已在全国26个省、101个市、494个县共签约18000个实体站点，日均单量在20万单。

毫无疑问，菜鸟网络整合了海内外大量物流服务资源，成为电商生态圈的重要组成部分，尤其是“天网+地网+人网”的结合给电商物流的运作和服务模式带来了更多的想象空间，被互联网深深影响的电商物流行业正在遭遇一场巨大的“变革”。

（三）O2O升温，物流迎来新挑战

O2O模式正在成为线下企业电商化的发展趋势。自从2013年开启实体门店互联网化进程后，苏宁推动线上线下融合的O2O模式在2014年上半年初现成效，遍布全国的1600家苏宁实体门店都成为其物流配送网点，为线上销售平台提供落地化的本地服务，成为最新推出“急速达”服务强有力的支撑基础。2014年7月初，1号店在上海300个“全家便利店”开通订单包裹自提服务。天猫、京东等电商在社区的布局则更早，O2O脚步加快。

此外，非电商企业也在切入电商领域。2014年5月，顺丰快递在社区开“嘿客”，试水O2O，抢占社区资源。第三方支付平台“拉卡拉”也进军社区电商O2O，以社区为核心，“开店宝”为终端载体，连接供货源与社区，消费者通过“开店宝”完成选购、支付和收货流程。未来，拉卡拉将自建区域仓、中心店，以“前店后仓”的形式运营，形成“前端交易+后端仓储+落地配送”的全渠道构架。邮乐网作为中国邮政旗下的电商平台，其策略是通过O2O模式让网点成为电商落地点。一方面，这会形成“活动推动+村邮站代购+目录营销+投递配送”的工业品下乡模式；另一方面，此举亦在尝试“农产品加工企业+邮政网点+邮乐网”“农户+村邮站+邮乐网”的农产品进城模式。

物流是与客户直接接触的环节，是电商体验的直接渠道，也是O2O模式实现的重要因素。电商企业正在从线上竞争的“红海”转向线下“蓝海”竞争，而线上线下渠道全面打通所形成的物流网络覆盖和服务将成为竞争胜出的关键。随着O2O的真正发力，电商物流企业为适应客户新的服务要求，其模式将出现创新性变革，具有较大的发展空间。

（四）跨境电商成行业热点

2014年是我国跨境电商进入快速发展时期，被人们称为跨境电商的元年。据中国电子商务研究中心的数据显示，2014年我国跨境电子商务交易额突破4.2万亿元，同比增长

33.3%；到2016年将增至6.5万亿元，年增速将超过30%。2014年跨境电商占我国外贸的比重约为15%，从一般贸易来讲，B2B跨境电商占整体的85%~90%，而目前很火热的海淘、跨境消费等占10%~15%的份额。蓬勃增长的市场为跨境电商提供了无限的发展空间，跨境电商物流迎来发展契机。

1. 政策红利刺激不断

在进出口稳中有升的大环境下，随着国家对跨境电商政策支持力度的加大，跨境电商成为我国对外贸易的新增长点。2014年以来，广州、杭州、郑州、深圳、哈尔滨、长春等地先后获批“国家跨境电子商务试点城市”，试点城市将通过“规范贸易制度、制定贸易标准、强化在线支付、完善跨境物流、电商出口退税”5个方面给予政策支持。流程监管创新，通关便利化加速跨境电商的发展。全国首个统一版海关总署跨境电商通关服务平台于2014年7月1日在广东东莞正式上线运营。7月29日，海关总署“56号文”“57号文”相继出台，通过电子商务交易平台实现跨境交易的企业和个人接受海关监管，推广“清单核放、汇总申报”的便利模式，解决了跨境电商货品以个人物品通过行邮的方式出境所存在的难以快速通关、结汇、退税难等问题。

2. 海外仓成趋势

海外仓的广泛使用将改变跨境电商零售出口产业的物流生态，能够实现本地发货，加快商品配送速度，提升商品的销售速度。国内企业加快海外仓储布点和国际业务的布局。万邑通在英国和德国先后开通“海外仓”；出口易、递四方等物流服务商也大力建设海外仓储系统，不断上线新产品。跨境电商的迅速崛起也对跨国快递和物流企业提出了新的要求，国内快递企业也纷纷“出海”发展国际业务。依托邮政渠道，EMS可以直达全球60多个国家；顺丰速运针对境外电商推出“全球顺”服务；申通快递先后进军俄罗斯、荷兰市场。

3. 跨境电商物流出现多种模式共同发展的多元化业态

由于跨境电商单笔订单的商品数量较少、体积较小，所以在线外贸卖家向海外买家发货一般通过国际快递或国际外贸小包两种方式。由于邮政包裹配送时间长、包裹无法全程追踪、清关障碍等弊端明显，不仅极大地考验海外用户耐心，也严重制约了跨境电商的进一步发展。随着“备货”模式兴起，通过仓储前置，传统集装箱海运的方式将得到青睐。天猫国际和六大跨境电商试点合作，依托港口，海外商品批量海运空运到保税区的模式，降低物流成本。同时，传统的快递和物流企业也开始做一些延伸布局，加大对保税仓、第三方转运等业务。跨境物流正在从单一的邮政包裹演变为“邮政包裹为主，其他模式并存”的多元化业态。

（五）电商物流差异化服务成竞争焦点

1. “送装一体化”服务成电商服务新的标杆

日日顺物流充分发挥“四网融合”（虚网、营销网、物流网和服务网）的优势，提出为用户提供24小时限时达、送装同步等差异化物流服务方案，实现送货、安装同步上门服务，解决了家电等大件商品电子商务“最后一公里”的难题，大大提升了客户的购物体验，专业化服务能力成为企业重要的竞争优势。

2. 物流服务网络向三、四线城市扩张

随着一、二线城市市场日趋饱和，电商渠道开始下沉，三、四线城市和中西部地区成为电商发展的新市场。京东2014年大力将渠道向三到六级的小县城渗透，目前已覆盖全国

90% 以上的县城区域。菜鸟网络联合日日顺物流，在全国 2800 多个县建立了物流配送站，布局了 17000 多家服务商，解决了三、四线市场的配送难题。随着互联网和移动互联网的发展，二、三线城市和县级城市的经济产业群也开始陆续拥抱电子商务，产业群基地互联网化成必然趋势，三到六线城市的物流需求激增，这对电商物流服务从深度、广度和速度等方面提出了更高的要求。

3. 电商物流并购重组事件不断

错失了 B2C 模式快速发展时期，已掉出快递业第一梯队的宅急送引入复星投资，借此做出重大战略调整，提出“BBC 模式”，即仓配一体化，定位企业客户，瞄准代收货款、跨境电商业务。在与凡客完成资产剥离后，国内较早开展电子商务配送业务的快递公司如风达在 2014 年 6 月 30 日宣布被中信产业基金全资控股的天地华宇集团收购，将作为天地华宇旗下的快递品牌独立运营。多起并购事件说明，电商竞争加剧了快递企业间的竞争激烈程度，中小快递如果没有充足的资本和网络支撑，很难在竞争中胜出。

三、电商物流发展中遇到的难点问题

电子商务的发展以技术创新和商业模式创新驱动，推动传统物流产业转型升级，大大激发了行业活力。但是，电子商务物流在发展中还存在着许多难点问题不容忽视。

一是法律体系建设还不完善，政策法规的制定、修订、完善还远远落后于行业发展的现实。目前我国电子商务领域法律滞后、空白点多，现有规定效力等级低，法律制度不完善已成为制约电子商务持续健康发展的重要因素。全国人大已将《电子商务法》列入立法计划，草案预计于 2015 年年底前完成。从前期调研工作来看，电子商务与物流快递协同发展问题已做了专题调研，《电子商务法》的出台将从顶层设计上规范行业发展，推动建设健康、良性发展的电子商务生态体系，完善行业发展的政策法规环境。

二是政府和社会管理的包容度有待提高，政府监管方式有待创新完善。电子商务作为新经济的代表，是在一个特殊环境下成长起来的特殊产业，有其特殊的发展规律，它极大地改变了传统的贸易、流通方式和人们的社交方式。从某种程度上来说，它的颠覆性和对传统的挑战激发了行业活力，释放了发展潜力，成就了电子商务的快速发展。目前，电子商务物流领域有很多运作模式属于新生事物，尚处于摸索和尝试之中，社会各界，尤其是政府监管部门应用发展的眼光去看待，宏观上适度监管，保持一定的宽容度；微观上鼓励企业大胆尝试、发挥行业协会自律管理的作用。尤其是跨境电子商务作为新型国际贸易的代表，在推动全球贸易自由化进程中扮演着重要角色，这不仅要求监管理念上要有国际视野和全球观，也要创新监管方式，积累经验，为长远健康发展奠定基础。

三是电子商务的爆炸式增长短期内带来了海量的物流需求，电商物流“虚火”过旺、内功不足的矛盾日益凸显。物流的本质是服务，简单的“人海”战术和“跑马圈地”式的粗放发展不具有可持续性。物流与电子商务的协同发展，应避免恶性、低价、同质化、低水平的竞争；应从追求成本和速度转到追求质量和效益上来；应最大程度地协同各利益主体间的合作“公约数”，推动供应链物流资源集成和渠道融合。未来的电子商务物流必须走大数据、智能化的技术路线；注重、加强在跨境交易、移动终端、社交网络为核心的电子商务物流需求，必须积极对接传统产业发展电子商务中的物流需求。

四是产业配套水平亟待跟进。我国物流基础设施网络初步成型，对行业的“硬约束”正逐步消退，但满足电子商务的定制化物流基础设施仍显不足，适应碎片化订单处理的仓储服务欠缺，物流配送终端资源整合不足，物流成本居高不下，物流信息平台建设信息开放不足，没有实现跨地区跨行业信息共享。物流共同配送组织新模式、城市车辆通行问题和“最后一百米”末端派件的车辆合法化问题都在不同程度上遇到了现行政策法规的约束。全球供应链整合还刚刚起步，应充分利用“一路一带”战略机遇，构筑对外国际电子商务物流网络，通过自建、合作、并购等方式延伸服务网络，逐步构建起全球化的电子商务物流体系。

五是电子商务物流诚信体系建设有待进一步完善。电子商务通过互联网和各种技术手段实现了货通天下，电商企业间的竞争重点已逐步由客户流量转向客户服务体验，对服务质量和信用的体系性保障提出了更高的要求。目前出现的“炒信”“刷单”等不规范现象，不仅破坏了商业规则，也是对企业未来发展的透支。建立健全物流业信用体系，将有效保障服务质量和客户体验，有利于营造公平竞争、诚信经营的市场环境，促进物流业加快转型升级。

（万莹　中物联电子商务物流与快递分会）

2014 年中国医药物流行业

在医药行业深化改革的大背景下，2014 年我国医药流通业依然保持了较快发展的态势，虽然医药物流的市场规模增幅较上年有所放缓，但医药物流的整体质量有所提升。2014 年医药流通行业发展特点明显，其中医药电商的启动成为行业发展的最大亮点，也是行业深化改革、转型升级出现的新的利润增长点。

一、医药流通行业规模持续较快增长，但增幅放缓

2014 年我国医药流通行业销售总额仍然保持了较快速度增长，比上年增加 1985 亿元，增幅同比下降 1.5 个百分点。2012—2014 年医药流通行业销售额分别为 11174 亿元、13036 亿元和 15021 亿元，增速分别为 18.5%、16.7% 和 15.2%。

2014 年我国医药行业在政府对医药卫生投入的加大、国民人口老龄化、全民医保实施、单独二胎放开、慢性病需求增大、人均用药水平提高，以及大健康领域消费升级等多方利好因素的影响推动下，继续保持了较快发展势头。但是受国家宏观经济增速减缓、药品价格调整的影响，医药流通市场增长趋于平稳，医药行业微利化的特征依然存在。

二、国家发布相关政策促进医药流通业发展

继国家出台新版的《医药经营质量管理规范》（GSP）后，2014 年国家有关部门相继出台了一系列政策支持医药流通业加快发展。

2014 年 1 月 9 日，国家卫计委中医药管理局出台《关于加快发展社会办医的若干意见》，明确提出鼓励社会开办中医院及中医诊所，非公立医疗机构医疗服务价格实行市场调节价。

2014 年 1 月 28 日，国务院医改办发出《关于加快推进城乡居民大病保险工作的通知》，要求各地加快推进重特大疾病医疗保险和救助制度建设，严格贯彻落实《关于开展城乡居民大病保险工作的指导意见》要求，全面推动 2014 年城乡居民大病保险试点工作。

2014 年 2 月 19 日，按照国务院有关要求，国家食品药品监督管理总局起草的《药品注册管理办法（修改草案）》，在中国政府法制信息网公开征求社会各界意见。修改草案的重点是

鼓励新药创新、取消仿制药申报时间限制、仿制药申报流程变更、新药监测期同品种申报政策变更及进口药品境内申报政策变更等，在专利药仿制的注册申请和专利权纠纷方面的修改引人注目。

2014 年 3 月 31 日，新修订的《医疗器械监督管理条例》正式出台，自 2014 年 6 月 1 日起施行。新修订的《医疗器械监督管理条例》明确了医疗器械监督管理要以分类管理为基础，以风险高低为依据，在完善分类管理、适当减少事前许可、加大生产经营企业和使用单位的责任、强化日常监管、完善法律责任等方面做出了较大修改。

2014 年 4 月 1 日，国家卫计委等 5 部门联合发布了《关于推进县级公立医院综合改革的意见》，明确提出在第一批 311 个试点县基础上新增 700 个县，重点推进公立医院规划布局调整，建立科学补偿机制，理顺医疗服务价格，改革医保支付方式，完善县级公立医院药品采购机制，建立和完善现代医院管理制度，建立适应医疗行业特点的人事薪酬制度，建立适应行业特点的人才培养机制，健全分级诊疗体系，加强行业监管等。

2014 年 4 月 4 日，商务部印发《关于做好 2014 年全国药品流通行业管理工作的通知》，明确 2014 年药品流通行业的主要工作是：促进企业兼并重组，提高行业集中度；发展现代医药物流，转变行业发展模式；宣传贯彻行业标准，规范流通秩序；加强行业统计，促进数据有效应用；开展行业人才培训，提高从业人员素质；推进中药材流通追溯体系建设，提升中药材流通现代化水平；加强自身建设，提高服务行业能力。

2014 年 5 月 8 日，国家发改委《关于改进低价药品价格管理有关问题的通知》，通知公布了低价药品清单（共计 533 种药物 1154 个剂型，包括 283 种西药、250 种中成药）；取消了最高零售限价，建立低价药清单进入退出机制；明确了低价药日均费用标准，强调了对药品价格变动的监管。

2014 年 5 月 13 日，国务院办公厅发布《关于印发深化医药卫生体制改革 2014 年重点工作任务的通知》，明确提出六方面共 31 项医改工作任务。主要包括：加快推动公立医院改革、积极推动社会办医、扎实推进全民医保体系建设、巩固完善基本药物制度和基层运行新机制、规范药品流通秩序、统筹推进相关改革工作，同时规定了主要任务的时间节点。

2014 年 5 月 28 日，国家食品药品监督管理总局发布关于《互联网食品药品经营监督管理办法（征求意见稿）》公开征求意见的通知，首次提出对处方药的网售解禁并放宽配送条件，有利于企业开展医药电商，推动医药电商的快速扩容。

2014 年 9 月 9 日，商务部、发改委、财政部、人社部、卫计委、食药监总局六部委联合发布《关于落实 2014 年度医改重点任务提升药品流通服务水平和效率工作的通知》，正式为药品流通行业松绑。

三、医药物流项目投资建设依然强劲

随着新版 GSP 的实施，2014 年我国各医药流通企业继续加大在物流设施建设上的投入，加快发展现代医药物流中心的建设和布局，以提高自身的竞争力。

2014 年 10 月，以九州通医药集团投资 3.8 亿元在武汉东西湖建成的全球最大的单体医药物流中心为标志，我国医药物流设施建设达到了新高潮。该物流中心总建筑面积为7.5万平方米，应用了基于穿梭技术的密集式存储货架系统，目的是节约发货月台空间，实现自动排车，以解决目前诸多物流中心在集货、发货环节的效率和空间问题。此外，2014年新增的医药物流项目建设还有：国药控股上海二期项目——近5万平方米的现代医药物流中心，该物流中心引进了新型货到人自动化拆零拣选设备，开启了国内医药物流中心应用自动化拆零拣选系统的先河；广东深华药业有限公司投资建设的面积为1.8万平方米的现代医药物流中心；四川泸州投资建设的面积为8万平方米的医药物流中心；贵阳康心药业智慧医药建设的面积为7.3万平方米的物流中心二期工程；九州通在绵阳投资建设的面积为2.5万平方米的现代医药物流中心；山东同科天地科技企业孵化器有限公司在济南建设的面积为5万平方米的第三方医药物流中心；修正药业集团在钦州投资建设的现代大型医药物流中心区域总部，湖北格奥欣投资建设的面积为3.6万多平方米的现代医药物流中心；国药控股新疆哈密药业有限公司在哈密投资建设的面积为5040平方米的医药物流配送中心等。

四、医药电商市场增速迅猛

（一）互联网医药企业呈爆发式增长

目前医药电商主要有三种运营模式：自营式B2C网上药店、第三方平台模式和B2B采购平台。截至2014年年底，持有互联网医药交易服务牌照的网站已达到371家，比2013年的202家增长了169家。其中，B2C网站由2013年的138家增长到2014年的272家，B2B网站由2013年的53家增长到2014年的83家，第三方经营服务平台由2013年的11家增长到2014年的16家。虽然第三方平台型医药电商数量较少，且起步较晚，但已占据半壁江山。

2010年我国医药电子商务市场规模约为2亿元，2011年规模翻一倍至4亿元，2012年规模增长到16.6亿元，2013年线上医药市场规模达到42.6亿元，每年增长率超过200%，2014年医药电商市场规模有望达到68亿元，医药电商正在以迅猛态势发展，医药电商的兴起成为医药流通行业发展的新亮点。

（二）互联网巨头纷纷布局医药市场

2014年年初，阿里巴巴和云峰基金收购了中信21世纪有限公司，随后将其改名为阿里健康，成为国家药监部门“医药电子监管码的唯一服务提供商”，并获得了国内首个可开展互联网医药销售（B2C）的第三方平台试点牌照。其他互联网巨头如腾讯收购挂号网，推出微信挂号。京东和1号店也均已取得网上药品销售第三方平台资质，将对医药电商的发展起到巨大的推动作用。目前，阿里巴巴的天猫医药馆已成为国内规模最大的第三方医药电商平台。

（三）处方药市场开放临近，医药电商发展后劲

数据显示，2014年国内药品终端销售收入中，处方药约占80%、非处方药约占20%，目前处方药的市场规模在1万亿元左右。

目前医药电商仍然沿用2005年发布的《互联网药品信息服务管理办法》和2005年发布的《互联网药品交易服务审批暂行规定》两部管理办法。网上药店暂时只能销售处方药和自行建立配送网络，这在很大程度上限制了医药电子商务的发展。2014年5月，国家食品药品监督管理总局公布了《互联网食品药品经营监督管理办法（征求意见稿）》，面向社会各界征求意见，征求意见稿规定取得相应资格证书

的互联网平台不仅可以卖处方药，还可以由第三方物流配送平台进行药品或医疗器械的配送。预计处方药网上销售将以正面清单方式公布，第一批公布约300~500个品规。可以断定，这一政策一旦落地实施将大大推动医药电商的发展。

五、移动医疗对传统医药物流提出了新课题

2014年我国医药行业最抢眼的事情是移动医疗的兴起。中国互联网信息中心（CNNIC）发布的第35次《中国互联网络发展状况统计报告》显示，截至2014年12月，我国手机网民规模达5.57亿人，较2013年年底增加5672万人。随着移动设备终端的普及化和移动互联网的快速发展，移动医疗开始在国内兴起。

目前我国大多数的移动医疗项目都处于开始阶段，已经出现的如阿里健康、药急送、挂号网、春雨医生等移动医疗应用，虽然仍然处于用户积累的初级阶段，且至今尚未形成较为成熟的盈利模式，但是随着移动医疗应用的功能越发完善和线上线下的资源整合，将会为移动医疗提供更为丰富的支持，为用户提供更为丰富的服务，从而使移动医疗产生质的飞跃。无论采取线上还是线下方式，最后牵涉到的药品配送都离不开物流，但这和传统的医药物流有区别。如何应对快速、小批量的物流需求，如何对接线上等都将给传统的医药物流企业带来新的课题。

六、医疗器械物流快速发展

2014年，我国医疗器械市场总规模约为2556亿元，医药市场总规模约为13326亿元，医药和医疗器械消费比为1：0.19，比2013年的1：0.2还略低一点。我国已成为仅次于美国的全球第二大医疗器械市场。医疗器械电子商务成为医疗器械市场发展的亮点，传统零售门店的销售额在2014年几乎没有增长，而医疗器械电子商务快速发展，整个家用医疗器械零售市场的增量几乎全部被电商占据。

然而，尽管我国医疗器械行业已经成为仅次于美国的第二大市场，但医疗器械行业仍然集中度偏低，呈小而散的状态，还没有形成规模发展。绝大多数企业还停留在零散分布、低水平恶性竞争的粗放式增长阶段。2014年，国家为促进中国医疗器械行业发展，不仅实施了新版的《医疗器械监督管理条例》，而且还完成了5部部门规章的编制，以及几十个规范性文件。市场的规范化虽然可能会给医疗器械企业的发展带来阵痛，但长期来看，对促进中国医疗器械市场的健康发展具有极大的推动作用。

七、冷链管理水平有一定程度的提高

新版GSP对冷链管理、技术、人才等方面的要求较以前有明显提高，随着新版GSP的实施落地，各医药流通企业加大对冷链管理、技术、人才的投入，取得了一定成果，冷链管理水平有一定程度的提高，主要体现在以下几个方面。

一是冷链质量与风险管控意识加强，各企业出台了相应的风险管控措施和应急预案，并加强了内审力度，药监局也对此加大了检查力度。

二是冷藏箱、冰排、无线温湿度采集监控系统等冷链相关技术的研发与应用取得了一定

进展，为冷链安全提供了一定保障。

三是冷链作业与管理相关信息系统的研发与应用也取得了长足进步，国药、上药、华润等企业开发应用相应的系统，实现了包装方案的自动确认、包装方案验证、冷链作业环节监控与管理、质量放行等功能，为下一步实现冷链全流程的可视化管理奠定了基础。

总体来看，虽然我国医药物流集中度有所提高、流通环节有所减少，但由于受医院终端不允许跨区域配送、医药流通固有的订货习惯、医药流通企业固守传统管理观念等因素的影响，医药物流面对的依旧是流通环节较多、渠道库存透明度不够、供应商压库存现象严重、渠道库存一直居高不下和企业物流社会化程度低、网络化一体化运营程度不高、规模小、效率低、成本高等问题，我国医药物流的效率和成本还有待进一步改善与提高。

（覃拥　张少凯　国药集团医药物流有限公司）

2014年中国军事物流

2014年是全面深化改革的开局之年，中国军事物流相关部门及单位以党的十八届三中全会精神为指导，以党在新形势下的强军目标为总纲，以推进国防和军队改革为统揽，按照“建设信息化军事物流，保障打赢信息化战争”的战略目标，全面深化改革部署，锐意进取，攻坚克难，军事物流建设获得了全面发展，切实加强军事物流实战化、军事物流信息化、军事物流标准化、军事物流社会化等方面的建设，取得了显著成绩。

一、全面提升了军事物流实战化保障能力

2014年，中国军事物流相关部门及单位始终坚持把现代信息化战争军事物流准备作为最重要、最现实、最紧迫的战略任务，努力提高一体化联合作战军事物流保障能力，探索解决联合作战军事物流、联合训练体制机制、保障条件等重难点问题的具体措施。一是广大军事物流官兵聚焦能打胜仗，狠抓实战实训，紧紧围绕加强军事物流核心保障能力建设，重点加强军事物流战略筹划、军事物流整体布局，突出了军事物流保障模式创新。二是遵循现代信息化战争体系作战要求军事物流体系保障、体系建设的规律，切实加强信息主导、精干高效的军事物流指挥体系建设；攻防兼备、陆海衔接的军事物流保障设施体系建设；用之有备、备之能用的军事物资体系；精良管用、复合发展的军事物流装备体系；类型多样、规模适度的军事物流保障力量体系建设。三是按照能打仗、打胜仗的要求，探索建实建强军事物流保障力量，构建相对稳定的军事物流基地综合保障体系，形成伴随保障、基地保障、投送保障整体联动保障格局。四是切实加强军事物流实战化训练，优化军事物流实战化训练体制机制和训练模式创新，深化军事物流联合训练，推动部队和院校联教联训，全面落实按纲施训，完善军事物流训练指导法、新大纲配套建设、抓好训练示范和教练人才培养，推动了新大纲深入落实，建立完善了相关考评体系，促进了军事物流保障力生成和提高。

二、切实加强了军事物流服务保障水平

2014年，中国军事物流相关部门加强了对军事物流保障工作的本质内涵、特点要求、运行规律等问题的探索，进一步提高了服务保障部队的质量效益。一是坚持以实现投入较少、效益较高为尺度，加强军事物流宏观调控，健全完善军事物流标准制度，进一步规范军事物流保障流程。二是围绕完善军事物流标准制度规范军事物流服务工作，分类建立和逐步完善军事物流标准体系，扩大标准化供应保障范围以及消耗标准建设。三是按照有效保障、高效运行的要求，探索建立程序规范、权责明晰、监管有力的标准执行机制。四是围绕军事物流深化改革创新，积极推广以厂代储、直达配送等军事物流保障新模式，提高军事物流保障效益。继续深化联勤体制改革，努力优化完善计划渠道和供应关系。五是深化军队采购制度改革，进一步推动军队采购改革向工程采购、服务采购延伸。六是坚持走中国特色军民融合式发展路子，加强了军民融合式军事物流发展战略规划、体制机制建设、法规制度建设，探索了进一步拓宽军地物流资源双向转化、一体利用的有效途径。七是按照指令性推进与指导性牵引、成建制推进与成系统推进、区域整合和项目捆绑相结合的办法，深化了军事物流保障社会化。

三、积极推动了军事物流信息化建设

2014年，中国军事物流相关部门以更大决心、更大力度加快军事物流向信息化转型，探索实现军事物流保障需求实时感知、保障资源可视掌控、物资配送精确定向、保障行动全程调控，努力提升打赢现代信息化条件下局部战争军事物流保障能力。一是深化军事物流向信息化转型的要求，适应基于信息系统的体系作战军事物流保障要求，依据军事物流信息化建设总体发展战略及实施路线图的总体部署，切实加强军事物流信息化建设组织领导、技术体制、工程建设、系统软件、保障数据、保障力量的统建统管，加强军事物流大系统建设机制。二是围绕加速推进军事物流信息化建设发展，明确军事物流信息化建设发展的总体要求、战略布局、建设任务、推进路径和保障措施。三是加强军事物流相关供应保障标准系统建设，推进物联网在军事物流的应用实践，基于军事物流信息系统，加强军事物流物联网建设。四是努力构建军事物流信息化主管管理机制、军事物流信息化人才保证机制，切实提高军事物流信息化建设效益。

四、着力强化了军事物流作风建设

2014年，中国军事物流相关部门紧紧围绕党在新形势下的强军目标，贯彻落实习主席关于依法治军、从严治军的重要指示，坚持以法治思维和法治方式推动军事物流建设与发展。一是加大了军事法规制度执行力度，坚持有法必依、执法必严、违法必究，使厉行法治、严肃军纪成为铁律。二是围绕加强军事物流作风建设，突出了弘扬清风正气。三是大力宣传贯彻中央军委从治军的批示坚决执行作风建设“十项规定”的思想行动，突出宣传各级军事物流部门及单位艰苦奋斗、求真务实、清正廉洁的先进典型，规范权力运行、整改突出问题、纠治不正之风，守清廉、保清明、树清风，引导军事物流战线广大官兵清清白白做

人、干干净净做事，勤勤恳恳为部队服务，树立中国军事物流官兵的良好形象。

五、深入强化了军事物流理论研究

随着现代军事物流体系建设的逐步深入，军事物流研究团队也飞速扩容。除了较早开展军事物流与军事仓储研究并取得丰硕研究成果的解放军后勤学院、后勤工程学院、军事经济学院、装甲兵工程学院以外，空军勤务学院、军事交通学院、解放军汽车士官学校，镇江船艇学院、军械工程学院、装备学院等也开始与本单位、本部门实际相结合，结合各自优势，研究具有各自特色的军事物流。地方高校如中央财经大学国防经济与管理研究院军事物流与采购研究所、吉林大学军需科技学院国防经济与军事物流研究所也积极从地方的视角深入开展军事物流和应急物流的研究工作，取得了一些研究成果。

2014 年，军事物流理论研究坚持实事求是，与时俱进，重点加强了军地物流深度融合发展、军事物流基地建设、新型军事物流保障力量建设、军事物流智能化建设、军事物流装备建设、军事物流标准化建设、军用物资编目系统建设、战略投送力量建设、智能化仓库建设等方面的研究。

六、持续开展了军事物流学术交流

由解放军后勤学院主办的军事物流论坛、军事物流与应急物流研讨会已成为全军乃至全国的著名军事物流交流平台。

2014 年 9 月，“第六届军事物流与应急物流研讨会”在青岛召开。会议围绕军事物流与应急物流军民融合深度发展，聚焦“打胜仗”“保打赢”的主题，围绕军事物流与应急物流保障能力生成问题进行了多层次、全方位的互动交流。会议期间，部分代表还围绕军事物流与应急物流热点问题进行了研讨。会议还举行了“应急物流优秀案例”颁奖仪式。这次会议研讨的问题战略性、时代性、前瞻性强，符合我国发展战略要求，对于整合军地物流资源、打造准军事化物流力量、推进军事物流与应急物流的军地深度融合发展具有重大的现实意义。

七、加强军事物流人才培养

党的十八大报告指出，要培养大批高素质军事人才，深入开展信息化条件下军事训练，增强基于信息系统的体系作战能力。2014 年，军队坚持把质量建设作为实现军事物流现代化的基本指导方针，坚定不移地实施科技兴物流发展战略。军队坚持把军事物流人才建设作为基础工程，大力造就具有奉献精神和创新精神的高素质新型军事物流人才。随着我军物流现代化水平的大幅跃升，对军事物流人员的思想观念、军事素质、知识结构、专业技术等方面的要求越来越高。军事物流系统专业分工细、行业门类多，需要一支懂业务、善管理的高素质人员队伍。加强军事物流教育，是时代发展的必然要求，尤其在我军物流系统尚处于改革调整的关键阶段，更应加快军事物流人才的复合式培养。我军物流人才培养坚持院校教育与职业培训相结合，坚持军事物流专业的学员必须具有通军事、懂经济、善管理、强物流、精信息的复合式人才培养模式，毕业分配到部队的军事物流人才深受部队欢迎。

一是加强军事物流院校教育。根据 2014 年的情况统计，目前已在解放军后勤学院和军事交通学院成立军事物流系，军事经济学院成立军事物流与采购系，由后勤工程学院成立后勤信息与军事物流工程系，军事物流教研力量发展上了一个新的台阶。主要由解放军后勤学院军事物流系承担全军仓库主任班及军事物流指挥人员中短期轮训任务，由后勤工程学院、军事经济学院、装甲兵工程学院、军事交通学院、空军勤务学院、镇江船艇学院、蚌埠汽车士官学校承担军事物流生长干部培训任务，解放军后勤学院、后勤工程学院、军事经济学院、军事交通学院、装甲兵工程学院专设军事物流（含军事仓储、军队采购）硕士专业，后勤学院招收军事物流专业博士研究生并设有军事物流博士后流动站。

二是加强军事物流社会培训。除了军事物流正规教育计划内培训任务以外，军队系统物流师及采购师培训考试工作蓬勃发展。按照国家物流师与采购师资格认证工作考培分离的总要求，现由解放军后勤学院军事物流系全面负责全军物流师与采购师的考试工作，截至2014年年底，由后勤学院、后勤工程学院、军事经济学院、装甲兵工程学院、空军后勤学院、军事交通学院、汽车士官学校、军械工程学院、镇江舰艇学院等9所院校负责军队物流师的培训工作，由后勤学院、后勤工程学院、军事经济学院负责军队采购师的培训工作，形成独特的军队物流师与采购师培训考试体系，现一直保持较大的军队物流师与采购师培训规模（2014年参加物流师考试600多人）和较高的物流师和采购师考试合格率（70%～80%）。今后应进一步完善军队物流师资格认证系统，实现军事物流及采购、运输、仓储人才的标准化认证，使我军物流人才培养走上规范化管理的轨道，为跃升我军物流核心保障能力提供强有力的人才支撑。

（龚卫锋　解放军后勤学院　孙敏　北京市投资促进局）

2014 年中国仓储业

2014 年受经济增速放缓、经济结构调整、土地资源紧缺、东西部发展不平衡等因素的影响，我国的仓储业处于艰难的转型期。总体看来，仓储业增速放缓，业务结构调整速度加快，仓储技术向机械化、自动化、信息化方向发展。

一、仓储业发展回顾

2014 年，我国仓储业发展增速放缓呈现以下特点。

（一）仓储企业生产经营趋稳，但尚未度过风险期

根据中国物资储运协会对 60 家大型仓储企业的调查显示，2014 年样本企业主营业务收入比上年下降 28%，但物流收入增长 17%；货物吞吐量 6137 万吨，比上年增长 4%；公路运输量比上年增长 18%，铁路运输量比上年增长 9%；货物年周转次数为 10 次，比上年增加 2.3 次；利润总额比上年下降 18.6%。主要特点有：一是生活品物流业务增长，生产品物流业务下降。大宗商品物流量和销售价格下跌，造成以大宗商品为主要对象的物资仓库业务下滑，而与百姓生活相关的仓储物流业务增长，抵消了部分下降因素。2014 年库房业务收入增长 8.9%，而货场业务下滑 2.9%。二是租用外仓数量增加。由于本企业仓容不足或客户有特殊要求，样本企业租用外仓达 110 万平方米，增长 30% 以上。三是亏损企业数增加，达到 16 家，且亏损额大幅增大。主要原因在于：高速增长时期过于冒进，对外投资失误；贸易业务上当受骗，做托盘业务不控货；企业被迫搬迁，旧地交出，新地批不下来，客户和业务流失等。

（二）新兴仓储物流需求增大

一是电子商务飞速发展，要求仓储业适应小批量、多批次、快交付的要求。2014 年，全国兴起了电商物流热，规划和建设了较多的电商物流中心。在大宗商品领域，电子交易取代了一批中间贸易商，产需见面、直接交易数量增加。同时，由于生产商要求快速交付，仓库的选址分布从产地向消费地转移，消费地仓库需求量增加。二是特种仓库需求量增加，如温控仓库、化危仓库、液体仓库的数量，结构均有较大缺口。由于上述仓库都有一定的危险性，有的城市限制，有的拒绝其入驻。三是多

式联运型仓库需求大。最突出的是公铁联运、铁水联运，其制约因素在于缺乏适宜的地块和足够的土地面积，以及土地价格和设施设备的通用程度。四是农资农产品、快递储物场所需求空间增大。农资下乡、农产品进城、快递送达都需要有相应方便快捷的仓储设施。

（三）仓储业投资加快，仓储设施供求紧张有所缓解

2014 年 1—11 月，仓储业投资额为 4672.5 亿元，同比增长 24.3%，而同期的铁路投资为 5920.6 亿元。另外，国家统计局发布的第三次经济普查报告显示，截至 2013 年年底，我国仓储业总资产达到 16878.6 亿元。比 2003 年增长 14300 亿元，增幅 5.5 倍，比 2008 年增加 11184.6 亿元，增长 196%。此外，2009—2013 年，仓储业投资累计达 13027 亿元，年平均增长超过 30%。上述数据表明：10 年来我国仓储业一是投资大幅增长，无论是增长速度还是绝对额，都是前所未有的；二是我国的营业性仓储面积拥有量估计在 13 亿平方米以上，其中一半以上是近五年新建仓储设施；三是仓储设施总体规模大体与经济需求相适应。展望今后几年，仓储业投资仍会增长，主要是因为我国仓储业投资欠账过多，加上城市扩张过快，老仓储设施被移出城，新建仓储设施要逐步到位，但增长速度会适度放缓。其主要制约因素在于：我国经济增速放缓、土地资源紧缺、建设资金供给偏紧、经济结构调整、电子商务的发展等。

（四）物流园区向质量、效益方向发展

总体看，无论从需求、供给、市场、资金、土地等各种因素来看，客观条件都不支持物流园区无限扩张，为此部分物流园区已经开始探索精益发展之路。2014 年，中物联物流园区专业委员会对 189 家参评物流园区进行了评价。通过 20 多个指标的测评，有 50 家物流园区成为优秀物流园区。这 50 家物流园区平均占地面积 4950 亩，平均物流强度每平方公里吞吐量 504 万吨，平均就业人数 9300 人，平均人年业务收入 50 万元。物流园区发展总体上向重质量、重效益方向发展。

杭州市人民政府编制的《杭州市建设全国智慧物流中心三年行动计划（2015—2017 年）》（以下简称《行动计划》）提出，2017 年杭州全国性物流节点城市、全国一级物流园区布局城市建设将取得重要成果，初步建成“全国智慧物流中心”运营架构；到 2017 年杭州市智慧物流业增加值突破 100 亿元，占全市物流业增加值比重达到 20% 左右。为此，杭州市已开始加快建设杭州临江传化综合物流产业园、杭州空港物流园区、顺丰（杭州）智能电商物流产业园等一批重点园区，推进顺丰速运全国航空快件基地项目、长安民生杭州汽车零部件制造配送项目、青山湖科技城国际物流中心等一批重大项目，培育杭州萧山传化物流产业集团有限公司、浙江顺丰速运有限公司、杭州长安民生物流有限公司等一批重点企业。其中包括建设形成国家高新区（滨江）智慧物流研发基地、大江东智慧物流装备和供应链管理示范基地、未来科技城智慧物流科创基地等三大创新基地，智慧物流将成为全市物流业发展的新增长点。这说明一般化、低水平的物流园区已经过时，代之而起的是多功能、高质量、智慧型的物流基础设施。

（五）仓储业投资市场活跃

据物流供应链竞争情报报道，2014 年财团加大对仓储业的投资。如平安不动产 15 亿元注资五洲国际；中银集团、厚朴基金、中国人寿等构成的豪华中资财团 25 亿美元注资普洛斯；荷兰汇盈将向易商投资 6.5 亿美元，高盛向易商提供1.2亿美元Pre－IPO贷款融资；新加坡和中国香港的私募股权公司RRJ Capital以及新加坡淡马锡旗下的狮诚控股国际向宇培投资2.5亿美元；凯雷集团以及汤森房产集团2亿美元投资宇培；嘉民集团和加拿大养老金计划投资委员会（CPPIB）向嘉民中国物流基金注资5亿美元，总量达到15亿美元。普洛斯入股中储股份，投资20亿元，占15%的股份，并取得第二大股东的位置。据有关报道，普洛斯正在加快转型，由物流地产商向物流运营商转变。这表明，普洛斯已完成了第一阶段的战略布局，正在向纵深扩大战果。

（六）铁路货运改革力度大，货场改造速度加快

2013年铁路总公司启动货运改革之后，推出网上订仓、一口价、零担货运列车、直达货运列车、白货运价下浮等一系列措施。原来的货运场站已不能适应新的需求，铁总启动了货场改造计划，总的方向是增加库房、增加装卸搬运设备等。设施设备的改造使铁路物流的收入结构发生了变化，单一的铁路货运收入逐步向多元经营收入转变。据观察和数据资料分析，铁路物流收入中运输业务收入占75.5%，装卸搬运收入占7%，配送与货代业务收入占5.7%，包装加工收入占2%，仓储收入占1.2%，综合业务收入占6.4%。站到门、门到门业务大幅度提升。

二、仓储业存在的挑战和机遇

截至2014年年底，我国仓储业发展仍有一些亟待解决的问题，仓储业面临挑战和机遇。

我国仓储业亟待解决的问题如下。

第一，仓储设施规划布局不合理。主要表现：一是随着人口的迅速集聚，城市物流体系不适应性日渐显现。各个城市都在扩建新区，一般情况下，新区面积大过老区。如陕西的西咸新区，面积882平方公里，兰州新区面积1600平方公里，天津滨海新区面积2270平方公里。原有的物流体系被打乱，仓储、货站、道路、铁路、码头、港口的布局需重新规划。二是交通组织管理与需求不相适应。人口和建筑的聚集给城市道路通行带来拥堵、噪声，货车进城受到严格控制。货物供应不足会引起物价上涨，百姓不满。三是土地商品化，有偿使用，把低端商贸和物流驱赶到更远的地方，使用价格更高的土地，使其利润越来越薄，城市内外的货物交换缺少相应的仓储设施。

第二，仓储用地更为紧缺。据国土资源部统计，2014年我国国有建设用地批准面积为近三年同期最低水平，供地结构出现变化。全年供应建设用地共61万公顷，同比下降16.5%。其中，工矿仓储用地15万公顷，同比下降29.9%；房地产用地15.1万公顷，同比下降25.5%；基础设施等其他用地31.1万公顷，同比下降1.9%。

2014年，有关部门和部分省市纷纷出台了节约集约使用土地的政策。2014年2月22日和3月28日，上海市政府先后印发和转发了《关于进一步提高本市土地节约集约利用水平的若干意见（沪府发〔2014〕14号文》和《关于加强本市工业用地出让管理的若干规定（试行）（沪府办〔2014〕25号文）》。文件规定："提高土地市场周转效率。实行新增工业用地出让弹性年期制，一般工业项目用地出让年期为20年，出让年限届满后，对项目综合效益和合同履约等情况进行评估，采取有偿协议方式，续期或收回土地使用权。对用地有特殊要求的市重点产业项目，经有关部门批准后，出让年期可为 20 ~ 50 年”。2014 年 6 月 3 日，北京经济开发区也发布文件，规定建设用地出让年限一般不高于 20 年。南京市政府宁政发〔2014〕150 号文件规定，工业建设用地出让年限不超过 30 年，土地出让价格提高 50% ~ 150% 。2014 年 7 月，成都、自贡、遂宁、眉山、南充、简阳、邻水 7 市、县开展工业用地弹性年期出让及低效、存量工业用地退出机制改革试点。在法定的工业用地使用权最高出让年限内，分别设定 10 年、20 年、30 年、40 年、50 年出让年限。

第三，仓储业受资金紧缺的约束较大。2014 年仓储业资金紧缺的情况比较严重，一方面，需要建设资金，尽快形成生产能力；另一方面，需要增加运营资金，还要支付土地使用成本如土地使用税。由于资金供给相对不足，致使以借贷资金建设仓储设施的企业压力增大，一些园区已经开始抛售产权，也有的采取租赁外包方式减轻资金压力。

总体来看，在新一届政府推动经济转型发展的背景下，我国仓储业面临新机遇。一是“一路一带”和依托黄金水道推动长江经济带发展战略的实施，对仓储业的布局提出了新要求；二是经济发展对现代物流的巨量需求，使生产供应功能、城市服务功能、蓄水池功能、货物集散功能、库存管理功能、应急储备功能叠加在一起，对仓储业提出了更高的要求。因此，仓储业必须抓住机遇，加快转型升级，借助新技术提升服务能力，实现自身发展。

（姜超峰　中国物资储运协会）

2014 年中国电子商务市场

2014 年我国电子商务交易规模快速增长，已成为国民经济的重要增长点。

一、全国电子商务市场发展情况

据国家统计局发布的数据显示，2014 年我国全社会电子商务交易额达 16.39 万亿元，同比增长 59.4%。在 16.39 万亿元的总盘子中，在企业自建电商平台上实现的交易额为 8.72 万亿元，同比增长 65.9%；在为其他企业或个人提供商品或服务交易的电商平台（简称为纯第三方平台）上实现的交易额为 7.01 万亿元，同比增长 53.8%；在既有第三方又有自营的混营平台（简称混营平台）上实现的交易额为 0.66 万亿元，同比增长 41.1%。电子商务的快速发展，不仅创造了消费新需求，引发了投资新热潮，为大众创业、万众创新提供了新空间，还加速了产业间的融合，推动了产业结构的调整，催生了新业态，成为提供公共产品、公共服务的新力量。

据国家统计局公布的数据显示，2014 年我国全社会电子商务交易额突破 16 万亿元，同比增长 59.4%。其中，在企业自建的电商平台（纯自营平台）上实现的交易额为 8.72 万亿元，同比增长 65.9%；在为其他企业或个人提供商品或服务交易的电商平台（纯第三方平台）上实现的交易额为 7.01 万亿元，同比增长 53.8%；在既有第三方又有自营的混营平台（混营平台）上实现的交易额为 0.66 万亿元，同比增长 41.1%。

2014 年我国电子商务交易呈现以下几个特点。

一是对单位的电子商务销售额增速加快。通过电商平台向企业（单位）销售的金额为 12.75 万亿元，同比增长 62.8%。其中，销售商品的金额为 12.25 万亿元；提供服务的金额为 0.50 万亿元。通过电商平台向消费者（个人）销售的金额为 3.64 万亿元，同比增长 48.6%。其中，销售商品的金额为 2.88 万亿元；提供服务的金额为 0.76 万亿元。

二是自营平台的电子商务交易占比过半。自营平台的电子商务交易总额达 9.13 万亿元，占全部电商平台交易额的 55.7%。其中，纯自营平台实现的电子商务交易额为 8.72 万亿元；混营平台实现的自营电子商务交易额为 0.41 万亿元。

三是第三方电子商务交易活动集中度高。第三方电子商务交易总额达 7.26 万亿元，占全部电商平台交易额的 44.3% 。其中，纯第三方平台上实现的电子商务交易额为 7.01 万亿元；混营平台的第三方电子商务交易额为 0.25 万亿元。第三方平台电子商务交易活动集中度较高，淘宝、天猫、京东等排名前 20 的第三方平台上共实现电子商务交易额 6.22 万亿元，约占全部第三方平台交易额的 90% 。

2014 年我国电子商务迅猛发展，得益于电商平台使用频率高、网速加快、用户增多的推动，是多种要素共同作用、协同发展的结果。2014 年我国经济下行压力较大，生产企业面对经营困难，主动尝试利用互联网开展生产经营和产品销售及服务活动，以减少中间环节、降低经营成本和费用，提高企业的盈利能力。2014 年我国互联网尤其是移动互联网快速发展，为我国电子商务的发展提供了重要的技术支撑。来自国家工业和信息化部的统计数据显示，2014 年我国新建的 4G 基站就达 73.3 万个，4G 用户达 9728 万户，庞大的 4G 网络把用户与电商平台紧密地联系在一起，为我国电子商务的迅猛发展提供了坚实的基础和巨大的空间。2014 年我国网民用户迅速增长，来自 CNNIC 的调查数据显示，截至 2014 年 12 月，我国网民规模达 6.49 亿人，互联网普及率为 47.9% ；手机网民规模达 5.57 亿人，较 2013 年年底增加 5672 万人；网络购物用户达到 3.61 亿个，同比增长 19.7% 。手机网购、手机支付和手机银行的用户年增长分别达到了 63.5% 、73.2% 和 69.2% 。数据表明，随着电子商务的快速发展，互联网已经渗透到国民的工作、生活和娱乐中。

来自商务部的数据显示，2014 年我国电子商务交易总额增速为 28.64% ，是国内生产总值增速（7.4% ）的 3.86 倍；全年网络零售额增速较社会消费品零售总额增速快 37.7 个百分点。2014 年，我国移动购物市场交易规模达到 8956.85 亿元，年增长率达 234.3% 。

2014 年阿里巴巴“双 11”的交易额突破 571 亿元，比 2013 年增加了 321 亿元。其中，移动交易额为 243 亿元，占年总成交额的 42.6% ，是 2013 年移动交易额的 4.54 倍，创下全球移动电商平台单日成交量的历史新高。物流订单达 2.78 亿个，共有 217 个国家和地区参与此次“双 11”购物交易。毋庸置疑，电子商务正在成为拉动国民经济保持快速可持续增长的重要动力和引擎。

2014 年我国电商销售排名前 10 的省市依次是：广东省、浙江省、北京市、上海市、江苏省、福建省、山东省、湖北省、四川省和河南省。电商销售排名前 20 的城市依次是：北京市、上海市、广州市、深圳市、杭州市、佛山市、金华市、南京市、苏州市、温州市、泉州市、嘉兴市、武汉市、宁波市、成都市、东莞市、台州市、厦门市、中山市和郑州市。

二、部分省区市电子商务市场发展情况

（一）北京市

据北京市统计局的数据显示，2014 年北京市实现网上零售额 1460 亿元，同比增长 68% ，网上零售额在全市社会消费品零售总额中的占比已从 2010 年的 2% 提高到 2014 年的 14.48% ，对全市社会消费品零售总额增量的贡献率超过 7 成，拉动全市社会消费品零售总额增长 6.2 个百分点。

从 2010 年到 2014 年，北京市网上零售额实现了多级跳。从 2010 的 120 亿元，到 2013

年的926.8亿元，再到2014年的1460亿元，4年内北京市网上零售额实现快速增长。2014年北京市的网络零售的经营能力最强，其交易额达到4294.65亿元，占比为16.32%。

在全国自营B2C电商中，北京市的交易规模占六成以上，汇聚了近千家各类垂直电商、综合电商、生鲜电商、生活服务电商。而且除网上零售之外，北京市也是全国大宗商品的网上交易中心，燃料油、钢铁、铁矿石、棉花、食糖、农产品等领域大宗商品电子交易市场全年累计交易额超过5000亿元。

（二）河北省

2014年河北省电子商务交易额实现10833亿元，同比增长44.17%，占GDP的37.3%；网络零售交易额实现1029亿元，同比增长42.3%，占社会消费品零售总额的8.8%。

2014年河北省消费品市场全年社会消费品零售总额实现11690.1亿元，同比增长12.4%。

由于国家严控公务消费以及互联网快速发展的影响，河北省零售企业销售增速放缓，商务系统统计的河北省重点零售企业商品类值销售2014年实现982.4亿元，同比增长2.23%，较上年增速下滑8.69个百分点。

2014年河北省电子商务平台超过2000个，网商40余万户，在全国排名第8位。

河北省加快基础设施建设，通信、物流、金融以及信用评级等为电子商务的发展提供了良好的保障：光纤入户入村，智能手机快速推广，4G加速布点；大宗、集装箱、冷链、包裹等物流格局基本形成；在此基础上，积极引进物流企业，菜鸟、京东、顺丰等知名物流企业入驻河北省；与银行、保险等金融机构形成长期合作联盟，基本实现在线交易、在线支付、在线结算、手机支付和网上融资等功能；基本建立起电商企业信用认证、信用评级、信用监督和失信惩戒机制，在全省形成了比较完备的电子商务发展环境。

2014年河北省电商产业基地新开工项目、新投产项目和新运营项目超过往年。重点推进了正定慧聪网电子商务产业园、辛集皮革城创业基地、白沟新城小商品商贸园区、清河羊绒产业园区、华北交易大厦、沧州好日子物流园等一批在建电子商务产业园区。截至目前，全省共有7个园区获得省级电子商务示范基地称号，其中石家庄市先后被商务部评为国家电子商务示范基地、示范城市和电子商务与物流快递协同发展试点城市。

（三）上海市

2014年上海市完成电子商务交易额13549亿元，比上年增长28.3%。其中，B2B交易额10645亿元，比上年增长23.3%，占电子商务交易额的78.6%；网络购物交易额2904亿元，比上年增长50.6%，占21.4%。口岸税费电子支付系统入网企业累计55000家，全年电子单证传输量为22900万张，实现电子支付金额12830亿元，比上年增长12%。

上海是全国钢铁贸易的中心，在上海的B2B电子商务交易过程中，钢铁电子商务的份额是最大的。2014年，上海市钢铁类电子商务交易额达4400多亿元，占整个B2B比重的40%以上。其中上海知名钢贸电商企业找钢网2014年的交易额达到688亿元，在传统钢贸商不断倒闭的形势下，以找钢网为代表的钢贸新业态的表现为传统钢贸企业转型发展起到了很好的带动作用。

（四）江苏省

2014年，江苏省电子商务销售额突破千亿元。

截至2014年年底，江苏省网民总数为

4274 万人，网络购物用户规模为 2534 万人，手机网民规模达到 3740 万人。江苏各类市场主体开办的网站已到达 23.9 万家，网络交易平台交易规模达到 4415.29 亿元。

2014 年江苏省规模以上快递服务企业业务量累计达 98415.5 万件，同比增长 54.1%；快递收入累计 143 亿元，同比增长 38.3%。

2014 年，苏宁云商、中国制造网、途牛网、同程网、365 地产家居网等一批江苏大型电商平台企业发展势头迅猛，交易额逐步提升，竞争力不断增强。其中，苏宁云商线上年度交易额达到 257.91 亿元，2014 年上市的途牛网交易额也达到 54.8 亿元，新增用户 450 万家。中国制造网年度交易额达 2616 亿元，位居国内 B2B 领域前列。

截至 2014 年年底，江苏省开办网站的各类市场主体共 164065 家，其中从事第三产业（服务业）的市场主体为 76582 家，同比增长 27.37%。从交易规模来看，在 B2C 领域，服务类交易增长势头明显，年度交易额达 193.37 亿元，占 B2C 总交易额的 40.53%，比 2013 年增长 120.74%。

2014 年江苏省农村电商发展迅速，呈现产业集群化和网购普及化趋势，目前有 24 个淘宝村、2 个淘宝镇，已形成南通川姜的家纺、徐州沙集的家具、宿迁沭阳的花木、扬州的毛绒玩具等农村产业集群。

在调查的 36 家 B2B 平台中，中国制造网的交易额最高，达 2616 亿元，占 B2B 平台交易额的 95.22%。淘宝购物的 B2C 形式，B2B 依然占据最大交易份额。

从江苏省来看，苏锡常宁等地区开办网站的企业数量均超过万家，数量之和占全省总量的 67.44%，纺织服装类的 B2B 平台数量同比 2013 年增长了 73.2%。

从现代物流应用情况上看，据不完全统计，大多数企业以开展现代物流应用为主。以 B2C 平台为例，其中合作物流和自建物流分别占 74.47% 和 25.53%。

目前，苏宁云商已经获得了国际快递业务经营许可、全国性快递牌照及国内 150 多个区域性快递牌照，正在建设南京、广州、北京、成都 4 个全国性仓储中心和干线枢纽，成为拥有国内快递业务许可证最多的企业之一。菜鸟、京东、1 号店、唯品会等一批电商物流企业也纷纷在江苏布局，对推动江苏网络交易发展具有重要意义。

2014 年扬州市电子商务用户超过 3 万户，全年实现电子商务交易额超过 231 亿元，同比增长 43%；网络零售额 43 亿元，同比增长 47%。

2014 年，扬州市毛绒玩具在国内淘宝儿童玩具销量第一，这在扬州人看来不算稀奇。然而，扬州的化妆品千纤草也能卖到网上爽肤水销量全国第一；扬州笛莎童装长期位列淘宝女童服装销量第一，则多少让人有些出乎意料。

目前，扬州市有 17 家市级电子商务企业，2014 年共实现营业额 37.11 亿元，其中笛莎、十二粉黛、三和四美名列前三。

（五）浙江省

根据浙江省电子商务工作领导小组办公室和省商务厅联合发布的《2014 浙江省电子商务发展报告》（以下简称《报告》），2014 年浙江省电商整体实力继续领跑其他省市，“国际电子商务中心”的轮廓已初步显现。

《报告》显示，2014 年浙江省实现电子商务交易额 2 万多亿元，同比增长 25%，占全国电子商务交易总额的近 1/6。其中，居民网上消费 3193 亿元，同比增长 41%。

截至 2014 年年底，浙江省共有各类网店

150 多万个，全国约有 8 成的网络零售在浙江省的电商平台上完成。作为专业市场的大省，目前有超过 382 个专业市场纷纷"触电""触网"；以银泰百货为代表的知名百货连锁企业主动"触电"开展网上交易，并依托实体店探索 O2O 经营模式……浙江省持续成为全国电商交易平台最集中、实力最强的地区。

（六）山东省

2014 年山东省电子商务发展迅猛，交易规模不断扩大。电子商务与各行各业深度融合，有力地推动了全省电子商务交易规模和应用群体的增长。2014 年山东省全社会电子商务交易额为 1.3 万亿元左右，比上年增长 25% 左右，是 2002 年的 10 倍多。

2014 年，山东省相关部门对全省符合第三次经济普查要求的 8 万家企业的电商情况进行了统计分析。调查分析数据显示，在总体规模上山东省调查企业的电子商务交易额为 3819.5 亿元，占全国比重的 8.4%，居全国第 4 位；山东省参加电子商务活动的企业有 3685 家，占全国第 4 位；通过互联网进行宣传和推广的企业达到 6.1 万家，占比为 75.3%，比上年提高 34.9 个百分点，居全国第 1 位。山东省移动电话用户 8664 万户，网民人数 4329 万人，总量居全国第 2 位。

调查数据显示，2014 年山东省电子商务交易活动已经广泛渗透到国民经济的各个行业，涉及所调查的 16 个行业。从总量分析看，制造业电子商务交易额最大，达到 3185 亿元，占比为 83%；第二是批发和零售业，为 353 亿元，占比为 9%；第三是采矿业，为 198 亿元，占 5% 的比重。从交易方式看，企业与企业（B2B）交易的金额为 3579 亿元，约占 94% 的比重。从各企业直接销售给个人（B2C）的金额为 240 亿元，约占 6% 的比重。从地区分布看，交易额主要集中在济南、青岛、烟台和潍坊四市，四市的交易额合计占山东全省 60.1% 的比重，其余 13 市占比为 39.9%。山东省电子商务交易额排名前 7 位的地市分别是青岛市、烟台市、济南市、潍坊市、淄博市、临沂市和威海市。

2014 年，山东省电商交易额主要集中在济南市、青岛市、烟台市和潍坊市，四市电商交易额合计占山东全省电商交易额的比重为 60.1%，其余 13 市共占比重 39.9%。山东电子商务交易额排名前 7 位的地市有青岛市、烟台市、济南市、潍坊市、淄博市、临沂市和威海市。

2014 年山东省共建立省级电子商务示范基地 12 个，建成电子商务交易平台超过 3000 家，交易额约 1.3 万亿元，同比增长 25% 左右。其中，银座商城、海尔商城、家家悦等企业网 2014 年的交易额均超过亿元。

1. 济南市

近年来，济南市加快推进电子商务产业发展，电子商务经营规模逐年上升。2014 年济南市电子商务交易额达 1605 亿元，同比增长 50.6%。其中网络零售额达 621 亿元，同比增长 94%。截至 2014 年，济南市共有电商企业及相关经营单位 5 万多家，当年新增过亿元的电子商务企业有 6 家，其中电商平台 460 多家、淘宝店铺近 3 万家。2014 年济南市网购网民数量达到 377.4 万人，网购渗透率为 83.3%，密度为全山东之最。

2014 年"双 11"当天，济南市实现电子商务交易额 19.3 亿元，同比增长约 93%，济南市的消费者当天网购消费达 3.2 亿元。

在"2014 年度全国大型零售企业主要经济指标及主要商品销售情况暨 2014 年中国网络零售发展概况"大会上，济南市荣列"2014

年度中国电子商务经营百强城市”。

济南市政府在《关于加快推进全市中小企业电子商务发展的实施意见》中明确提出，到2017年，在全市重点培育以中小企业、民营经济为主体的电商示范村（镇）10个、电商示范社区（办）10个、电商示范平台10个，电商示范市场城10个、电商产业聚集示范区10个、电商技术示范企业10户，专精特新产品电商示范企业50户、服务类电商示范企业50户，带动全市中小企业电子商务在三次产业各领域得到广泛深入应用。全市中小企业电子商务应用比例超过60%，中小企业电子商务交易额占全市电子商务交易总额比例超过60%。

2. 青岛市

2014年青岛市电子商务交易额突破4000亿元，同比增长超过50%。其中B2B模式交易额占比超过80%，网络零售规模达到450亿元，同比增长40%，约占青岛市全年社会消费品零售总额的13%。

2014年青岛市农产品电子商务交易规模约为51亿元，其中网络零售额为4.2亿元，农产品电子商务取得长足发展。

2014年，青岛市以推进网络交易平台建设和企业应用为重点，着力促进电子商务发展，重点平台电子商务交易额实现了迅猛发展，青岛市重点电子商务平台实现交易额突破6000亿元，比上年增长50%以上。崂山区作为国家级电子商务示范基地，电子商务相关产业年营业额将达到1500亿元；即墨市电子商务网络年交易额达330亿元，占青岛市电商市场份额超过40%，支撑起青岛电商产业发展的“半壁江山”。

2014年“阿里巴巴电子商务发展指数”显示，青岛市在百佳电子商务示范城市中排名第37位；即墨市在全国电商百佳县中排名第88位，比上年提升30个位次，首次跻身全国电商百佳县。

3. 滨州市

2014年滨州市电子商务交易总额达到745亿元，其中B2B交易额672亿元、网络购物交易额73亿元。电子商务交易额约占滨州市社会消费品零售总额的9.89%左右；滨州市市规模以上工业企业和限额以上流通企业电子商务应用比例达到85%左右。2014年滨州市有淘宝店铺18800多户、天猫店铺145家，有“新农村商网”注册用户1728个，全年农产品电子商务交易额达30.9亿元。

4. 聊城市

2014年聊城市电商交易额达715亿元，同比增长35%。截至2014年年底，聊城市有340多家企业参与电子商务，比2013年多出1倍。

近年来，聊城市电子商务交易比重不断提升。目前，聊城市规模以上企业有4185多家，其中超过20%的企业参与了电子商务交易。如高唐一家润滑油企业，年销售额为2亿元，全部通过电商模式实现；开发区一家宠物食品企业，年销售额在1亿元左右，是电子商务帮助该企业把商品销往全国各地；聊城市的一家毛巾企业自己建设了移动终端销售平台，年网上交易额达1.5亿元。

（七）河南省

2014年河南省大力发展新兴业态，电子商务得到长足发展。2013年全省电子商务交易额达4200亿元，同比增长30%以上；2014年全南省电子商务交易额达5660亿元，同比增长34.8%，较前年增长超过了3成。2014年河南省社会消费品零售总额同比增长超一成，达1.38万亿元，同比增长12.7%，高于全国平均水平0.7个百分点，总量稳居全国第5位。在超万亿元的社会消费品零售总额中，河南省网络零售达 865 亿元，增长近 5 成，约占总体的 6.3%。

2014 年河南省出台了《关于加快电子商务发展的若干意见》，与阿里、谷歌、苏宁、敦煌网等达成了一批重点电商合作项目，河南省电子商务公共服务平台开工建设。2014 年年底，河南省被确定为国家电子商务进农村 8 个试点省之一，新安县、淇县、封丘县、博爱县、鄢陵县、临颍县和光山县 7 个县被确定为第一批国家综合示范县，7 个县获国家财政支持 1.4 亿元，带动社会投资 3 亿元左右。目前，已建成县级电商服务中心 3 个，还有 4 个县级中心在建设中，建成镇级服务站 19 个、村级服务点 229 个，培训电商人员 1.57 万人，企业和个人开设网店 4742 个。

（八）湖北省

2014 年湖北省电子商务交易额突破 8000 亿元，网络零售购货突破 800 亿元，增速均达到 35%，交易额双双位居全国第八，中部第一。在 800 亿元的网络零售额中，买入额约 475 亿元，售出额约 325 亿元。

2014 年电子商务已在湖北省农业、制造业、商贸流通业得到广泛应用。截至 2014 年年底，湖北省网民总数达 2100 多万人，域名网络用户近 200 万户，用户数居全国第 9 位。湖北省大型企业电子商务应用普及率近 70%，中小企业超过 50%。

在 2014 年阿里巴巴的“双 11”活动中，湖北省以 20 多亿元居全国第八。

目前，湖北省已有 8 个电子商务示范基地，本土示范企业达 37 家，良品铺子、周黑鸭、爱帝服饰等一批传统企业网络销售额纷纷过亿元，中小企业电商平台发展迅猛。

（九）广东省

近年来，广东省工业电子商务快速发展，已进入总量扩张、应用扩大、密集创新阶段，内生动力和创新能力日益增强，开始向规模化、专业化、集聚化方向发展。

据广东省统计局发布的数据显示，2014 年广东省全省电子商务交易额达到 2.63 万亿元，同比增长 30%，占全国交易额近 1/5；B2B 交易额为 2.07 万亿元，跨境电子商务零售进出口总额为 260 亿美元，同比增长约 30%。2014 年，广东全省网上零售额同比增长 70.7%，增速远高于全国 56.2% 的水平，相当于社会消费品零售总额的 2.3%，拉动社会消费品零售总额增长约 1.1 个百分点。

阿里巴巴集团的数据显示，在 2014 年阿里巴巴的“双 11”活动中，广东网络零售用户交易额达 61.01 亿元，位居全国第一。

广东省电子商务发展不仅体现在消费领域，更体现在与实体经济的融合发展上。目前广东省的电子商务已经广泛应用在钢铁、石化、塑料、粮食、汽车和电子等产业领域，广东省已经涌现出一批有重大影响力的行业电子商务平台，广州、深圳、佛山、东莞等地催生了一批电子商务集聚区。2014 年广东省各行业电子商务应用不断拓展，尤其是钢铁、塑料等行业性电子商务平台增长迅速。如我国首家钢铁现货交易网站“欧浦钢网”，2014 全年实现营业收入 17.74 亿元，同比增长 187.78%；广东塑料交易所作为全国唯一一家电子塑料交易所，年交易额超过 4000 亿元；广东省物资集团旗下“车唯网”电商平台，2014 年交易额达到 9.8 亿元。此外，广东省在工业领域的电子商务应用不断拓展，TCL、格力、美的等大型传统工业制造企业年网络销售额均超亿元。

截至 2014 年年底，广东省已有腾讯、唯品会、环球市场、兰亭集势等多家电子商务上市企业，成为电子商务上市企业最多的省份之一。

1. 东莞市

2014 年东莞市电子商务交易额达到 2900 亿元左右，同比增幅达 30%；2013 年东莞电子商务交易额达 2300 亿元，较上年增长 28%。数字显示，东莞市电子商务发展动力强劲。

2014 年东莞市中小企业电子商务应用率达到 50% 以上，比 2013 年提高了约 10 个百分点。根据对重点电子商务企业抽样分析，2014 年东莞市电子商务行业仍保持较快的增长速度，其中电子商务销售企业网上销售额平均增长 25%，电子商务服务企业撮合订单数和交易额平均增长 25% 和 40%。

截至 2014 年年底，东莞全市电商网络经营主体已达 5.4 万户，其中电子商务服务类企业 2000 多家，主要大型第三方交易平台 5 个，网络经营主体总量占广东省网络经营主体总量的 14.7%，在广东省地市中排名第一。另外，2014 年 3 月，继深圳、广州之后，东莞被认定为广东省第三个国家电子商务示范城市。

2. 深圳市

2014 年电子商务交易额为 15070 亿元，同比增长 58.43%，增速高于全国平均水平，保持国家第一梯队地位。深圳电子商务交易额 2008 年时仅为 1300 亿元，自 2010 年以来每年均保持 50% 以上的增速，其中 2014 年的增长率创下近六年来的新高。深圳 2013 年的电商交易额为 9510 亿元，2014 年达 15070 亿元首次突破 1 万亿元，且增速惊人。

2014 年深圳市网络零售额达 944.12 亿元，同比增长 6.14%，相当于深圳市社会消费品零售总额的 19.5%。其中，商品类交易占比 65.61%，服务类的交易额占比为 34.39%。在商品类交易中，电子元器件交易份额最大，为 8199.87 亿元，占商品类交易总额的 65.87%；其次为通信器材类，交易额为 956.34 亿元，占比 7.68%；粮油、食品、副食品类和化工材料及制品类交易额分别占商品类交易总额的 1.37% 和 1.05%，其余商品交易类型的份额均不足 1%。服务类交易中，通信服务类交易份额最大，为 466.95 亿元，占比 17.85%；其次是交通仓储服务类，交易额为 413.55 亿元，占比 15.80%。

2014 年深圳市 B2B 交易额达 13952.07 亿元，占全市交易规模的 92.58%；B2C 交易额为 1114.9 亿元，占全市交易规模的 7.4%，同比下降了 6.7 个百分点；C2C 交易额仅 3.03 亿元，占全市交易规模不足 1%。

（十）广西壮族自治区

2014 年广西壮族自治区电子商务成交额 2034 亿元，相比 2013 年的 1266 亿元大幅增长 60.7%。2014 年广西壮族自治区引进中国联通“沃易购”等重大行业电商平台，推动美丽湾等跨境电商发展，在制定电商规划政策、推进农村电商工程等方面取得明显进展。“沃易购”平台从 2014 年 5 月落户广西壮族自治区 7 个月，就实现了 580 万台手机的交易量，累计交易额达 55 亿元。

据阿里巴巴的相关数据显示，2014 年“双 11”期间，广西壮族自治区买家总消费额为 12.46 亿元，排名全国第 17 位，增长 72%；广西卖家总销售额为 0.66 亿元，排名全国第 21 位，增长 99.8%。

广西壮族自治区作为中国—东盟自贸区合作的前沿、“一带一路”战略有机衔接的重要门户，发展电子商务潜力巨大。据广西壮族自治区商务厅统计，2014 年广西外贸进出口额 405.5 亿美元，增长 23.5%，超全国平均增速 20.1 个百分点；广西电子商务交易额达 2100 亿元人民币，同比增长 65.9%，增幅高出全国平均水平40多个百分点。

（十一）海南省

2014年海南省电子商务交易总额约1500亿元，同比增长约40%。截至2014年年底，海南省共有各类网络交易主体4200个，在淘宝和天猫等网购平台开设网店的企业和个人约1.5万个。

海南电商发展虽起步较早，但发展相对较慢，尤其是传统企业电商化进程发展缓慢。近两年，海南省加大对电子商务发展的推动力度，电商发展成效逐步显现，各类企业积极发展电子商务，借助电子商务平台加快产业转型。如传统企业中的三亚海源实业、三亚合丰实业、潭牛文昌鸡实业、鼎盛祥实业、南国食品、春光食品、三利茶叶等约30家传统企业成功进军电商行业，其中南国食品借助电子商务平台，年销售额已达1亿元；四季旺有限公司、一椰食品的年销售额达1000万元；三亚海源实业、春光食品、合丰等企业，年销售额也均已突破百万元大关。

2014年海口市电子商务交易额达800亿元（包括网上购买和网上销售），同比增长23%左右。统计数据显示，截至2014年年底，海口市电子商务企业注册数目达870余家，涉及电子商务购买和销售的企业超过4000多家。其中第三方旅游电子商务企业将近300家，在淘宝、天猫上注册的卖家超过1500家。海口市电子商务相关就业人数超过5万人。

海口市电子商务及信息产业消费占据海南省电子商务消费的70%~80%。海口市网购商品及网上销售商品涉及的商品种类繁多，除天然橡胶、槟榔等大宗商品外，还包括手机话费、机票、旅游景点、酒店住宿、房产交易、农副产品、家居用品、书籍、小家电、汽车、物流、餐饮、影视、3C产品、装饰用品、日化用品、服装鞋帽、化妆品、奢侈品等多个商品领域。

（十二）重庆市

近年来，重庆市积极开展优化发展环境、培育本土企业、引进知名电商、发展壮大网商、推动电子商务应用、打造电子商务集聚区和强化行业服务管理等重点工作，电子商务取得较大进展。

2014年重庆市加快发展电子商务，网络消费大幅增长。重庆京东商城正式营运，医药公信网、世纪购网上商城等大型电商平台顺利上线运营。重庆市销售额实现10亿元以上的电商企业超过10家，一批电商产业园区建设加快推进。

2014年重庆市电子商务交易额达到4500亿元，同比增幅超过50%，网络零售额近380亿元，同比增幅约73%。2014年重庆市纳入建档建库管理的电子商务经营主体超过12.5万户，淘宝、天猫等平台在重庆市带动的网商数量已近25万家，其中销售较好的活跃网商有1万多家。

（十三）四川省

2014年四川省电子商务交易额持续高速增长，市场规模持续扩大，已成为四川省现代产业发展中的最大亮点。

2014年1—10月，四川省电商交易额、网络零售额分别破万亿元和千亿元。2014年全年，四川省电子商务交易额达12367.5亿元，同比增长40.5%；网络零售额1428.5亿元，同比增长54.7%，网络零售额相当于四川省社会消费品零售总额的12%以上，全省共有网店20多万个，网民超过3330万人。

《2014年四川省电子商务发展报告》指出，四川省电子商务在中西部发展最快、电商实力最强、市场规模最大，已跻身全国第一梯队行列。四川省已将电子商务列为新兴先导型首位产业重点培育。

2014年，京东、唯品会、亚马逊等30多家知名电商巨头已落户四川省。百度、腾讯在成都建立创业基地，阿里巴巴在成都筹建西部唯一城市创业基地。京东在四川仁寿县率先试水农村电商。四川省已成为农村电商在全国发展最好的地区之一。

截至2014年，四川省已培育3家国家级示范企业、57家省级示范单位。其中，天地网是国家商务部中药材行业唯一电子商务示范平台，其标准指数成为中药材行业发展风向标，2014年交易额超过150亿元；九正建材网2014年交易额超过120亿元，成为国内建材行业第一平台；文轩在线2014年电子商务销售规模过8亿元，在国内出版业排名第一。此外，天府商品交易所交易额2014年突破2500亿元，居西部同类交易所首位；看书网成为全国及全球华人最受推崇的原创文学知名品牌之一，行业影响力居全国前列；四川汽车票务网链接全川客运站，正布局全国汽车客运版图。在电商模式方面，四川电子商务在营运、支付、融资模式上不断创新，成为电子商务保持快速增长的重要动力。

1. 成都市

据成都市商务委员会统计数据显示，2014年成都市电子商务交易额实现5248亿元，同比增长31%；网络零售额实现561亿元，同比增长60%，相当于社会消费品零售总额的13%以上；移动电子商务交易额实现530亿元，同比增长96%；中小企业电子商务应用普及率超过60%。

2014年“双11”公布的统计数据中，成都市当天消费共计7.8亿元，排名全国第六。从最初级的网上购物，到网上订餐、网上叫车……成都人在衣、食、住、行、游、购、娱等方面都开始与互联网、电子商务产生千丝万缕的关系，互联网已经深入成都人的生活。

截至2014年，除了阿里巴巴之外，京东、携程、环球资源、亚马逊、艾瑞咨询、易观国际等超过30家全国电子商务行业领军企业已经在成都设立区域总部，80%的全国网络零售100强企业完成以成都为中枢的西部市场布局。

2. 巴中市

2014年巴中市电子商务实现交易额102亿元，电子商务网络零售额15.3亿元。

近年来，随着巴中市信息产业持续发展和互联网用户不断增加，电子商务发展环境愈加成熟，市场规模快速扩大，特别是网络购物呈现迅猛发展态势，已经成为一种新兴服务业态，对传统商贸带来了巨大影响。电子商务作为现代服务业的重要组成部分，已经成为巴中市发展最快、最具创新活力、带动力和渗透性的战略产业。

（十四）陕西省

2014年，陕西省电子商务交易额超过2180亿元，同比增长21%；网络零售购买额超过450亿元，同比增长超过53%；网络零售销售额超过80亿元，同比增长47%；购买额达450亿元，同比增长53%。

截至2014年年底，陕西省网上买家超过1200万户，网销商户达15万户以上。2014年“双11”当天，陕西省网络零售市场规模达16.5亿元，其中网上购买额近14亿元，销售额近2.5亿元，分别比上年增长53%和50%。陕西省电子商务的发展不仅带动创业就业人数约20万人，年增长率超过30%，还带动咨询服务业、物流快递业的高速增长，间接创造了大量就业岗位。

为加快电子商务的发展，陕西省政府出台

的《加快电子商务发展若干意见》明确提出，到2017年全省电子商务在社会经济各领域深入应用，电子商务交易额将达到4000亿元，年均增长20%以上。其中，网络零售交易额突破800亿元，占社会消费品零售总额的比例超过10%；企业间电子商务交易规模超过3200亿元，80%以上的大中型企业和60%以上的中小企业开展了电子商务应用。

（徐小青　张睿东）

2014年中国木材与木制品市场

2014年我国木材与木制品行业经受了严峻考验，国内经济增速放缓，国际经济持续衰退，尤其是与木业相关的房地产投资增速持续减缓，商品房屋交易量下滑，木材与木制品市场需求不旺，但木材与木制品行业克服诸多困难，产业结构持续优化升级，生产、价格、进出口贸易等指标好于预期，呈现平稳发展、稳中提质的良好态势。

一、木材与木制品市场发展情况

（一）市场运行弱势下行

2014年，对我国木业行业来说是异常艰难的一年。无论是木材进出口贸易，还是木制品生产和销售企业，都受到经济增速放缓、市场需求不旺的影响，利润下滑，甚至部分企业严重亏损。

据中国木材与木制品流通协会对全国木制品制造业重点企业采购经理人调查问卷显示，2014年12月，木制品制造业生产基本稳定，产量与上期相比有下滑趋势；原材料采购量较上期有明显减少，主要原材料库存基本持平或小幅减少；国内订单量比上期下滑迹象明显；出口订单量比上期有小幅增加，出口市场低位徘徊；产品成品库存量较上期有小幅上升；原材料购进价格基本稳定或小幅下滑。调查结果表明，2014年末国内市场需求相当平淡，木材与木制品行业低迷且趋于下行，出口市场略有转暖。

（二）行业生产稳定增长

2014年在全球经济复苏缓慢、新兴经济体低速增长、国内房地产萎缩、要素成本不断上涨等多重因素作用下，我国木材与木制品行业在生产方面仍然呈现稳定增长态势。

据国家林业局统计数据显示，2014年我国锯材、人造板、地板等在内的木材加工及木竹制品制造业产值为11028.95亿元，占第二产业的比重为39.27%，主要木材与木制品产量数据详见表1。2014年我国商品木材总产量略有减少，为8233.3万立方米。在全部木材产量中，原木产量为7553.46万立方米，薪材产量为679.84万立方米。东北、内蒙古地区国有林区木材产量比上年减少82.21万立方米，商品木材产量持续调减。2014年我国锯材产量为6836.98万立方米，比2013年增长8.56%；木片、木粒加工产品4314.09万实积立方米，比

2013 年增长 9.62%。

表 1　　2013—2014 年我国主要木材与木制品产量一览

木材与木制品	单位	2014 年产量	2013 年产量	同比增长（%）
木材	万立方米	8233.3	8438.5	-2.43
其中：原木	万立方米	7553.46	7836.9	-3.62
薪材	万立方米	679.84	601.6	13.01
锯材	万立方米	6836.98	6297.6	8.56
木片、木粒	万实积立方米	4314.09	3935.53	9.62
人造板	万立方米	27371.79	25559.91	7.09
其中：胶合板	万立方米	14970.03	13725.19	9.07
刨花板	万立方米	2087.53	1884.95	10.75
纤维板	万立方米	6462.63	6402.10	0.95
其他人造板	万立方米	3851.6	3547.67	8.57
木家具	亿件	26345	2.36	-8.46
木门	亿元	1150	1040	10.58
木竹地板	亿平方米	7.60	6.89	10.30
其中：强化木地板	亿平方米	2.47	1.70	45.29
实木复合地板	亿平方米	2.43	2.58	-5.81
实木地板	亿平方米	1.50	1.31	14.50
竹地板	亿平方米	1.02	0.81	25.93
其他地板	亿平方米	0.18	0.48	-62.50

2014 年我国人造板总产量为 27371.79 万立方米，比 2013 年增长了 7.09%。在全部人造板产量中，胶合板为 14970.03 万立方米，比 2013 年增长了 9.07%，占全部人造板产量的 54.69%；纤维板为 6462.63 万立方米，与上年基本持平，占全部人造板产量的 23.61%，其中中密度纤维板产量为 5682.57 万立方米；刨花板产量为 2087.53 万立方米，比 2013 年增长了 10.75%，占全部人造板产量的 7.63%；其他人造板的产量为 3851.6 万立方米（细木工

板占62%），比2013年增长了8.57%，占全部人造板产量的14.07%。从分省情况看，山东、江苏、广西、安徽、河南、河北、广东七省（区）的人造板产量均超过1000万立方米（见图1），七省（区）的人造板产量共计21073.54万立方米，占全国人造板总产量的76.99%。

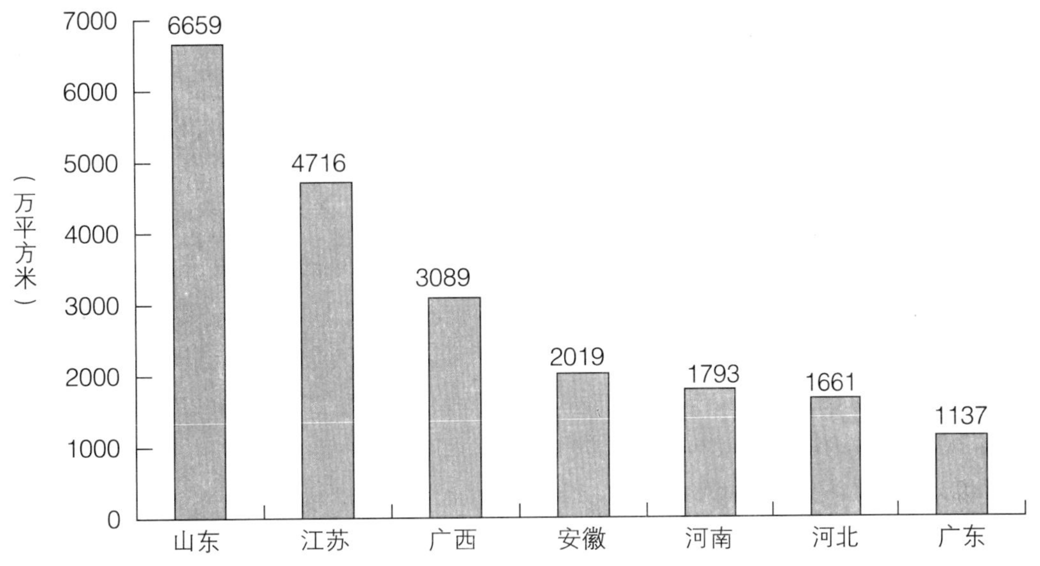

图1　2014年我国人造板产量位列前七名的省份产量示意

2014年我国木竹地板产量为7.6亿平方米，比2013年增长10.3%。在木竹地板产量中，实木地板为1.5亿平方米，占全部木竹地板产量的19.68%；实木复合地板2.43亿平方米，占全部木竹地板产量的31.95%；强化木地板（浸渍纸层压木质地板）2.47亿平方米，占全部木竹地板产量的32.51%；竹地板1.02亿平方米，占全部木竹地板产量的13.49%；包括软木地板、集成材地板等其他木地板0.18亿平方米。江苏和浙江两省是木竹地板产量最大的省份，产量分别达到1.69亿平方米和1.2亿平方米，江苏省主要以强化木地板为主，而浙江省主要以实木及实木复合地板为主。

据中国木材与木制品流通协会木门窗专业委员会统计数据，2014年我国木制门行业总产销值约为1150亿元，同比增长10.58%，增速与2013年大致相当。

（三）市场消费稳步增长

2014年，我国原木消费量小幅增长，增幅为2.59%。在主要木制品中，木家具消费增长最大，增幅超过20%；木门和刨花板消费增长也比较大，增速均达到了10%；其他木制品市场表观消费量均有不同程度增长。2013—2014年我国主要木材与木制品市场消费情况详见表2。

表 2　　2013—2014 年我国主要木材与木制品市场消费状况

	单位	2014 年	2013 年	同比增长（%）
原木	万立方米	12671. 7	12351. 5	2. 59
人造板	万立方米	22054. 9	20855. 1	5. 75
其中：胶合板	万立方米	13666. 3	12714. 3	7. 49
纤维板	万立方米	6288. 2	6234. 6	0. 86
刨花板	万立方米	2100. 4	1906. 1	10. 19
木家具	万件	5393. 47	4464. 6	20. 81
木门	亿元	1105. 99	999. 4	10. 67
木地板	亿平方米	3. 60	3. 35	7. 36

（四）木材价格涨跌互现

2014 年，我国主要木材与木制品综合平均价格涨跌互现，其中木材、竹材价格上涨，木竹加工产品价格普遍提高。木材综合平均价格为每立方米 822 元，比 2013 年提高 10. 78%；竹材综合平均价格为每根 10 元，比 2013 年略有增长；锯材综合平均价格为每立方米 1359 元；木片综合平均价格为每实积立方米 847 元；木地板综合平均价格为每平方 191 元；胶合板综合平均价格为每立方米 1679 元；硬质纤维板综合平均价格为每立方米 1913 元；中密度纤维板综合平均价格为每立方米 1607 元；刨花板综合平均价格为每立方米 1304 元。

2014 年我国木材进口价格综合指数和木材市场价格综合指数均呈先升后降趋势。木材进口价格指数 1—3 月呈上升趋势，4 月指数开始下滑；木材市场价格指数 1—4 月一直呈上升趋势，5 月开始回落。前几个月木材进口及市场价格指数均上涨，主要是由于 2013 年四季度木材市场需求稳定、价格坚挺，木材商对市场充满信心及对 2014 年上半年木材市场预期较高，因而导致 2014 年一季度木材价格延续上升趋势。但是，2014 年国内房地产萎缩、工程用量大幅减少和木制品制造企业原材料采购意愿不强，导致大量木材积压在港口，使港口库存持续走高，国内木材市场呈现有价无市、严重滞销现象，4 月开始已有部分品种出现降价风潮，国外木材供应商也陆续下调价格。

据中国木材与木制品流通协会和商务部流通业发展司联合发布的中国木材价格指数报告显示，2014 年 12 月木材进口价格综合指数为 116. 2%，比年初 1 月下跌了 6. 1 个百分点，比年内最高点 3 月的 130% 下跌了 13. 8 个百分点（见图 2）；12 月木材市场价格综合指数为 118. 4%，比 1 月略高 1. 8 个百分点，比年内最高月份 4 月的 124. 5% 下降了 6. 1 个百分点（见图 3）。

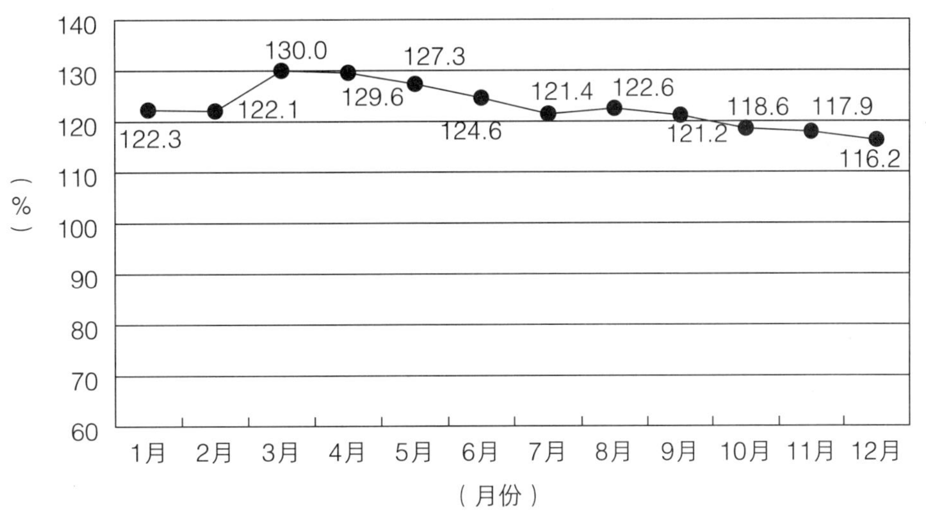

图2　2014年我国木材进口价格指数月度走势

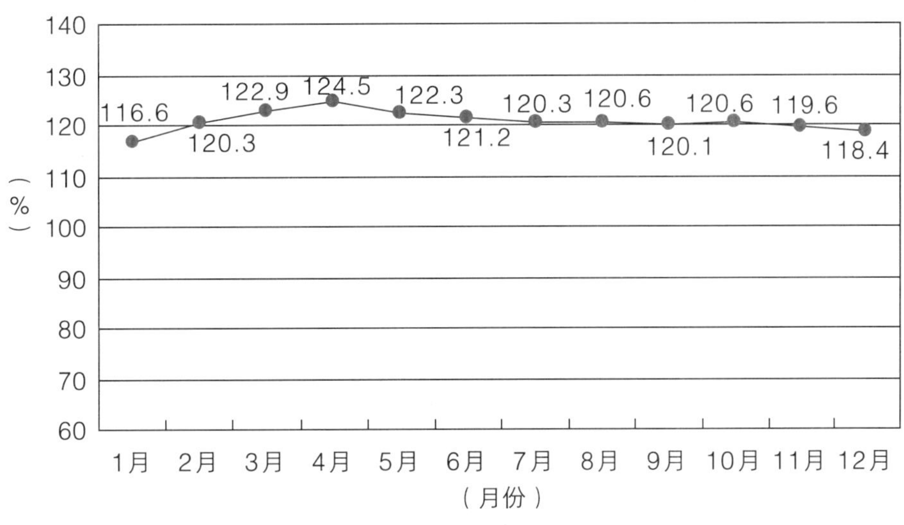

图3　2014年我国木材市场价格指数月度走势

二、木材与木制品进出口贸易情况

2014年，伴随着国家稳增长政策力度加大，我国木材与木制品对外贸易企稳回升，我国木材进口与木制品出口贸易的增速呈现双双提升，木材与木制品进出口贸易总额达759.38亿美元，同比增长13.67%，增速比2013年提升4.91%。其中，进口额为409.86亿美元，同比增长14.26%，增速比2013年提升1.98%；出口额为349.52亿美元，同比增长12.99%，增速比2013年提升8.05%。

2014年我国累计贸易逆差为60.34亿美元，比2013年增加10.96亿美元，同比增长22.2%。2013—2014年我国木材与木制品的月度进、出口增速走势如图4所示。

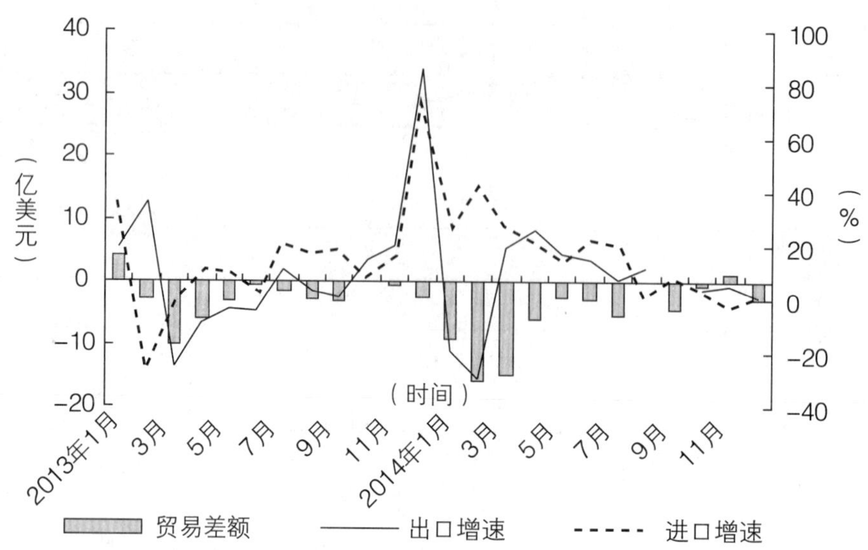

图4 2013—2014 年我国木材与木制品月度进出口增速走势

（一）木材进口再创新高

2014 年我国主要进口品种原木、锯材、木片、木浆、废纸及纸板等进口额比例如图 5 所示。与 2013 年相比，2014 年我国原木进口比重扩大了 2.77 个百分点，达 28.74% 。锯材进口比重扩大了 0.81 个百分点，达 19.72% 。木浆、废纸及纸板进口比重减小了 3.7 个百分点，为 42.48%；木片进口比重缩小 0.58 个百分点，为 3.75%；其他木制品进口比重扩大 0.7 个百分点，达 5.31%（见图 5）。

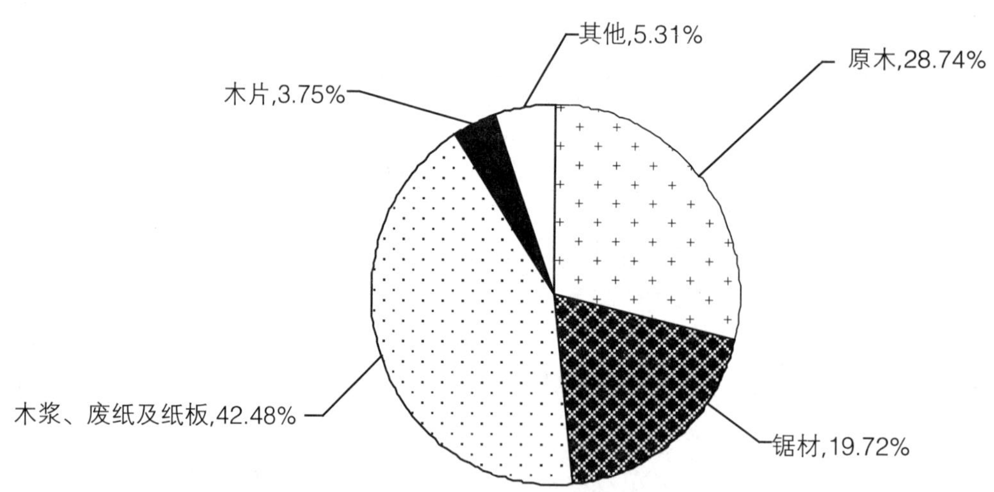

图5 2014 年我国木材与木制品进口额占比示意①

① 注：基础数据来源于海关总署。

2014年，我国共进口木材（原木和锯材）8762.53万立方米（折合原木材积），同比增长10.69%（见图6）。其中，原木进口5119.43万立方米，同比增长13.36%；锯材进口2565.56万立方米，同比增长7.13%；木片进口885.72万吨，比上年减少3.19%；木浆、废纸及纸板进口4548.31万吨，同比微幅增长1.74%。

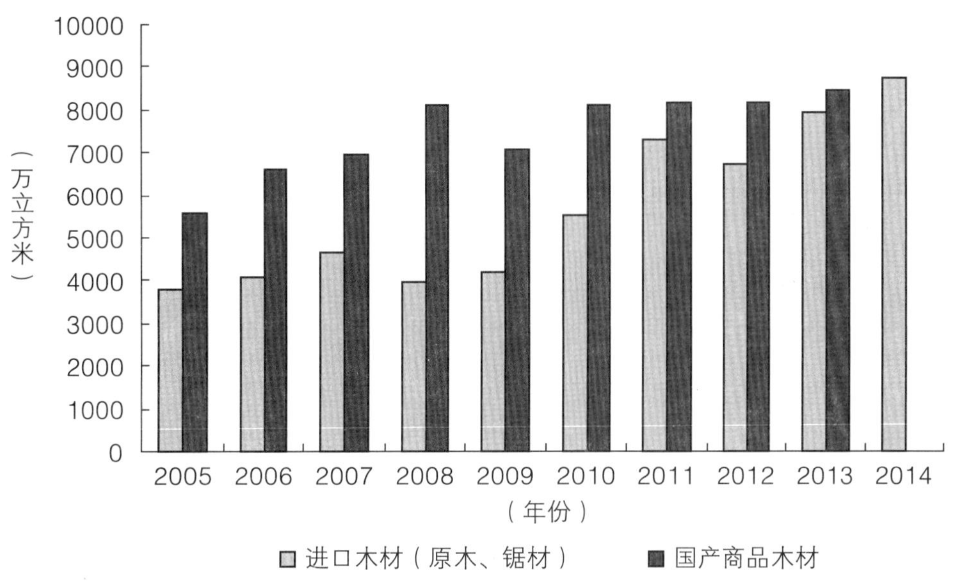

图6　2005—2014年我国木材进口量与国内木材产量对比①

2014年，我国进口木材（原木和锯材）的主要货源地及所占比重如表3所示。我国主要从俄罗斯、加拿大、新西兰、美国、巴布亚新几内亚等国进口木材，前四个国家的木材进口量占我国木材进口总量的65.48%，其中俄罗斯木材进口量超过我国木材进口总量的1/4。与2013年相比，俄罗斯木材所占比重基本不变，加拿大木材和新西兰木材所占比重分别下降了1.53个百分点和1.45个百分点，美国木材所占比重微降0.23个百分点，其他国家进口木材所占比重均有所提升。数据表明我国木材进口集中度在逐渐下降，木材进口市场往多元化方向发展。2014年我国进口原木的主要货源地是新西兰、俄罗斯和美国，分别占进口总量的比重为22.91%、22.22%和11.91%，与2013年相比，新西兰原木进口比重下降了2.56个百分点，其进口量与俄罗斯原木进口量相当。2014年我国进口锯材的主要货源地是俄罗斯、加拿大、美国和泰国，分别占进口总量的比重为30.80%、25.86%、10.91%和8.69%，其中俄罗斯锯材进口比重相比2013年上升了1.46个百分点，加拿大锯材进口比重下降了2.8个百分点，俄罗斯锯材进口规模不断扩大。

① 注：基础数据来源于海关总署。

表 3　　2013—2014 年我国进口木材（原木和锯材）量统计

2014 年			2013 年		
进口木材货源国名称	进口量（万立方米）	占比（%）	进口木材货源国名称	进口量（万立方米）	占比（%）
俄罗斯联邦	2259. 69	25. 79	俄罗斯联邦	2023. 52	25. 56
加拿大	1245. 92	14. 22	加拿大	1246. 43	15. 74
新西兰	1225. 31	13. 98	新西兰	1221. 41	15. 43
美国	1007. 16	11. 49	美国	927. 75	11. 72
巴布亚新几内亚	330. 81	3. 78	巴布亚新几内亚	275. 87	3. 48
泰国	316. 87	3. 62	泰国	269. 37	3. 40
澳大利亚	247. 93	2. 83	澳大利亚	184. 17	2. 33
所罗门群岛	219. 62	2. 51	所罗门群岛	203. 82	2. 57
乌克兰	171. 81	1. 96	乌克兰	142. 81	1. 80
智利	123. 81	1. 41	智利	117. 48	1. 48
其　他	1613. 60	18. 41	其　他	1303. 82	16. 47
总　计	8762. 53	—	总　计	7916. 45	—

注：基础数据来源于海关总署。

从我国原木进口省区市看（见表 4），江苏省仍是我国原木进口量最大的省份，2014 年其原木进口量占全国原木进口总量的 1/3，同比增长 18. 7%。2014 年山东省、上海市和北京市的木材进口量在减少，其中上海市减少了 10. 25%。与 2013 年相比，2014 年广东省原木进口大幅增长，进口量增加了 83. 67 万立方米，增幅达 37. 87%。内蒙古自治区和黑龙江省进口量在连续两年下降后出现了小幅反弹，分别增长 9. 04% 和 17. 13%。云南省和广东省原木进口单价最高，主要以进口非洲木材和东南亚木材为主；内蒙古自治区和黑龙江省进口单价最低，除了与这些地区主要以进口价值较低的针叶材为主有关外，还跟俄罗斯境内的非法采伐及边境交换贸易有关。从我国锯材进口省份和地区看（见表 5），2014 年我国锯材进口排位前 5 的省区是广东省、内蒙古自治区、江苏省、上海市和山东省，其进口量均有较大增长。广东省作为家具制造大省，进口锯材约 529 万立方米，为全国锯材进口第一大省，其进口平均价格也较高。内蒙古和黑龙江省进口单价相对较低，主要用作建筑口料和结构房屋，使用等级较低。

表 4　　2014 年我国原木主要进口省份进口量统计

省区市名称	2014 年进口量（万立方米）	2013 年进口量（万立方米）	比上年增加（万立方米）	比上年增长（%）
江苏省	1693. 37	1426. 40	266. 97	18. 72
山东省	701. 02	750. 93	−49. 91	−6. 65
内蒙古自治区	524. 30	480. 85	43. 45	9. 04
福建省	442. 38	374. 38	67. 99	18. 16
黑龙江省	437. 73	373. 71	64. 02	17. 13
上海市	348. 40	388. 21	−39. 81	−10. 25
广东省	304. 62	220. 95	83. 67	37. 87
浙江省	193. 63	—	—	—
天津市	187. 18	166. 66	20. 52	12. 31
北京市	84. 74	88. 63	−3. 89	−4. 39
其　他	202. 06	245. 17	−43. 11	−17. 58
总　计	5119. 43	4515. 90	603. 53	13. 36

表 5　　2014 年我国锯材进口量位居前十的省份

省区市名称	2014 年进口量（万立方米）	2013 年进口量（万立方米）	增减数量（万立方米）	比上年增长（%）
广东省	528. 98	468. 43	60. 55	12. 93
内蒙古自治区	473. 00	429. 82	43. 18	10. 05
江苏省	330. 24	277. 85	52. 39	18. 86
上海市	274. 29	259. 11	15. 17	5. 86
山东省	174. 01	163. 42	10. 59	6. 48
浙江省	173. 52	176. 53	−3. 02	−1. 71
黑龙江省	147. 28	148. 76	−1. 48	−0. 99
天津市	140. 09	146. 24	−6. 15	−4. 20
福建省	125. 33	116. 41	8. 92	7. 66
辽宁省	64. 14	72. 60	−8. 46	−11. 65
其　他	134. 70	134. 81	−0. 11	−0. 08
总　计	2565. 56	2393. 97	171. 59	7. 17

（二）主要木制品出口稳定增长

2014年，我国木材与木制品出口总金额为366.13亿美元（不含纸及纸板、松香等林产品），同比增长18.37%。木制品出口主要以木家具、木框架坐具和胶合板为主，其出口值占出口总值的比重分别为38.36%、21.98%和15.88%，三者出口值占总出口值的比重达76.22%（见图7）。相比2013年，木家具、木框架坐具和胶合板出口值比重分别上升了0.17个、0.2个和0.36个百分点，木地板和纤维板出口值比重分别下降了0.23个和0.5个百分点。

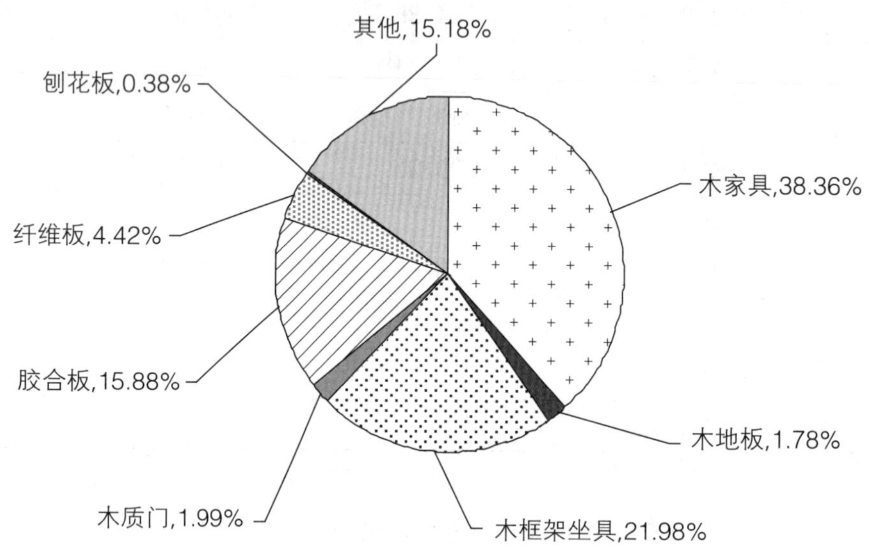

图7 2014年我国主要木制品出口金额占比示意①

2014年，我国木家具累计出口2.17亿件，同比增长9.91%；出口金额达140.46亿美元，同比增长13.46%，增速比2013年上升9.53个百分点。木框架坐具出口9904.17万件，同比增长10.37%；出口金额达80.47亿美元，同比增长13.96%，增速比2013年上升3.97个百分点。木地板出口量同比下降2.96%，降幅缩小近1个百分点。人造板三板中刨花板出口同比增幅最大，其出口值同比增长近60%，且出口量和出口额增速比2013年分别上升了19.79个和17.76个百分点；胶合板出口量和出口额同比也大幅增长，分别增长了28.76%和15.5%，增速比2013年分别上升26.46个和10.54个百分点；纤维板出口量和出口额分别同比小幅增长8.04%和2.12%，增速比2013年分别降低14.58个和6.48个百分点。木制门出口额增速比2013年小幅上升3.35个百分点，价格涨幅同比上升了4.15个百分点。总体而言，2014年我国主要木制品出口量和出口额同比增幅大大上升，出口增速比2013年均有所扩大，这主要得益于全球经济企稳向好，国外市场需求加大。2013—2014年我国主要木制品出口情况如表6所示。

① 注：基础数据来源于海关总署。

表6　　2013—2014 年我国主要木制品出口情况

		2014 年	2013 年	同比增长（%）
木家具	出口量（万件）	21726. 34	19767. 01	9. 91
	出口额（亿美元）	140. 46	123. 80	13. 46
木地板	出口量（万吨）	38. 73	39. 91	-2. 96
	出口额（亿美元）	6. 53	6. 48	0. 76
木框架坐具	出口量（万件）	9904. 17	8973. 52	10. 37
	出口额（亿美元）	80. 47	70. 61	13. 96
木制门	出口量（万吨）	36. 01	34. 17	5. 36
	出口额（亿美元）	7. 27	6. 60	10. 10
胶合板	出口量（万立方米）	1321. 56	1026. 34	28. 76
	出口额（亿美元）	58. 14	50. 34	15. 50
纤维板	出口量（万吨）	255. 71	236. 68	8. 04
	出口额（亿美元）	16. 31	15. 97	2. 12
刨花板	出口量（万吨）	24. 67	16. 98	45. 33
	出口额（万美元）	13906. 30	8836. 15	57. 38

2014 年，欧美市场经济有所转暖，我国主要木制品出口量和出口额普遍增长，木家具出口量增长近 10%。美国是我国木家具第一大出口国，2014 年我国出口到美国的木制家具量占我国木质家具出口总量的近 1/3。在出口市场渐暖的情况下，出口美国的木家具比 2013 年增长了 4. 06%，出口欧洲主要国家德国和英国的木家具分别比 2013 年增长了 23. 7% 和 16. 03%（见表 7）。我国木家具出口的第二大市场是日本，2014 年我国出口日本的木家具数量与 2013 年基本持平，所占市场比重比 2013 年下降了 0. 75 个百分点。2014 年中国大陆出口到中国香港的木家具大幅增长，增幅高达近 60%。

表7　　2014 年我国出口木家具数量位居前 10 位的国家和地区

国家和地区	2014 年木家具出口量（万件）	2013 年木家具出口量（万件）	比上年增加（万件）	同比增长（%）
美　国	6812. 54	6546. 97	265. 57	4. 06
日　本	1726. 59	1717. 89	8. 70	0. 51

续 表

国家和地区	2014 年木家具出口量（万件）	2013 年木家具出口量（万件）	比上年增加（万件）	同比增长（%）
英　国	1285.52	1107.9	177.62	16.03
德　国	1165.91	942.56	223.35	23.70
澳大利亚	971.71	969.53	2.18	0.22
中国香港	742.04	467.66	274.38	58.67
法　国	706.89	669.14	37.75	5.64
荷　兰	661.48	538.3	123.18	22.88
加拿大	599.30	664.87	-65.57	-9.86
沙特阿拉伯	464.16	—	—	—
总　计	21726.34	19764.23	1962.11	9.93

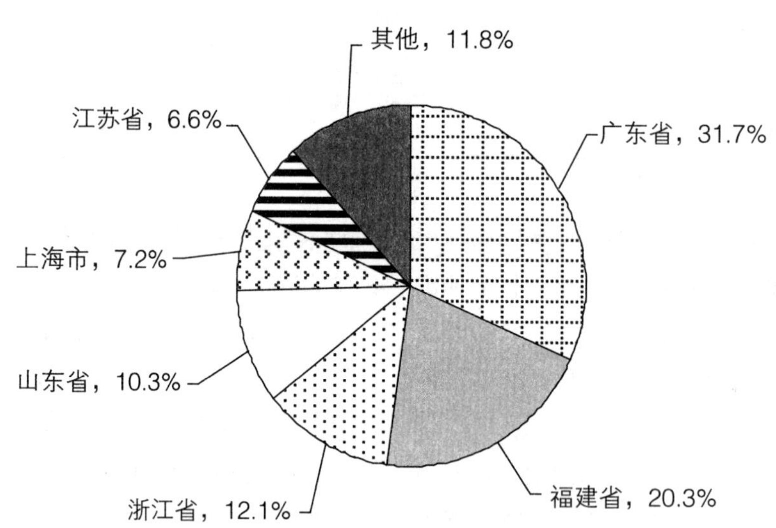

图 8　2014 年我国木家具出口量占比位居前六的省市占比示意

2014 年我国木家具出口的龙头仍是广东省，其木家具出口量占全国木家具出口总量的 31.7%（见图 8），占比较 2013 年下降 0.2 个百分点；福建和山东两省发展较快，其出口量增长幅度在位居前 6 的省市中名列前茅，分别增长了 12.94% 和 13.87%，其出口量占全国木家具出口总量的比重分别比 2013 年上升了 0.5 个和 0.4 个百分点。值得注意的是，2014 年河北省和安徽省木家具出口量同比分别增长了 35.24% 和 37.27%。目前，广东省不但木家具出口数量位居全国第一，其出口单价也相对较高，且还在逐年上升。2014 年广东省木家具出口平均单价比全国木家具出口平均单价高出 39.58 美元，比 2013 年高出 5.53 美元，这表明广东省木家具出口附加值还在逐渐增加。

（谢满华　中国木材与木制品流通协会）